La Biblioteca 102

Titolo originale *Comment la Palestine fut perdue. Et pourquoi Israël n'a pas gagné. Histoire d'un conflit (XIXᵉ-XXIᵉ siècle)*

www.einaudi.it

ISBN 978-88-06-26604-2

Jean-Pierre Filiu

Perché la Palestina è perduta ma Israele non ha vinto

Storia di un conflitto (XIX-XXI secolo)

Traduzione di Silvia Manzio

Einaudi

Indice

Introduzione

Una sconfitta senza vincitore

Emil Habibi è un palestinese di nazionalità israeliana, vale a dire un «arabo israeliano» per gli israeliani e un «palestinese del 1948» per i palestinesi. Alla sua nascita in una famiglia cristiana di Haifa, nel 1922, in città la popolazione ebraica è di gran lunga minoritaria. Ma nel giro di vent'anni raggiunge quella degli autoctoni arabi, tanto che nel 1947, nel loro piano di partizione della Palestina, le Nazioni Unite (Onu) inseriscono Haifa nel futuro stato ebraico. Comunista convinto, Habibi sostiene il piano di partizione e, nel 1948, quando centinaia di migliaia di palestinesi vengono spinti all'esodo, rimane aggrappato alla sua terra. Diventato cittadino israeliano, continua a militare nel Partito comunista, all'epoca unico schieramento del nuovo stato ad ammettere membri sia ebrei sia arabi. Arriva persino a rappresentarlo alla Knesset, il parlamento israeliano, per ben cinque legislature, difendendo con costanza le sue convinzioni al contempo progressiste e nazionaliste. Nel 1972 abbandona il mandato per dedicarsi alla sua opera letteraria in lingua araba, che nel 1990 gli vale il premio al-Quds (Gerusalemme) dell'Organizzazione per la liberazione della Palestina (Olp), seguito due anni dopo dal premio Israele per la letteratura araba.

Sebbene per molti versi Habibi appaia come un precursore del processo di pace avviato nel 1993 tra l'Olp e Israele, i due riconoscimenti suscitano feroci polemiche da entrambe le parti. Ma questo scrittore impegnato rifiuta di essere ridotto al suo duplice status minoritario: quello di palestinese in uno stato a stragrande maggioranza ebraica e quello di cristiano all'interno di una minoranza araba largamente musulmana. Fa del suo «Felice il pessottimista» l'incarnazione di una tragedia palestinese a valore universale, in cui l'ottimismo e il pessimismo si invertono i ruoli. Quando Felice, in preda all'ottimismo, si rincuora dicendosi che la sciagura in corso non è poi cosí grave, il pessimista in lui replica che il peggio deve ancora venire. Sotto la penna di Habibi l'umorismo palestinese raggiunge livelli di sarcasmo e amarezza che non hanno niente da invidiare a quelli dell'umorismo ebraico. E nessuno meglio di lui può introdurre questa analisi di una sconfitta talmente paradossale che non ha portato né pace né sicurezza alla parte vincente.

Eppure si tratta di una sconfitta storica che è necessario riconoscere prima di analizzare i processi che l'hanno resa possibile. Nel 1922, quando la Società delle Nazioni attribuisce alla Gran Bretagna un mandato sull'ex territorio ottomano della Palestina, la sua popolazione è per il 90 per cento araba, sebbene Londra si sia impegnata a instaurarvi un «focolare nazionale per il popolo ebraico». Un secolo dopo il numero degli ebrei e degli arabi che vivono in questa terra si equivale, ma lo Stato di Israele copre il 77 per cento della sua superficie e occupa la maggior parte del resto, lasciando all'«Autorità palestinese» solo una minima parte della Cisgiordania, mentre gli islamisti di *Hamas* controllano l'1 per cento rappresentato dalla Striscia di Gaza. Il movimento sionista, che all'inizio del Novecento possedeva soltanto un'infima parte della Palestina ottomana, è quindi riuscito a invertire le proporzioni fino a lasciare una minuscola percentuale del territorio nelle mani delle due istituzioni palestinesi, a loro volta paralizzate dalle proprie contraddizioni.

Anziché promuovere una Palestina indipendente a fianco di Israele nell'ambito di una «soluzione a due stati», nel 2021 Joe Biden rifiuta di tornare sui fatti compiuti del suo predecessore Donald Trump, primo fra tutti il riconoscimento di Gerusalemme – compresa la sua parte orientale, occupata dal 1967 – come capitale di Israele. Sebbene il «processo di pace» avviato trent'anni prima sia ormai morto e sepolto, gli Stati Uniti rifiutano qualsiasi intervento esterno nella mediazione israelo-palestinese, un diktat che la Russia e la Cina si guardano bene dal contestare. Quanto agli accordi di Abramo del 2020, si reggono sull'alleanza ormai strategica tra Israele, uno stato fondato sull'espropriazione di un popolo arabo, e gli Emirati Arabi Uniti, uno stato senza popolo in cui il 90 per cento degli abitanti non ha accesso alla cittadinanza. Questa dinamica di normalizzazione può cosí prescindere, nel mondo arabo, dal persistente attaccamento della società civile alla causa palestinese.

La sconfitta storica del movimento nazionale palestinese appare ancora piú clamorosa se si considera che probabilmente nessun movimento di liberazione ha mai goduto di un sostegno politico, diplomatico ed economico tanto importante – che all'apice della sua potenza ha avuto entrate annue nell'ordine di un miliardo di dollari[1] –, nonché dell'appoggio della stragrande maggioranza degli stati membri delle Nazioni Unite. Comprendere la dinamica di questa sconfitta è quindi essenziale per uscire da una duplice impasse intellettuale: da una parte quella del mito di uno stato bi-nazionale condiviso tra ebrei e arabi, un'opzione che il sionismo ormai trionfante rifiuta da quasi un secolo, e dall'altra quella di una questione palestinese di fatto «morta e sepolta», in un momento in cui qualsiasi forma di attaccamento del popolo autoctono alla sua terra sembra gettare un'ombra persistente sul futuro di Israele. Per non incorrere in questi due errori, è necessario rivisitare le grandi narrazioni sia israeliane sia palestinesi, mettendo in luce gli effettivi punti di forza del vincitore – non da ultimo l'anteriorità cristiana del sionismo – e i punti di debolezza strutturali dello sconfitto, che dopo aver a lungo beneficiato dell'illusione panaraba ha tanto sofferto del suo crollo.

Nella densissima storiografia del conflitto israelo-palestinese, questo libro si distingue per la sua ambizione di fornire un'analisi strutturale di un processo storico suddividendolo in capitoli tematici piuttosto che in sequenze cronologiche. La prima parte è dedicata ai tre punti di forza essenziali del progetto sionista e la seconda ai tre punti di debolezza fondamentali del movimento palestinese. Ognuno di questi punti è quindi trattato in un capitolo specifico, in questo caso attraverso uno sviluppo cronologico. È cosí che, per esempio, il piano di partizione della Palestina delle Nazioni Unite, anziché essere analizzato in quanto tale, viene osservato da sei diverse angolazioni all'interno di ciascun capitolo, dalla campagna dei «sionisti cristiani» per la sua adozione da parte degli Stati Uniti fino all'incapacità dell'Onu di porlo in essere, passando per la scommessa sionista sul riconoscimento dello stato ebraico e il rifiuto arabo della legittimità stessa di questo stato. Altri eventi meno fondamentali compaiono invece solo in determinati capitoli, in quanto la loro rilevanza è limitata a una sola delle dinamiche che hanno contribuito a questa sconfitta storica.

Tale metodo mira a restituire tutta la loro coerenza e visibilità a processi che l'approccio prettamente cronologico ha spesso la tendenza a diluire. Mette cosí in luce la persistenza storica e la potenza del sionismo cristiano, un movimento relativamente sconosciuto in gran parte d'Europa. Eppure ben prima di essere ebraico il sionismo è stato cristiano, sulla base della convinzione, diffusa nel protestantesimo anglosassone fin dalla metà dell'Ottocento, che il «ritorno» del popolo di Israele nella «sua» terra facesse parte del compimento delle profezie. Oltre a facilitare la dichiarazione Balfour del 1917 – prima vittoria storica del sionismo –, a partire dal 1948 questa convinzione rende il sostegno a Israele un aspetto essenziale della politica interna degli Stati Uniti, non tanto a causa del «voto ebraico», quanto piuttosto della crescente influenza dello stesso sionismo cristiano. Binyamin Netanyahu, primo ministro di Israele dal 1996 al 1999, poi dal 2009 al 2021, e poi ancora a partire dal 2022, inventa in questo senso una forma di «sionismo senza ebrei», che privilegia il sostegno incondizionato dei sionisti cristiani rispetto al dialogo con una diaspora profondamente variegata e spesso critica.

Quanto al sionismo ebraico, si è sempre contraddistinto per la sua pluralità organizzativa e per la vivacità dei suoi dibattiti interni. Anziché complicarne lo sviluppo, questa vitalità democratica consolida la diffusione nel mondo ebraico di tesi rimaste a lungo minoritarie, considerato che ogni suo nuovo membro può rivendicare la propria versione del sionismo, piú o meno progressista o religiosa e piú o meno tollerante o identitaria. Nella battaglia finale contro il mandato britannico, tra il 1945 e il 1947, David Ben Gurion riesce a far leva sul potenziale di disturbo dei suoi stessi estremisti, prima di integrarli brutalmente, nel 1948, nel nuovo esercito di Israele. Se è vero che il proporzionale integrale a circoscrizione unica che regola la composizione della Knesset è il sistema elettorale piú democratico del mondo, genera da decenni una frammentazione sempre piú pronunciata della scena politica israeliana, che culmina nelle cinque tornate elettorali del quadriennio 2019-2022.

Ma questa paralisi permette di rimandare qualsiasi concessione territoriale, dal momento che, dopo l'assassinio di Yitzhak Rabin nel 1995, nessun governo sarà piú in grado di ottenere una maggioranza chiara in favore della pace. La frammentazione politica di Israele diventa cosí un aspetto decisivo del suo rapporto di forza con i palestinesi.

Il terzo grande punto di forza di Israele risiede nella strategia dei fatti compiuti perseguita dal movimento sionista fin dal suo congresso costitutivo del 1897. All'epoca la popolazione ebraica rappresenta solo il 5 per cento degli abitanti della Palestina, dove è perlopiú contraria al progetto sionista, soprattutto per motivi religiosi. Ciò non impedisce al movimento di ottenere la consacrazione della dichiarazione Balfour, nel 1917, e quella della partizione della Palestina in due stati – uno ebraico e uno arabo – da parte delle Nazioni Unite trent'anni dopo. Di volta in volta un nuovo fatto compiuto, rapidamente reso irreversibile, permette al progetto sionista di prendere forma senza mai svelare il suo obiettivo finale. È cosí che nel 1948 l'esodo della stragrande maggioranza della popolazione palestinese viene reso definitivo, nonostante il fatto che nello stesso anno l'Onu adotti il principio di «diritto al ritorno» dei rifugiati. A partire dalla guerra del 1967 è la graduale erosione dei territori palestinesi occupati a creare una nuova realtà, consacrata anziché contrastata dal «processo di pace». L'assedio imposto a Gaza e il rifiuto di annettere formalmente la Cisgiordania favoriscono infatti una modalità di controllo «a distanza» di una popolazione araba la cui gestione quotidiana dipende da istituzioni palestinesi, risparmiando a Israele i costi e la responsabilità di un'occupazione diretta.

Questi tre punti di forza israeliani si sono nutriti di tre punti di debolezza palestinesi, primo fra tutti l'illusione della solidarietà araba. Eppure sono i capi di stato arabi a costringere i leader palestinesi a sospendere lo sciopero generale del 1936 e a escludere qualsiasi rappresentanza palestinese dagli armistizi conclusi con Israele nel 1949. È solo dopo la disfatta araba del 1967 che la resistenza palestinese riacquista una propria visibilità, sancita nel 1969 dalla presa di controllo dell'Olp – fino ad allora sotto influenza del Cairo – da parte dei *feddayin*. Ma anche allora l'Olp dilapida le sue risorse politiche e militari in conflitti che finisce per perdere prima contro la Giordania, durante il «settembre nero» del 1970, poi contro la Siria in Libano, nel 1976 e nel 1983. Tutti i regimi arabi restano passivi durante l'assedio di Beirut del 1982, in cui l'Olp affronta Israele da sola prima di essere evacuata dalla capitale libanese. Bisogna aspettare l'*intifada* del 1987 – la rivolta pacifica della Cisgiordania e di Gaza – perché l'Olp inizi finalmente a sostenere la soluzione a due stati, aprendo la strada al processo di pace. Ma è solo nel 2002 che questa soluzione viene adottata da un vertice arabo, quando gli attentati suicidi della seconda *intifada* hanno ormai screditato il processo di pace agli occhi di gran parte degli israeliani. E il fatto che la solidarietà islamica con la causa palestinese sia ancora meno efficace di quella araba può difficilmente compensare un bilancio tanto negativo.

Anche la dinamica delle fazioni indebolisce durevolmente il nazionalismo palestinese, segnato fin dal principio dalla polarizzazione tra i sostenitori delle due grandi famiglie rivali di Gerusalemme, gli Husayni e i Nashashibi. La leadership palestinese paga lo scotto delle sue divisioni di fronte alla coerenza sionista, cosa che spiega la sua sconfitta durante la guerra giudeo-araba del biennio 1947-48 (tra il piano di partizione della Palestina e la proclamazione dello Stato di Israele), poi la portata dell'esodo palestinese. I *feddayin* si costituiscono in esilio contro i notabili tradizionali, anche se i gruppi armati conosceranno una frammentazione ancora piú profonda, alimentata dai conflitti tra i «padrini» arabi dell'una o dell'altra fazione. A partire dal 1969 Yasser Arafat riesce a mantenersi a capo dell'Olp solo contenendo le fazioni con il suo autoritarismo e in favore di *al-Fatah*, il movimento che ha lui stesso fondato. Ma il suo impegno nel processo di pace con Israele permette a *Hamas* di islamizzare la «liberazione della Palestina» e di porsi come alternativa all'Olp. Ciò nonostante Arafat riesce a evitare una guerra civile fino alla sua scomparsa, nel 2004, quando *Hamas* e *al-Fatah* si spartiscono i due micro-territori di Gaza e della Cisgiordania. Di fronte al rullo compressore israeliano, questa divisione impedisce qualsiasi mobilitazione nazionalista di lungo corso.

La causa palestinese è infine vittima del crudele paradosso tra l'eccessivo coinvolgimento della comunità internazionale in termini di attività diplomatica, sostegno umanitario e visibilità mediatica, da una parte, e la costante erosione dei diritti dei palestinesi, dall'altra. Questo paradosso deriva dal «doppio standard» in base al quale i crimini di guerra, qualificati come tali dal diritto internazionale, restano impuniti in virtú dello status d'eccezione di Israele, che non esita a bollare di «antisemitismo» qualsiasi iniziativa di condanna, e a maggior ragione di sanzione, contro il suo paese. Nonostante il suo rinnovamento post guerra fredda, l'Onu si dimostra incapace non solo di risolvere, ma persino di partecipare alla risoluzione della «questione palestinese», che pure è quella che piú l'ha mobilitata nella sua lunga storia. A partire dal 2001 le «guerre al terrorismo» portano a occultare la dimensione politico-territoriale di un conflitto ormai presentato nei termini implacabili di uno «scontro di civiltà» di tipo etnico-religioso, che nega il principio stesso di un compromesso negoziato e di concessioni territoriali.

Ma la sconfitta storica del nazionalismo palestinese non implica che Israele abbia vinto, nel senso di essere riuscito a estinguere tutte le rivendicazioni del popolo perdente. Il fallimento delle élite palestinesi, aggravato dalla dinamica delle fazioni e dalle ingerenze arabe, non ha infatti compromesso l'intensità dell'attaccamento della popolazione palestinese alla sua terra. E nel territorio della Palestina mandataria questa popolazione resta tanto numerosa quanto quella ebraica, anche se i circa 7 milioni di ebrei godono di tutti i privilegi della nazionalità israeliana fino all'interno delle colonie di Gerusalemme Est e della Cisgiordania, mentre i circa 7 milioni di palestinesi sono suddivisi in quattro status incompatibili (1,7 milioni di arabi israeliani, 300 000 residenti palestinesi di Gerusalemme Est sotto autorità israeliana, 2,8 milioni di abitanti della Cisgiordania e 2,2 milioni di abitanti della Striscia di Gaza). Il dominio di Israele su questo spazio può infatti essere garantito solo dall'esclusione duratura dell'enclave sovrappopolata di Gaza, un'esclusione fondata da sedici lunghi anni su un blocco che permette alla popolazione ebraica – di nazionalità israeliana – di restare maggioritaria sul resto della «Palestina utile».

Anestetizzato da uno schiacciante rapporto di forza in suo favore, Israele era convinto di poter costruire *sine die* il suo futuro sul suo rifiuto di concedere al popolo dominato il benché minimo orizzonte politico. Ma questa illusione si è infranta contro l'orrore della campagna terrorista di *Hamas* del 7 ottobre 2023. Di fronte alle atrocità perpetrate quel giorno tutte le emozioni sono legittime – sgomento, rabbia, disperazione, collera, paura o scoramento –, tutte, tranne la sorpresa. Già nel luglio del 2014 scrivevo che far «sprofondare la Striscia di Gaza in un'insicurezza permanente in nome della sicurezza di Israele non è solo una tragica illusione, ma anche un errore strategico», con il rischio che «la trappola di Gaza si richiuda tanto sui palestinesi quanto su Israele»[2]. Nell'aprile del 2018 accusavo Netanyahu e il suo governo di «fare il gioco di *Hamas*», segnalando che il fatto di non «allentare la morsa di *Hamas* su Gaza per favorire una via alternativa» avrebbe rappresentato un «disastro per il Medio Oriente»[3]. Nel settembre del 2022, dopo la fine di un cessate il fuoco non meno precario dei precedenti nella Striscia di Gaza, ricordavo che «questa sospensione delle ostilità si basa su compromessi a breve termine e non risolve in nessun modo la questione delle sorti di Gaza e della sua popolazione»[4].

Non è solo la struttura di sicurezza di Israele – tanto solida tatticamente quanto fragile strategicamente – a essere crollata il 7 ottobre 2023. È anche l'ostinazione di Israele a voler contare solo sulle proprie forze a essersi scontrata con la realtà altrettanto ostinata di una questione palestinese che risuona ben al di là del Medio Oriente. Ed è soprattutto la visione di Theodor Herzl di uno «Stato degli ebrei» in grado di garantire la loro sicurezza in un santuario territoriale contro l'antisemitismo a essere stata smentita dal piú grande massacro di ebrei dopo la Shoah. Trasformando il Nord della Striscia di Gaza in un «paesaggio apocalittico»[5], seminando distruzione, macerie e morte in tutta l'enclave palestinese, la rappresaglia israeliana non è altro che una sanguinosa fuga in avanti destinata ad aggravare la contraddizione fondamentale del progetto sionista. No, il conflitto israelo-palestinese non è un gioco a somma zero in cui le perdite dell'uno si traducono meccanicamente nelle vincite dell'altro. Sí, i destini del popolo israeliano e di quello palestinese sono indissolubilmente legati, nel bene e – purtroppo il piú delle volte – nel male.

E tuttavia questa spirale tanto devastante non è una fatalità, a patto di sbarazzarsi dei paraocchi ideologici che le grandi narrazioni degli uni e degli altri hanno reso sempre piú rigidi.

In quest'epoca di odio e generalizzazioni, restituire al passato la sua complessità, battere la strada delle occasioni perdute e ricostituire gli strati dei fatti compiuti e delle ostilità è forse il migliore antidoto alla frenesia identitaria. Questo conflitto lungo piú di un secolo non riguarda solo i due popoli che si affrontano per e nella stessa terra. La persistenza dell'ingiustizia inflitta al popolo palestinese ha infatti contribuito non poco alla brutalizzazione del mondo contemporaneo, alla militarizzazione delle relazioni internazionali e al naufragio dell'Onu, paralizzata per decenni dagli Stati Uniti in favore di Israele, per poi essere paralizzata dalla Russia prima sulla Siria e oggi sull'Ucraina. Il fatto di capire come la Palestina è stata persa e perché Israele non ha vinto rientra quindi in una riflessione aperta su quello che ci riserva il nostro nuovo millennio.

1. La Palestina secondo il reverendo Bush (1844).

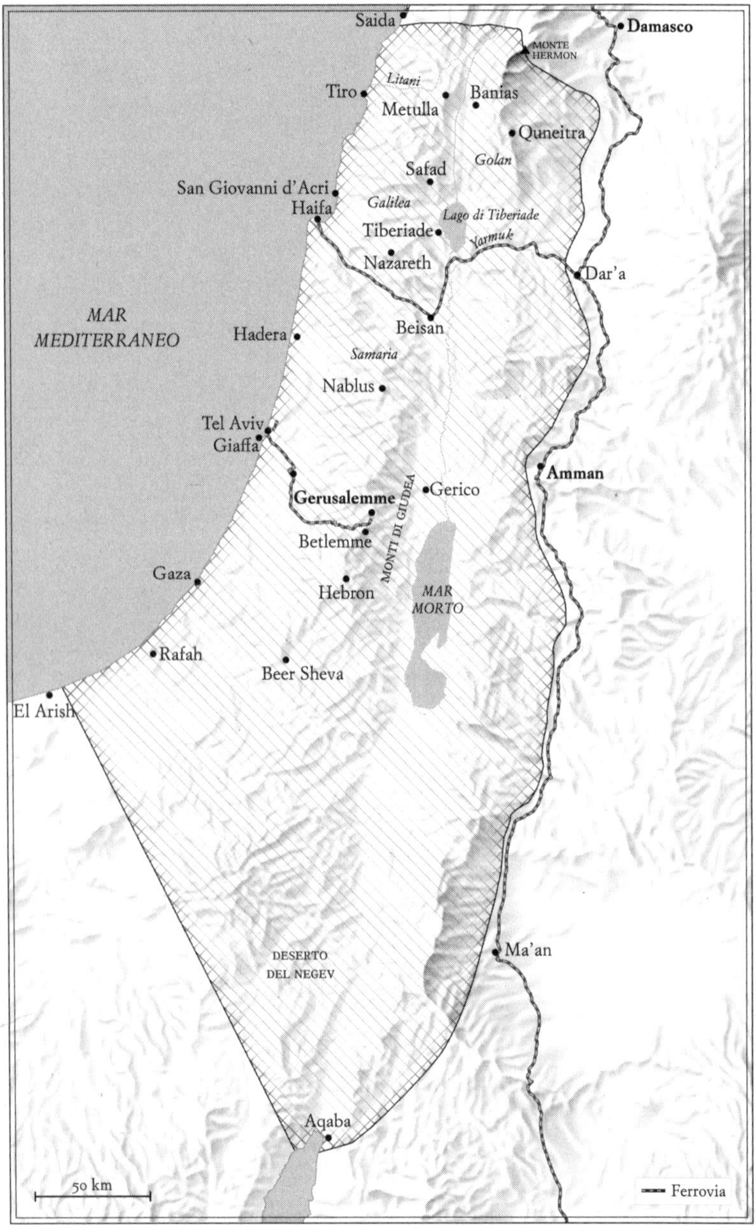

2. Proposta sionista per i confini della Palestina (1919).

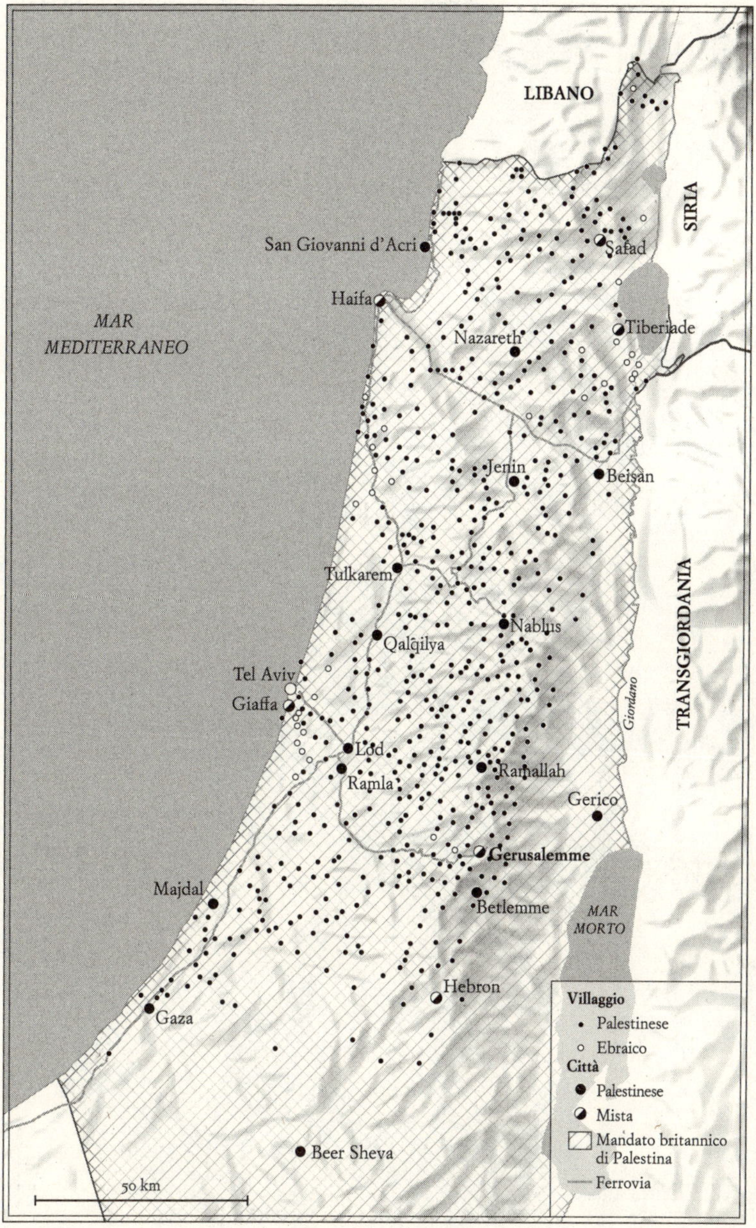

3. Il popolamento della Palestina all'inizio del mandato britannico (1922).

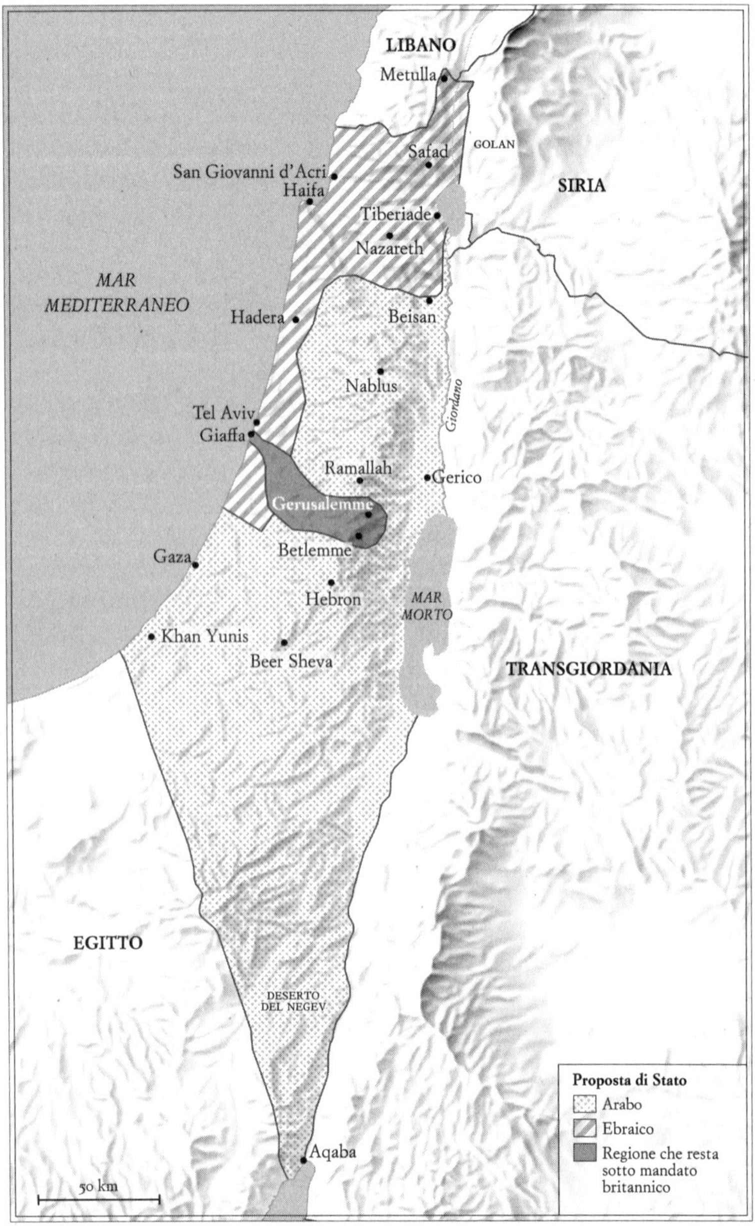

4. Il primo piano di partizione della Palestina (1937).

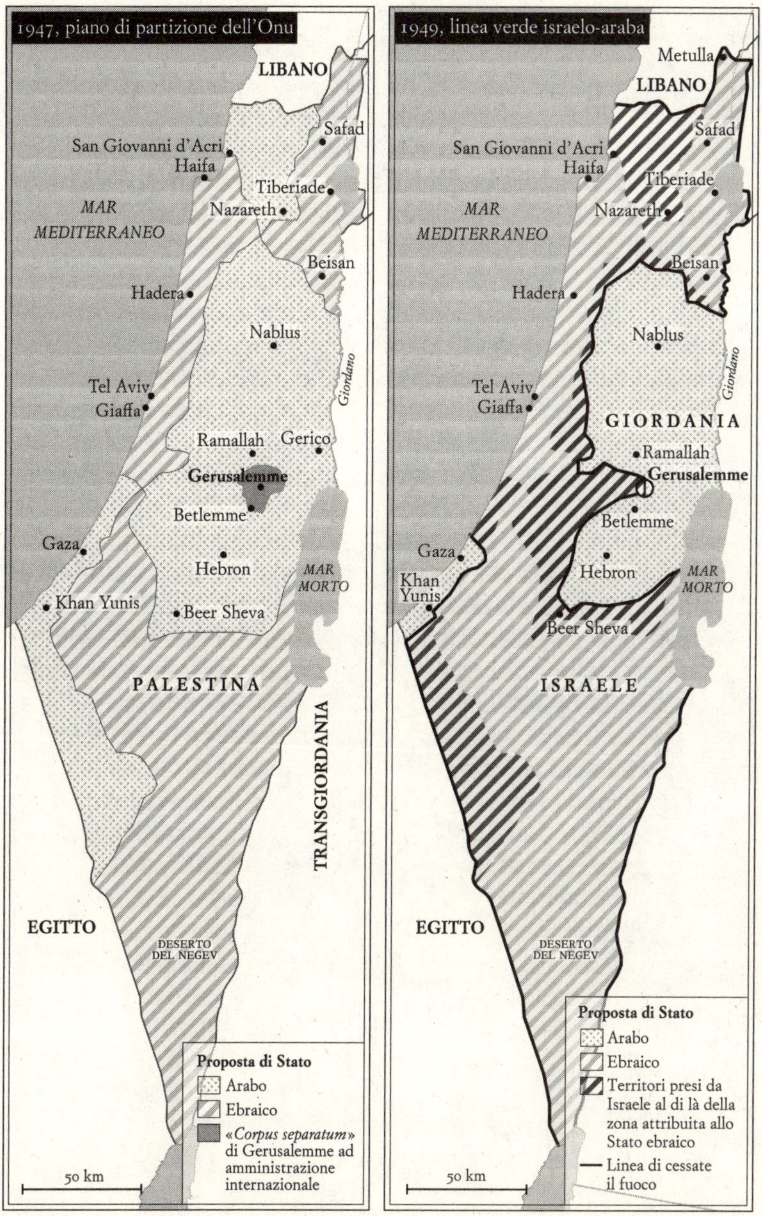

5. Dalla Palestina a Israele (1947-48).

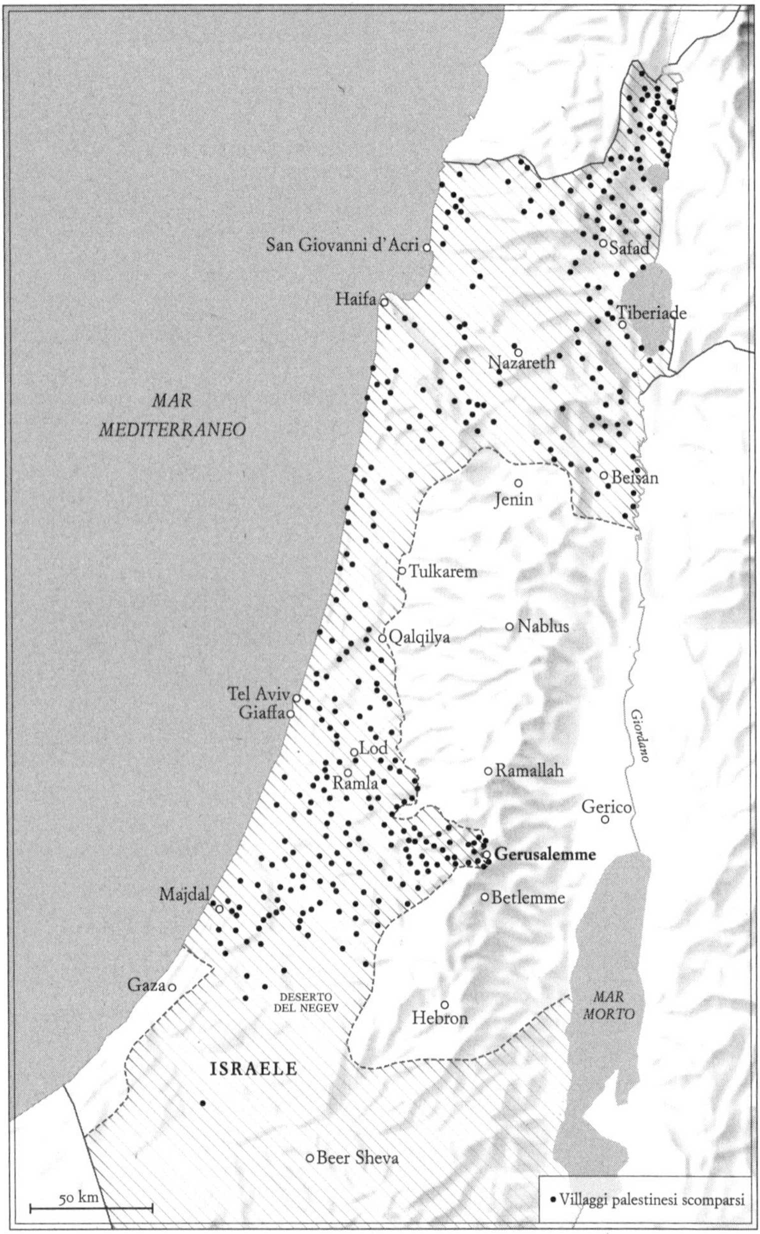

6. La *Nakba* delle località palestinesi scomparse nel 1948.

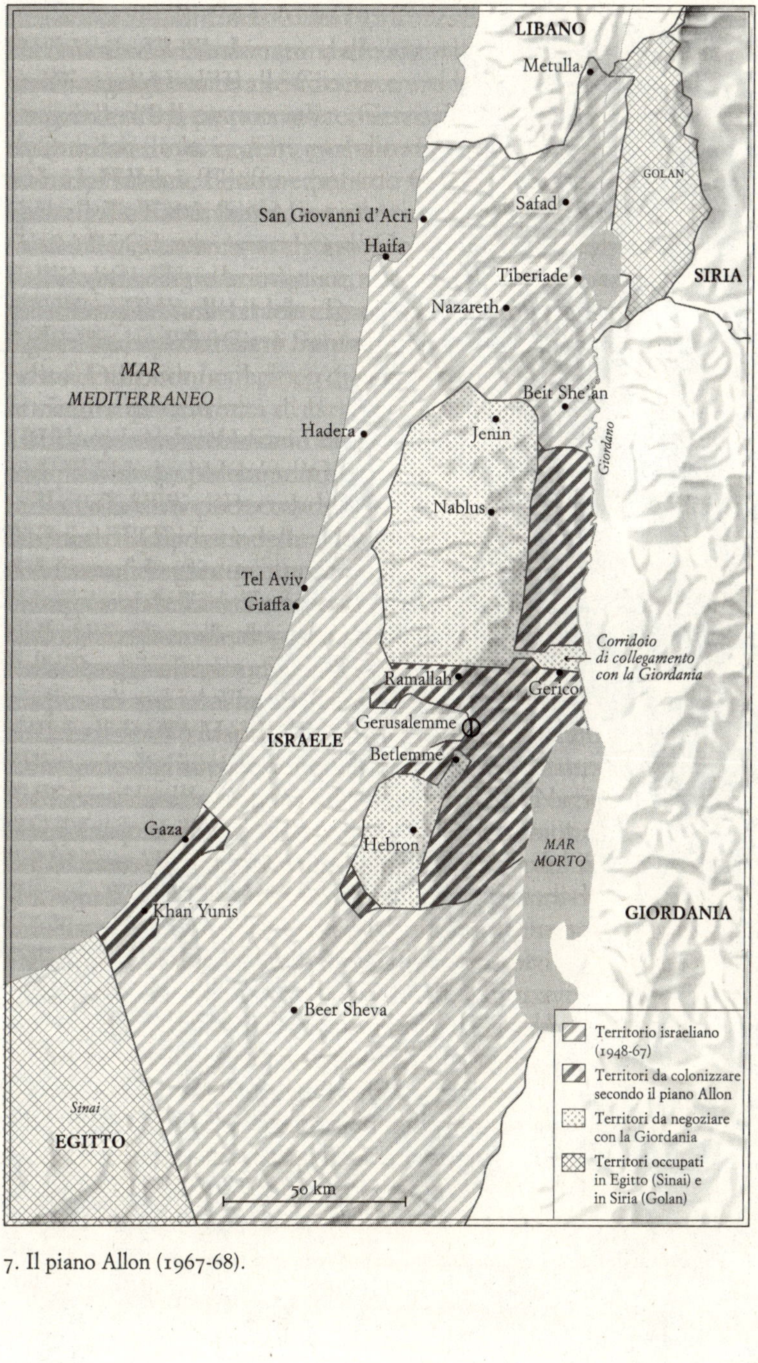

7. Il piano Allon (1967-68).

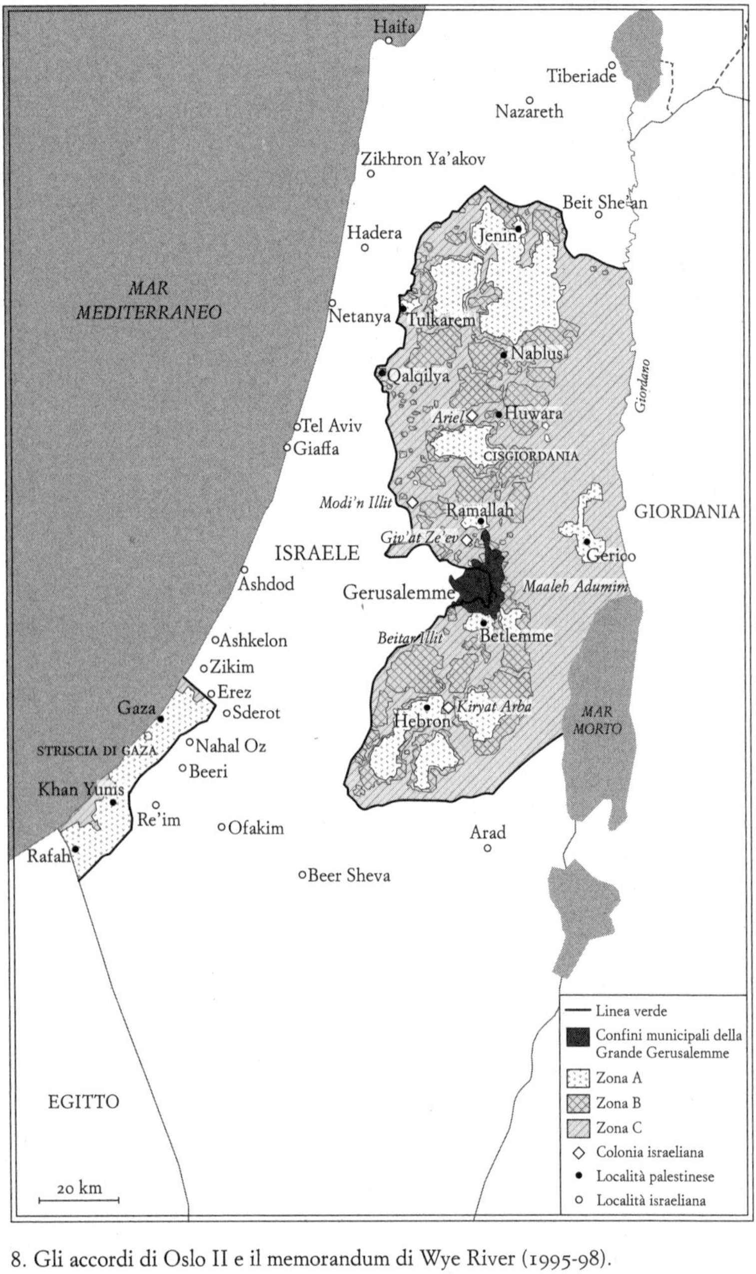

8. Gli accordi di Oslo II e il memorandum di Wye River (1995-98).

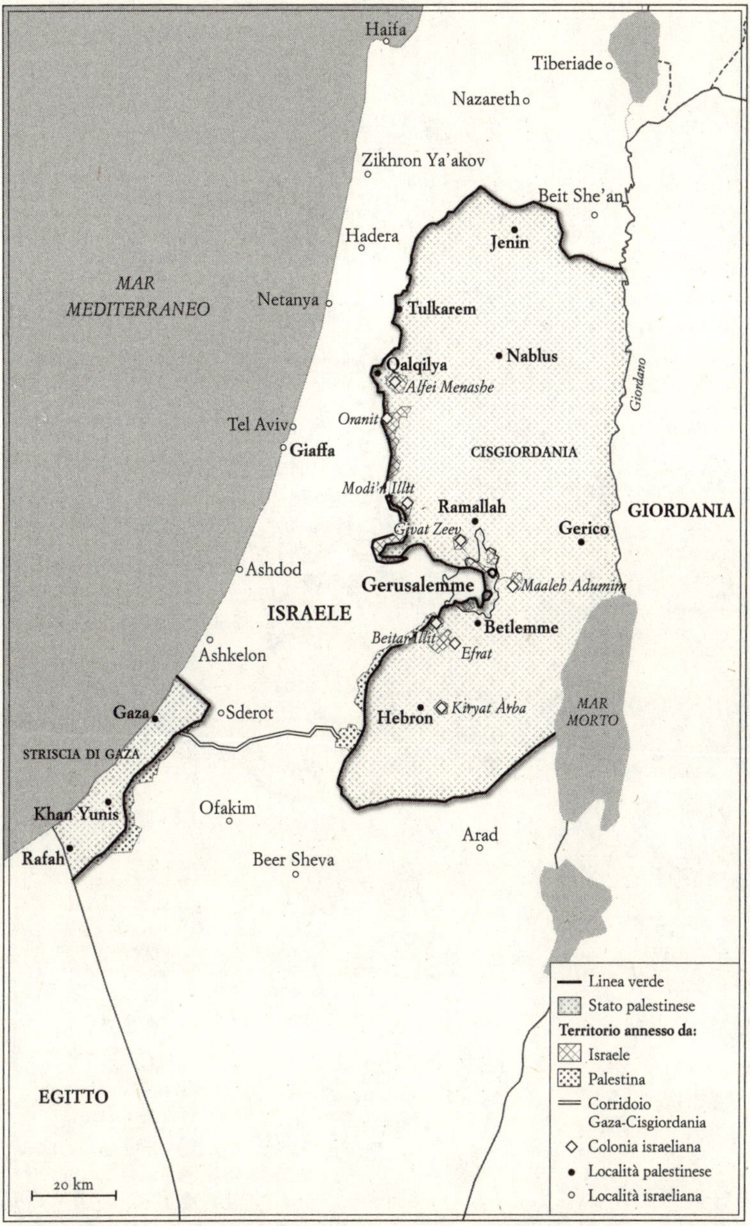

9. L'iniziativa di Ginevra per due stati (2003).

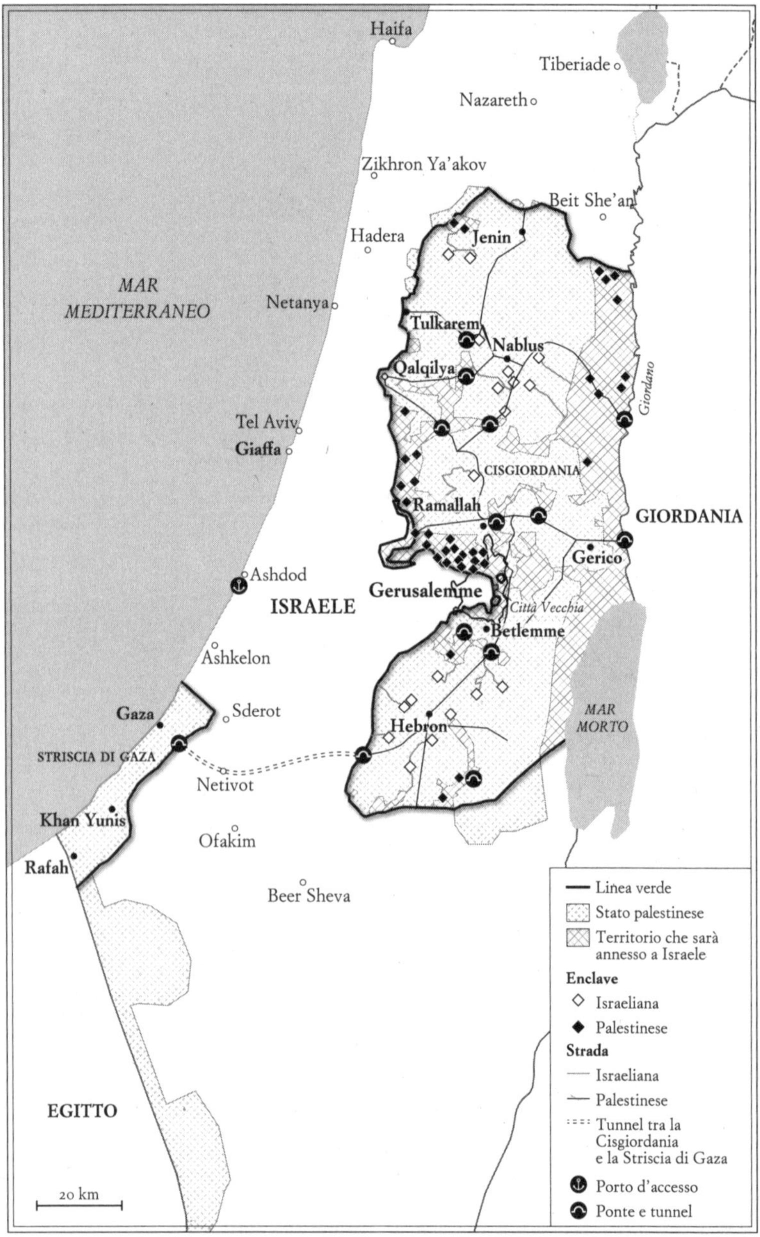

10. L'«accordo del secolo» di Trump (2020).

Grazie a Diego Filiu per la sua attenta rilettura

* Emil Habibi, *al-Waqā'i' al-ġarība fī iḫtifā' Sa'īd Abī al-Naḥs al-mutašā'il* (1974) [ed. it. *Il Pessottimista. Un arabo d'Israele*, trad. di I. Camera d'Afflitto e L. Ladikoff, Bompiani, Milano 2002, p. 15].

Perché la Palestina è perduta ma Israele non ha vinto

Io non faccio distinzione tra pessimismo e ottimismo. Allora mi chiedo: Che cosa sono? Sono pessimista o ottimista?

Il mattino mi sveglio ringraziando Iddio che non mi ha portato via l'anima nel sonno. Se durante il giorno mi capita un che di spiacevole, ringrazio sempre Iddio di avermi risparmiato il peggio. Io chi sono, allora, un pessimista o un ottimista?

EMIL HABIBI, *Il Pessottimista. Un arabo d'Israele*[*].

Parte prima

I tre punti di forza israeliani

Capitolo primo

Un sionismo storicamente cristiano

> C'è un paese senza nazione. E ora Dio, nella Sua saggezza e nella Sua misericordia, ci indirizza verso una nazione senza paese.
>
> LORD SHAFTESBURY, 1854[1].

In quanto movimento che promuove l'unione del popolo ebraico nella Terra d'Israele, il sionismo è stato storicamente cristiano prima di essere ebraico. Questa realtà tanto sconosciuta quanto sconcertante ha rappresentato un formidabile vantaggio per l'insediamento ebraico in Palestina, nonostante la precoce resistenza della popolazione locale. La corrente evangelica del protestantesimo anglosassone ritiene infatti che la Palestina resterà priva di senso – e quindi di «nazione» degna di questo nome – finché il popolo ebraico non vi avrà compiuto il suo presunto destino, aprendo cosí la strada all'instaurazione del Regno di Dio. Questa ossessione escatologica rafforza il sostegno delle autorità britanniche al progetto sionista in Palestina, e poi quello degli Stati Uniti al giovane Stato di Israele. Dopo le conquiste territoriali del 1967 il registro biblico conduce a esonerare lo stato ebraico dalla legge degli uomini, e di conseguenza dal diritto internazionale. Il sionismo cristiano, nel frattempo diventato protagonista della politica americana, svolge un ruolo determinante nel sabotaggio del processo di pace israelo-palestinese. Ed è sotto la sua influenza che Donald Trump sferra i colpi piú duri mai inferti alla legittimità stessa della causa palestinese.

Dai Padri pellegrini al restaurazionismo.

«Venite, raccontiamo in Sion l'opera del Signore nostro Dio»[2]. Siamo nel 1620, ed è invocando queste parole del profeta Geremia che William Bradford sbarca sul continente americano. È seguito da alcune decine di dissidenti inglesi, che dopo essersi rifugiati nei Paesi Bassi in opposizione alla Chiesa anglicana, sono salpati verso il Nuovo mondo a bordo della *Mayflower*. Per questi «Padri pellegrini» l'America è la nuova Terra promessa, quella in cui verrà fondata la Gerusalemme moderna sul monte Sion del loro tempo. L'imprinting biblico di queste prime generazioni di coloni nella «Nuova Inghilterra» si ritrova nella toponomastica dei territori progressivamente conquistati: diverse colline vengono battezzate «Sion», mentre il porto di Salem, fondato nel 1626, fa eco a Gerusalemme.

Ben presto i pionieri della *Mayflower* vengono raggiunti da migliaia di puritani inglesi, determinati a fondare, con questo nuovo Esodo, una colonia governata dalla legge di Dio. Il loro fondamentalismo è tutt'altro che condiviso dalle varie comunità di luterani tedeschi, riformati francesi e mennoniti alsaziani che si insediano l'una dopo l'altra nel Nuovo mondo. Ma tra tutti questi immigrati protestanti, la cui vita si declina spesso sul registro biblico, l'identificazione con il popolo di Israele resta forte. Nel Settecento le dodici colonie che dipendono dalla corona d'Inghilterra vengono addirittura paragonate alle dodici tribú di Israele. E quando nel 1776 queste colonie – diventate tredici con la fondazione della Georgia nel 1733 – dichiarano l'indipendenza dei loro «Stati Uniti», il sovrano britannico viene equiparato a un faraone incapace di trasferire abbastanza truppe da una riva all'altra di quel mar Rosso trasfigurato nell'oceano Atlantico[3].

Gli Stati Uniti, la cui vittoria è sancita dal trattato di Parigi del 1783, adottano quattro anni piú tardi, dopo aspri dibattiti, una costituzione di ispirazione federale. La propaganda patriottica non manca di assimilare il primo presidente George Washington, in carica dal 1789 al 1797, a un novello Mosè che avrebbe guidato il suo popolo verso la Terra promessa, mentre il suo successore John Adams, nello stesso spirito, viene paragonato a Giosuè. Questo gioco di specchi prosegue a lungo, mentre si afferma, all'interno di varie denominazioni protestanti, una tendenza cosiddetta «restaurazionista», in quanto sostiene la «restaurazione» del popolo ebraico nella Terra d'Israele. L'ascesa di questa corrente si fonda su un'interpretazione letteralista delle Sacre Scritture, secondo cui il compimento delle profezie sarebbe subordinato a una simile «restaurazione». Una credenza che diventa un vero e proprio atto di fede per il Consiglio americano delle missioni fondato nel 1810 in Massachusetts: Levi Parsons, uno dei suoi piú ferventi predicatori, proclama nel 1812 che «Sion prospererà»[4].

Non si tratta piú della Sion fantasticata dai Padri pellegrini, bensí del territorio ottomano della Palestina, dove fin dal 1816 una rivista di Baltimora immagina i deserti «sbocciare come una rosa» per mano dei pionieri ebrei[5]. L'ex presidente John Adams, ormai ritiratosi dalla vita politica, sogna nel 1819 un «esercito» di «100 000 israeliti» che si dovrebbe insediare «nuovamente in Giudea come nazione indipendente»[6]. Queste visioni restano però astratte negli Stati Uniti, dove solo alcune migliaia di cittadini sono ebrei. Quanto al progetto missionario di Parson, si conclude nel 1821, dopo un soggiorno di tre mesi a Gerusalemme durante il quale non si registra nessuna seria conversione. Le imprese missionarie in Terra Santa degli anni successivi si rivelano altrettanto infruttuose a causa del disinteresse delle comunità ebraiche, dell'ostilità dei cristiani d'Oriente e del divieto ottomano di qualsiasi proselitismo negli ambienti musulmani.

La mappa del reverendo Bush.

Bisogna aspettare il 1844 perché la sensibilità restaurazionista venga formalizzata in un'opera di riferimento, *The Valley of Vision, or The Dry Bones of Israel Revived* (La Valle della Visione, o le ossa aride di Israele rivivificate). L'autore è il reverendo George Bush, docente di ebraico all'Università di New York e cugino del trisavolo di George H. Bush, presidente degli Stati Uniti dal 1989 al 1993, a sua volta padre di George W. Bush, presidente dal 2001 al 2009. Il reverendo Bush era già noto per aver scritto la prima biografia statunitense del profeta Maometto, nella quale accusava di aver «diffuso il veleno di una falsa religione»[7]. In *Valley of Vision*, basandosi sulle profezie di Ezechiele, sostiene di vedere segni divini nell'emancipazione degli ebrei da parte di «vari governi cristiani» e nella loro «elevazione tra le nazioni di onorevole reputazione». Ancora piú importante ai suoi occhi è l'editto ottomano del 1839 che proclama l'uguaglianza tra tutti i sudditi, siano essi musulmani, cristiani o ebrei, perché per gli ebrei dell'«impero turco la servitú politica è sempre stata particolarmente pesante e gravosa»[8].

Questo «può gettare i semi di un movimento nazionale», vale a dire – per riprendere i termini di Ezechiele – creare «un movimento tra le ossa aride» di Israele[9]. Ma per rigenerare «le moltitudini moralmente defunte della casa di Israele» è necessario mobilitare «ogni dipartimento di Sion»[10]. Il reverendo Bush è convinto dell'imminenza di un «richiamo finale della razza ebraica dalla sua lunga dispersione tra le nazioni, e del suo reinsediamento nella terra che le è stata lasciata in eredità dall'Alleanza»[11]. Insiste sul fatto che questo «ristabilimento nella terra di Canaan sarà definitivo e permanente»[12]. Precisa inoltre che «ai cristiani non spetta nessun dovere specifico in questa sorte predetta a Israele, salvo qualora si riveli necessaria un'azione di governo per rimuovere gli ostacoli politici che si frappongono all'evento»[13]. Certo dell'«unione tra le case di Giuda e Israele dopo il ritorno nella loro terra»[14], il reverendo Bush elabora una mappa* in cui suddivide i territori delle dodici tribú sulla «terra originaria di Canaan», cioè «dal Mediterraneo al Giordano»: da nord a sud, San Giovanni d'Acri è quindi attribuita a Manasse, Tiberiade a Efraim, Cesarea a Ruben, Sichem (nome biblico di Nablus) a Giuda e cosí via.

George Bush non spende neanche una parola per la popolazione che vive allora su quella terra, di cui ritaglia gli appezzamenti con un'arbitrarietà simile a quella con cui nello stesso momento si delimitano i territori da colonizzare negli immensi spazi dell'Ovest degli Stati Uniti. Il fatto è che *Valley of Vision*, pubblicato nel 1884, si inserisce nel contesto dell'affermazione conquistatrice del «destino manifesto» del popolo americano. Per i sostenitori di questa dottrina di tipo messianico gli Stati Uniti hanno il compito di esportare il loro modello di civiltà dall'Atlantico al Pacifico, rigettando nell'ombra le popolazioni indigene che osano opporsi. Questo riscatto della terra attraverso l'espansionismo coloniale, con l'espulsione degli abitanti di cui viene negata persino l'esistenza, è al centro della visione del reverendo Bush di un «ritorno» del popolo ebraico sulla «sua terra».

La sua mappa appare ancora piú sorprendente se si considera che rivela la tendenza espropriatrice di una figura che, per

* Si veda la mappa 1.

quanto totalmente estranea alla cultura e alla realtà della Palestina, si arroga il diritto sovrano di disporne. È solo la prima di una lunga serie di proiezioni di potenza, ognuna delle quali cercherà di invisibilizzare gli abitanti della Palestina attraverso una spoliazione simbolica giustificata dalla santificazione di quella terra. Il reverendo Bush assegna inoltre agli ebrei – che nonostante la sua padronanza dell'ebraico ha frequentato poco – una missione da cui dipende la salvezza sua e dei suoi correligionari. Tutto è ormai pronto perché il popolo ebraico compia le profezie cristianizzate in Terra Santa, mentre i palestinesi sono opportunamente occultati dalla scena.

«Un paese senza nazione per una nazione senza paese».

Nel momento in cui gli Stati Uniti conquistano l'indipendenza, il protestantesimo britannico è a sua volta attraversato da un'ondata di revivalismo religioso, indicato con il termine generico di «evangelismo» in quanto attribuisce un ruolo centrale alla conversione personale e all'interpretazione letterale delle Sacre Scritture. Uno degli atti di fede di questa corrente è la credenza nella «Seconda venuta» (*Second Coming*) di Gesú a Gerusalemme, quando gli ebrei saranno «restaurati» nella Terra d'Israele per instaurarvi il Regno dei Cieli. Queste aspettative escatologiche si intensificano con i tumulti della Rivoluzione francese, conformemente all'adagio secondo cui «gli inglesi divennero religiosi quando i francesi divennero repubblicani»[15]. Quando iniziano a circolare voci sullo «stato ebraico» che il generale Bonaparte avrebbe proposto di fondare in Palestina, parzialmente occupata dalle truppe francesi nel 1799 prima del loro ritiro in Egitto, nei circoli millenaristi l'angoscia si fa palpabile. Sebbene queste voci non abbiano alcun fondamento[16], la prospettiva di una «restaurazione» degli ebrei sotto l'egida della Francia repubblicana turba gli ambienti evangelici, convinti del loro ruolo essenziale nel compimento delle profezie. All'epoca quegli ambienti sono divisi sulla questione della conversione degli ebrei al cristianesimo: alcuni ritengono che debba precedere la loro «restaurazione», mentre altri che possa essere solo la sua conseguenza.

Questa tendenza si impone definitivamente nel 1836, con la pubblicazione di una raccolta di sermoni di Edward Bickersteth il cui titolo richiama un'affermazione dottrinale: *The Restoration of the Jews to Their Own Land: In Connection With Their Future Conversion and the Final Blessedness of Our Earth* (La restaurazione degli ebrei nella loro terra in relazione alla loro futura conversione e alla finale beatitudine della nostra terra). Il predicatore evangelico è convinto che «la restaurazione degli ebrei sia l'allarme sull'orologio della Provvidenza divina che annuncia l'imminenza della fine del mistero di Dio». Aggiunge che in un contesto di «crollo dell'Impero turco» il «ritorno politico» degli ebrei in Palestina è «probabilmente molto vicino»[17]. Bickersteth può contare sul sostegno attivo di Alexandre McCaul, un predicatore evangelico che l'anno precedente ha pubblicato *New Testament Evidence to Prove That the Jews Are to Be Restored to the Land of Israel* (Il Nuovo Testamento dimostra che è necessario restaurare gli ebrei nella Terra d'Israele). Questi due predicatori sono a loro volta molto legati a un astro nascente del Partito conservatore, Anthony Ashley-Cooper, membro del parlamento dal 1826 e rieletto a piú riprese (promosso alla Camera dei Lord nel 1851, entrerà nella storia con il nome di Lord Shaftesbury).

Fin dal 1839 il futuro Lord Shaftesbury afferma che la Palestina, all'epoca contesa tra l'impero ottomano e l'Egitto di Muhammad Ali[18], spetta a un «terzo contendente», il popolo ebraico, sostenuto dai cristiani finalmente votati a «cercare la pace temporale ed eterna del popolo ebraico»[19]. Stima allora che gli abitanti ebraici della Palestina siano circa 40 000, una cifra chiaramente esagerata se si considera che il console britannico a Gerusalemme parla di meno di 10 000 ebrei per una popolazione totale di circa 350 000 abitanti, di cui 30 000 cristiani. Ma lo stesso console scrive a Lord Palmerston, ministro degli Esteri britannico, che nel futuro della Palestina peseranno «due parti»: «gli ebrei, cui Dio ha donato originariamente questa terra», e i «cristiani protestanti, i loro legittimi discendenti»[20]. Ciò dimostra fino a che punto la tesi di Shaftesbury permei la diplomazia britannica. Il rappresentante di Sua Graziosa Maestà a Gerusalemme, primo console europeo a stabilirvisi nel 1839, è d'altronde ufficialmente incaricato di proteggere e assistere la comunità ebraica locale.

Shaftesbury continua ad annunciare «il ritorno in massa [degli ebrei] sulla loro antica terra»[21], sebbene questi dimostrino scarso interesse a immigrare in Palestina, tornata sotto autorità ottomana nel 1840. L'instancabile propagandista scrive a Palmerston di non fidarsi «né degli ebrei inglesi né dei ricchi né degli ebrei riformati o infedeli della Germania» per questo «ritorno», ma solo degli «ebrei rabbinici che lo accetteranno con gioia», provenienti «dalla Polonia, dalla Russia vera e propria e dalle coste del Nord Africa»[22]. In ogni caso Shaftesbury riesce a convincere Palmerston a informare il suo ambasciatore a Costantinopoli del crescente sentimento, «tra gli ebrei disseminati in Europa», dell'«avvicinarsi del Tempo in cui la nostra Nazione tornerà in Palestina»[23]. Anche in questo caso la diplomazia britannica proietta sulla Terra Santa un desiderio di «ritorno» del popolo ebraico che è in gran parte frutto delle sue stesse aspettative escatologiche.

La palpabile mancanza di entusiasmo all'interno della diaspora ebraica costringe Shaftesbury a moderare i suoi ardori restaurazionisti. Bisognerà aspettare il 1853 perché, ormai diventato un rispettabile Lord, rilanci la sua campagna approfittando della guerra di Crimea, quando si forma un'alleanza franco-britannica in difesa dell'impero ottomano contro l'espansionismo russo. Alle numerose rimostranze del suo paese al regime zarista, Shaftesbury aggiunge la sua avversione nei confronti del «principale, potente e disumano oppressore» degli ebrei[24]. Vede il conflitto in corso come una storica opportunità per il «ritorno» del popolo ebraico in Palestina, terra i cui abitanti spariscono opportunamente sotto la sua penna, come la descrive nel 1854: «C'è un paese senza nazione. E ora Dio, nella Sua saggezza e nella Sua misericordia, ci indirizza verso una nazione senza paese. Il Suo popolo un tempo amato e sí, ancora amato, i figli di Abramo, di Isacco e di Giacobbe»[25]. La guerra di Crimea si conclude nel 1856 con l'emancipazione sia degli ebrei sia dei cristiani dell'impero ottomano, ma senza nessun progresso restaurazionista. In compenso la formula di Shaftesbury su «un paese senza nazione» per una «nazione senza paese» sarà destinata a una straordinaria longevità.

Shaftesbury è infatti tutt'altro che isolato nella sua visione di una Palestina giudaizzata sotto gli auspici dell'Inghilterra vittoriana[26]. Il colonnello George Gawler, ex governatore dell'Australia meridionale, è un militante della colonizzazione ebraica della Terra Santa. Vi si reca nel 1847 a fianco del suo compatriota Sir Moses Montefiore, un ricco uomo d'affari ebreo che investe generosamente nello sviluppo delle comunità ebraiche di Gerusalemme. Tre anni dopo, Gawler fonda l'Associazione per la promozione della colonizzazione ebraica in Palestina. Nel 1865 nasce il Palestine Exploration Fund (Fondo di esplorazione della Palestina), destinato non solo a sostenere le missioni archeologiche in Terra Santa, ma anche a esplorarla e a documentarla. Il disprezzo di questi orientalisti per i musulmani, ai loro occhi responsabili di una «temporanea degenerazione» della Terra Santa[27], conferma la loro fascinazione per il patrimonio ebraico, che credono di individuare fin nella toponimia palestinese[28]. Nel 1869, Thomas Cook, pioniere battista delle moderne agenzie viaggi, lancia a Gerusalemme una forma di turismo evangelico volta a riconciliare «la Terra e il Libro» attraverso la scoperta della Palestina unicamente dal punto di vista biblico[29].

Nel 1875, in occasione del congresso per il decimo anniversario del Palestine Exploration Fund, Shaftesbury interviene sul tema a lui caro di un «paese senza nazione» per una «nazione senza paese». L'anno successivo la scrittrice George Eliot pubblica *Daniel Deronda*, i cui protagonisti, un gruppo di ebrei londinesi, possono realizzare il loro destino solo trasferendosi in Palestina. Nel 1878 è Laurence Oliphant, un amico di Eliot, a proporre un «piano» di colonizzazione ebraica nella «metà settentrionale e piú fertile della Palestina, che il recente studio del Palestine Exploration Fund ritiene dotata di un immenso potenziale di sviluppo»[30]. Oliphant ritiene che «in tutta onestà, gli arabi non hanno nessuna ragione buona e giusta per rivendicare il possesso di questa terra: l'hanno trasformata in un deserto, hanno raso al suolo le città, depredato gli abitanti e accelerato la sua caduta al livello piú basso»[31]. Incaricato dal governo britannico di ottenere una concessione ottomana per questo progetto, Oliphant deve aspettare diversi mesi prima di essere ricevuto presso il sultano, davanti al quale evoca la «Seconda Venuta» di Gesú con fervore, mandando a monte la propria missione.

Il Palestine Exploration Fund dà un contributo essenziale alla mobilitazione restaurazionista, fornendo un avallo «scientifico» alla visione evangelica. Gli scavi vengono condotti da studiosi impregnati di cultura biblica, il cui obiettivo è spesso quello di utilizzare le loro scoperte per confermare la validità delle profezie e, di conseguenza, l'opportunità del «ritorno» del popolo ebraico sulla «sua» terra. Le «indagini» (*surveys*) sulla Terra Santa pubblicate dal fondo avranno un impatto duraturo sulla percezione dello spazio palestinese e dei suoi limiti. È ancora il Palestine Exploration Fund a rendere popolare la formula «da Dan a Beer Sheva», inserendo in un atlante questa definizione biblica dei territori delle tribú di Israele nonostante le incertezze sulla posizione precisa di Dan, a Nord, a differenza di Beer Sheva, ben collocata a Sud. Quanto alla distinzione operata dal fondo tra una «Palestina occidentale» e una «Palestina orientale» separate dal fiume Giordano, peserà a lungo sui dibattiti interni al sionismo ebraico, fino ad alimentare la dissidenza revisionista del 1922*.

Il ciclo delle dispensazioni.

Se il filosemitismo di Shaftesbury è sincero, si ferma alle porte del parlamento, in cui, per lui, nessun ebreo può sedere senza compromettere il carattere cristiano della Corona. Il suo compatriota John Nelson Darby, traduttore della Bibbia e instancabile predicatore, sviluppa una visione del tutto diversa degli ebrei, che distingue chiaramente, in quanto popolo profano di Israele, dalla Chiesa a vocazione divina. Darby elabora infatti una dottrina escatologica secondo cui prima del Giorno del Giudizio l'umanità dovrà attraversare un ciclo di sette «dispensazioni». La prima corrisponde all'età dell'Innocenza e si conclude con il peccato originale di Adamo. Poi vengono le età della Coscienza (fino al Diluvio), del Governo (fino alla torre di Babele) e dell'Alleanza (da Abramo a Mosè)[32]. La quinta dispensazione, detta della Legge, termina con la crocifissione di Gesú, quando Israele, invece di accettare la salvezza offerta dal figlio di Dio, decide di condannarlo al supplizio. Darby predica che gli ebrei sono un popolo deicida, colpevole di aver compromesso il dise-

* Cfr. p. 80.

gno divino, rifiutando la redenzione in Cristo, e punito per questo rifiuto attraverso la distruzione del Tempio e la dispersione al di fuori della Palestina.

Secondo Darby il mondo si trova ormai nella sesta dispensazione, detta della Chiesa, da cui questa potrà emergere, per il compimento della sua missione, solo attraverso il «ritorno» del popolo ebraico nella Terra d'Israele: «La prima cosa che il Signore farà sarà purificare la Sua terra – la terra che appartiene agli ebrei – dai Tiri, dai Filistei, dai Sidoni; da Edom e da Moab, da Ammon; insomma da tutti i malvagi, dal Nilo all'Eufrate. Ciò sarà fatto dal potere di Cristo in favore del Suo popolo ristabilito dalla Sua bontà»[33]. La formula «dal Nilo all'Eufrate» si rifà alla promessa di Yahweh ad Abramo come riportata nella Genesi: «Alla tua discendenza io do questo paese dal fiume d'Egitto al grande fiume, il fiume Eufrate»[34] (una certa esegesi vede in questo «fiume d'Egitto» non il Nilo, bensí quello che sfocia nel Mediterraneo presso l'oasi di El Arish, all'estremità nordorientale del Sinai). La restaurazione di Israele segnerà la fine dell'era della Chiesa, con l'«estasi» (*rapture*) dell'ascesa dei fedeli verso Dio. Questi sfuggiranno cosí ai sette anni di «tribolazioni», durante i quali due terzi degli ebrei verranno massacrati dall'Anticristo, mentre i superstiti si convertiranno al cristianesimo. Ci saranno allora tutti i presupposti per la «Seconda Venuta» di Gesú, che annienterà l'Anticristo nel Nord della Palestina durante la battaglia di Armageddon. Seduto sul trono di Davide a Gerusalemme, Cristo aprirà poi la settima e ultima dispensazione del suo Regno millenario, prima del giorno del giudizio.

Legato alla Chiesa d'Irlanda fino al 1831, Darby predica la sua dottrina in vari circoli protestanti d'Europa, a Londra, Dublino e Ginevra. Ma ben presto gli Stati Uniti, dove nel 1862 tiene il suo primo ciclo di conferenze, diventano la sua principale terra di missione. La traduzione inglese della Bibbia che pubblica nel 1867 include le sue tesi «dispensazionaliste», destinandole a un immenso successo tra gli evangelici americani, ben al di là degli ambienti già fedeli alla «restaurazione» di Israele. Nel 1878 queste tesi vengono assurte al rango di «fondamentali» dalla Conferenza biblica del Niagara, un raduno annuale di commento delle Sacre Scritture molto autorevole tra i «fondamentalisti» statunitensi. Nello stesso anno William Blackstone, uomo d'affari e predicatore metodista di Chicago, pubblica *Jesus Is Coming* (Gesú sta arrivando), un pamphlet gratuito distribuito in massa per meglio divulgare l'escatologia di Darby. La sua visione dispensazionalista è difesa con fervore anche da Dwight Moody, probabilmente il piú popolare predicatore statunitense dell'epoca.

Nel 1881 l'assassinio dello zar Alessandro II scatena un'ondata di pogrom sul territorio russo, a sua volta preludio di un'emigrazione senza precedenti che nei quindici anni successivi spingerà 600 000 ebrei verso gli Stati Uniti. Il gruppo degli Amanti di Sion (*Chovevei Tzion*), nato nelle province polacche e ucraine dell'impero zarista, promuove invece l'*aliya*, vale a dire la salita – per non dire l'ascesa – verso la Terra promessa di Palestina. I suoi militanti non nascondono l'influenza avuta su di loro da *Daniel Deronda*[35], l'arringa letteraria di Eliot in favore di un'*aliya* che non portava ancora questo nome. Quanto a Oliphant, il clamoroso fallimento del suo piano di insediamento ebraico in Palestina del 1880 non ha intaccato la sua reputazione di «nuovo Ciro». È la prima volta – ma di sicuro non l'ultima – che una personalità cristiana si vede enfaticamente paragonata all'imperatore persiano che nel 538 a.C., liberando gli ebrei da Babilonia, ha permesso loro di ricostruire il Tempio di Gerusalemme.

Nel 1882 Oliphant fa visita agli ebrei rifugiati in Austria per tentare – con scarso successo – di dissuaderli dal loro progetto di emigrazione negli Stati Uniti. Prosegue la sua missione in Romania, i cui abitanti ebrei, essendo ancora sudditi ottomani, potrebbero facilmente insediarsi in Palestina. Una volta a Costantinopoli fallisce nuovamente nel convincere il sultano a concedere un documento che ufficializzi la colonizzazione ebraica in Palestina. In compenso assume Naftali Imber, un poeta e poliglotta ebraico che incarica di gestire la sua notevole corrispondenza. Oliphant lo porta con sé nel Nord della Palestina, dove si stabilisce per tre anni contribuendo allo sviluppo delle colonie di Zikhron Ya'akov, a sud di Haifa, e di Rosh Pina, in Galilea. Alla morte di Oliphant, nel 1888, Imber rende omaggio a un «autentico amante di Sion», il cui «amore nei confronti del popolo di Israele e della sua terra» non era macchiato «da nessun secondo fine»[36]. Quanto a Imber, la sua poesia ebraica

Hatikvah (La speranza), un vero e proprio grido di raccolta per questa prima *aliya* pubblicato a Gerusalemme nel 1886, diventerà l'inno nazionale dello Stato di Israele: «Non è perduta la nostra speranza, la speranza lunga due millenni | Di essere un popolo libero sulla nostra terra | La terra di Sion, Gerusalemme»[37].

Nel 1888, dieci anni dopo il suo *Jesus Is Coming*, il reverendo Blackstone, uno dei piú ferventi seguaci di Darby negli Stati Uniti, visita la Palestina. Torna impressionato dai risultati, per quanto limitati, della prima *aliya*, tanto che di lí a poco decide di convocare a Chicago una «conferenza sul passato, sul presente e sul futuro di Israele». Ma l'entusiasmo degli evangelici per il «ritorno» del popolo ebraico si scontra con lo scetticismo dei rabbini invitati: «Il paese in cui viviamo è la nostra Palestina, e la città in cui risiediamo è la nostra Gerusalemme»[38]. Ma ci vuole ben altro per dissuadere Blackstone dal portare avanti la sua campagna: nel 1891 invia una lettera aperta al presidente degli Stati Uniti Benjamin Harrison, in cui lo esorta a «organizzare al piú presto una conferenza internazionale sulla condizione degli israeliti e le loro rivendicazioni sulla Palestina in quanto antica patria del loro popolo»[39]. Blackstone propone esplicitamente di «restituire la Palestina agli ebrei», come nel 1878 il Congresso di Berlino ha attribuito «la Bulgaria ai bulgari e la Serbia ai serbi». L'impero ottomano potrebbe essere compensato attraverso «l'assunzione da parte degli ebrei di un'equa parte del debito pubblico»[40].

La lista dei 413 firmatari di questa lettera aperta, per la stragrande maggioranza cristiani, rivela fino a che punto Blackstone sia riuscito a mobilitare al di là della corrente evangelica. Vi figurano infatti il futuro presidente degli Stati Uniti William McKinley, numerosi membri del Congresso (tra cui il presidente della Camera dei rappresentanti), il presidente della Corte suprema, i sindaci di New York e di Filadelfia, decine di direttori di giornali e editorialisti in vista, nonché industriali del calibro di John P. Morgan, Leander McCormick e John Rockefeller. Sempre nel 1891 la diffusione di queste tesi è confermata dalla popolarità delle conferenze sulla Palestina di John Stoddart, il pioniere dell'utilizzo delle immagini stereoscopiche, le diapositive dell'epoca. Secondo lui «oggi la Palestina accoglie solo 600 000 persone ma, con una messa a coltura degna di questo nome, potrebbe facilmente accoglierne 2 o 3 milioni»[41]. Stoddart suggerisce in tal senso un'occupazione analoga a quella che la Gran Bretagna ha istituito in Egitto nel 1882. All'epoca Gerusalemme accoglie piú di 20 000 turisti e pellegrini l'anno[42], due categorie intercambiabili per gli evangelici anglosassoni.

L'amico evangelico di Herzl.

Theodor Herzl è universalmente riconosciuto come il fondatore del sionismo politico e il suo libro *Lo Stato degli ebrei*, pubblicato in tedesco nel 1896 e talvolta impropriamente tradotto «Lo stato ebraico», come la sua piattaforma. Questo giornalista viennese nato a Budapest vi afferma che «la Palestina è la nostra patria storica, indimenticabile. Questo nome da solo sarebbe un richiamo di trascinante potenza per il popolo nostro. Se Sua Maestà il sultano ci desse la Palestina, ci potremmo in cambio impegnare a sistemar completamente le finanze della Turchia»[43]. I principî del suo progetto sono quindi quelli enunciati cinque anni prima da Blackstone nella sua lettera aperta al presidente statunitense.

Il primo Congresso sionista, convocato da Herzl a Basilea nel 1897, si pone l'obiettivo della «creazione in Palestina, per il popolo ebraico, di un focolare garantito dal diritto pubblico»[44]. Il termine «focolare» viene preferito a quello di «stato», cosí come l'espressione «diritto pubblico» sostituisce quella di «diritto pubblico internazionale», per non urtare le autorità ottomane, che Herzl non dispera di convertire alle sue idee. Il congresso si svolge in tedesco con traduzioni in inglese, russo ed ebraico. Uno dei tre osservatori cristiani che accompagnano i 204 delegati ebrei è il reverendo anglicano William Hechler, autore nel 1893 del pamphlet *The Restoration of the Jews to Palestine according to Prophecy* (La restaurazione degli ebrei in Palestina secondo la profezia). In questa occasione Herzl saluta la presenza di quelli che definisce «sionisti cristiani»[45].

Il fatto è che, per imporre la sua visione sionista nel mondo ebraico, Herzl ha bisogno del sostegno degli evangelici anglosassoni. Figura volitiva e carismatica, è bersaglio delle critiche incrociate delle autorità religiose, che lo sospettano di ateismo, degli ebrei assimilati, che lo accusano di incoraggiare l'antisemitismo, e degli Amanti di Sion, che gli rimproverano di occultare la loro opera pionieristica. Herzl è anche disperatamente privo di contatti con le grandi fortune ebraiche, indispensabili per finanziare la sua impresa e blandire Costantinopoli. È quindi ancora piú sensibile alla fiducia cieca che Hechler gli ha dimostrato fin dal loro primo incontro, nel 1896 a Vienna, dove il reverendo è cappellano dell'ambasciata britannica. Durante il loro secondo colloquio, Hechler gli dispiega davanti una mappa militare della Palestina grande quanto la stanza, indicandogli la futura ubicazione del Terzo Tempio con questo commento: «Vi abbiamo preparato il terreno»[46]. Ben introdotto alla corte tedesca, dove è stato precettore di uno dei principi, Hechler accompagna Herzl dal granduca di Baden, zio dell'imperatore Guglielmo II, presso cui non manca di insistere sull'«imminente compimento delle profezie»[47].

L'impero tedesco intrattiene all'epoca ottime relazioni con quello ottomano, che apprezza l'assenza di ambizioni coloniali di Berlino, nonché la sua assistenza tecnica e militare. Questo rende la visita di Guglielmo II a Costantinopoli, Damasco e Gerusalemme, nel 1898, ancora piú sfarzosa. Le autorità ottomane arrivano persino ad abbattere una sezione delle mura della Città Santa, per consentire al sovrano tedesco di accedervi in carrozza. Herzl ripone molte speranze nell'udienza che Hechler gli ha procurato a Gerusalemme, ma Guglielmo II insiste con la delegazione sionista sull'imperativo di «rispettare scrupolosamente la sovranità del sultano»[48]. La delusione inflitta a Herzl è ancora piú cocente per Hechler, che è convinto dell'«ingresso, grazie al movimento sionista, nell'era messianica di Israele»[49]. Herzl decide quindi di puntare su Londra, dove nel 1900 si svolge il quarto Congresso sionista, dopo tre sessioni tenutesi a Basilea. Ne apre i lavori con un vibrante omaggio alla «grande e libera Inghilterra, l'Inghilterra il cui sguardo abbraccia i mari» e da cui «l'idea sionista prenderà un nuovo e potente slancio»[50].

Questa scommessa sul Regno Unito avviene in un momento in cui la popolazione ebraica locale, fino ad allora stimata intorno alle 80 000 persone, sta per raddoppiare a causa dell'arrivo massiccio degli ebrei che fuggono le persecuzioni dell'Impero russo. Ma questa comunità ebraica, sia essa assimilata o rifugiata, prova nel migliore dei casi uno scarsissimo interesse per il messaggio sionista. E quando nel 1901 Israel Zangwill, scrittore britannico e sionista militante, proclama che «la Palestina è una terra senza popolo per un popolo senza terra»[51] – esacerbando ulteriormente la formula di Shaftesbury di mezzo secolo prima –, suscita pochissima eco tra i suoi compatrioti ebrei. Herzl può però contare sul filosemitismo biblico del primo ministro Arthur Balfour e sullo zelo coloniale del ministro delle Colonie Joseph Chamberlain, due leader conservatori che condividono l'intento di arginare l'ondata di immigrazione ebraica nel loro paese. Nel 1902 viene elaborato un piano di insediamento ebraico nel Nordest della penisola del Sinai, intorno all'oasi di El Arish. All'epoca l'Egitto è sotto l'autorità di fatto della Gran Bretagna, che ne gestisce formalmente la sovranità. Ma l'impossibilità di garantire l'approvvigionamento idrico di questa regione prevalentemente desertica fa sí che il piano venga accantonato.

Nel 1903 Herzl non può che limitarsi a difendere davanti al Congresso sionista, di ritorno a Basilea, la prospettiva di un insediamento ebraico nella zona orientale del protettorato britannico dell'Uganda, sugli altipiani dell'attuale Kenya. Pur riconoscendo che si tratta di una «colonizzazione di ripiego» e di una «misura d'emergenza» di fronte alla prosecuzione dei pogrom, Herzl esorta i delegati ad approvare il cosiddetto «progetto Uganda». È sostenuto da Eliezer Ben Yehuda, il grande modernizzatore dell'ebraico, secondo cui il popolo e la lingua devono prevalere sulla terra. Herzl ottiene l'approvazione di 295 congressisti contro 178, senza tuttavia riuscire a disarmare l'opposizione interna, determinata a escludere qualsiasi alternativa all'insediamento nella sola Palestina. Gli evangelici anglosassoni, che fino ad allora guardavano al sionismo con favore in nome del compimento delle profezie, sono a dir poco sconcertati dal progetto Uganda. Solo Hechler mantiene intatta la sua fede. Nel 1904 è uno dei pochissimi seguaci ammessi al capezzale di Herzl, stremato dalle campagne incessanti e afflitto da una polmonite. I due amici si promettono di tornare a Gerusalemme insieme, ma l'indomani Herzl si spegne.

La seconda aliya.

È a David Wolffsohn che tocca il compito di succedere a Herzl alla guida del movimento sionista e di far superare lo sgomento della scomparsa del visionario dello *Stato degli ebrei*. In gioventú vicino agli Amanti di Sion, pionieri della prima *aliya*, Wolffsohn possiede la legittimità necessaria per portare avanti una seconda *aliya*, meglio strutturata della precedente e caratterizzata dall'orientamento progressista dei suoi immigrati. L'uomo che ha accompagnato Herzl nelle varie campagne diplomatiche, in particolare presso Guglielmo II a Gerusalemme, è abbastanza forte da sotterrare una volta per tutte il progetto Uganda, riconcentrando le energie sioniste sull'insediamento definitivo in Palestina. È con questo spirito che Wolffsohn presiede il Fondo nazionale ebraico (*Keren Kayemeth LeIsrael*), piú noto con l'acronimo ebraico Kkl, incaricato dell'acquisto delle terre in Palestina, un processo nobilitato dall'appellazione «riscatto della terra». Questa espressione entra in risonanza con il registro evangelico, in cui la salvezza dei fedeli dipende per l'appunto dal «riscatto» della Terra promessa.

Mobilitato intorno a un popolo, il popolo ebraico, con la sua lingua nazionale, l'ebraico moderno, sulla «sua» terra, in ebraico *Eretz Israel*, la «Terra d'Israele», il movimento sionista si pone ormai come l'omologo «palestinese» dei nazionalismi europei dell'Ottocento. Quando nel 1908 Israël Lévi, futuro grande rabbino di Francia, visita la colonia di Zikhron Ya'akov, patrocinata da Oliphant un quarto di secolo prima, gioisce nel vedere «davvero dei coloni ebrei in carne e ossa, che lavorano la terra, vanno a cavallo e guidano i carri», mentre «tutti i bambini parlano ebraico con una perfetta padronanza; sono puliti, ben curati e hanno un'aria intelligente»[52]. L'anno successivo viene fondata Tel Aviv, la «collina della primavera», come quartiere ebraico autonomo del porto di Giaffa, con l'ambizione di diventare una municipalità a tutti gli effetti. E sempre nel 1909 i sionisti si dotano della loro prima milizia in Palestina, che chiamano *HaShomer*, «il Guardiano».

Gli evangelici anglosassoni, che la prima *aliya* aveva riempito di speranze circa l'imminenza delle profezie, vengono colti di sorpresa dalla dimensione socialisteggiante della seconda *aliya*. Sono anche turbati dal fatto che quest'*aliya* riguardi solo una minima parte dell'emigrazione ebraica dell'Europa orientale (del milione e 600 000 ebrei che lasciano l'Europa orientale tra il 1901 e il 1914, solo il 2 per cento si reca in Palestina, dove la maggior parte non rimane, mentre il 90 per cento si stabilisce negli Stati Uniti o in Canada)[53]. Ma l'abbandono del progetto Uganda li rassicura sull'obiettivo ormai dichiarato dai sionisti di colonizzare *Eretz Israel*. Aderiscono quindi alla visione di questi nuovi immigrati ebrei, abbastanza convinti della legittimità della loro azione da qualificare gli abitanti arabi della Palestina come «stranieri»[54]. E come se non bastasse la spettacolare rinascita dell'ebraismo in Terra Santa incoraggia le loro prospettive escatologiche.

La straordinaria diffusione delle tesi di Darby conferisce cosí al credo evangelico una potenza ineguagliata. Nel 1909, anno della fondazione di Tel Aviv e di *HaShomer*, viene pubblicata la Bibbia annotata di Cyrus Scofield, in cui l'autore incorpora l'interpretazione dispensazionalista direttamente nelle Sacre Scritture. Molto orgoglioso di portare il nome dell'imperatore persiano che due millenni e mezzo prima ha organizzato il precedente «ritorno», Scofield pone ormai l'ineluttabile ritorno del popolo ebraico nella Terra d'Israele come un atto di fede. Tra il 1910 e il 1915 contribuisce inoltre ai *Fondamentali*, gli opuscoli stampati in migliaia di copie il cui titolo si richiama ai «fondamentali» pronunciati dalla Conferenza biblica del Niagara del 1878. Ci sono ormai tutti i presupposti perché l'esaltazione restaurazionista si traduca in un sostegno attivo alla colonizzazione ebraica in Palestina.

Verso la dichiarazione Balfour.

A partire dall'agosto del 1914 la Prima guerra mondiale e i suoi orrori alimentano le angosce apocalittiche dei fondamentalisti cristiani. Secondo loro l'impero ottomano, schierandosi al fianco della Germania e dell'Austria-Ungheria, si è messo al bando dalla «civiltà». Quanto al movimento sionista, le ostilità emarginano, per non dire escludono, la sua culla germanica.

Chaim Weizmann, vicepresidente della Federazione sionista del Regno Unito, ha quindi un ampio margine di manovra per legare le sorti del suo movimento a quelle dell'Inghilterra in guerra. Quattro mesi dopo l'inizio del conflitto questo brillante chimico viene ricevuto da Arthur Balfour, ex primo ministro conservatore, che già aveva incontrato in passato. Gli espone come «la Palestina e la costruzione di una nazione ebraica dall'interno, con i suoi mezzi e le sue tradizioni, istituirebbero uno status per gli ebrei», perché cessino finalmente di essere «il popolo piú sfruttato e piú incompreso della storia»[55].

Ma Weizmann si guarda bene dal limitare le sue relazioni al Partito conservatore. Lloyd George, primo ministro liberale, lo indirizza verso uno dei membri del suo governo, Herbert Samuel, il primo ebreo praticante della storia britannica a essere diventato ministro. Weizmann scopre in Samuel un sionista tanto discreto quanto fervido, convinto che «la realizzazione dei sogni sionisti è possibile» e che «il Tempio potrà essere ricostruito come simbolo dell'unità ebraica, ovviamente con un'architettura moderna»[56]. Tra il gennaio e il marzo del 1915 Samuel fa circolare all'interno del governo un memorandum che promuove l'annessione da parte di Londra della Palestina, che verrebbe quindi offerta ai sionisti per l'instaurazione di uno stato ebraico indipendente. Samuel afferma che una simile iniziativa garantirebbe alla Gran Bretagna il sostegno della diaspora ebraica in tutto il mondo e soprattutto negli Stati Uniti, ancora neutrali nel conflitto in corso.

Lungi dal convertire Lloyd George e il suo gabinetto, Samuel viene tenuto all'oscuro della corrispondenza segreta intrattenuta, a partire dall'estate del 1915, tra l'alto commissario britannico al Cairo e lo sceriffo della Mecca Husayn. In cambio di una sollevazione araba contro la dominazione ottomana, Londra si sarebbe impegnata a garantire l'instaurazione di un regno arabo sui territori cosí liberati, con Damasco come capitale. È su queste basi che, nel giugno del 1916, scoppia la Rivolta araba. Sotto la guida dell'emiro Faysal, uno dei figli dello sceriffo Husayn, l'insurrezione prende rapidamente il controllo dell'Hegiaz, la costa occidentale della penisola arabica. Ma gli insorti ignorano che un mese prima Mark Sykes e François Georges-Picot hanno negoziato, sempre in segreto, un piano di partizione del

Medio Oriente per conto della Gran Bretagna e della Francia. L'«accordo Sykes-Picot» attribuisce il Nord del Medio Oriente alla Francia e il Sud al Regno Unito, lungo una linea che corrisponde all'attuale confine siro-giordano. In compenso esclude dalla partizione la Palestina, che verrebbe invece «internazionalizzata», in quanto Londra non ha trovato una formula migliore per neutralizzare le velleità di Parigi di «proteggere» i luoghi sacri cristiani di Gerusalemme, Nazareth e Betlemme.

Il presidente democratico degli Stati Uniti Woodrow Wilson, eletto nel 1912 e rieletto quattro anni dopo, nutre una profonda diffidenza nei confronti di questa diplomazia segreta, che ritiene responsabile dello scoppio del conflitto mondiale. Figlio di un pastore presbiteriano della Georgia, è fortemente influenzato dalla dottrina restaurazionista. È forse questo il motivo per cui privilegia gli interlocutori sionisti all'interno della comunità ebraica, sebbene nel 1914 la Federazione sionista riunisca solo 15 000 dei 3 milioni di ebrei americani[57]. Nel 1916 Wilson arriva persino a nominare alla Corte suprema il presidente di questa Federazione, Louis Brandeis, che lascia formalmente l'organizzazione pur senza smettere di animarla. Piuttosto che rivolgersi ai suoi correligionari, Brandeis propone al reverendo Blackstone di scrivere una nuova lettera aperta al presidente, sul modello di quella del 1891. Blackstone, che ormai si proclama «sionista»[58], accetta con entusiasmo, ottenendo il sostegno di molte personalità di spicco, tra cui i due predecessori repubblicani di Wilson, William Taft e Theodore Roosevelt. Per quest'ultimo «nessuna pace ha valore» se «gli ebrei [non] prendono il controllo della Palestina»[59].

Paradossalmente Brandeis si affretta a calmare gli ardori di Blackstone, preferendo la sua opera di influenza presso la Casa Bianca a un appello all'opinione pubblica. Brandeis è anche in contatto regolare con Weizmann, che grazie al suo attivismo ha appena assunto la direzione della Federazione sionista del Regno Unito, dove Lloyd George è alla guida di un governo di coalizione in cui Balfour occupa il ministero degli Esteri dal 1916. Il primo ministro, sollevato di aver ottenuto, nell'aprile del 1917, l'entrata in guerra degli Stati Uniti, invia ben presto Balfour a Washington. Il capo della diplomazia britannica è convinto di poter far interessare la Casa Bianca a una forma di amministrazione della Palestina. Ma il rifiuto di Wilson di avallare il suo progetto è categorico, tanto piú che gli Stati Uniti hanno dichiarato guerra alla Germania, ma non all'impero ottomano. Brandeis incoraggia Balfour a rilasciare una dichiarazione pubblica in sostegno al progetto sionista, cui ritiene sarebbe sensibile «la stragrande maggioranza dell'opinione pubblica cristiana di questo paese». Al che Balfour risponde di essere lui stesso «sionista»[60].

Nel luglio del 1917 le autorità britanniche chiedono ai responsabili sionisti di elaborare il progetto di questa dichiarazione, che emendano a loro volta. Nel corso delle varie stesure i sionisti riescono a far sostituire il termine «razza» con quello di «popolo», ma non a far accettare il principio di una «restaurazione» ebraica in Palestina, dovendosi accontentare di un semplice «insediamento». L'unico oppositore dichiarato al testo all'interno dell'esecutivo di Lloyd George è anche l'unico ministro ebreo, Edwin Montagu, che accusa il progetto di antisemitismo. Alla fine acconsente a una formulazione che garantisce «i diritti e lo status politico di cui gli ebrei godono in ogni altro paese». In compenso le convinzioni evangeliche di sette dei dieci ministri - tra cui Balfour - hanno un ruolo determinante nell'adozione del testo[61].

Con la dichiarazione Balfour, pubblicata nel novembre del 1917, il governo britannico «considera con favore l'instaurazione di un focolare nazionale per il popolo ebraico in Palestina, e farà tutto il possibile per facilitare il raggiungimento di questo obiettivo, fermo restando che niente sarà fatto che possa pregiudicare i diritti civili e religiosi delle comunità non ebraiche esistenti in Palestina»[62]. Weizmann ritiene che gli incoraggiamenti americani trasmessi da Brandeis abbiano fatto pendere l'ago della bilancia in favore della dichiarazione e alla Casa Bianca affluiscono telegrammi di ringraziamento[63]. Vent'anni dopo la sua fondazione, il movimento sionista ottiene la prima vittoria storica, che deve non alla mobilitazione della diaspora ebraica, quanto piuttosto a quella dei cristiani che si dichiarano ormai apertamente sionisti. Non a caso Brandeis definisce Blackstone il «padre del sionismo»[64].

Gerusalemme come capitale.

Sebbene gli ebrei costituiscano appena un decimo della popolazione della Palestina, la dichiarazione Balfour riconosce la legittimità delle aspirazioni nazionali solo ed esclusivamente a loro. Quanto al 90 per cento di arabi palestinesi, sono ridotti al rango di «comunità non ebraiche», definite in negativo, senza che la loro identità nazionale e araba venga nemmeno menzionata. Tutt'al piú vengono loro concessi i «diritti civili e religiosi» sulla loro terra. La continuità tra questa negazione e l'affermazione di Shaftesbury di «un paese senza nazione per una nazione senza paese» del 1854 è impressionante. I sionisti cristiani non hanno mai considerato che la Palestina fosse letteralmente priva di abitanti, ma riservano il diritto di costruirvi una nazione solo alla colonizzazione ebraica.

La pubblicazione della dichiarazione Balfour coincide con la rivelazione, da parte della rivoluzione bolscevica, del contenuto dell'accordo Sykes-Picot. È un duro colpo per Faysal e i suoi combattenti della Rivolta araba, che pure hanno respinto l'esercito ottomano verso il Nord della Transgiordania mentre le truppe britanniche del generale Allenby segnavano il passo alle porte della Palestina. È solo dopo la dichiarazione Balfour che Allenby riesce a sfondare la difesa ottomana di Gaza e a lanciare la sua campagna vittoriosa in Palestina. Nel dicembre del 1917 il generale britannico entra a cavallo nella Città Vecchia di Gerusalemme attraverso lo stesso varco aperto vent'anni prima in onore dell'imperatore tedesco. Vi proclama la legge marziale sotto la sola autorità della sua amministrazione militare di un «territorio nemico occupato». Thomas Edward Lawrence, colonnello dei servizi segreti britannici distaccato presso Faysal e futuro «Lawrence d'Arabia», assiste alla cerimonia e descrive lo sgomento del rappresentante politico francese di fronte a questo atto di forza[65].

Mettendo la Palestina sotto amministrazione militare, Londra ha trovato il modo di non onorare nessuna delle promesse contraddittorie fatte alla Rivolta araba, alla Francia e al movimento sionista. Dopo un attimo di sconcerto, Weizmann prende le redini di una Commissione sionista che mira ad applicare la dichiarazione Balfour, significativamente tradotta in arabo come «promessa di Balfour». In un intervento dell'aprile del 1918 davanti ai notabili arabi di Gerusalemme, Weizmann insiste sul carattere vincolante di questa dichiarazione/promessa in favore della «restituzione di un focolare nazionale» – per non dire della sua «restaurazione» – al popolo ebraico: «Noi non veniamo in Palestina, ci torniamo»[66]. Al suo ritorno a Londra, si lamenta con Balfour del fatto che in Palestina «a capo dell'amministrazione vediamo funzionari britannici illuminati e onesti, ma il resto della macchina amministrativa è rimasto intatto, e tutti gli uffici sono occupati da dipendenti arabi». La conclusione di Weizmann suona come un avvertimento: «La situazione attuale conduce inevitabilmente alla creazione di una Palestina araba, come se in Palestina esistesse un popolo arabo»[67].

Ma è proprio questa nascita di un «popolo arabo di Palestina» che il movimento sionista è determinato a combattere, con l'appoggio dei suoi sostenitori anglosassoni. Per farlo Weizmann decide di neutralizzare Faysal, che incontra nel giugno del 1918, quando la Rivolta araba non ha ancora conquistato Damasco, sede del suo futuro regno arabo. In cambio delle garanzie arabe nei confronti della colonizzazione ebraica in Palestina, Weizmann si impegna a ottenere il sostegno degli Stati Uniti al regno arabo. Faysal, consapevole delle mire della Francia sulla Siria fin dall'accordo Sykes-Picot, accoglie con favore l'offerta di Weizmann. Nel gennaio del 1919 i due uomini si incontrano un'altra volta a Londra, dove Faysal, al contempo consigliato e manipolato da Lawrence, sottoscrive un accordo che autorizza «l'immigrazione ebraica su larga scala in Palestina»[68]. Si tratta di una concessione importante, anche se Faysal subordina l'applicazione dell'accordo al pieno riconoscimento del regno arabo da parte della Conferenza di pace di Parigi.

Grazie alle manovre di Weizmann, il movimento sionista affronta questa conferenza da una posizione di forza. Davanti ai diplomatici francesi, Balfour esagera la sua adesione al sionismo cristiano giudicando «interessante assistere alla ricostruzione del regno di Gerusalemme»[69]. La fine del conflitto mondiale viene inoltre vista come un momento propizio per il lancio di una terza *aliya*, con un'ondata di immigrazione ebraica in Palestina senza precedenti. E per finire, la visione sionista del «ritorno» in *Eretz Israel* è rafforzata dallo status di capitale conferito a Gerusalemme dalle autorità britanniche in Palestina. Bisogna risalire alle Crociate e al loro «regno latino», tra il 1099 e il 1187, per ritrovare Gerusalemme come capitale, laddove sotto i vari regimi musulmani erano state San Giovanni d'Acri, Nablus, Giaffa e persino Gaza, spesso piú popolate rispetto alla Città Santa, a ricoprire un ruolo politico piú prominente. Questa centralità di Gerusalemme, imposta dall'alto dell'imperialismo britannico, corrisponde alla proiezione sionista di una Terra d'Israele rigenerata dall'immigrazione ebraica e governata dalla Città Santa.

Il mandato britannico.

Il trattato di pace concluso a Versailles nel giugno del 1919 istituisce la Società delle Nazioni, di cui il presidente Wilson si è fatto fervente promotore. Il patto della Società delle Nazioni prevede l'instaurazione di «mandati» su «alcune comunità che in precedenza appartenevano all'impero ottomano [e] hanno raggiunto un grado di sviluppo tale che la loro esistenza in quanto nazioni indipendenti può essere provvisoriamente riconosciuta»[70]. Un'ondata isolazionista nell'opinione pubblica americana impedisce però a Wilson di ottenere l'accordo del Senato sull'adesione alla Società delle Nazioni. Gli Stati Uniti saranno quindi assenti dall'organizzazione, lasciando libero corso alle ambizioni imperiali della Francia e della Gran Bretagna. Nell'aprile del 1920 la Conferenza di Sanremo attribuisce alla Gran Bretagna due mandati, uno sulla Palestina e l'altro sull'Iraq. Quanto alla Francia, ottiene un mandato sulla Siria, da cui due mesi piú tardi, dopo aver schiacciato il regno arabo di Damasco, ritaglia il «Grande Libano». Il primo ministro Lloyd George, che si vanta di aver memorizzato la geografia della Palestina biblica prima di quella del Regno Unito[71], fa leva sulle sue credenziali religiose per ottenere dalla Francia il tracciato del confine siro-palestinese piú favorevole al progetto sionista[*].

[*] Cfr. p. 142.

Il primo alto commissario britannico della Palestina mandataria è Herbert Samuel, l'ex ministro ebreo che fin dal 1915 esortava Lloyd George ad annettere la Palestina per insediarvi un focolare sionista. Weizmann dichiara davanti al Congresso sionista dell'ottobre del 1921, il primo in otto anni, che «è su nostra richiesta, e con il sostegno della nostra autorità morale, che Samuel ha accettato questo incarico di grandissima responsabilità»[72]. È ancora nel 1915 che Weizmann conquista, grazie agli impieghi militari della sua sintesi dell'acetone, la fiducia di Winston Churchill, all'epoca ministro della Marina e poi, tra il 1917 e il 1919, ministro degli Armamenti. Nel 1921, diventato ministro delle Colonie, Churchill decide di piantare, durante una visita a Gerusalemme, un albero sul monte Scopus, sito della futura Università ebraica, dichiarando: «Il mio cuore è colmo di affetto per il sionismo. L'instaurazione di un focolare nazionale ebraico in Palestina sarà una benedizione per il mondo intero»[73].

Churchill decide di riorganizzare il dominio mediorientale della Gran Bretagna installando sul trono d'Iraq Faysal, che l'esercito francese ha espulso da Damasco; escludendo dal mandato sulla Palestina la Transgiordania, vale a dire la sponda orientale del Giordano – diventata stato cuscinetto tra la Palestina e l'Iraq e affidata a un fratello di Faysal, Abdullah –, e consacrando la legittimità del progetto sionista, con l'inclusione della dichiarazione Balfour nella carta del mandato britannico sulla Palestina. Questa inclusione, che conferisce alla dichiarazione unilaterale del 1917 uno status di diritto internazionale, suscita violente reazioni tanto in Palestina quanto all'estero. La Federazione sionista degli Stati Uniti decide quindi di mobilitare i suoi alleati cristiani al Congresso, non fosse altro che per mettere a tacere l'opposizione al mandato espressa nella comunità ebraica, soprattutto da parte del rabbinato ortodosso. La risoluzione Lodge-Fish, dal nome dei suoi due promotori al Senato e alla Camera dei rappresentanti, riprende il testo stesso della dichiarazione Balfour, accontentandosi di sostituire il «governo britannico» con gli «Stati Uniti». Numerosi senatori che nel 1920 avevano posto il veto all'ingresso del loro paese nella Società delle Nazioni votano questa volta perché la stessa organizzazione garantisca gli interessi sionisti. La Risoluzione viene adottata con una larga maggioranza nel giugno del 1922, prima di entrare in vigore grazie alla firma del presidente Harding.

È nel luglio del 1922 che la Società delle Nazioni approva i termini del mandato britannico sulla Palestina. Non solo la dichiarazione Balfour viene recepita integralmente, ma viene esplicitamente precisato che «questa dichiarazione comporta il riconoscimento dei legami storici del popolo ebraico con la Palestina e delle ragioni della ricostituzione del suo focolare nazionale in questo paese»[74]. Si tratta della seconda vittoria storica del movimento fondato da Herzl, ottenuta come la prima grazie all'appoggio dei politici cristiani convertiti alla causa sionista. Tuttavia questa vittoria spinge fin dal principio il mandato britannico in un vicolo cieco, perché non c'è un «popolo palestinese» di cui Londra possa accompagnare l'accesso all'indipendenza, come nel caso degli altri mandati della Società delle Nazioni, bensí un popolo ebraico le cui aspirazioni nazionali sono le uniche riconosciute, nonostante il suo carattere di gran lunga minoritario. La negazione del diritto all'autodeterminazione degli arabi di Palestina lascia quindi come unica alternativa quella tra uno stato bi-nazionale, da una parte, e la partizione tra uno stato ebraico e uno stato arabo, dall'altra.

L'inevitabile escalation.

Il mandato britannico sulla Palestina come definito nel 1922 non può quindi che favorire una situazione di conflitto aperto o latente, destinato a protrarsi per un quarto di secolo senza mai sfociare in un'indipendenza negoziata come quella dell'Iraq, che nel 1932 si emancipa della tutela di Londra. In Palestina le autorità britanniche, profondamente favorevoli al sionismo, sono comunque spinte a moderare la colonizzazione ebraica per evitare che il malcontento della maggioranza araba sfoci in un'insurrezione. Questo delicato esercizio di equilibrio imperiale porta inevitabilmente entrambi i campi antagonisti ad accusare la potenza mandataria di colpevole condiscendenza nei confronti del campo opposto, in un'escalation di tensioni che verrà esaminata nei capitoli successivi. Per il momento l'importante è evidenziare fino a che punto l'imprinting biblico della maggior parte dei decisori anglosassoni alimenti una profonda simpatia nei confronti delle tesi sioniste. Negli Stati Uniti questa simpatia è accompagnata dalla volontà di chiudere le porte del paese all'immigrazione, cosa che contribuisce al dinamismo della quarta *aliya*, lanciata nel 1924.

Questo sionismo cristiano di ispirazione biblica si mobilita ulteriormente quando in Palestina scoppia la grave crisi del 1928-29 sulla questione dell'accesso degli ebrei al Muro occidentale (o «Muro del Pianto», in ebraico *Kotel*), unico vestigio del Secondo Tempio di Gerusalemme, distrutto dai romani nel 70 d.C. Questo muro, ormai centrale nel culto ebraico, fa parte della cinta su cui dal VII secolo sorge la Spianata delle Moschee, terzo luogo santo dell'islam dopo la Mecca e Medina, con al centro la Cupola della Roccia (o «moschea di Omar») e a sud la moschea di al-Aqsa, menzionata nel Corano. Laddove in arabo la Spianata delle Moschee è chiamata «Nobile Santuario» (*Haram al-Sharif*), in inglese è definita «Monte del Tempio» (*Temple Mount*). Questa adesione spontanea alla toponomastica ebraica piuttosto che a quella musulmana appare ancora piú sorprendente se si considera che l'appellazione «Spianata delle Moschee» non farà mai il suo ingresso nella lingua inglese.

Dal 1852, nei luoghi santi di Gerusalemme vige uno status quo stabilito dall'impero ottomano, non da ultimo per risolvere le dispute tra le diverse Chiese in merito al Santo Sepolcro e neutralizzare cosí le ingerenze delle potenze europee in Palestina: la Francia con il pretesto di «proteggere» i cattolici locali e la Russia gli ortodossi. Questo status quo ha fatto il suo ingresso nel diritto internazionale grazie al trattato di Parigi che nel 1856 ha messo fine alla guerra di Crimea. Quando assume il mandato della Società delle Nazioni sulla Palestina, la Gran Bretagna si impegna a rispettarlo. Tuttavia questo status quo accorda ai fedeli ebrei solo uno spazio molto ristretto per pregare davanti al *Kotel*, ai piedi del quale si estende il quartiere maghrebino, presente a Gerusalemme fin dal medioevo[75]. Nel settembre del 1928 la celebrazione dello Yom Kippur scatena i primi incidenti, seppur ancora limitati. Ma la commemorazione della distruzione del Tempio, nell'agosto del 1929, degenera in sommosse che si estendono al di là della Città Santa.

Sebbene provochino lo stesso numero di vittime – nell'ordine di 130 – in entrambe le comunità[76], i disordini suscitano una profonda risposta emotiva nell'opinione pubblica occidentale, che assimila le violenze arabe ai pogrom antisemiti. Nel marzo del 1930 la commissione istituita dal governo laburista di Ramsay MacDonald per far luce sugli eventi conclude che «nella maggior parte dei casi [questi disordini] hanno assunto la forma di una furiosa aggressione degli ebrei da parte degli arabi, accompagnata da una distruzione selvaggia dei beni ebraici»[77]. Ma il Libro bianco sulle ragioni strutturali della crisi pubblicato sette mesi dopo dal ministro delle Colonie conclude che «se l'immigrazione ebraica ha come risultato di privare la popolazione araba dei mezzi di lavoro che ne garantiscono la sussistenza», allora «la potenza mandataria ha il dovere di ridurre, e se necessario di sospendere, questa immigrazione»[78]. Questo suggerimento suscita le vigorose proteste di Weizmann.

Il contrattacco mobilita i simpatizzanti cristiani della causa sionista, fra i quali c'è in prima linea Arthur Henderson, un ex pastore metodista diventato ministro degli Esteri laburista[79]. Nel febbraio del 1931 Henderson ottiene dal suo primo ministro una lettera che insabbia il Libro bianco riaffermando «l'obbligo di facilitare l'immigrazione ebraica e di incoraggiare gli ebrei a insediarsi in modo permanente»[80] in Palestina. Weizmann propone al Congresso sionista, che si riunisce a Basilea nel mese di luglio, di accettare la lettera di MacDonald come nuovo «quadro di cooperazione» con la potenza mandataria[81]. Ma viene messo in minoranza, in un contesto di escalation anti-britannica*, quando i delegati provenienti dagli Stati Uniti decidono di rilanciare la loro campagna d'opinione. È con questo spirito che nel mese di dicembre Brandeis riunisce un'assemblea di politici americani in cui l'ex sindaco di Cleveland raccomanda di puntare sui «cristiani cresciuti nelle Sacre Scritture, che l'attaccamento emotivo e sentimentale alla Terra Santa rende ben disposti verso la causa sionista»[82].

Il mese successivo viene fondato l'American Palestine Committee con il sostegno del presidente repubblicano Herbert Hoover e la partecipazione del suo vicepresidente Charles Cur-

* Cfr. p. 82.

tis, uno dei fautori al Senato della risoluzione Lodge-Fish, con cui nel 1922 gli Stati Uniti hanno adottato i termini e l'impegno della dichiarazione Balfour. Questo comitato promuove «il compimento della speranza millenaria di una riunificazione del popolo ebraico con la terra del suo antico retaggio, una speranza conforme alle profezie bibliche»[83]. La sua scommessa in chiave elettorale s'infrange contro la cocente sconfitta del «ticket» Hoover-Curtis alle elezioni presidenziali del novembre del 1932. Franklin Roosevelt conquista infatti una larga maggioranza, anche lungo la cosiddetta *Bible Belt*, la «cintura della Bibbia», composta da una quindicina di stati del Sud con una forte componente evangelica. È pur vero che il candidato democratico viene eletto sulla base di un programma volto a far fronte alla disastrosa recessione in cui il paese si trova da tre anni, dopo una campagna in cui le questioni internazionali sono rimaste assenti.

Nel gennaio del 1933 l'ascesa al potere di Adolf Hitler a Berlino provoca un'emigrazione ebraica senza precedenti verso la Palestina, ulteriormente favorita dall'accordo di trasferimento concluso in agosto tra il movimento sionista e le autorità naziste. La Germania mette i beni degli emigranti ebrei sotto sequestro, compensandoli con merci tedesche importate in Palestina. Il movimento sionista diventa cosí l'unica organizzazione politica ebraica autorizzata nella Germania nazista, che in cambio può aggirare le campagne di boicottaggio internazionale[84]. Questo accordo, rimasto in vigore per sei anni – vale a dire fino allo scoppio Seconda guerra mondiale –, permette l'arrivo in Palestina di almeno 53 000 ebrei. Ma è la persistente chiusura degli Stati Uniti all'immigrazione ebraica a spiegare la maggior parte degli spostamenti verso la Palestina.

Che sia una scelta di convinzione o di ripiego, si tratta di un'ondata migratoria che stravolge il rapporto di forza demografico in Palestina, dove la proporzione della popolazione ebraica passa da un decimo nel 1917 a un terzo nel 1936. Questa pressione demografica è il fattore determinante dello scoppio della Grande rivolta araba, iniziata con uno sciopero generale della popolazione araba durato sei mesi, dall'aprile all'ottobre del 1936, e seguito da una guerriglia di bassa intensità nelle campagne palestinesi. Londra capisce che la sola repressione non basterà a soffocare la rivolta. Da qui la pubblicazione, nel luglio del 1937, del piano Peel, dal nome del presidente della nuova Commissione reale per la Palestina. L'ammissione del fallimento di quindici anni di mandato britannico è senza appello: «Il mandato non può essere pienamente e onorevolmente esercitato se non si riesce a placare, in un modo o nell'altro, l'antagonismo nazionale tra arabi ed ebrei. Eppure è proprio il mandato ad aver creato e tenere in vita questo antagonismo»[85].

È per questo che il piano Peel raccomanda la partizione tra uno stato ebraico che coprirebbe tutto il Nord della Palestina e la striscia costiera da Haifa a Tel Aviv, e uno stato arabo annesso alla Transgiordania*. Gerusalemme e Betlemme, collegate al Mediterraneo per mezzo di un corridoio, nonché l'enclave di Nazareth, resterebbero sotto un mandato internazionale in cui «la dichiarazione Balfour non verrà applicata»[86]. Un migliaio di ebrei risiede allora sul territorio che spetterebbe allo stato arabo, ma piú di 200 000 arabi abitano sul territorio del futuro stato ebraico, da qui la forte probabilità di uno «scambio» di popolazioni[87] – in realtà un trasferimento che riguarderebbe solo gli arabi –, le cui modalità non vengono specificate. Laddove il movimento sionista propone un accordo corredato di numerose clausole, i leader arabi rifiutano categoricamente questa partizione, rilanciando l'insurrezione in tutta la Palestina.

Orde Wingate è un ufficiale dei servizi segreti di Gerusalemme dal settembre del 1936. Ha ereditato dal padre, a sua volta ufficiale in India, la fervente convinzione che la sua salvezza personale dipenda dal «ritorno» del popolo di Israele sulla «sua» terra. Non nasconde peraltro né le sue simpatie sioniste né la sua ammirazione per la figura biblica di Gedeone, celebrato nel libro dei Giudici in quanto grande vincitore contro i Madianiti, una tribú araba della Transgiordania. Wingate è convinto che la milizia che protegge gli insediamenti ebraici, denominata *Haganah* («Difesa» in ebraico), debba passare all'offensiva di fronte alla recrudescenza della guerriglia araba. Nell'aprile del 1938 l'*Haganah* conta 21 000 volontari, di cui 4000 donne[88]; una forza non indifferente di fronte ai circa

* Si veda la mappa 4.

10 000 insorti arabi*. Il grado di mobilitazione delle milizie della comunità ebraica, con un combattente ogni venti abitanti, è di gran lunga superiore a quello della popolazione araba, in cui è nell'ordine dell'1 per cento. E l'inquadramento e gli armamenti messi a disposizione dall'esercito britannico permettono ai combattenti sionisti di compiere un decisivo passo avanti nella propria strutturazione.

Nel giugno del 1938 Wingate è incaricato di costituire e comandare le Special Night Squads (Squadre speciali notturne), che mescolano i miliziani dell'*Haganah*, pagati dal movimento sionista, alle unità anti-insurrezionali britanniche. L'ufficiale stabilisce simbolicamente il comando a Ein Harod, dove Gedeone avrebbe riunito le sue truppe alla vigilia della battaglia decisiva contro i Madianiti. Le Special Night Squads, che spesso operano di notte e mascherate, infliggono duri colpi ai militanti arabi, mentre gli ausiliari sionisti, tra cui Moshe Dayan, futuro ministro della Difesa israeliano, e Yigal Allon, futuro vice primo ministro, acquisiscono un'esperienza preziosa. Il generale Montgomery, che nel novembre del 1938 si vede assegnare il comando delle truppe britanniche in Palestina, ordina di liquidare fisicamente la guerriglia araba[89]. È solo dopo la repressione della rivolta, nel maggio del 1939, che Wingate viene richiamato in Gran Bretagna, anche se sospetta che i suoi superiori lo abbiano trasferito dalla Palestina a causa del suo impegno piú ideologico che operativo presso l'*Haganah*[90].

Ma il tempo della controinsurrezione è finito. Nello stesso maggio del 1939 Londra pubblica un nuovo Libro bianco che prevede l'instaurazione di uno «stato palestinese indipendente» entro dieci anni. La partizione viene quindi accantonata in favore dell'altra soluzione imposta dal mandato, vale a dire uno stato bi-nazionale in cui gli arabi e gli ebrei «devono imparare a praticare la mutua tolleranza, la buona volontà e la collaborazione»[91]. Nei cinque anni successivi l'immigrazione ebraica viene limitata a 75 000 persone complessive, suscitando le proteste del movimento sionista. Churchill, già molto critico verso il primo ministro Neville Chamberlain e la sua politica di «distensione» nei confronti di Hitler, denuncia «una rottura e

* Cfr. p. 253.

un ripudio della dichiarazione Balfour»[92]. Quanto ai dirigenti arabi, proclamano che «il futuro della Palestina non dipende da un Libro bianco o da un Libro nero, ma dalla volontà del popolo arabo»[93]. L'impatto di questo duplice rifiuto è tuttavia limitato, perché nel settembre del 1939 lo scoppio della Seconda guerra mondiale provoca l'imposizione della legge marziale e il congelamento della situazione in Palestina.

Il «Commonwealth» ebraico.

Il movimento sionista decide quindi di puntare il tutto e per tutto sugli Stati Uniti per far cedere la Gran Bretagna sull'immigrazione ebraica in Palestina. David Ben Gurion, uno dei pionieri della seconda *aliya* che si è stabilito in Palestina nel 1906, conosce bene gli Stati Uniti, che ha visitato tra il 1915 e il 1918 al fine di perorare la causa sionista. In quanto capo dell'Agenzia ebraica, è diventato nel 1935 il leader della comunità ebraica di Palestina. Nel marzo del 1940 impone ai responsabili sionisti degli Stati Uniti di lanciare una campagna anti-britannica con i seguenti slogan: «L'Inghilterra è venuta meno ai suoi impegni verso il popolo ebraico, gli inglesi sono i nostri nemici in Palestina, l'Inghilterra sta cospirando contro il popolo ebraico»[94]. Ben Gurion ripete ormai che «per il popolo ebraico la Palestina è una questione di vita o di morte»[95]. È amaramente deluso quando nel maggio del 1940 la sostituzione di Chamberlain con Churchill a capo del governo britannico non cambia il corso della politica mandataria in Palestina. Nel gennaio del 1941 si reca quindi a Filadelfia per arringare i responsabili dei sionisti statunitensi: «Il Libro bianco deve essere annientato cosí come deve essere annientato Hitler, perché è l'opera di Hitler, è il risultato della politica distensiva del precedente governo britannico»[96].

È ancora agli Stati Uniti che guarda Zeev Žabotinskij, leader della frazione cosiddetta «revisionista», che nel 1935 si è separata dal sionismo maggioritario accusandolo di condiscendenza tanto nei confronti degli arabi quanto dei britannici. Tra il 1917 e il 1918 Žabotinskij è stato anche il coordinatore della Legione ebraica, che ha combattuto con l'esercito britannico fino in Palestina. Arrivato a New York nel marzo del 1940, propone questa volta di creare un vero e proprio esercito ebraico, volto sia a combattere il nazismo sia a instaurare a tempo debito uno stato ebraico in Palestina. Žabotinskij è accompagnato dal suo segretario e confidente, Benzion Netanyahu, che lo assiste nell'organizzazione materiale di questo intenso viaggio. Nell'agosto del 1940, durante una visita in un campo giovanile del suo partito a nord di New York, Žabotinskij viene stroncato da un infarto. Netanyahu gli succede alla guida della corrente revisionista del sionismo internazionale, la cui azione si concentra negli Stati Uniti. A differenza dei sionisti maggioritari, molto attivi presso i democratici di Roosevelt, Netanyahu preferisce sviluppare le sue relazioni con i repubblicani[97].

L'entrata in guerra degli Stati Uniti, nel dicembre del 1941, dà un nuovo impulso alla campagna americana di Ben Gurion. Nel maggio del 1942 organizza a New York una conferenza sionista straordinaria cui fa adottare il programma Biltmore, dal nome dell'hotel dove si tengono i lavori. Dopo aver inviato «un messaggio di speranza e incoraggiamento ai nostri compagni ebrei nei ghetti e nei campi di concentramento dell'Europa dominata da Hitler», i delegati venuti da tutti gli Stati Uniti si dedicano al loro obiettivo principale, vale a dire l'apertura delle «porte della Palestina» a un'immigrazione sfrenata, con l'obiettivo di costituire in Palestina un «Commonwealth ebraico integrato nelle strutture del nuovo mondo democratico»[98]. Coniato per un pubblico anglofono, il termine «Commonwealth», praticamente intraducibile, è un semplice eufemismo per definire lo stato ebraico, cui le rivelazioni sullo sterminio degli ebrei d'Europa conferiscono una tragica urgenza. È con lo stesso volontarismo che viene rilanciato l'American Palestine Committee, le cui attività erano entrate in letargo per i due primi mandati di Roosevelt. Ben presto il comitato può vantare una forte presenza al Congresso, con 67 dei 96 senatori e 143 dei 435 rappresentanti[99]. Ma la maggior parte di questi eletti non mira a corteggiare il «voto ebraico» nella propria circoscrizione, quanto piuttosto a conquistare il consenso dei simpatizzanti cristiani della causa sionista. Ed è proprio con questo obiettivo che nel dicembre del 1942 nasce il Consiglio cristiano per la Palestina.

Roosevelt appare però poco ricettivo a tutta questa agitazione. Le sue preferenze vanno a una forma di *trusteeship* (amministrazione fiduciaria) sulla Palestina, guidata da un gruppo di esponenti dei tre monoteismi conformemente alla sua vocazione di Terra Santa. Nell'ottobre del 1943 la diplomazia americana, interpellata sulla questione, propone alla Casa Bianca che la Palestina venga gestita da una commissione composta da tre cristiani, due musulmani e un ebreo, quest'ultimo alternativamente sionista, non sionista e antisionista. Agli antipodi di queste considerazioni le piattaforme dei partiti repubblicano e democratico per le elezioni del 1944 promuovono in termini simili sia «l'apertura senza restrizione della Palestina all'immigrazione e alla colonizzazione ebraica», sia «l'instaurazione di un Commonwealth ebraico libero e democratico»[100]. Per le elezioni presidenziali del novembre del 1944 Roosevelt sceglie come vice candidato un senatore del Missouri, Harry Truman, puro prodotto non solo della macchina democratica di quello stato sudista, ma anche dell'imprinting letteralista della *Bible Belt*[101]. Assiduo lettore delle Sacre Scritture e battista praticante, Truman non esita a riconoscere agli ebrei «un diritto storico e legittimo sulla Palestina»[102]. È naturalmente membro dell'American Palestine Committee e, già nel 1939, ha definito il Libro bianco una «capitolazione nei confronti dell'Asse»[103].

All'epoca il best seller *Palestine: Land of Promise* (Palestina: terra di promessa), denso di riferimenti biblici, è molto popolare negli ambienti democratici. Il suo autore è Walter Lowdermilk, uno specialista della conservazione del suolo che l'amministrazione Roosevelt ha inviato all'estero per condurre alcuni studi comparativi. Ma è il suo soggiorno del 1939 in Palestina ad avergli davvero cambiato la vita. Convertito al sionismo cristiano, Lowdermilk ritiene ormai che la dichiarazione Balfour costituisca «l'atto di reclutamento di una crociata ebraica mondiale per il riscatto della Palestina in quanto patria ebraica»[104], perché «gli ebrei si sono dimostrati all'altezza dell'erculeo compito di risollevare la Terra Santa tanto a lungo trascurata»[105], mentre «la decadenza della Palestina ha attraversato il suo periodo piú buio nei quattro secoli di occupazione turca»[106]. D'altronde «la popolazione araba è piú prospera nelle regioni in cui le attività ebraiche si esercitano su piú larga scala»[107], e questo a dispetto di «tanti bei giovani, tutti uccisi dai terroristi»[108] arabi. Il pamphlet di Lowdermilk è talmente convincente che nel febbraio del 1945, alla vigilia del vertice di Jalta con Stalin, Roosevelt trova il tempo di interrogare i suoi collaboratori sulla questione[109].

Un Ciro americano.

Nell'aprile del 1945 la morte di Roosevelt apre le porte del potere supremo a Truman. Il movimento sionista e i suoi alleati cristiani negli Stati Uniti spingono per esercitare la massima pressione sulla Gran Bretagna, che dipende dagli aiuti americani per la sua ricostruzione. Nel mese di agosto Truman chiede pubblicamente alla Gran Bretagna di autorizzare l'immigrazione di 100 000 ebrei sopravvissuti al nazismo in Palestina. Viene quindi istituita una commissione angloamericana che, nel suo rapporto del maggio del 1946, approva la richiesta di rilasciare immediatamente 100 000 visti per l'immigrazione ebraica. Nello stesso momento la Palestina è scossa da un'ondata di terrorismo anti-britannico cui contribuiscono sia l'*Haganah* sia altri gruppi piú radicali. Nell'ottobre del 1946 Truman si dichiara favorevole all'instaurazione di uno «stato ebraico vitale in un'adeguata parte della Palestina»[110]. In compenso rifiuta il principio stesso dell'invio di forze americane per contribuire al mantenimento dell'ordine. Nel gennaio del 1947 il Regno Unito annuncia l'evacuazione delle donne e dei bambini britannici presenti nell'area. Sottoposta a nuove pressioni da parte di Washington, Londra decide di trasferire la questione palestinese alle Nazioni Unite, che due anni prima hanno preso il posto della Società delle Nazioni.

Nel luglio del 1947 una commissione dell'Onu composta da dieci stati raccomanda all'unanimità la fine del mandato britannico e l'indipendenza della Palestina, dove i due terzi della popolazione sono ancora arabi. Sette stati si pronunciano in favore della partizione tra uno stato ebraico e uno stato arabo, con uno status internazionale per Gerusalemme*, mentre gli altri tre sostengono la formula di una federazione di due stati, uno ebraico e l'altro arabo, con Gerusalemme come capitale. La leadership

* Si veda la mappa 5.

sionista sostiene il piano di partizione, che attribuisce piú della metà della Palestina allo stato ebraico, mentre la parte araba, preoccupata per le sorti della considerevole minoranza araba che si ritroverebbe al suo interno, lo respinge. Ma solo il piano di partizione è sottoposto al voto dell'Assemblea generale dell'Onu del novembre del 1947. Iosif Stalin si impegna in suo favore, in quanto vede nell'imperialismo britannico e nella «reazione araba» i principali avversari all'espansione comunista in Medio Oriente. Insieme all'Ucraina e alla Bielorussia, l'Unione Sovietica dispone di tre seggi all'interno dell'Onu.

Sebbene nel marzo del 1947 abbia enunciato una dottrina militante contro il blocco sovietico nella guerra fredda, Truman non esita a unirsi a Stalin nel sostegno alla partizione della Palestina. Il presidente americano ignora anche l'opposizione del dipartimento di Stato, che teme possa scoppiare un conflitto generalizzato, e del Pentagono, che stima a 200 000 soldati il contingente necessario per imporre la partizione[111]. Non solo gli Stati Uniti votano il piano, ma esercitano pressioni su almeno due stati – la Liberia e le Filippine – che passano dall'opposizione al sostegno[112]. Queste manovre non cambiano il risultato finale, che vede l'approvazione con 33 voti contro 13. La Gran Bretagna, che annuncia di mettere fine al suo mandato il 15 maggio 1948, preferisce astenersi, cosí come altri nove stati. Dall'indomani del voto della Risoluzione 181 dell'Assemblea generale dell'Onu, il 29 novembre 1947, la Palestina è lacerata da una guerra civile tra ebrei e arabi, in cui le milizie sioniste cercano di garantire la continuità territoriale tra i loro vari insediamenti. Per evitare di alimentare il conflitto, gli Stati Uniti impongono un embargo sulla fornitura di armi in Medio Oriente. In capo a quattro mesi il bilancio degli scontri è di circa un migliaio di vittime da entrambe le parti[113].

L'approssimarsi della fine del mandato britannico è segnato dall'intensificazione dei combattimenti, con il trasferimento di centinaia di migliaia di civili arabi. Poiché il 15 maggio 1948 cade di sabato, Ben Gurion decide di proclamare lo Stato di Israele con un giorno di anticipo, se non altro per non infrangere lo Shabbat. Truman annuncia immediatamente il riconoscimento di fatto del nuovo stato. Come per il piano di partizione, il presidente americano va contro il parere della maggioranza della sua amministrazione[114]. Il conflitto si internazionalizza con l'intervento di cinque eserciti arabi, che tuttavia patiscono il loro essere divisi di fronte a un esercito israeliano ormai nazionale e straordinariamente motivato. Ogni offensiva israeliana è accompagnata da una nuova ondata di rifugiati arabi. Il 1° dicembre dello stesso anno le Nazioni Unite fondano un'Agenzia per il soccorso ai rifugiati palestinesi (Unrpr) il cui budget è finanziato per metà dagli Stati Uniti, che vi pongono alla guida l'ambasciatore americano al Cairo. Dieci giorni piú tardi l'Assemblea generale dell'Onu vota la Risoluzione 194, che offre ai rifugiati palestinesi la scelta tra il rimpatrio e l'indennizzazione, un'alternativa che la parte araba presenta come un «diritto al ritorno».

Il 7 gennaio 1949 il cessate il fuoco tra Israele e l'Egitto mette un termine al primo conflitto israelo-arabo. La fine delle ostilità e le elezioni generali israeliane del 24 gennaio creano agli occhi di Truman i presupposti per un riconoscimento – questa volta di diritto – di Israele, che entra in vigore il 31 gennaio. Nelle settimane successive le Nazioni Unite patrocinano i negoziati di quattro armistizi separati tra Israele e l'Egitto, il Libano, la Giordania e la Siria. Ma si tratta di una semplice sospensione delle ostilità e non di veri e propri accordi di pace. L'11 maggio il presidente americano riceve alla Casa Bianca il grande rabbino di Israele, che lo paragona a Ciro, l'imperatore persiano che ha emancipato gli ebrei permettendo l'edificazione del Secondo Tempio. Truman si commuove sentendo il suo ospite affermare che «il Signore gli ha affidato la missione di aiutare il popolo eletto» quando il futuro capo di stato era ancora «nel grembo della madre»[115]. Sul piano diplomatico gli Stati Uniti sono uno dei tre stati membri della Commissione di conciliazione sulla Palestina, che invita Israele e gli stati arabi a negoziare un vero e proprio accordo di pace a Losanna sotto l'egida dell'Onu. Dopo mesi di discussioni infruttuose, il 15 settembre la conferenza si conclude con un nulla di fatto.

L'8 dicembre 1949 l'amministrazione Truman spinge l'Assemblea generale dell'Onu a rimpiazzare l'organismo di assistenza ai rifugiati palestinesi esistente con un'Agenzia per il soccorso e l'occupazione in Medio Oriente, piú nota con l'acronimo inglese Unrwa. I profughi, scomparsi da questa sigla, sono quindi destinati a «lavorare» nell'ottica di un esilio duraturo, sebbene la Risoluzione dell'anno precedente abbia sancito il loro diritto al ritorno. L'indomani la stessa Assemblea generale vota a favore di un regime internazionale sulla città di Gerusalemme, conformemente al piano di partizione della Palestina del 1947, mentre la parte occidentale della Città Santa viene accorpata a Israele e quella orientale annessa dalla Giordania. Ben Gurion reagisce trasferendo a Gerusalemme Ovest la sede del governo israeliano, cosí come la Knesset e la maggior parte dei ministeri.

La questione palestinese entra cosí in un limbo tra la pace e la guerra che gli Stati Uniti si impegnano con costanza a non far degenerare. Nel maggio del 1952 le autorità israeliane offrono al presidente americano il «dono dell'immortalità» battezzando Kfar Truman (villaggio Truman) una cooperativa agricola a due passi dall'unico aeroporto internazionale del paese[116]. La cooperativa sorge sulle rovine del villaggio palestinese di Beit Nabala, abbandonato dai suoi circa duemila abitanti alla vigilia della proclamazione dello Stato di Israele e raso al suolo nel settembre del 1948. Se la Conferenza di Losanna ha perso l'occasione di risolvere definitivamente il conflitto israelo-arabo, il presidente americano – come la stragrande maggioranza dei suoi compatrioti – preferisce ormai ammirare le spettacolari realizzazioni del giovane stato ebraico.

Nel suo discorso di congedo dalla Casa Bianca, pronunciato nel gennaio del 1953, Truman confessa di «sognare» che «Israele torni il paese del latte e del miele che era all'epoca di Giosuè»[117]. Qualche tempo dopo, invitato a esprimersi in un seminario rabbinico di New York, l'ex presidente, elogiato per aver «contribuito a creare lo Stato di Israele», risponde senza esitazioni: «Cosa intende con "contribuito a creare"? Io sono Ciro! Io sono Ciro!»[118]. Questo paragone, incoraggiato quattro anni prima dal grande rabbino di Israele, conferma il peso dell'imprinting biblico su Truman nel suo determinante sostegno al progetto sionista. Con il senno di poi Clark Clifford, il suo ex consigliere politico alla Casa Bianca, si dice colpito dalle citazioni dell'Antico Testamento di cui Truman infarciva ogni discussione sul Medio Oriente[119]. Agli occhi di Clifford la prosecuzione della politica di Roosevelt avrebbe reso «le condizioni della nascita di Israele infinitamente piú precarie»[120].

Le crociate di Billy Graham.

L'Associazione nazionale degli evangelici viene fondata nell'aprile del 1942 nel Missouri, già roccaforte di Truman, per dare un contributo morale allo sforzo bellico degli Stati Uniti. Ma bisogna aspettare l'autunno del 1949 perché emerga la figura emblematica di Billy Graham. Questo predicatore di appena trent'anni organizza la prima delle sue «crociate» – una serie di meeting di massa in cui arringa la folla, Bibbia alla mano, ingiungendole di unirsi a Cristo – a Los Angeles. Il suo movimento di evangelizzazione degli adulti assume una tale portata che nel luglio del 1950 Truman lo riceve alla Casa Bianca. Ma il presidente si indigna quando scopre che Graham ha rivelato alla stampa i dettagli della loro conversazione privata e della loro preghiera congiunta. Lo sfavillante predicatore instaura in compenso un rapporto di fiducia duraturo con il successore repubblicano di Truman, il generale Dwight Eisenhower, e il suo vicepresidente, Richard Nixon.

Subito dopo l'investitura di Eisenhower, nel febbraio del 1953, Graham convince il nuovo presidente a partecipare, con alcuni membri del Congresso, a una «colazione di preghiera nazionale» (*National Prayer Breakfast*) in un hotel di Washington. Ben presto l'iniziativa diventa una vera e propria istituzione, cosí come il motto «In God We Trust» (Confidiamo in Dio), che figura ormai sulle banconote statunitensi. È l'epoca della mobilitazione anticomunista sullo sfondo del conflitto in Corea e Graham non si fa scrupoli ad assimilare la Cina e l'Unione Sovietica all'Anticristo[121]. Quest'assoluta priorità accordata alla guerra fredda spiega la severa reazione di Eisenhower all'offensiva congiunta che Israele, la Francia e la Gran Bretagna lanciano nell'ottobre del 1956 contro l'Egitto di Gamal Abdel Nasser, araldo del nazionalismo arabo. Il presidente americano, temendo che questa crisi possa facilitare la repressione dell'insurrezione ungherese da parte dell'Armata rossa, costringe Israele a ritirarsi rapidamente dalla penisola egiziana del Sinai e dalla Striscia di Gaza. Sarà la prima e unica volta che gli Stati Uniti otterranno da Israele un'evacuazione incondizionata dei territori arabi occupati. Quanto a Graham, nel marzo del 1960 si reca in Israele per una serie di sermoni davanti al pubblico cristiano di Haifa, Giaffa e Nazareth, prima di essere ricevuto da Golda Meir, ministro degli Affari esteri.

La vittoria del democratico e cattolico John Kennedy contro Nixon alle elezioni presidenziali del novembre del 1960 riduce l'influenza di Graham alla Casa Bianca. Ma il vicepresidente Lyndon Johnson, che succede a Kennedy dopo il suo assassinio tre anni piú tardi, è nettamente piú ricettivo all'attivismo evangelico. Con i sermoni televisivi trasmessi a decine di milioni di spettatori, Graham inventa allora il «televangelismo», mentre con le «crociate» continua ad attirare un pubblico numeroso. Nel novembre del 1965, nella sua roccaforte texana di Houston, Johnson diventa il primo presidente americano ad assistere di persona a una di queste crociate. Rompe poi con la neutralità dimostrata dai suoi predecessori in Medio Oriente autorizzando la vendita di carri armati a Israele. Ma piú che delle sue convinzioni religiose, questa rottura è il risultato di un'identificazione molto texana con Israele, in cui gli arabi sono assimilati ai messicani che con il loro afflusso avevano sbaragliato la disperata resistenza di Fort Alamo nel 1836[122].

Il 23 maggio 1967 Nasser annuncia il blocco navale del porto israeliano di Eilat, che peraltro dieci anni prima, dopo il ritiro di Israele dal Sinai sotto le pressioni americane, si era impegnato a mantenere aperto. Il 30 maggio re Hussein firma al Cairo un accordo con Nasser che pone l'esercito giordano sotto il comando egiziano. Dopo il patto militare già stretto tra la Siria e l'Egitto, l'accerchiamento arabo di Israele sembra ormai completo. È per spezzarlo che il 5 giugno Israele lancia un'offensiva lampo prima contro l'Egitto, poi contro la Giordania, e infine contro la Siria. Al termine della Guerra dei sei giorni Israele ha assunto il controllo di Gerusalemme Est, della Cisgiordania e di Gaza, nonché del Sinai egiziano e delle alture siriane del Golan.

L'angoscia di un «nuovo Olocausto»[123] che agitava l'opinione pubblica americana alla vigilia del conflitto lascia il posto alla celebrazione del trionfo israeliano, che culmina nella Città Vecchia di Gerusalemme. Con la scusa dell'«unificazione amministrativa» della Città Santa, il settore orientale di Gerusalemme viene di fatto annesso. Gli evangelici americani sono galvanizzati da questa «restaurazione» sul sito stesso dei due antichi Templi, in cui vedono, vent'anni dopo l'instaurazione dello stato ebraico, un ulteriore segno del compimento delle profezie[124]. L'edizione del 1967 della Bibbia annotata di Scofield conferma inoltre che il «rapimento» dei fedeli dipende dalla «restaurazione» di Israele in tutta la «sua» terra, legando cosí la salvezza degli evangelici americani alla preservazione delle recenti conquiste territoriali israeliane[125].

Nel settembre del 1967 il vertice arabo che si riunisce a Khartum rimane fermo sui suoi tre «no» a Israele: no alla pace con Israele, no al riconoscimento di Israele e no alle trattative con Israele. Questa retorica oltranzista, con cui Nasser tenta di obliterare l'umiliazione della Guerra dei sei giorni, fa naturalmente il gioco dei falchi israeliani. Due mesi piú tardi il Consiglio di sicurezza dell'Onu adotta la Risoluzione 242, che nella sua versione francese sancisce il «ritiro» (*le retrait*) di Israele «dai territori occupati durante il recente conflitto» (*des territoires occupés lors du récent conflit*). Ma i diplomatici americani fanno in modo che la versione inglese sia piú vaga e preveda solo il ritiro «dai territori occupati» (*from occupied territories*)[126]. Poiché il francese e l'inglese sono le due lingue di lavoro dell'Onu, nel diritto internazionale le due versioni hanno lo stesso valore. Come se non bastasse la questione palestinese viene menzionata – questa volta in entrambe le lingue – solo nell'ottica di una «giusta soluzione al problema dei rifugiati»[127], e non in quella di un popolo con legittime aspirazioni nazionali. Ma la resistenza palestinese si organizza intorno ai *feddayin*, i combattenti condotti da Yasser Arafat che finiscono per assumere il controllo dell'Organizzazione per la liberazione della Palestina (Olp), fino ad allora agli ordini di Nasser.

Nel novembre del 1968 l'elezione di Nixon insedia alla Casa Bianca un amico intimo di Graham. Il nuovo presidente americano non esita a utilizzare il televangelico come messaggero ufficiale presso i leader stranieri. Nel marzo del 1969 è il turno di Golda Meir, ormai primo ministro di Israele[128]. Sempre all'avanguardia della comunicazione di massa, Graham decide di produrre un film, *His Land* (La sua terra), che esalta la legittimità biblica dello stato ebraico e la risonanza profetica delle sue vittorie militari. Girato in Israele nell'estate del 1969, il film si apre con l'invocazione della profezia di Ezechiele sulle «ossa aride di Israele» che nel 1844 aveva già ispirato il reverendo Bush. Segue una trascinante melodia che celebra gli ebrei «di ritorno nella patria dei loro padri, Israele la loro cittadella, Israele il loro focolare»[129]. Nell'aprile del 1970 il film viene proiettato a Gerusalemme davanti al governo israeliano al gran completo. Golda Meir, «visibilmente commossa», esprime a Graham e al regista la sua «immensa gratitudine per aver presentato la nostra terra cosí com'è»[130]. Negli Stati Uniti le reti evangeliche proiettano *His Land* con il loro consueto volontarismo.

Eppure nel febbraio del 1972, al termine di una colazione di preghiera, Nixon e Graham hanno una conversazione che rivela fino a che punto il loro sostegno a Israele può essere macchiato dall'antisemitismo. Nixon non ha perdonato ai suoi compatrioti ebrei di aver votato per lui in meno del 10 per cento nel 1968[131]. Il presidente afferma che «i migliori ebrei sono gli ebrei israeliani», cui Graham replica condannando la «morsa» (*stranglehold*) in cui gli ebrei americani stringono i media: «Mi si affollano intorno e mi trattano con i guanti perché conoscono la mia amicizia verso Israele e via dicendo. Ma non sanno cosa penso veramente di quello che fanno al nostro paese». Nixon supplica il suo confidente: «Non devi farglielo sapere»[132]. Questa conversazione, registrata da Nixon e rivelata trent'anni dopo, suscita un'ondata di indignazione che le scuse pubbliche di Graham faticheranno a placare. Ma è sufficiente tornare ai fondamenti teologici del sionismo cristiano per rendersi conto della sua mancanza di qualsiasi simpatia dottrinale nei confronti degli ebrei in quanto tali, che solo il loro ruolo nel disegno divino rende degni di sostegno, e unicamente in Terra Santa.

La posizione centrale di Graham nell'evangelismo americano favorisce la costituzione di varie Chiese dissidenti sulla base di un'urgenza profetica ancora piú fanatica. È il caso della Worldwide Church of God (Chiesa mondiale di Dio) di Herbert Armstrong, che già nel giugno del 1967 annunciava la costruzione del Terzo Tempio a Gerusalemme[133]. Affascinato dall'archeologia biblica, nel dicembre del 1968 Armstrong stringe una partnership per una serie di scavi vicino al Muro del Pianto con l'Università ebraica di Gerusalemme. Nell'agosto del 1969 Denis Rohan, un evangelico australiano ispirato dalle profezie di Armstrong[134], dà fuoco a un pulpito del XII secolo nella moschea di al-Aqsa. Nonostante il rapido intervento dei vigili del fuoco israeliani, il lato sudorientale dell'edificio resta danneggiato. Rohan dichiara di aver voluto radere al suolo il terzo luogo santo dell'islam per fare posto al nuovo Tempio ebraico[135]. Internato per cinque anni in un istituto psichiatrico in Israele, verrà poi trasferito in una struttura analoga in Australia. Armstrong nega ogni relazione della sua Chiesa con Rohan e continua a promuovere i suoi scavi a Gerusalemme, con un approccio piú apologetico che scientifico.

Il 6 ottobre 1973 l'Egitto e la Siria lanciano un'offensiva coordinata contro Israele con l'obiettivo di recuperare i loro territori occupati da sei anni. Graham fa pressione su Nixon perché predisponga un ponte aereo di assistenza militare in favore di Israele[136]. Il dispositivo permette a Israele di riprendere l'iniziativa e, dopo diciotto giorni di aspri combattimenti, di minacciare Damasco e accerchiare l'esercito egiziano nel Sinai. Nixon invia in Medio Oriente Henry Kissinger, il suo ministro degli Affari esteri, che dopo un'infaticabile spola riesce a concludere due accordi di disimpegno, uno nel gennaio del 1974 tra Israele e l'Egitto e l'altro quattro mesi dopo tra Israele e la Siria. Questa «diplomazia dei piccoli passi» si basa sulle garanzie contraddittorie date da Kissinger a Israele, per cui il ritiro parziale è destinato a essere definitivo, e ai belligeranti arabi, che lo vedono al contrario come l'inizio di un'evacuazione totale da parte di Israele[137]. Il congelamento delle ostilità sotto l'egida degli Stati Uniti inaugura un'era di *Pax americana* che esclude l'Unione Sovietica dalla risoluzione del conflitto, nonostante il suo impegno militare al fianco del campo arabo.

Ma questo successo diplomatico è di secondaria importanza per Nixon, coinvolto nelle rivelazioni del Watergate, che la sua passione compulsiva per le registrazioni dei colloqui privati renderà devastanti. Nell'agosto del 1974 il presidente americano rassegna le dimissioni, lasciando la Casa Bianca nelle mani di Gerald Ford. Sebbene Graham non sia in alcun modo implicato nello scandalo, la caduta del presidente cui è stato piú vicino non può che intaccare il suo credito politico. Quanto a Kissinger, resta sotto Ford alla guida della diplomazia americana, messa in difficoltà dalla decisione dell'Onu di invitare Arafat a esprimersi davanti all'Assemblea generale del novembre del 1974. È solo nel settembre del 1975 che Kissinger ottiene la firma di un nuovo accordo di disimpegno tra Israele e l'Egitto. Ma oltre ad aiuti militari senza precedenti, Ford deve concedere al governo israeliano di Yitzhak Rabin l'impegno a non trattare con l'Olp fintanto che non abbia riconosciuto la Risoluzione 242 delle Nazioni Unite.

La Moral Majority.

Il relativo tramonto di Billy Graham favorisce l'ascesa di una nuova generazione di predicatori evangelici tanto carismatici quanto ambiziosi. Jerry Falwell, il cui primo dei numerosi pellegrinaggi in Israele risale al 1968, considera il giorno della proclamazione dello Stato di Israele come il piú importante dall'Ascensione di Gesú[138]. Quanto a Pat Robertson, nel 1974, durante una visita al monte degli Ulivi nel territorio occupato di Gerusalemme Est, ha la rivelazione di dover dedicare il suo ministero al sostegno di Israele[139]. Sia Falwell sia Robertson sono battisti, cosí come Jimmy Carter, eletto alla presidenza degli Stati Uniti nel novembre del 1976. Assiduo lettore della Bibbia, Carter la consulta però nella traduzione detta «di re Giacomo», la *King James Version*, e non nell'edizione «annotata» di Scofield, che eleva le tesi dispensazionaliste al rango di dogma. Non solo il nuovo capo di stato non condivide le sue divagazioni escatologiche, ma è anche convinto di avere la missione di riconciliare «i figli di Abramo», vale a dire gli ebrei e gli arabi.

Questa visione presidenziale di una pace negoziata è agli antipodi del sostegno incondizionato degli evangelici a Israele e all'integrità della «sua» terra. La loro campagna contro Carter li condurrà a stringere un'alleanza strategica con la destra israeliana, il cui consolidamento cambierà definitivamente il volto del Medio Oriente. I piani della Casa Bianca per una mediazione israelo-araba vengono infatti sconvolti dalla fine dei tre decenni di governo laburista in Israele, quando il *Likud* di Menachem Begin vince le elezioni del maggio del 1977. L'ex capo della milizia revisionista incarna l'eredità di Žabotinskij in tutta la sua intransigenza, rifiutando categoricamente la benché minima concessione su *Eretz Israel* – impropriamente tradotto con «grande Israele» –, in quanto composto dai territori occupati nel 1967 di Gerusalemme Est, della Cisgiordania e di Gaza. Fin dal principio i suoi rapporti con Carter sono caratterizzati dalla diffidenza e dalle tensioni. Laddove il presidente americano contempla pubblicamente una «patria» (*homeland*) per i palestinesi, Falwell e i suoi amici reagiscono proclamando la loro «credenza evangelica in una Terra promessa al popolo ebraico» e la loro ferma opposizione a «qualsiasi tentativo di ricavare un'altra entità nazionale o politica dalla patria ebraica»[140].

Nel maggio del 1978 Begin invita Falwell e tre altri leader evangelici a visitare ufficialmente Israele. Piú in generale il governo del *Likud* moltiplica i soggiorni, organizzati a fini propagandistici, dei fondamentalisti americani, ai quali i loro ospiti israeliani vantano «il compimento delle profezie bibliche»[141]. Falwell si reca anche in Egitto, il cui presidente Anwar al-Sadat ha osato sei mesi prima pronunciare un discorso di pace davanti alla Knesset, il parlamento israeliano. Ma Begin resta fermo sul suo rifiuto di riconoscere qualsiasi nazionalismo palestinese e si preoccupa delle pressioni americane in questo senso. In Egitto Falwell preferisce insistere sulla necessità di aprire il paese all'evangelizzazione, invitando al contempo gli Stati Uniti a non esercitare «pressioni inutili» su Israele[142]. I tredici giorni di vertice tripartito tra Carter, Begin e Sadat presso la residenza presidenziale di Camp David, nel settembre del 1978, si concludono dopo faticosissime trattative su due testi: un progetto di trattato di pace tra Israele e l'Egitto, da una parte, e un accordo quadro sulla questione palestinese, dall'altra. Questo secondo accordo resta tuttavia lettera morta a causa del rifiuto di partecipare da parte della Giordania, dal momento che gli Stati Uniti hanno escluso il coinvolgimento dell'Olp. In compenso nel marzo del 1979 viene sottoscritto alla Casa Bianca il primo trattato di pace israelo-arabo tra Begin e Sadat, sotto gli auspici di Carter.

Accettando di evacuare il territorio egiziano del Sinai, il primo ministro israeliano ha neutralizzato il piú potente dei paesi arabi e allontanato la minaccia di un accerchiamento di Israele da parte dei paesi vicini. Ha soprattutto preservato il dominio sui territori palestinesi conquistati nel 1967, tra cui la «Giudea-Samaria», come viene ormai ufficialmente chiamata la Cisgiordania, destinata alla colonizzazione. Questo ostruzionismo gode del sostegno incondizionato di Falwell, per cui «è indiscutibile che la Giudea e la Samaria debbano far parte di Israele»[143]. Nel giugno del 1979 Falwell lancia la Moral Majority (Maggioranza morale), un potente movimento evangelico i cui quattro pilastri sono l'opposizione al diritto all'aborto, la difesa della famiglia tradizionale, l'anticomunismo militante e l'appoggio incondizionato a Israele, quest'ultimo ardentemente difeso da Robertson. Il fatto che la corrente evangelica erga questo sostegno al rango di priorità esistenziale la dice lunga sulla radicalizzazione del movimento nel suo sostegno al *Likud*, ormai riconosciuto come unica leadership legittima di Israele.

Quanto a Begin, non ha parole abbastanza dure per condannare il «terrorismo» palestinese. Nel luglio del 1979 inaugura a Gerusalemme la prima conferenza sul «terrorismo internazionale» dell'Istituto Yonatan, che prende il nome da Yonatan Netanyahu, un ufficiale israeliano ucciso tre anni prima durante un'operazione di liberazione degli ostaggi detenuti all'aeroporto ugandese di Entebbe. Il padre di Yonatan, Benzion Netanyahu, è stato, come abbiamo visto, un collaboratore di Žabotinskij fino alla sua morte, nel 1940. Il testimone dell'eroe defunto viene raccolto dal fratello, Binyamin Netanyahu, un astro nascente del *Likud* che promuove un'«alleanza anti-terroristica di tutte le democrazie occidentali»[144], tra cui naturalmente Israele. La presenza a questa conferenza della famiglia Netanyahu di George Herbert Bush, direttore della Cia fino all'elezione di Carter, non passa inosservata.

Nella speranza di rilanciare la parte palestinese della sua azione per la pace, nel marzo del 1980 il presidente Carter fa votare agli Stati Uniti la Risoluzione 465 del Consiglio di sicurezza dell'Onu, che esige lo smantellamento delle colonie israeliane nei territori occupati nel 1967, tra cui anche Gerusalemme Est. La Moral Majority protesta vigorosamente, facendo eco a Begin, che il mese successivo, in visita a Washington, non cede di un millimetro davanti al presidente americano. Il primo ministro israeliano incontra quindi una delegazione evangelica guidata da Falwell, la quale «proclama che la Terra d'Israele comprende la Giudea e la Samaria in quanto parti integranti del patrimonio ebraico, con Gerusalemme come capitale indivisibile»[145].

Nel mese di luglio il governo israeliano fa approvare alla Knesset, con 65 voti contro 120, una «legge fondamentale» di valore costituzionale che consacra Gerusalemme come capitale «una e indivisibile» di Israele. Il Consiglio di sicurezza dell'Onu condanna questo atto di forza con la Risoluzione 476, adottata grazie all'astensione degli Stati Uniti. Carter vede allora la sua candidatura a un nuovo mandato indebolita dall'impegno degli evangelici in favore del suo rivale repubblicano, Ronald Reagan.

Nel settembre del 1980, in presenza di un ministro israeliano, viene inaugurata un'«ambasciata cristiana internazionale a Gerusalemme» nei locali dell'ex ambasciata cilena, trasferitasi a Tel Aviv per protestare contro la legge approvata due mesi prima. Questa iniziativa evangelica si tiene alla vigilia della festività ebraica di Sukkot, associata sia alla consacrazione del Primo Tempio da parte di Salomone, sia all'avvio del cantiere del Secondo Tempio. Le autorità israeliane incoraggiano con piena cognizione di causa il registro dispensazionalista che nutre la mobilitazione. Due mesi piú tardi Begin si reca a New York per conferire, in occasione del centenario di Žabotinskij, un premio in suo onore ai sostenitori piú incrollabili di Israele, tra cui Graham e Falwell. È in questo periodo che l'espressione «sionisti cristiani» si diffonde negli Stati Uniti[146]. L'impegno di questi fondamentalisti in favore di Israele è reso ancora piú intenso dal fatto che prendono alla lettera la promessa di Dio ad Abramo: «Benedirò coloro che ti benediranno e coloro che ti malediranno maledirò»[147]. Per continuare a essere benedetta da Dio, l'America deve – ai loro occhi – benedire Israele nelle parole e negli atti.

La «nuova guerra fredda».

La scommessa di Begin e della Moral Majority risulta vincente quando, nel gennaio del 1981, Reagan fa il suo ingresso alla Casa Bianca con Bush come vicepresidente. Il nuovo capo di stato sposa a tal punto le tesi dispensazionaliste da citare pubblicamente, e a varie riprese, la sua fede nell'imminenza della battaglia di Armageddon[148]. Questo pessimismo escatologico alimenta il rilancio della guerra fredda, questa volta con l'obiettivo dichiarato di annientare l'Unione Sovietica, che definisce l'«impero del Male» davanti a un pubblico evangelico[149]. In questa visione Israele si trova trasfigurato in un baluardo del «Bene» occidentale, mentre l'Olp, la Siria e l'Iraq sono ridotti a fantocci del Cremlino. Nel giugno del 1981, senza nemmeno consultare Washington, Begin ordina un'audace incursione aerea contro l'Iraq, durante la quale vengono bombardati gli stabilimenti nucleari di Osirak. Chiama quindi Falwell, cui presenta questo annientamento della «Babilonia» nucleare irachena in termini biblici[150]. Il leader della Moral Majority si mobilita immediatamente, riuscendo a mitigare le reazioni negli Stati Uniti a questo atto di forza.

Begin non esita a rimettere Reagan davanti al fatto compiuto nel giugno del 1982, quando decide di invadere il Libano. Il suo obiettivo è quello di distruggere lo stato nello stato costituito dall'Olp, bollato come un'accozzaglia di «terroristi» al soldo di Mosca e «assetati di sangue»[151]. L'assedio di Beirut Ovest, in cui l'Olp resiste strenuamente agli assalti israeliani, si protrae per quasi tre mesi. François Mitterrand, che nel marzo del 1982 è stato il primo presidente francese a visitare Israele, incita Reagan a concedere una qualche forma di riconoscimento all'Olp in cambio del suo ritiro dal Libano. Ma il presidente americano acconsente solo a un'evacuazione, sotto la protezione della Francia e degli Stati Uniti, di Arafat e di migliaia dei suoi combattenti, sulla base di un cessate il fuoco con Israele. All'indomani dell'evacuazione, il 1° settembre 1982, la Casa Bianca annuncia un «piano Reagan» per la pace israelo-araba che esclude sia l'Olp sia il principio stesso di uno stato palestinese.

Di lí a poco il contingente americano, poi quello francese, abbandonano Beirut Ovest, lasciando l'ex roccaforte dell'Olp nelle mani di Israele in violazione del cessate il fuoco. I campi palestinesi di Sabra e Shatila vengono consegnati alle milizie cristiane, alleate di Israele, che tra il 16 e il 18 settembre vi massacrano tra gli 800 e i 3000 civili, a seconda delle stime[152]. Il 25 settembre la rivelazione di questa carneficina provoca a Tel Aviv un'immensa manifestazione di protesta, che mette in causa Begin e il suo ministro della Difesa, Ariel Sharon. Falwell però continua a considerare gli israeliani come «eroi» e «liberatori», accolti in Libano «al pari degli americani in Francia durante la

Seconda guerra mondiale». Tutt'al piú riconosce che «qualcuno abbia fatto una stupidaggine [*goofed*] sul campo»[153]. Ma in Israele le polemiche non accennano a spegnersi, costringendo Sharon a lasciare il ministero della Difesa nel febbraio del 1983 e Begin a dimettersi, stremato, sei mesi dopo.

Con le sue immagini dei bombardamenti di Beirut e poi dei massacri di civili palestinesi, l'invasione del Libano infligge un colpo senza precedenti all'immagine di Israele negli Stati Uniti. Lo sgomento che provoca all'interno della comunità ebraica, tra l'altro, contrasta con il sostegno incrollabile che gli evangelici continuano a fornire a Israele. Queste correnti di opinione vengono studiate nel dettaglio da Tom Dine, direttore del Comitato d'azione politica americano-israeliano (piú noto con l'acronimo inglese Aipac) a partire dal 1980. Fino ad allora l'Aipac ha funzionato come tutti gli altri comitati di azione politica, le cui attività ufficiali di lobbying promuovono le relazioni degli Stati Uniti con vari paesi esteri. Ma Dine ha l'ambizione di renderlo potente quanto la National Rifle Association (Nra), la lobby delle armi da fuoco che ancora oggi impedisce qualsiasi restrizione significativa alla loro vendita sul territorio statunitense. Per farlo individua in ciascuna circoscrizione una serie di alleati in grado di fare pressione sui rappresentanti locali. Questo implica però di andare oltre l'eventuale voto ebraico e mobilitare la base evangelica. È cosí che la lobby filoisraeliana diventa sempre meno rappresentativa degli ebrei americani e sempre piú vicina ai sionisti cristiani, a loro volta presenti in tutto il paese, ben al di là della *Bible Belt*.

Yitzhak Shamir, che nel 1983 succede a Begin alla guida del governo israeliano, si è separato dalla milizia revisionista dello stesso Begin, che considerava troppo moderato, nel 1940*. Il suo oltranzismo piace agli evangelici americani, che voltano la pagina della guerra del Libano, sebbene l'occupazione israeliana vi proseguirà fino al 2000. La Moral Majority conduce un'ardente campagna in favore di Reagan, che nel novembre del 1984 viene rieletto per un secondo mandato. Binyamin Netanyahu, diventato ambasciatore di Israele presso le Nazioni Unite, sviluppa le sue reti negli ambienti fondamentalisti, partecipando

* Cfr. p. 87.

alle colazioni di preghiera per Israele organizzate sulla falsariga delle *prayer breakfasts* lanciate da Graham nel 1953. Il gregarismo dell'amministrazione Reagan nei confronti di Israele è tale che neanche l'*intifada* – la «sollevazione» dei territori palestinesi lanciata nel dicembre del 1987 – suscita una qualche iniziativa americana. Ma la candidatura sfortunata di Robertson all'investitura repubblicana del 1988 lacera la Moral Majority e accelera il suo declino. Falwell fornisce infatti un sostegno determinante all'ex vicepresidente Bush, che nel 1989 fa il suo ingresso alla Casa Bianca.

All'assalto del processo di pace.

George H. Bush non è mai stato attirato dalle divagazioni apocalittiche di Reagan. In compenso condivide la sua determinazione ad annientare l'Unione Sovietica, seppure nella cornice di un grande disegno imperiale in cui l'egemonia americana regnerà finalmente incontestata. Israele occupa un posto essenziale in questo disegno, a differenza dei palestinesi, nonostante l'impegno ormai chiaro dell'Olp in favore della soluzione a due stati. Ritenendo le condizioni poste nel 1975 soddisfatte, gli Stati Uniti hanno sí aperto un dialogo con l'Olp, ma solo a livello del loro ambasciatore a Tunisi, dove la leadership palestinese ha stabilito la sua sede dopo l'evacuazione di Beirut. Ma nel 1990 anche questo limitatissimo dialogo si interrompe, senza tuttavia aver registrato il benché minimo progresso nelle relazioni americano-palestinesi. Due mesi piú tardi il sostegno di Arafat all'occupazione irachena del Kuwait segna la squalifica definitiva dell'Olp agli occhi dell'amministrazione Bush.

Nel gennaio del 1991 gli Stati Uniti guidano una coalizione di liberazione del Kuwait che nel giro di un mese riesce a espellere le truppe irachene e a restaurare la sovranità dell'emirato. Dopo una vittoria tanto schiacciante, Bush ha ogni intenzione di gettare le basi di un «nuovo ordine mondiale» postsovietico in Medio Oriente. È per questo che nel mese di ottobre promuove l'avvio di un processo di pace israelo-arabo a Madrid. Shamir accetta di partecipare a questa conferenza con la Siria, la Giordania e il Libano solo a condizione che l'Olp ne sia esclusa. Sempre pronta a conformarsi ai diktat di Israele, la diplomazia americana fa in modo di costituire una delegazione giordano-palestinese che non comprenda nessun rifugiato palestinese (per evitare qualsiasi riferimento al diritto al ritorno) e nessun residente di Gerusalemme Est (annessa da Israele nel 1967 di fatto e nel 1980 di diritto). Non capita spesso che un belligerante imponga al proprio avversario la composizione della sua delegazione di negoziazione, il tutto con la complicità attiva del mediatore autoproclamato.

Per la Casa Bianca il «processo» è piú importante della «pace» vera e propria, perché garantisce, in una logica imperiale, che tutte le parti concorreranno per conquistare il favore del grande architetto della *Pax americana*. La Conferenza di Madrid si chiude quindi dopo due giorni senza nessun concreto passo in avanti, trasferendo le trattative sulle diverse «piste» (*tracks*) a Washington. I negoziatori americani sono però costretti a riconoscere il fallimento della loro formula giordano-palestinese, accettando che gli israeliani conducano trattative separate con i giordani, da un lato, e i palestinesi, dall'altro. Ma questi aggiustamenti appaiono assai modesti di fronte alla prosecuzione dell'*intifada*, condotta apertamente in nome dell'Olp, e all'insorgenza in Israele di un «campo della pace», disposto ad accettare una soluzione negoziata.

Ottenendo la maggioranza alle elezioni israeliane del giugno del 1992, Rabin spera di invertire la tendenza favorevole al *Likud* ormai da quindici anni. Ben presto il suo governo a maggioranza laburista apre attraverso la Norvegia un canale di dialogo segreto con l'Olp. Quanto a Bush, nel mese di novembre non riesce a farsi rieleggere contro Bill Clinton, che ha orientato la sua campagna sullo stato dell'economia americana. Ma il nuovo presidente democratico lascia al loro posto i responsabili del processo di pace israelo-araba della Conferenza di Madrid. Non può quindi che stupirsi nello scoprire l'esistenza degli accordi conclusi tra Israele e l'Olp a Oslo nell'agosto del 1993. E tuttavia non tarda a prendersene il merito, accogliendo Rabin e Arafat alla Casa Bianca nel mese di settembre per la cerimonia della firma. Il primo testo degli accordi di Oslo vale quale mutuo riconoscimento tra Israele e l'Olp, mentre il secondo prevede l'instaurazione di un'Autorità palestinese sui territori evacuati da Israele, in questa prima fase Gaza e Gerico. Clinton infonde enfaticamente alla cerimonia una dimensione biblica: «I figli di Abramo, i figli di Isacco e di Ismaele, sono partiti insieme per un viaggio ardito. Oggi, insieme, auguriamo loro *shalom*, *salam*, pace»[154].

Questo colpo di scena prende alla sprovvista la lobby filoisraeliana, costringendo Dine a lasciare la direzione dell'Aipac con un'ammissione di sconfitta. Quanto alla corrente evangelica, rifiuta di prendere in considerazione l'amputazione della «Terra d'Israele» a beneficio dei «terroristi» dell'Olp e, a maggior ragione, di concedere aiuti economici a un'Autorità palestinese presieduta da Arafat. L'ambasciatore di Israele a Washington è costretto a intervenire presso numerosi parlamentari perché almeno una parte di questi aiuti, essenziali per l'applicazione del processo di pace, venga versata all'Autorità palestinese[155], ricordando loro che è stato proprio il governo israeliano a chiedere una votazione in tal senso. Ma il rifiuto evangelico entra in risonanza con la campagna condotta in Israele dal nuovo leader del *Likud*, Netanyahu, che condivide da tempo nutrite affinità con i sionisti cristiani. Oltre a promettere, in caso di vittoria del *Likud*, di abrogare gli accordi di Oslo, nel marzo del 1994 Netanyahu partecipa, a nord di Tel Aviv, al funerale simbolico dell'«assassino del sionismo», come viene ormai bollato Yitzhak Rabin[156].

È a questo punto che Robertson decide di rilanciare la rete che aveva mobilitato nel 1988 per tentare di ottenere l'investitura repubblicana. La sua Coalizione cristiana diventa un'importante macchina da guerra contro l'amministrazione Clinton, che denuncia per la sua presunta condiscendenza nei confronti dei «terroristi» palestinesi. Alle elezioni di metà mandato del novembre del 1994, aiuta il Partito repubblicano ad assumere il controllo delle due camere del Congresso, per la prima volta dall'elezione di Eisenhower del 1952. Ma laddove Falwell galvanizzava la sua Moral Majority per dissuadere Carter dal fare pressione su Begin, Robertson lancia la sua Coalizione cristiana sia contro Clinton sia contro Rabin. La radicalizzazione evangelica ha quindi trasformato la lobby filoisraeliana in una lobby filo-*Likud*[157], sebbene la maggior parte della comunità ebraica resti piuttosto favorevole ai democratici statunitensi e ai laburisti israeliani.

Il 28 settembre 1995 Rabin e Arafat firmano a Washington, sotto gli auspici di Clinton, i cosiddetti accordi di «Oslo II», sebbene questa volta vengano conclusi grazie alla mediazione americana. Il territorio della Cisgiordania, da cui Gerusalemme Est resta esclusa, viene diviso in tre zone: il 3 per cento è attribuito alla zona A (sotto il controllo esclusivo dell'Autorità palestinese), il 24 per cento alla zona B (di amministrazione palestinese e sicurezza israeliana) e il 73 per cento alla zona C (sotto l'autorità esclusiva di Israele). Nonostante queste concessioni limitate, Rabin è bersaglio di violenti attacchi, che culminano una settimana dopo in un meeting a Gerusalemme – in presenza di Netanyahu – dove vengono scanditi appelli al suo omicidio[158]. Negli Stati Uniti la Coalizione cristiana, in sintonia con il *Likud*, accusa il primo ministro israeliano di voler dividere Gerusalemme a beneficio dell'Olp, nonostante che gli accordi di Oslo II non contemplino Gerusalemme e che i negoziati sulla Città Santa non si apriranno prima del 1999. Dal canto suo Rabin denuncia i gruppi «che esercitano pressioni sul Congresso americano contro le politiche del governo di Israele democraticamente eletto»[159].

Il 13 ottobre 1995 il senatore repubblicano Bob Dole presenta un disegno di legge, ispirato dalla Coalizione cristiana, che propone di riconoscere Gerusalemme come capitale di Israele e di trasferirvi l'ambasciata americana entro il 1999. Il 24 ottobre il testo è approvato da 93 dei 100 senatori (tra cui Joe Biden, uno dei rari eletti cattolici a proclamarsi sionista, e John McCain, uno dei «falchi» repubblicani piú militanti) e da 374 dei 435 rappresentanti. L'indomani si tiene una cerimonia in Campidoglio per celebrare «l'anniversario dei 3000 anni di presenza ebraica a Gerusalemme dall'ingresso di re Davide»[160]. Il risultato del voto illustra fino a che punto la mobilitazione evangelica sia riuscita a mettere i temi della sua campagna al centro del dibattito parlamentare. A Clinton non resta altra scelta che rifiutare di promulgare il *Jerusalem Embassy Act*, che verrà proposto ogni sei mesi alla firma del presidente in carica.

Il 4 novembre 1995, al termine di un meeting per la pace a Tel Aviv, Rabin viene assassinato a bruciapelo da Yigal Amir, un fanatico sostenitore della colonizzazione in Cisgiordania. In seguito Robertson si chiederà se Amir non sia stato lo strumento di Dio, perché «Dio ha detto: "Questa è la Mia terra", e quando un primo ministro di Israele decide di dividerla e abbandonarla, Dio dice: "No, è Mia"»[161]. John Hagee, un fondamentalista texano che dal 1981 anima delle «notti di omaggio a Israele», vedrà addirittura in Amir un «acceleratore della profezia biblica»[162]. Per il momento l'ondata di emozione suscitata dall'omicidio di Rabin costringe i sionisti cristiani a un ritegno politico di circostanza. Anche Netanyahu adotta un basso profilo, prima di lanciarsi in una campagna sfrenata contro Shimon Peres, successore laburista di Rabin. Nel maggio del 1996, sebbene Clinton abbia puntato tutto su Peres, Netanyahu vince le prime elezioni a suffragio diretto di un capo di governo israeliano con un margine risicato di 30 000 voti.

Se nel novembre del 1996 Clinton viene rieletto alla Casa Bianca contro Dole, promotore repubblicano del *Jerusalem Embassy Act*, l'attivismo evangelico limita la sua capacità di fare pressione su Netanyahu. Dal canto suo il primo ministro israeliano, non potendo abrogare gli accordi di Oslo, è determinato a sabotarli. I negoziati israelo-palestinesi si arenano su interminabili colloqui circa l'applicazione pratica dei testi, per quanto già firmati. Netanyahu si limita a concedere, nel gennaio del 1997, un accordo sulla partizione di Hebron, di gran lunga favorevole alle poche centinaia di coloni ebrei insediati nel centro di questa città palestinese. Ogni volta che la Casa Bianca invita il primo ministro israeliano per sbloccare il processo di pace, gli evangelici organizzano un meeting a Washington per sostenere il suo ostruzionismo[163]. Il bilancio di Netanyahu alla guida del governo israeliano è tuttavia talmente controverso che nel maggio del 1999 il laburista Ehud Barak vince le elezioni con il 56,1 per cento dei voti.

Clinton è erroneamente convinto che Barak sia un nuovo Rabin. Ma in Israele la coalizione di governo è debole e il primo ministro è piú un unilateralista, sostenitore dei fatti compiuti, che un negoziatore del calibro di Rabin. Nel luglio del 2000 il presidente americano invita comunque Barak e Arafat a Camp David, in eco al vertice tripartito del 1978 tra Carter, Begin e Sadat che aveva prodotto il primo trattato di pace israelo-arabo. Tuttavia le trattative, mal preparate, non giungono a un accordo, in primo luogo sulla questione di Gerusalemme. Clinton propone infatti che la Spianata delle Moschee, riservata al culto musulmano dall'occupazione del 1967, venga divisa tra i musulmani e gli ebrei, che disporrebbero di un «luogo di preghiera» specifico sul «Monte del Tempio». Questo non solo metterebbe in discussione lo status quo che sussiste ormai da trent'anni, ma riconoscerebbe la sovranità – quantomeno «residuale» – di Israele sullo spazio sacro, per quanto occupato illegalmente secondo il diritto internazionale[164].

In ogni caso gli evangelici hanno già annunciato che «Gerusalemme è destinata al regno di Gesú dopo il Suo ritorno», e che «in quest'ottica i palestinesi non hanno nessun ruolo»[165]. Nel settembre del 2000 la visita provocatoria di Sharon alla Spianata delle Moschee scatena una sommossa che, nonostante la sanguinosa repressione, si estende da Gerusalemme alla Cisgiordania e a Gaza. È l'inizio della seconda *intifada*, detta di al-Aqsa per via della sua dichiarata difesa del terzo luogo piú venerato dell'islam. A differenza dell'*intifada* pacifista del 1987-93, questa rivolta palestinese ricorre rapidamente alle armi e poi agli attentati suicidi, mentre la repressione israeliana, tanto dissuasiva quanto brutale, non risparmia neanche gli arabi di Israele. Questa escalation indebolisce sia Arafat, confrontato all'estremismo degli islamisti di *Hamas*, sia Barak, battuto da Sharon alle elezioni del febbraio del 2001.

La guerra globale al terrorismo.

A differenza del padre, George Walker Bush è un *born again*, vale a dire un evangelico «rinato» in Gesú, che considera non solo il figlio di Dio, ma anche il suo «filosofo preferito»[166]. Alle combattutissime elezioni del novembre del 2000, gli evangelici costituiscono il 40 per cento del suo elettorato[167], mentre il suo avversario democratico, Al Gore, raccoglie l'80 per cento del voto ebraico[168]. Il divario tra i sionisti cristiani, sempre piú allineati sul *Likud*, e i loro compatrioti ebrei, quantomeno scettici nei confronti di Sharon, ancora associato ai massacri di Sabra e Shatila, è sempre piú profondo. Franklin Graham, figlio di Billy, benedice l'investitura di George W. Bush alla Casa Bianca, per poi diventare il suo consigliere spirituale. Ma sono gli attentati dell'11 settembre 2001, con la morte di quasi tremila persone a New York e a Washington, a legittimare definitivamente la retorica evangelica. Il presidente annuncia infatti il lancio di una «crociata»[169] di rappresaglia, prima di moderare la sua posizione e promuovere la «guerra globale al terrorismo».

I suoi alleati fondamentalisti non avranno lo stesso pudore. Falwell dichiara che «Maometto era un terrorista», Robertson che «i musulmani sono peggio dei nazisti» e Graham che «l'islam è una religione iniqua e malefica»[170]. Tutti questi predicatori affermano che il loro Dio è quello di Israele e non quello dell'islam, nell'ottica di uno scontro escatologico contro l'Anticristo. Diffondono il gioco di parole secondo cui la «*Bible Belt* è la cintura di sicurezza di Israele»[171]. Dal canto suo, Sharon non esita ad arruolare Israele nella «guerra globale al terrorismo» assimilando pubblicamente Arafat a Bin Laden, il leader dei terroristi dell'11 settembre[172]. Eppure nel dicembre del 2001 il leader dell'Olp ha messo al bando il braccio militare di *Hamas*, condannando gli attentati in Israele come «attacchi all'interesse supremo della nazione» palestinese[173].

Il 29 marzo 2002, dopo un attentato suicida di *Hamas* nel pieno della Pasqua ebraica, Sharon decide di rioccupare la Cisgiordania, assediando Arafat nella presidenza dell'Autorità palestinese a Ramallah. Il 10 aprile Falwell, Hagee e altri quattro predicatori evangelici inviano una lettera aperta a Bush, esortandolo a lasciare a Sharon «il tempo necessario» per «eliminare le cellule e le infrastrutture terroriste in Cisgiordania»[174]. Cinque giorni dopo 100 000 sostenitori cristiani ed ebrei del *Likud* si riuniscono a Washington, sotto una marea di bandiere americane e israeliane, per ascoltare, tra gli altri, l'ex primo ministro Netanyahu definire Arafat un «Bin Laden con una buona agenzia di comunicazione»[175].

I sionisti cristiani raccolgono i frutti di questa mobilitazione nel giugno del 2002, quando Bush subordina la nascita di uno stato palestinese alla cacciata di Arafat e alla conclusione di un accordo di sicurezza con Israele: «Quando i palestinesi avranno nuovi leader, nuove istituzioni e nuovi patti di sicurezza con i loro vicini, gli Stati Uniti sosterranno la creazione di uno stato palestinese i cui confini e alcuni aspetti della sovranità resteranno provvisori finché non verranno determinati all'interno di un accordo definitivo in Medio Oriente»[176]. Questa linea dura è rafforzata dalla priorità accordata al rovesciamento della dittatura irachena dai neoconservatori dell'amministrazione Bush. A loro avviso la caduta di Saddam Hussein non potrà che provocare quella degli altri autocrati arabi e i nuovi regimi democratici tenderanno spontaneamente a concludere una pace duratura con l'unica democrazia attualmente presente in Medio Oriente, vale a dire Israele. In un'ottica tanto ideologica, impegnarsi in un processo di pace israelo-arabo risulta per il momento inutile, per non dire controproducente.

Graham definisce l'invasione americana dell'Iraq del marzo del 2003 come «un'occasione per Cristo»[177]. Ma una volta conquistata Baghdad e rovesciata la dittatura, gli Stati Uniti devono fare i conti con un'insurrezione multiforme, prima nelle regioni sunnite e poi, nell'aprile del 2004, nel Sud sciita. Nel frattempo Sharon ha avviato la costruzione di un muro di separazione per impedire l'accesso al territorio israeliano nella Cisgiordania occupata. Ha ormai mano libera per annientare l'*intifada* palestinese, quando nell'ottobre del 2004, ancora assediato a Ramallah, Arafat viene stroncato dalla malattia. Di lí a poco Bush è rieletto per un secondo mandato, grazie a una campagna diretta da Ralph Reed, a lungo direttore della Coalizione cristiana di Robertson. La scomparsa di Arafat apre la strada al suo successore, Mahmud Abbas, prima a capo dell'Olp e poi alla presidenza dell'Autorità palestinese, dove viene eletto nel gennaio del 2005 con il 62,5 per cento dei voti.

Oppositore dichiarato alla militarizzazione dell'*intifada*, Abbas è l'interlocutore designato per uscire dalla spirale di violenza che dal 2000 ha causato la morte di un migliaio di israeliani e il triplo di palestinesi. Eppure Sharon rifiuta qualsiasi trattativa con Abbas, per timore che possa rilanciare la dinamica di un processo di pace e la prospettiva di uno stato palestinese. È proprio per sotterrare questa prospettiva che nel settembre del 2005 Sharon decide il ritiro unilaterale dalla Striscia di Gaza. Netanyahu, allora ministro delle Finanze, si dimette con fragore per protestare contro l'evacuazione di ottomila coloni israeliani da Gaza. Tuttavia il ritiro si svolge senza incidenti, anche se è presentato da *Hamas* come una vittoria della sua «resistenza islamica». Nel gennaio del 2006 Sharon è colpito da un ictus che lo lascia in coma, mentre gli islamisti di *Hamas* si aggiudicano la maggioranza dei seggi alle elezioni parlamentari palestinesi.

Robertson, che aveva sostenuto Netanyahu nella sua campagna contro il ritiro da Gaza, attribuisce il coma di Sharon a una punizione divina per aver osato «dividere la Terra di Dio»[178]. Questa affermazione suscita polemiche tanto in Israele quanto negli Stati Uniti, costringendo Robertson a scusarsi pubblicamente. Lo scandalo mostra in maniera eclatante la dinamica di radicalizzazione insita nella retorica e nella mobilitazione dei sionisti cristiani, che prima stigmatizzano i «nemici di Israele» piú o meno assimilati all'Anticristo, poi i cristiani che non sostengono a sufficienza Israele, poi ancora gli ebrei che non sono abbastanza filoisraeliani e, infine, gli israeliani che osano sfidare i disegni divini. Netanyahu, l'unico vero beneficiario di questa polarizzazione, recupera la leadership di un *Likud* unito contro il «tradimento» di Sharon, che dal suo canto non uscirà mai dal coma.

L'ultima manovra di Sharon dà tuttavia i suoi frutti, con il blocco delle frontiere e l'assedio della Striscia di Gaza, regolarmente bersagliata da una campagna di bombardamenti molto meno onerosa per l'esercito israeliano rispetto a un'occupazione diretta. Bush si interessa ormai solo alla Cisgiordania, roccaforte del presidente Abbas e della sua Autorità palestinese, che *Hamas* espelle da Gaza nel giugno del 2007. La Conferenza di Annapolis convocata cinque mesi dopo da Bush non registra progressi significativi. Gli aiuti internazionali promessi ad Abbas non fanno che approfondire l'antagonismo tra l'Autorità palestinese in Cisgiordania e *Hamas* a Gaza. Quanto ai leader israeliani, rassicurati dal duraturo insabbiamento della questione palestinese, cercano soprattutto, da Annapolis in poi, di sviluppare le loro relazioni, per il momento ufficiose, con le petromonarchie del Golfo.

Il discredito di Robertson nel 2006 e la morte di Falwell l'anno successivo lasciano il campo libero a John Hagee, animatore dal 1981 delle «notti di omaggio a Israele», per imporsi tra i sionisti cristiani. Nella sua chiesa texana di San Antonio, decorata con bandiere americane e israeliane, i fedeli possono raccogliersi davanti a una riproduzione del Muro del Pianto o a una gigantesca *menorah*, il candelabro a sette bracci associato al Tempio di Gerusalemme. All'interno del santuario dodici arazzi evocano le altrettante tribú di Israele tra cui il reverendo Bush aveva spartito la Terra promessa nel 1844. Nel 2006 Hagee lancia i Cristiani uniti per Israele (Christians United for Israel, o Cufi), che riscuotono un successo folgorante nonostante le polemiche scatenate dalla sua interpretazione delle profezie di Geremia sui «pescatori» e i «cacciatori» di ebrei. Hagee ritiene infatti che Herzl e i suoi «pescatori» sionisti abbiano tentato di riunire gli ebrei nella Terra promessa e che la loro riluttanza sia stata vinta solo dalla persecuzione di Hitler e dei suoi «cacciatori»[179]. Questa interpretazione illustra ancora una volta l'antisemitismo quantomeno latente dei sionisti cristiani, per cui gli ebrei e i loro nemici non sono altro che gli strumenti di un disegno divino. La figura di Hagee è talmente controversa che nella campagna presidenziale del 2008 il candidato repubblicano McCain rifiuta il suo sostegno. In ogni caso è Barack Obama a prevalere, con una larga maggioranza cui l'elettorato ebraico contribuisce con l'80 per cento dei suoi voti[180].

Con «Bibi» contro Barack.

Nel gennaio del 2009 Obama si insedia alla Casa Bianca con la ferma intenzione di porre fine alla «guerra globale al terrorismo» e distendere le relazioni tra gli Stati Uniti e il mondo arabo-musulmano. Ma il nuovo presidente deve ben presto fare i conti con Netanyahu, che dopo dieci anni torna alla guida del governo israeliano. Durante il suo periodo di relativo declino, il leader del *Likud* è stato ministro del governo Sharon per meno di tre anni. Ma si è soprattutto opposto a ogni velleità di negoziazione con la parte palestinese, arrivando persino a condannare il ritiro – per quanto unilaterale – dalla Striscia di Gaza. L'uomo che i suoi seguaci chiamano «Bibi» con un affetto venato di rispetto ha anche soggiornato a piú riprese negli Stati Uniti, coltivando le reti evangeliche, cui è legato da un quarto di secolo, e incoraggiando la creazione del Cufi, l'organizzazione piú militante del sionismo cristiano[181].

Come nel 1996 aveva finto di accettare gli accordi di Oslo davanti a Clinton per meglio sabotarli, nel giugno del 2009 Netanyahu concede a Obama un'adesione formale alla soluzione a due stati, sostenuta dall'Olp fin dal 1988. Ma «Bibi» subordina questo accordo tardivo al previo riconoscimento del carattere ebraico dello Stato di Israele da parte dell'eventuale stato palestinese. Fino a questo momento Israele non ha mai avanzato una simile pretesa, né durante i negoziati che hanno portato ai trattati di pace con l'Egitto nel 1979 e con la Giordania nel 1994 né durante i lunghi anni del «processo di pace» con l'Olp. Abbas si preoccupa della minaccia per lo status dei cittadini arabi di Israele rappresentata da questa nuova esigenza. Ma Obama accoglie con favore questo relativo progresso, ottenendo nel novembre del 2009 una moratoria di dieci mesi sulla colonizzazione in Cisgiordania, che tuttavia esclude Gerusalemme Est e consente l'espansione degli insediamenti già esistenti.

Nel settembre del 2010, al termine di tale «congelamento» illusorio, Netanyahu deplora pubblicamente che Obama non sia riuscito a ottenere un gesto equivalente da parte di Abbas. Ma a suscitare le ire del primo ministro israeliano è soprattutto il fatto che il presidente americano menzioni, dalla tribuna delle Nazioni Unite, il suo auspicio di vedervi presto ammesso uno stato palestinese. Ma il rapporto di forza tra i due leader viene rovesciato dall'ondata populista del Tea Party alle elezioni di metà mandato del novembre del 2010. I democratici, che fino a questo momento godevano di una larga maggioranza in entrambe le camere, perdono il controllo della Camera dei rappresentanti e conservano quello del Senato con soli 51 seggi su 100. Le figure di spicco del Tea Party al Congresso sono caratterizzate da un forte attaccamento evangelico a Israele, come nel caso della rappresentante Michele Bachmann, che si dice «onorata di ricoprire un incarico che [le] permette di aiutare Israele»[182].

Quando nel maggio del 2011 Netanyahu si reca a Washington, la tensione palpabile del suo colloquio con Obama contrasta con l'ovazione che gli riservano le due camere del Congresso riunite in suo onore[183]. Sebbene sei mesi piú tardi gli Stati Uniti sospendano i loro finanziamenti all'Unesco, colpevole di aver ammesso la Palestina come stato membro, la campagna multiforme dei sionisti cristiani contro Obama non accenna a fermarsi. Bachmann lo accusa infatti di aver «scelto di tendere la mano ai musulmani piuttosto che a Israele»[184], poi di essere «il peggior presidente dal punto di vista della sicurezza di Israele»[185], prima di denunciare una «profonda infiltrazione [dei Fratelli Musulmani] in tutti i settori del governo»[186]. Per quanto infondata, quest'ultima accusa appare ancora piú grave se si considera che *Hamas* costituisce il ramo palestinese dei Fratelli Musulmani. Hagee, che critica Obama con altrettanta veemenza, nel marzo del 2012, durante un meeting del Cufi a Gerusalemme in cui il primo ministro israeliano riceve un'altra ovazione, paragona Netanyahu a Mosè e a Davide[187].

Rieletto per un secondo mandato nel novembre del 2012, ancora una volta con una schiacciante maggioranza del voto ebraico, Obama si risolve ad abbandonare la questione palestinese per concentrarsi in Medio Oriente sui negoziati per il controllo del nucleare iraniano. Netanyahu non può che felicitarsi nel vedere l'attenzione della Casa Bianca spostarsi dalla Cisgiordania all'Iran, sebbene denunci la minaccia nucleare della Repubblica islamica in termini apocalittici[188]. Questa prospettiva alimenta una nuova escalation verbale dei sionisti cristiani. Bachmann accusa alcuni dei suoi compatrioti ebrei di aver «venduto Israele»[189], mentre Hagee rincara la dose definendo Obama «uno dei presidenti piú antisemiti della storia degli Stati Uniti» e suscitando un'ondata di indignazione che lo porterà a rettificare il termine «antisemita» con quello di «anti-israeliano»[190]. Nel luglio del 2015 la firma di un accordo sul nucleare di Stati Uniti, Francia, Regno Unito, Germania, Cina, Russia e Unione europea con l'Iran scatena una nuova campagna di diffamazione. Poco importa agli alleati evangelici di Netanyahu che nel settembre del 2016 Obama aumenti gli aiuti militari statunitensi a Israele alla cifra senza precedenti di 3,8 miliardi di dollari l'anno per dieci anni. Ormai il loro unico sogno è vedere Donald Trump, il loro campione, alla Casa Bianca. Saranno esauditi nel gennaio del 2017.

Il nuovo Balfour.

Il sostegno dei fondamentalisti alla candidatura di Trump risulta ancora piú sconcertante se si considera che il nuovo presidente non brilla né per la sua pratica religiosa né per le sue virtú famigliari. Eppure gli evangelici americani hanno avuto un peso determinante tanto nel suo successo alle primarie repubblicane, in cui rappresentano piú della metà dei suoi elettori, quanto nella sua vittoria alle elezioni presidenziali del novembre del 2016, in cui costituiscono quasi la metà del voto repubblicano. L'appoggio decisivo di questa base elettorale è garantito dal sostegno incondizionato di Trump a Netanyahu, nonché dal suo impegno a spostare l'ambasciata statunitense in Israele a Gerusalemme. Il sionismo cristiano diventa cosí il principale alleato del *Likud* negli Stati Uniti. Trump raccoglie infatti l'81 per cento del voto evangelico bianco contro il 25 per cento del voto ebraico[191] (con la ristretta minoranza degli evangelici afroamericani o ispanici piú tentata dal voto democratico e meno interessata al sostegno a Israele). Quanto al suo vicepresidente, il fervente evangelico Mike Pence, dichiara che la «[sua] passione per Israele deriva dalla [sua] fede cristiana»[192]. Solo gli ebrei ortodossi, di gran lunga minoritari all'interno della comunità ebraica americana, si schierano con Trump quanto gli evangelici[193], perché per entrambi l'attaccamento biblico a Israele prevale su qualsiasi altra considerazione. In ogni caso gli evangelici bianchi (l'82 per cento) sono in proporzione il doppio degli ebrei (il 40 per cento) a credere che Israele sia un dono di Dio al popolo ebraico[194].

Nel gennaio del 2017 è il televangelico texano Robert Jeffress – secondo cui «tutto comincia e finisce in Israele»[195] – a pronunciare il sermone della messa di insediamento di Trump alla Casa Bianca. Meno di un mese piú tardi il nuovo presidente vi accoglie Netanyahu con un calore e dei riguardi che contrastano con le tensioni che avevano caratterizzato l'era Obama. Il nuovo presidente americano rifiuta di pronunciarsi in favore della soluzione a due stati, limitandosi a raccomandare al primo ministro israeliano di «dimostrare una certa moderazione» nella colonizzazione[196]. Promuove suo genero Jared Kushner, ebreo ortodosso di una famiglia molto vicina a Netanyahu, a «consigliere speciale» e nomina ambasciatore in Israele il suo avvocato David Friedman, secondo cui «gli israeliani hanno lo stesso diritto dei palestinesi, se non di piú, di insediarsi in Giudea e Samaria»[197].

Nel dicembre del 2017 Trump annuncia il riconoscimento di Gerusalemme come capitale di Israele all'interno di un «nuovo approccio del conflitto tra Israele e i palestinesi»[198]. Tecnicamente il presidente si accontenta di revocare la deroga sospensiva (*waiver*) che tutti i suoi predecessori avevano opposto al *Jerusalem Embassy Act* dal 1995. Sebbene Trump invochi Truman e il suo riconoscimento di Israele nel 1948, il suo atto di forza fa eco alla dichiarazione Balfour di un secolo prima. Nessuno dei due testi menziona infatti il termine «arabo» ed entrambi negano le aspirazioni nazionali del popolo palestinese, che vengono invece accordate solo al popolo ebraico, libero di attribuirsi unilateralmente la totalità di Gerusalemme come capitale. Laddove Balfour riconosceva solo i «diritti civili e religiosi delle comunità non ebraiche esistenti in Palestina», a Gerusalemme Trump riconosce ai palestinesi solo la libertà di culto, libertà che gli sembra già garantita di fatto da Israele.

L'8 maggio 2018 Trump decide di ritirare gli Stati Uniti dall'accordo internazionale sul nucleare iraniano. Sei giorni dopo invia il genero, la figlia e il segretario del Tesoro all'inaugurazione della nuova ambasciata statunitense a Gerusalemme in presenza di Netanyahu. Sceglie inoltre due dei suoi seguaci evangelici, Hagee e Jeffress, per pronunciare la benedizione e il sermone dell'evento. Nonostante le polemiche sull'antisemitismo sia di Hagee sia di Jeffress, il quale nel 2010 ha affermato che nessuno «può essere salvato essendo ebreo»[199], il primo ministro israeliano non ha obiezioni. Durante il suo sermone Jeffress ringrazia Dio di aver donato agli Stati Uniti un «presidente che sta dalla parte giusta della Storia e soprattutto sta dalla parte giusta di Te, o Signore, quando si tratta di Israele»[200]. Tra i sionisti cristiani Trump viene ormai celebrato come un «nuovo Ciro»[201]. La cerimonia coincide con il settantesimo anniversario della proclamazione dello Stato di Israele e quindi del suo riconoscimento da parte di Truman, il precedente pretendente al titolo di Ciro. Lo stesso giorno l'esercito israeliano uccide decine di manifestanti palestinesi della Striscia di Gaza con il pretesto di prevenire il rischio di «infiltrazioni».

Trump prosegue con metodo la sua campagna dei fatti compiuti in favore di Netanyahu. Nel settembre del 2018 sospende tutti i finanziamenti americani all'Unrwa, l'agenzia responsabile dei rifugiati palestinesi, di cui invoca la pura e semplice soppressione. Nel marzo del 2019 riconosce la sovranità di

Israele sulle alture siriane del Golan, un territorio occupato dal 1967, sebbene nel 2000 Israele fosse pronto a restituirne il 99 per cento a Damasco[202]. Tre mesi dopo Netanyahu ricambia questo gesto dando il nome di Trump a una colonia israeliana del Golan, cosí come Ben Gurion aveva offerto il «villaggio Truman» al pioniere del riconoscimento di Israele. L'ambasciatore Friedman crea quindi scompiglio affermando il diritto di Israele ad annettere almeno una parte delle colonie della Cisgiordania e opponendosi poi allo smantellamento «disumano» degli insediamenti israeliani[203].

Questa campagna culmina nel gennaio del 2020 con l'«accordo del secolo», firmato alla Casa Bianca fra Trump e Netanyahu sulla base del «piano di pace» preparato da Kushner*. L'accordo riconosce il diritto di Israele di annettere la valle del Giordano e le colonie della Cisgiordania nel caso in cui la parte palestinese, non presente a Washington, rifiuti di accettare lo stato smilitarizzato che le viene concesso, senza alcuna continuità territoriale, su una parte della Cisgiordania. La capitale di questo stato potrà essere situata solo al di là del muro che cinge la «Grande Gerusalemme», sotto esclusiva sovranità di Israele. Israele potrà inoltre concedere alcune zone desertiche per accogliere in «Palestina» centinaia di migliaia di cittadini arabi di Israele. Quanto alla Striscia di Gaza, un corridoio potrebbe collegarla alla Cisgiordania «palestinese» a condizione che *Hamas* deponga le armi sotto controllo internazionale. Per finanziare la complessa rete di gallerie e di circonvallazioni previste da questo piano, gli Stati Uniti si rimettono alla generosità dei donatori del Golfo e dell'Unione europea.

Dopo decenni di mediazione americana piú o meno di parte nel conflitto israelo-arabo, Trump elabora, in stretto coordinamento con Netanyahu, il diktat unilaterale che Abbas è chiamato a sottoscrivere. Il paradosso è che, per inceppare il meccanismo americano-israeliano, il presidente palestinese – per quanto debole – non deve far altro che rifiutare categoricamente questo «piano». Nonostante uno schiacciante rapporto di forza in loro sfavore, i palestinesi conservano infatti il privilegio ultimo di ratificare o meno la loro espropriazione. Ed è proprio l'in-

* Si veda la mappa 10.

certezza americana di fronte a un blocco palestinese evidentemente imprevisto che convince gli Emirati Arabi Uniti a procedere con il loro trattato di pace con Israele. Contrariamente a un'opinione diffusa, non è Trump l'artefice della dinamica di normalizzazione che sfocia in quelli che chiama gli «accordi di Abramo», riprendendo il riferimento biblico tanto caro a Carter. Gli Stati Uniti sono infatti «testimoni», e non mediatori, degli accordi che Israele firma, a partire dal settembre del 2020, con gli Emirati Arabi Uniti, il Bahrein, il Sudan e il Marocco, nessuno dei quali menziona la questione palestinese.

Ricandidatosi alla presidenza nel novembre del 2020, Trump è infastidito dal fatto che i suoi gesti senza precedenti in favore di Israele non lo abbiano reso piú popolare tra gli ebrei americani. Pur sapendo che questi gesti rispondono soprattutto alle aspettative dei sionisti cristiani, accusa i suoi compatrioti ebrei di «non amare abbastanza Israele», in un momento in cui «lo stato ebraico non ha mai avuto un amico migliore alla Casa Bianca»[204]. Il suo appello ai leader della comunità in occasione del capodanno ebraico, due mesi prima delle elezioni, si tramuta in una diatriba sul «grande pericolo» che corre Israele in caso di vittoria di Biden[205]. Questo spauracchio non basta a invertire la tendenza, e Trump ottiene solo il 21 per cento del voto ebraico, una percentuale ancora piú bassa di quella del 2016[206]. Ma il presidente rifiuta di ammettere la sconfitta e il 6 gennaio 2021 lancia i suoi sostenitori all'assalto del Campidoglio. I rigurgiti antisemiti che segnano questa rivolta fallita[207] compromettono definitivamente l'immagine dell'ormai ex presidente.

Dal canto suo Netanyahu scommette sulle reti evangeliche che ha ormai sviluppato in tutto il mondo perché anche altri paesi seguano l'esempio degli Stati Uniti. Ma i leader del Paraguay e dell'Australia, che pure hanno riconosciuto Gerusalemme come capitale di Israele, vengono sconfessati dai loro successori prima di avere avuto il tempo di trasferire le loro ambasciate. Persino il presidente brasiliano Jair Bolsonaro, nonostante le pressioni della sua base evangelica, fa marcia indietro di fronte a questo fatto compiuto. Gli Stati Uniti misurano il loro isolamento internazionale dal fatto che solo il Guatemala e l'Honduras hanno effettivamente trasferito le loro ambasciate a Gerusalemme. Tuttavia Biden si rifiuta di rimpatriare l'ambasciata statunitense a Tel Aviv. Conferma anche la chiusura del consolato americano di Gerusalemme Est, che fungeva da sede di rappresentanza presso la popolazione palestinese. Biden si distingue dal suo predecessore solo per la ripresa dei finanziamenti all'Unrwa. Gli atti di forza di Trump sono riusciti, proprio in virtú della loro brutalità, a imporre una nuova realtà sul territorio.

Guardare i conflitti per la Palestina dal punto di vista del sionismo cristiano li illumina di una luce cruda. I fondamentalisti anglosassoni, non contenti di occultare la popolazione araba, sacralizzano il processo della sua esclusione dalla propria terra fino a renderlo irreversibile. Il sionismo cristiano può quindi avvalersi di successi storici che farebbero impallidire molte delle ideologie del secolo scorso. Eppure queste vittorie clamorose dipendono paradossalmente dall'assenza di ogni responsabilità concreta di questa corrente in Terra Santa. Nonostante il loro ruolo determinante nella sequenza che conduce alla dichiarazione Balfour, i sionisti cristiani si disinteressano della gestione politica del mandato britannico sulla Palestina. Prosperano quindi negli Stati Uniti, un paese che non assumerà mai un'autorità diretta su questo territorio e rifiuterà con costanza di dispiegarvi una forza di interposizione.

Nel corso degli anni questo assolutismo biblico trasforma il sionismo cristiano in una macchina da guerra contro ogni processo di pace. Il fervente battista Jimmy Carter va quindi rovesciato perché ha osato invocare la sua fede per tentare di riconciliare israeliani e arabi. E il rispettato generale Yitzhak Rabin va abbattuto perché ha osato giustificare – in nome della sicurezza di Israele piú che della mera giustizia – un compromesso territoriale con i palestinesi (a questo proposito è significativo che il Congresso americano voti il *Jerusalem Embassy Act* con una maggioranza schiacciante appena dieci giorni prima dell'assassinio di Rabin). La campagna accanita dei sionisti cristiani contro gli accordi di Oslo contribuisce a trasformare la lobby filoisraeliana in una lobby filo-*Likud* – ma anche filorepubblicana –, approfondendo ulteriormente il divario con la comunità ebraica negli Stati Uniti.

Una volta ottenuto il riconoscimento di Israele da parte di Truman, Ben Gurion presta ben poca attenzione al sionismo cristiano. In compenso Begin – e ancora di piú Netanyahu – si impegnano a stringere una partnership duratura con sostenitori altrettanto incondizionati. Ma la lotta anti-palestinese dei due primi ministri non è nutrita dalle loro convinzioni religiose. È l'opportunismo a spingerli a instaurare una relazione tanto simbiotica con gli evangelici americani, un opportunismo simile a quello di Trump nella sua corsa alla Casa Bianca e poi in quella alla rielezione. Gli alleati israeliani dei sionisti cristiani non si fanno illusioni sulle sorti assegnate dai fondamentalisti americani al popolo ebraico, destinato per due terzi a essere sterminato, mentre il terzo rimanente dovrà la sua sopravvivenza solo alla conversione a Gesú. Lasciano correre anche le sortite antisemite di uno o dell'altro predicatore evangelico, fintanto che il suo appoggio alla colonizzazione israeliana dei territori palestinesi resta incrollabile. Questa plasticità deriva dalla capacità storica del movimento sionista ad accogliere al suo interno correnti contraddittorie, una tolleranza da cui i piú combattivi finiscono spesso per trarre vantaggio.

Capitolo secondo
Un pluralismo militante

> Se veramente vorremo raggiungere, nella terra dei nostri padri, l'obiettivo prefissato, dovremo riconoscere che stiamo per affrontare una guerra dura e che occorrono di conseguenza grossi preparativi.
>
> ACHAD HA'AM, 1891[1].

Il movimento sionista, rimasto a lungo minoritario - per non dire estremamente minoritario - nel mondo ebraico, ha potuto svilupparsi solo accogliendo al suo interno tendenze di ispirazione contraddittoria. Il suo volontarismo, insieme ai successi storici che registra, nel 1917 e nel 1922, grazie al sostegno del Regno Unito, gli consente di raggiungere, nel 1936, la soglia di un terzo di popolazione ebraica in Palestina. È a questo punto che la relazione tra il centro palestinese della mobilitazione sionista, convinto dell'ineluttabilità del confronto con la popolazione araba, e la sua leadership formale nella diaspora, i cui discorsi distensivi mirano soprattutto a placare l'opinione pubblica internazionale, si inverte. Nonostante i suoi rapporti burrascosi con i dissidenti revisionisti, Ben Gurion conta sul sostegno delle loro milizie fino alla proclamazione dell'indipendenza dello Stato di Israele, nel 1948, di cui Weizmann riceve solo la presidenza onorifica. Quanto alla dominazione laburista sui primi trent'anni di Israele, è fondata sulla marginalizzazione dei revisionisti, la cui rivincita del 1977 risulta quindi ancora piú brutale.

È l'inizio di una virata a destra la cui tendenza duratura non può essere negata, malgrado i tentativi piú o meno malfermi di «unità nazionale». I palestinesi sono ridotti a semplici «arabi di *Eretz Israel*» e diventa legittimo cercare di annientare i «terroristi» dell'Olp fino a Beirut. Solo l'ottica pacifista di Rabin riesce a sospendere questa deriva nel 1992. Ma il suo assassinio tre anni piú tardi giova soprattutto a Netanyahu, che pure è stato il principale istigatore della campagna d'odio verso il firmatario israeliano degli accordi di Oslo. Viene cosí a crearsi un precedente secondo cui l'accanimento anti-palestinese e il rifiuto delle concessioni territoriali diventano sempre piú redditizi a mano a mano che il peso dei coloni nell'elettorato israeliano cresce inesorabilmente. Il pluralismo militante che aveva già caratterizzato la battaglia dei pionieri sionisti per lo stato ebraico consolida quindi in Israele un implacabile rapporto di forza in favore dell'annessione strisciante dei territori palestinesi.

Un padre fondatore molto contestato.

Theodor Herzl è oggi presentato come il «padre fondatore» del sionismo per aver pubblicato lo *Stato degli ebrei* nel 1896, aver organizzato il primo Congresso sionista a Basilea nel 1897 e averne presieduti altri cinque fino alla sua morte nel 1904. Dapprima sepolta a Vienna, nel 1949 la sua salma è stata trasferita nella parte nel frattempo diventata israeliana di Gerusalemme, dove il monte Herzl, cosí chiamato in sua memoria, accoglie il cimitero militare nazionale e le tombe dei «Grandi della nazione». Eppure, come abbiamo visto, è nel 1882 che la Palestina conosce la sua prima ondata di immigrazione ebraica. Questa campagna pionieristica degli Amanti di Sion, qualificata a posteriori come pre o «protosionista»[2], resta però limitata a causa della sua dipendenza dai mecenati europei e del fallimento degli insediamenti agricoli. I tre quarti di quest'avanguardia lasciano quindi la Palestina[3] per stabilirsi il piú delle volte negli Stati Uniti, la destinazione privilegiata della stragrande maggioranza degli ebrei che fuggono dalle persecuzioni zariste. È il caso di Naftali Imber, autore del futuro inno di Israele*.

Herzl non è nemmeno l'inventore del termine «sionismo», la cui paternità spetta a Nathan Birnbaum, autore austriaco dell'opuscolo *La rinascita nazionale del popolo ebraico nel suo paese come soluzione alla questione ebraica*[4] del 1890. Quanto al nazionalista Asher Ginzburg, nato alla periferia di Kiev, è il primo di una lunga serie a ebraicizzare il proprio nome in Achad Ha'Am, «Uno del popolo», per animare la società segreta dei Figli di Mosè all'interno agli Amanti di Sion in Palestina. Nel 1891, sulla nave che lo riporta da Giaffa a Odessa, scrive la sua

* Cfr. pp. 15-16.

Verità da 'Eres Yiśra'el, ben lontana dai luoghi comuni in voga in Terra Santa: «All'estero siamo soliti pensare che *'Ereṣ Yiśra'el* sia ora un Paese quasi completamente vuoto, un deserto non seminato e che chiunque voglia acquistarvi dei terreni lo possa fare a suo piacere. Ben diversa è la realtà: in tutto il Paese è difficile trovare campi seminabili non seminati»[5].

Ha'Am è di una rara lucidità quanto all'atteggiamento della popolazione locale: «Gli arabi, soprattutto quelli che abitano in città, capiscono tutto ciò che facciamo e vogliamo nel Paese, ma sanno celare il proprio pensiero e si comportano come se non capissero nulla, fintanto che non vedono nelle azioni di oggi un qualche pericolo per il loro futuro». Tuttavia, «se vi dovesse essere un certo sviluppo del nostro popolo, tale da ledere, piú o meno, le posizioni degli abitanti del Paese, questi allora difficilmente abbandoneranno i propri posti». Ha'Am conclude il suo saggio con un avvertimento premonitore: «Se veramente vorremo raggiungere, nella terra dei nostri padri, l'obiettivo prefissato, dovremo riconoscere che stiamo per affrontare una guerra dura e che occorrono di conseguenza grossi preparativi» e «buoni armamenti»[6].

A differenza di Ha'Am, Herzl si preoccupa ben poco della situazione e delle opinioni della popolazione della Palestina, che d'altronde visita una sola volta, nel 1898, per incontrare l'imperatore tedesco a Gerusalemme. Quando un anno prima lancia il movimento sionista, deve superare la tenace opposizione degli ebrei assimilati a un progetto che ai loro occhi non potrà che fomentare l'antisemitismo. Il congresso costitutivo del suo movimento, inizialmente previsto a Monaco, deve essere trasferito in Svizzera a causa del rifiuto del Consiglio dei rabbini tedesco, sostenuto dalla comunità ebraica della città. Questo rifiuto è motivato in due modi: da una parte «i tentativi dei cosiddetti sionisti di fondare in Palestina uno Stato ebraico sono in contrasto con le aspettative messianiche enunciate nella Bibbia e nei successivi testi sacri», e dall'altra «l'ebraismo impegna i suoi aderenti a servire la patria a cui si appartiene con assoluta abnegazione»[7].

Gli attacchi contro il messianismo profano – e quindi empio – del sionismo sono particolarmente feroci all'interno dello *Yishuv*, il termine con cui è chiamato l'«insediamento» ebraico in Palestina. Fino alla prima *aliya* questa popolazione si concentra nelle città sante di Gerusalemme, Safad, Tiberiade e Hebron. Lí la maggior parte degli uomini adulti si dedica allo studio dei testi sacri nei seminari rabbinici. Per sostentarsi dipende quindi dalla *chalukah*, vale a dire la carità raccolta nella diaspora per essere poi distribuita in Palestina. Nel 1867 la comunità ashkenazita, fino ad allora sottomessa alla gerarchia sefardita, ottiene il riconoscimento della sua autonomia da parte delle autorità ottomane grazie all'intercessione dei notabili musulmani di Gerusalemme[8]. A questo «vecchio *Yishuv*», incentrato sulla pratica religiosa e su alcune città dell'entroterra, i pionieri sionisti contrappongono il «nuovo *Yishuv*», fondato sul lavoro della terra e rivolto al Mediterraneo.

Consapevole della feroce opposizione al sionismo nel mondo ebraico, Herzl si sforza di descrivere il suo progetto palestinese nei termini piú allettanti. Oltre alla sua instancabile attività di propagandista, nel 1902 pubblica un romanzo utopico, *Vecchia terra nuova*, il cui protagonista racconta che a Giaffa «ovunque si vedevano segni di povertà. Turchi miseri, arabi sporchi, ebrei timidi bighellonavano senza meta, tutto aveva un aspetto meschino e disperato». Sulla strada verso Gerusalemme «la terra era piatta, quasi solo sabbia e palude, i campi riarsi, come bruciati, i villaggi arabi nerastri. Gli abitanti avevano l'aspetto di briganti»[9]. Herzl non ha paura di calcare la mano per dipingere, dopo vent'anni di colonizzazione sionista, una Palestina rigenerata in un vero e proprio «giardino dell'Eden»[10], in cui la «terra in fiore»[11] sarebbe consacrata dal «nuovo Tempio di Gerusalemme»[12].

Estremamente critico fin dal Congresso di Basilea, Ha'Am deride questa utopia di una Palestina in cui gli ebrei ricchi parlerebbero tedesco e quelli poveri yiddish[13]. Rimprovera all'autore dello *Stato degli ebrei* di non promuovere a sufficienza un vero e proprio focolare ebraico. Redattore di un mensile in lingua ebraica pubblicato prima a Berlino e poi a Cracovia, rivendica un «sionismo culturale» opposto al «sionismo politico» di Herzl, fondato su una scommessa diplomatica che dipende dalle potenze europee. Dopo anni di iniziative inconcludenti, dirette o indirette, presso il sultano ottomano, Herzl arriva a proporre un insediamento ebraico nella parte occidentale dell'attuale

Kenya*. Questo progetto Uganda polarizza il movimento sionista tra i «pratici», fondamentalmente attaccati alla sola Palestina, e i «territorialisti», aperti a qualsiasi opzione percorribile per la colonizzazione ebraica.

Il sionismo «sintetico».

Nel 1904 la scomparsa di Herzl permette al movimento sionista di superare queste contraddizioni sotto la direzione di David Wolffsohn. Il progetto Uganda viene definitivamente accantonato e, con questo, l'alternativa territorialista. La seconda *aliya*, composta soprattutto da immigrati russi, è accompagnata dalla diffusione dell'ebraico moderno tra i nuovi pionieri. A mano a mano che il nuovo *Yishuv* si sviluppa, l'opposizione tra sionismo culturale e sionismo politico perde cosí di intensità. Al Congresso sionista del 1907 Chaim Weizmann, un esule russo di Manchester, si fa promotore di un «sionismo sintetico» in grado di riconciliare «il lavoro pratico e il lavoro politico», come nello «scavo di un tunnel» in cui i genieri attivi da ciascuna estremità «si incontrano al centro»[14]. Ma Weizmann insiste davanti ai delegati: «I governi vi ascolteranno solo quando vedranno che siete in grado di tenere la Palestina»[15].

Le profonde divergenze che separano le varie correnti sioniste si fondono cosí in una mobilitazione volontaristica nella terra di Palestina, con l'obiettivo per l'appunto di «tenerla». La sintesi militante di Weizmann è solo la prima di numerose formule di consenso «palestinese» all'interno della famiglia sionista. Si diffonde fino a raggiungere un puro prodotto dell'ortodossia chassidica, Abraham Kook, che nel 1904 diventa il rabbino di Giaffa. È proprio in questa città che Kook pronuncia l'elogio funebre di Herzl, paragonandolo al «Messia, figlio di Giuseppe», che ha aperto la strada al Messia divino, il nuovo Davide[16]. Predicando in ebraico ai coloni del nuovo *Yishuv*, Kook fornisce il suo avallo religioso al progetto sionista contro i rabbini del vecchio *Yishuv*. È convinto che la spiritualità insita nella «Terra d'Israele» finirà per avere ragione dei pregiudizi

* Cfr. p. 19.

laici che prevalgono tra i pionieri sionisti[17]. Quanto al rabbino Yitzhak Reines, anima dall'Europa dell'Est la fazione *mizrachim* (orientale), una componente religiosa molto minoritaria del movimento sionista. E, all'unisono con Kook, sostiene che una dinamica profana di ritorno in *Eretz Israel* non potrà che liberare gli «ebrei empi» dal loro esilio spirituale[18].

David Grün e Yitzhak Shimshelevitz sono invece due grandi personalità dei Lavoratori di Sion (*Poalei Tzion*), un movimento fondato in Palestina nel 1906. Fautori dell'ebraico rispetto allo yiddish, che aveva dominato durante la prima *aliya*, decidono ben presto di ebraicizzare i loro nomi in Ben Gurion per il primo e Ben Zvi per il secondo, guadagnandosi il soprannome di «due Ben». L'abbandono del cognome equivale a un atto di fede in una rinascita simbolica sulla «Terra d'Israele», un rito di passaggio destinato a diventare sistematico. Laddove Ben Zvi significa modestamente «figlio del cervo», Ben Gurion si afferma già come «figlio del leone», scegliendo il nome di un dignitario ebraico di Gerusalemme durante l'assedio romano del 70 d.C. I due compagni influiscono sull'orientamento socialisteggiante della seconda *aliya* e, nel 1909, Ben Zvi partecipa alla creazione della prima milizia sionista, *HaShomer*. Poco importa che il licenziamento delle guardie arabe degli insediamenti ebraici susciti un'ampia serie di incidenti*. Quello che conta è che gli ebrei dipendano ormai solo da sé stessi per garantire la propria sicurezza.

Il socialismo dei due Ben è infatti un socialismo nazionale, che esclude gli arabi dalla sua organizzazione[19] e accorda, rispetto alla lotta di classe, un'assoluta priorità alle conquiste territoriali, nobilitate dall'appellazione «riscatto della terra». Nel 1909 la creazione del primo kibbutz, una cooperativa ebraica di tipo nuovo, risponde quindi alla sfida dell'impiego di una manodopera araba a buon mercato nelle aziende agricole già di proprietà sionista[20], in un momento in cui i nuovi immigrati sono piú attirati dall'insediamento in città, con la fondazione, sempre nel 1909, di Tel Aviv. In seguito Ben Gurion affermerà a piú riprese che il 90 per cento della seconda *aliya* non ha messo radici in Palestina[21], una proporzione palesemente gonfiata al fine di accen-

* Cfr. p. 196.

tuare l'elitarismo pionieristico del suo partito. Quel che è certo è che nello stesso periodo nella comunità ebraica dello Yemen è in corso una campagna sionista per reclutare – su una base piú contrattuale che ideologica – lavoratori agricoli chiamati a compensare le defezioni della seconda *aliya*[22]. Quanto a Ben Zvi, fin dal 1913 non nutre piú nessuna illusione sull'«opposizione generale tra il nuovo popolamento ebraico e il vecchio insediamento arabo in Palestina»[23].

Nel 1914, al momento dello scoppio della Prima guerra mondiale, Ben Gurion e Ben Zvi offrono i loro servizi alle autorità ottomane, che non solo rifiutano la loro offerta[24], ma l'anno successivo li espellono dalla Palestina insieme a migliaia di altri ebrei stranieri. Esiliati negli Stati Uniti, i due Ben pubblicano *Erets-Yisra'el be-'avar uva-hoveh* («Eretz Israel». Passato e presente), un'ambiziosa riscrittura sionista della storia della Palestina in cui i contadini non sarebbero altro che i discendenti degli ebrei attaccati a dispetto di tutto alla loro terra[25]. Nel 1916 Ben Gurion firma la prefazione di un libro dedicato alle guardie ebraiche uccise in Palestina durante gli scontri con gli arabi, perché «è questo sangue che desta il nostro passato, che ispira il nostro presente e, soprattutto, che stimola il nostro futuro»[26]. Piú avanti si proietta verso il dopoguerra e la sconfitta, ai suoi occhi ineluttabile, dell'impero ottomano in questi termini: «La conferenza di pace ascolterà la nostra giusta rivendicazione e accoglierà la nostra richiesta; il suo consenso sarà inserito nei documenti delle alleanze e dei trattati tra gli Stati; e la Palestina tornerà appannaggio del popolo ebraico»[27]. È proprio per offrire un pegno della loro lealtà in vista di questa conferenza di pace che i due Ben, un tempo disposti a schierarsi al fianco dell'impero ottomano, aderiscono al progetto di una Legione ebraica sotto bandiera britannica. Il promotore di questo progetto è però un feroce nemico del marxismo, Zeev Žabotinskij, un liberale romantico che si immagina come un novello Garibaldi sionista.

L'attivismo di Weizmann è determinante per la proclamazione della dichiarazione Balfour, adottata da Londra nel novembre del 1917 a dispetto dell'opposizione del suo unico ministro ebreo, Edwin Montagu*. Il rabbino Kook non esita a «benedire» il governo britannico per essere «stato lo strumento di Dio nell'adempimento della Sua promessa del nostro ritorno nella Terra d'Israele»[28]. La Legione ebraica conta appena cinquemila combattenti, provenienti in egual misura dalla Palestina, dagli Stati Uniti e dalla Gran Bretagna. Sebbene partecipi solo tardivamente ai combattimenti in Palestina, si distingue nel settembre del 1918 durante l'attraversamento del Giordano da parte delle truppe alleate, che respingono l'esercito ottomano verso la Siria. Žabotinskij, all'epoca alla guida delle unità ebraiche, guadagna cosí un'incontestabile popolarità sia nello *Yishuv* sia nella diaspora.

La fine del conflitto mondiale permette l'avvio di una terza *aliya*, che oltre ad accentuare la dimensione socialisteggiante della precedente, aumenta la pressione sulla terra nelle campagne palestinesi. Nell'aprile del 1920 le tensioni con la popolazione araba di Gerusalemme degenerano in sommosse che provocano una decina di vittime, tanto ebree quanto arabe. Di lí a poco le elezioni organizzate all'interno dello *Yishuv* per designare un'Assemblea dei rappresentanti (*Asefat haNivharim*) vedono imporsi i laburisti. Le autorità britanniche condannano Žabotinskij a quindici anni di reclusione per incitazione alla violenza, suscitando una campagna in suo favore da parte di tutti gli schieramenti sionisti. Dopo qualche settimana il leader revisionista viene rilasciato dall'alto commissario Herbert Samuel, la cui amministrazione civile è succeduta all'apparato militare che controllava quel «territorio nemico occupato». Non solo Samuel è un sionista convinto, ma suo figlio Edwin ha combattuto nella Legione ebraica.

I Lavoratori di Sion si dividono allora tra i difensori – di gran lunga maggioritari – di un'organizzazione esclusivamente ebraica, guidati da Ben Gurion, e i sostenitori dell'Internazionale comunista, diretta dai bolscevichi da Mosca. Ben Gurion diventa cosí il primo segretario generale di un sindacato di fatto riservato agli ebrei, l'*Histadrut* (Federazione), che si dota a sua volta di una milizia, l'*Haganah* (Difesa), molto piú potente di *HaShomer* (nel 1921 l'*Haganah* si occupa dell'uccisione di un poliziotto arabo accusato di aver contribuito a una serie di attentati antiebraici

* Cfr. p. 24.

a Giaffa)[29]. Pur partecipando alla fondazione di entrambe le organizzazioni, Ben Zvi resta nell'ombra del suo ex compagno di militanza e d'esilio. Nell'ottica di costruire una contro-società ebraica in Palestina, l'*Histadrut* sviluppa le sue attività ben al di là dell'ambito sindacale, con il tesseramento della metà dei lavoratori dipendenti ebrei del paese nel 1922 (e del 70 per cento nel 1926)[30]. È la consacrazione del «lavoro ebraico» (*avoda ivrit*), incarnato dalla figura conquistatrice del «pioniere» (*chalutz*), di fronte a una popolazione araba i cui diritti sulla Palestina sarebbero resi relativi dall'incapacità di costituirsi in una classe operaia. I dissidenti comunisti, per cui la lotta di classe dovrebbe sfociare in una mobilitazione giudeo-araba, si ritrovano cosí marginalizzati proprio in virtú del loro rifiuto del sionismo[31].

Quanto alle autorità britanniche, completano la strutturazione religiosa del loro mandato sulla Palestina nominando due grandi rabbini, uno per il rito ashkenazita e l'altro per il rito sefardita. Il primo è Abraham Kook, già grande rabbino di Gerusalemme, mentre il secondo è Ya'akov Meir, un nativo di Gerusalemme da tempo impegnato nella rinascita e nella diffusione dell'ebraico. Con la nomina di Meir il vecchio *Yishuv* – segnato dall'eredità sefardita – accetta di fondersi definitivamente con il nuovo, nonostante il fatto che l'immigrazione ebraica in Palestina resti in gran parte ashkenazita. Nel 1920 Kook enuncia i principî stessi del sionismo religioso, affermando che «l'ebreo non può essere, nella terra dell'esilio, cosí devoto e fedele al suo pensiero, alle sue idee, ai suoi valori, al suo immaginario, come quando vive in *Eretz Israel*»[32]. L'anno successivo fonda a Gerusalemme il *Torat Cohanim*, un istituto in cui i sacerdoti del futuro Tempio, i *cohanim* (plurale di *cohen*), studiano per esercitare il loro prossimo ministero[33]. Nei circa quindici anni che hanno seguito la morte di Herzl, le varie sfaccettature del sionismo sono riuscite a sviluppare la loro originalità senza mettere a repentaglio l'unità fondamentale del movimento.

La sfida del revisionismo.

Le organizzazioni sioniste hanno saputo dotarsi degli strumenti necessari per sfruttare al meglio il mandato britannico, che nel 1922 integra la dichiarazione Balfour nella sua carta approvata dalla Società delle Nazioni. Questo riconoscimento della legittimità del solo nazionalismo ebraico in Palestina costituisce una tale vittoria che la leadership sionista accetta di buon grado l'esclusione della Transgiordania dal campo di applicazione del mandato. Ma Žabotinskij difende fermamente il diritto della colonizzazione ebraica di estendersi su entrambe le sponde del Giordano. Sostiene l'insediamento di 40 000 immigrati ebrei l'anno per venticinque anni nella sola Palestina, e persino di 50 000-60 000 immigrati l'anno con l'inclusione della Transgiordania[34]. La sua ossessione è infatti quella di sommergere demograficamente la maggioranza araba, respingendola metodicamente al di là di un «muro di ferro» che garantisca la sicurezza di uno stato ormai incontestabilmente ebraico.

Žabotinskij concettualizza questo «muro di ferro» nel saggio *O železnoj stene* (Del muro di ferro) del 1923, pubblicato poco dopo le sue dimissioni dall'esecutivo sionista, che accusa di una duplice «ipocrisia»: da una parte, nelle sue offerte di conciliazione con la maggioranza araba e, dall'altra, nel suo rifiuto di proclamare il suo obiettivo finale. Afferma inoltre che «i fautori del compromesso tra le nostre file considerano gli arabi abbastanza sciocchi da lasciarsi ingannare da una presentazione attenuata dei nostri obiettivi», mentre gli «arabi di Palestina» combatteranno i sionisti «finché avranno la minima speranza di poter impedire la trasformazione della Palestina in *Eretz Israel*». L'alternativa proposta da Žabotinskij ha il merito della chiarezza: «La colonizzazione sionista, anche la piú limitata, deve essere sospesa o perseguita a dispetto della popolazione locale». La conclusione è sferzante: «L'unico modo per raggiungere un accordo futuro è abbandonare qualsiasi prospettiva di un accordo presente»[35].

È su queste basi che Žabotinskij organizza, tanto in Palestina quanto nella diaspora, la sua Unione sionista revisionista, con cui spera di riportare i sionisti ai fondamentali di Herzl. La lettura di *O Železnoj Stene* fa eco alla «guerra dura» contro gli arabi di Palestina annunciata da Ha'Am nel 1891. Ma rifiutando di partecipare ai vari Congressi sionisti di Basilea Ha'Am si è marginalizzato, e muore in relativo isolamento nel 1927, cinque anni dopo essersi stabilito a Tel Aviv. In compenso Žabotinskij è oggetto di un vero e proprio culto nelle file revisioniste, soprattutto all'interno del loro movimento giovanile, il *Beitar*, fondato a Riga e molto attivo in Polonia, ma che recluta anche tra i sefarditi della diaspora e di Palestina, trascurati dal movimento laburista. Secondo l'inno del *Beitar*, «il Giordano ha due sponde | Una è nostra e l'altra pure»[36].

Nel momento in cui Žabotinskij mobilita la base revisionista nell'ottica di un «muro di ferro» oltre il quale trincerare la maggioranza araba, Ben Gurion prende in prestito l'espressione per designare una «muraglia di ferro» araba che è necessario abbattere per incoraggiare la colonizzazione ebraica: «La possibilità di conquistare la nostra terra ci sfugge dalle mani. Il nostro problema centrale è l'immigrazione». Il leader laburista aggiunge: «Siamo i conquistatori di questo Paese: ci troviamo di fronte a un muro di ferro e dobbiamo fare una breccia attraverso di esso»[37]. Rigettando l'alternativa marxista tra la dittatura della borghesia e quella del proletariato, Ben Gurion promuove la «dittatura del popolo ebraico»[38].

Il volontarismo di Ben Gurion è rafforzato dalla chiusura degli Stati Uniti all'immigrazione e dall'avvio della quarta *aliya*, che a partire dal 1924 conduce rapidamente al raddoppio della popolazione di Tel Aviv. Al leader laburista importa poco che il modello pionieristico del kibbutz resti marginale. Per lui conta lo slancio che questa nuova ondata di immigrati può dare alla demolizione della «muraglia» araba. I revisionisti si rivelano invece piú popolari nella diaspora che nello *Yishuv*, dove alle elezioni del 1925 ottengono solo il 7 per cento dei voti. In ogni caso il dinamismo di questa nuova *aliya* è tale che nel 1927 il numero di pubblicazioni in ebraico in Palestina supera quello nella diaspora[39]. Ben Gurion continua a puntare sull'immigrazione per instaurare un nuovo rapporto di forza demografico non solo con la maggioranza araba in Palestina, ma anche con la diaspora, in cui il militantismo sionista deve progressivamente subordinare la sua azione alle priorità dello *Yishuv*.

Ma il principale bersaglio di Žabotinskij non è tanto Ben Gurion, quanto piuttosto Weizmann. L'ispiratore della dichiarazione Balfour decide infatti di aprire ai non-sionisti le porte dell'Agenzia ebraica, fondata nell'agosto del 1929, che dirige. Questa audace manovra risponde alle richieste dei sionisti americani, consapevoli del loro isolamento all'interno della comunità ebraica. Nella stessa Palestina le autorità britanniche considerano l'Agenzia ebraica la rappresentanza istituzionale dello *Yishuv* e le assegnano ogni anno un numero globale di permessi di immigrazione. L'Agenzia distribuisce quindi questi permessi tra le varie organizzazioni, tra cui *Agudat Yisrael* (Unione di Israele), il braccio politico degli ultraortodossi, che rifiuta di dichiararsi sionista nonostante abbia sede in Palestina fin dal 1912. Questi accomodamenti suscitano la furia impotente di Žabotinskij, cui la Gran Bretagna vieta l'ingresso in Palestina costringendolo a risiedere in Europa. Come nel 1920, è infatti accusato di aver incitato i disordini scoppiati tra gli ebrei e gli arabi nel 1929.

Questa escalation di violenza in Palestina fa il gioco dei revisionisti, non tanto nello *Yishuv*, dove alle elezioni del gennaio del 1931 devono accontentarsi di un sesto dei voti, quanto piuttosto nella diaspora, dove, sei mesi dopo, conquistano un quarto dei seggi al Congresso sionista di Basilea. Žabotinskij spera a quel punto di soppiantare Weizmann sollevando pubblicamente la questione del «fine ultimo» del movimento sionista. I suoi sostenitori affermano che, «con una maggioranza al Congresso», possono creare «una maggioranza ebraica sulle due sponde del Giordano»[40]. Il contrattacco è guidato da Ben Gurion e Chaim Arlosoroff, l'artefice dell'allargamento della base laburista nel Partito dei lavoratori di *Eretz Israel*, piú noto con l'acronimo ebraico *Mapai*. Messo in minoranza, Weizmann cede il posto a uno dei suoi fedeli, Nahum Sokolow, ma la nuova leadership sionista esclude i revisionisti e nomina Arlosoroff direttore politico dell'Agenzia ebraica, incaricandolo delle relazioni internazionali dello *Yishuv*.

È in questa veste che, nel giugno del 1933, Arlosoroff negozia con la Germania nazista un accordo di trasferimento degli ebrei tedeschi verso la Palestina. Žabotinskij critica aspramente queste trattative con il regime hitleriano. Poco dopo il suo ritorno da Berlino, Arlosoroff viene assassinato sulla spiaggia di Tel Aviv. L'omicidio suscita una grandissima emozione all'interno dello *Yishuv*, che partecipa in massa alle esequie. La polizia arresta un sospettato, Abba Achimeir, che cinque anni prima ha pubblicato *Mipinkaso Shel Fashistan* (Cronache di un fascista) e non ha mai nascosto la sua ammirazione per il regime di Mussolini nella stampa revisionista[41]. Achimeir anima un gruppuscolo ispirato ai sicari che assassinavano i loro oppositori ebrei durante la rivolta anti-romana del I secolo d.C. Sebbene in privato ritenga «comprensibili e legittime» le «tendenze massimaliste nel nostro movimento»[42], Žabotinskij prende le distanze dal sospettato. Ciò non gli impedisce di lanciare una campagna in suo favore, che sfocia ben presto nella sua assoluzione.

L'assassinio di Arlosoroff provoca numerosi incidenti tra il *Beitar* e la gioventú laburista. Nel 1934 i revisionisti decidono di fondare un sindacato concorrente all'*Histadrut*, che accusa i suoi rivali di fare il gioco dei padroni. Poiché l'Agenzia ebraica rifiuta di assegnare permessi di immigrazione al *Beitar*, i revisionisti rispondono boicottando il Fondo nazionale ebraico (Kkl) e creando il proprio fondo, *Tel Hai* (la collina della vita). A Žabotinskij, il quale nega che la lotta di classe abbia un posto nel sionismo, Ben Gurion risponde paragonandolo a Hitler[43]. La rottura si consuma nell'agosto del 1935 a Lucerna, dove il Congresso sionista, forte di una maggioranza di delegati laburisti, reintegra Weizmann alla guida del movimento, mentre Ben Gurion assume la direzione dell'Agenzia ebraica. Il mese successivo Žabotinskij presiede a Vienna il congresso fondatore della sua Nuova organizzazione sionista, che stabilisce la sua sede a Londra.

Il terrorismo anti-arabo.

A causa dei dodici anni di feroci polemiche che lo precedono, lo scisma revisionista viene raramente analizzato come il sintomo di una crisi di crescita dello *Yishuv*. Ma l'ondata di immigrazione ebraica che segue l'ascesa del regime nazista in Germania porta la proporzione della popolazione ebraica in Palestina a quasi un terzo, un risultato insperato al momento della proclamazione della dichiarazione Balfour. Quanto alla polarizzazione tra i laburisti e i revisionisti, anziché indebolire lo *Yishuv* di fronte alla Grande rivolta araba, alimenta una dinamica di escalation e militarizzazione del movimento sionista che avrà un ruolo determinante nella sconfitta finale dell'insurrezione palestinese.

Inoltre l'esilio europeo di Žabotinskij durante questo periodo cruciale accentua l'autonomia operativa dei miliziani revisionisti e dei loro comandanti.

Il successivo sciopero generale della popolazione araba ha come principale obiettivo far cedere le autorità britanniche sulla minaccia – ormai percepita come esistenziale – dell'immigrazione ebraica. Ma paradossalmente la sua conseguenza è di consolidare lo *Yishuv* in quanto controsocietà ebraica, conformemente alla visione di Ben Gurion di un sindacato e di partiti basati su un'economia ebraica separata dal contesto arabo. L'*Histadrut* conta ormai 100 000 iscritti inquadrati da 2500 funzionari[44]. Per questo motivo l'esecutivo sionista approva il principio del piano Peel, che nel luglio del 1937 prevede per la prima volta la partizione della Palestina in uno stato ebraico e uno stato arabo*. Ma Žabotinskij si scaglia contro un piano che ai suoi occhi concede allo stato ebraico solo il 4 per cento di *Eretz Israel*, perché il leader revisionista continua a includere la Transgiordania nei suoi calcoli[45].

Nella speranza di conquistare il favore dei dirigenti britannici, Ben Gurion impone all'*Haganah* una politica di «moderazione» (*havlagah*) di fronte alla sollevazione araba. Questa linea è contestata da una milizia puramente revisionista che, dopo complesse ricomposizioni, viene fondata nell'aprile del 1937 con il nome di Organizzazione militare nazionale (*Irgun Zvai Leumi*). Comunemente designata con il solo termine *Irgun*, o piú raramente con l'acronimo ebraico *Etzel*, nel novembre del 1937 questa milizia annuncia la «rottura della moderazione» assassinando in un solo giorno dieci civili arabi in vari attentati coordinati. Nell'aprile del 1938 Shlomo Ben-Yosef, un militante ucraino del *Beitar* da poco immigrato illegalmente in Palestina, partecipa all'attacco di un autobus arabo. Sebbene il suo attentato non mieta vittime, la giustizia britannica decide di dare l'esempio condannandolo a morte. Ben-Yosef viene impiccato nella prigione di San Giovanni d'Acri nel giugno del 1938.

Žabotinskij gli rende un vibrante omaggio durante un meeting revisionista a Varsavia in cui invoca «la fine della rinuncia sistematica ai nostri diritti»[46]. Ma per timore della reazione

* Si veda la mappa 4.

dell'esercito britannico, l'*Irgun* decide di «vendicarsi» sulla popolazione araba, ben piú vulnerabile. Nel luglio e nell'agosto del 1938 una campagna di attentati indiscriminati uccide piú di un centinaio di arabi, provocando vere e proprie stragi nei mercati di Haifa, Gerusalemme e Giaffa. L'*Haganah* resta indignata da questa ondata di terrorismo, tanto piú che ha appena integrato una parte dei suoi miliziani nei commando britannici delle Special Night Squads, condotte dal convinto sionista Wingate*. Di fronte al rischio di perdere questa opportunità, la milizia fa pressione sull'*Irgun* perché sospenda tutti gli attentati anti-arabi. Alla fine le due milizie raggiungono un accordo che prevede una concertazione prima di qualsiasi operazione di «rappresaglia»[47].

Se Žabotinskij può contare sulla lealtà del capo dell'*Irgun*, David Raziel, viene invece contestato durante il congresso mondiale del *Beitar* a Varsavia, nel settembre del 1938. È Menachem Begin, il giovane capo del *Beitar* polacco, a condurre la fronda in nome dell'assoluta priorità della lotta armata. Žabotinskij dichiara davanti ai congressisti: «Se pensate che non ci sia altra via che quella proposta da Menachem Begin e che dobbiate utilizzare le armi, voi vi suicidate»[48]. La tregua viene rispettata fino al 17 maggio 1939, quando Londra pubblica il Libro bianco sulla Palestina. L'*Irgun* decide ancora una volta di «vendicarsi» dei britannici sugli arabi. Il 29 maggio una bomba uccide cinque persone in un cinema arabo di Gerusalemme, mentre un villaggio arabo nei pressi di Haifa viene attaccato e brevemente occupato dai miliziani revisionisti, che vi issano la loro bandiera.

Durante l'occupazione del villaggio l'*Irgun* uccide dieci civili palestinesi, di cui quattro donne. Žabotinskij reagisce con queste istruzioni: «L'opinione pubblica, ebraica e non ebraica, è favorevole ai contrattacchi finché non si ha l'impressione che siano prese di mira le donne. In situazione difensiva, non è possibile differenziare tra i sessi, ma durante gli attacchi bisogna evitare qualunque azione che possa dare tale impressione». Il leader revisionista ritiene quindi che i civili di sesso maschile restino un bersaglio legittimo e non ha nessuna intenzione di astenersi dagli attentati nei mercati. Ragion per cui precisa: «Bisogna diffondere gli avvertimenti in arabo, spiegando che, nelle attuali

* Cfr. pp. 33-34.

circostanze, gli uomini non dovrebbero mandare le loro donne al suk, ma andarci loro»[49].

La Seconda guerra mondiale.

Dopo l'invasione della Polonia, nel settembre del 1939, Žabotinskij si schiera pubblicamente in favore della resistenza delle democrazie contro l'Asse italo-tedesco. Inizia quindi a girare il mondo per radunare un esercito ebraico che, sul modello della Legione ebraica del biennio 1917-18, dovrebbe combattere nel campo antifascista. Nell'agosto del 1940, durante uno dei suoi tour di mobilitazione, muore a nord di New York lasciando la leadership dell'internazionale revisionista a Benzion Netanyahu, il padre del futuro primo ministro israeliano*. Nello stesso momento l'*Irgun*, che ormai collabora con il mandato britannico, viene indebolito dalla dissidenza di quelli che sostengono l'alleanza con le potenze fasciste contro Londra. La scissione è guidata da Avraham Stern, da cui deriva il nome «Banda Stern» con cui la polizia britannica si riferisce al *Lehi*, l'acronimo ebraico dei «Combattenti per la libertà di Israele». Stern si presenta come il leader di una «rinascita», perché «Israele ha conquistato la terra con la spada»[50] in nome di un «diritto assoluto che non è mai scaduto e non scadrà mai»[51]. Stern assegna al *Lehi* la prospettiva della costruzione del «Terzo Tempio come simbolo di una nuova era di redenzione totale»[52].

Mentre Ben Gurion continua la sua campagna contro il Libro bianco, l'*Haganah* si dota di un braccio clandestino, il Mossad (Istituto), responsabile dell'immigrazione illegale in Palestina, l'«*aliya* B» (*Aliya Beth*). Ma il leader laburista ritiene che l'impegno antifascista debba prevalere, da qui la formazione, nell'aprile del 1941, di «compagnie d'assalto» all'interno dell'*Haganah*, designate con l'acronimo ebraico *Palmach* e destinate a combattere sotto la bandiera britannica. Buona parte di questi soldati d'élite sono d'altronde già passati per i commando anti-arabi di Wingate[53]. È il caso di Moshe Dayan, che nel giugno del 1941 partecipa all'offensiva della Gran Bretagna e della Francia libe-

* Cfr. p. 36.

ra per cacciare il regime di Vichy dalla Siria e dal Libano. Colpito da un proiettile nel Sud del Libano, Dayan perde l'occhio sinistro. Ma ancora non sa che diventerà il guercio piú famoso della storia di Israele.

Quanto all'*Irgun*, è in Iraq che contribuisce all'offensiva britannica contro il regime filonazista di Baghdad. Nell'aprile del 1941 Raziel viene ucciso in un bombardamento tedesco, lasciando la guida della milizia al suo vice Ya'acov Meridor, che abbandona l'Iraq per tornare in Palestina. I servizi di sicurezza del mandato, ormai certi della collaborazione dell'*Haganah* e dell'*Irgun*, possono quindi concentrare la loro attenzione sul *Lehi*. Nel febbraio del 1942 catturano Stern nel suo nascondiglio di Tel Aviv e lo liquidano sostenendo che abbia tentato di evadere. È un duro colpo per il *Lehi*, in cui c'è un fervente culto del leader fondatore. L'organizzazione entra in un relativo letargo, sotto una leadership tripartita in cui Yitzhak Shamir controlla le attività militari: appaiono talmente indeboliti che l'*Haganah* si impegna a risparmiarli, a condizione che si astengano da qualsiasi propaganda tra i ranghi laburisti.

Ben Gurion inizia a temere che l'attivismo dell'*Irgun* possa compromettere la sua campagna per un «Commonwealth» ebraico*. Begin ha infatti assunto la guida della milizia revisionista dopo un anno di prigionia in un Gulag, da cui è stato liberato nell'ambito di un accordo tra l'Unione Sovietica e il governo polacco in esilio. Nel gennaio del 1944 il nuovo capo dell'*Irgun*, che già nel 1938 sosteneva una linea ultramilitarista contro Žabotinskij, dichiara la «guerra fino alla vittoria» contro «l'amministrazione britannica che consegna i nostri fratelli a Hitler»[54]. L'*Irgun* dedica i mesi successivi a un'audace serie di attentati contro vari obiettivi britannici in Palestina. Nell'ottobre del 1944 Ben Gurion incarica il suo vice alla guida dell'*Haganah*, Moshe Sneh, di incontrare segretamente Begin in due riprese per esigere la fine degli attacchi: «Esiste la possibilità che gli inglesi ci propongano una soluzione che non sia forse ideale ma che ci assicurerà, malgrado tutto, l'indipendenza, l'immigrazione, la colonizzazione. Voi rischiate, con le vostre operazioni, di silurare una simile possibilità»[55]. Pur rico-

* Cfr. p. 37.

noscendo Ben Gurion come leader dello *Yishuv*, Begin rifiuta il principio stesso della partizione di *Eretz Israel* che i laburisti sperano di ottenere da Londra.

La campagna anti-britannica.

Nel novembre del 1944, dopo aver tentato senza successo di eliminare l'alto commissario britannico in Palestina, il *Lehi* mette a segno un colpo spettacolare uccidendo al Cairo Lord Moyne, il ministro residente britannico in Medio Oriente. I due assassini vengono catturati. Weizmann promette a Churchill che «il giudaismo di Palestina farà tutto il possibile per estirpare il male dal suo seno»[56], mentre Ben Gurion dichiara davanti al congresso dell'*Histadrut* che «queste bande di malviventi non comprendono alcun linguaggio umano», perché «comprendono solo la forza»[57]. Fa ratificare la sua decisione di collaborare con la polizia britannica nella caccia ai militanti del *Lehi* e dell'*Irgun*. Begin decide di non reagire perché «non ci sarà alcuna guerra di Ebrei contro Ebrei in questo paese»[58]. Di fatto però la repressione del movimento estremista resta relativamente limitata.

La vittoria dei laburisti alle elezioni britanniche del luglio del 1945 viene festeggiata all'interno dello *Yishuv*, che pure aveva tanto puntato su Churchill. Ma Londra continua a mantenere le restrizioni del Libro bianco sull'immigrazione ebraica in Palestina, nonostante le pressioni americane in favore del rilascio immediato di 100 000 visti. Ben Gurion può contare anche sull'appoggio della Francia – dove l'*Haganah* ha stabilito il suo quartier generale europeo –, in un contesto di identificazione con la lotta sionista di gran parte della nuova classe politica proveniente dalla resistenza antinazista. In Palestina il *Lehi* si impone come mediatore tra l'*Haganah*, che propone un'integrazione con i gruppi rivali, e l'*Irgun*, che accetta solo un semplice coordinamento. Nasce cosí il Movimento di resistenza ebraica (Mre), che il 1° novembre 1945 colpisce le ferrovie palestinesi in duecento siti. È solo la prima delle circa cinquanta operazioni che, nel giro di otto mesi, uccidono diciotto soldati britannici.

Per Londra la misura è colma. Il 29 giugno 1946 il governo britannico ordina la perquisizione degli uffici dell'Agenzia ebraica e l'arresto di quasi tremila militanti e responsabili sionisti. Il Mre decide di reagire attaccando la sede dell'amministrazione britannica, situata all'interno dell'Hotel King David di Gerusalemme. Weizmann, che ignora l'imminenza dell'attentato ma teme le conseguenze di un'escalation con la Gran Bretagna, implora Sneh, il rappresentante dell'*Haganah* in seno al movimento, di «rinunciare alle [sue] operazioni»[59]. Ma Sneh non riesce a convincere Begin ad abbandonare l'attentato al King David, che viene messo a segno il 19 luglio e rivendicato dall'*Irgun*. Il bilancio di 91 vittime (di cui 28 britannici, 17 ebrei e 41 arabi) provoca la sospensione del Mre. Ma l'*Irgun* prosegue i suoi attentati tanto in Palestina quanto all'estero, tra cui quello all'ambasciata britannica a Roma il 1° novembre 1946.

Nel dicembre del 1946 è simbolicamente a Basilea che il movimento sionista tiene il suo primo congresso dal 1939, e quindi dalla Shoah. Da lí esce confermata l'idea di formare un «Commonwealth» – vale a dire di uno stato ebraico –, come già detto da Ben Gurion a New York nel 1942. Incapace di frenare gli ardori anti-britannici e anti-arabi dei delegati, Weizmann è costretto a lasciare la presidenza del movimento, che deteneva dal 1921 con un intermezzo tra il 1931 e il 1935. Per rispetto verso l'ispiratore della dichiarazione Balfour, la presidenza resta vacante. Ma il congresso segna sia la consacrazione di Ben Gurion sia la reintegrazione dei dissidenti revisionisti. Non solo il terrorismo dell'*Irgun* non lo ha danneggiato agli occhi dei militanti sionisti, ma il suo attivismo gli permette ormai di occupare una posizione privilegiata nell'ineluttabile battaglia per lo stato ebraico.

La leva dell'estremismo.

Per quanto impegnati in una guerra fredda a vocazione planetaria, nel novembre del 1947 gli Stati Uniti e l'Unione Sovietica votano entrambi in favore del piano di partizione della Palestina delle Nazioni Unite*. Se la leadership sionista celebra questa vittoria storica, l'*Irgun* e il *Lehi* la condannano come una

* Si veda la mappa 5.

«nuova Monaco»[60], in nome del rifiuto di qualsiasi partizione di un *Eretz Israel* che ai loro occhi deve estendersi su entrambe sponde del Giordano. Ben Gurion vuole invece conservare l'appoggio delle milizie estremiste, accordando un'assoluta priorità alla continuità territoriale tra le varie enclave sioniste nell'ottica di uno stato ebraico che – anche secondo il piano dell'Onu – conterebbe ancora piú del 40 per cento di popolazione araba. Il sostegno sionista al piano di partizione permette inoltre di scaricare sulla parte araba tutta la responsabilità di un conflitto ormai inevitabile.

Già all'indomani del voto delle Nazioni Unite scoppiano infatti violenze che degenerano ben presto in una guerra civile giudeo-araba, con 204 ebrei e 208 arabi uccisi durante il solo primo mese di conflitto[61]. L'*Haganah* si attiene alla sua dottrina di «difesa aggressiva», con massicce rappresaglie contro gli autori o presunti ispiratori arabi degli attentati anti-ebraici. L'*Irgun* e il *Lehi* non esitano a lanciare sanguinose operazioni contro vari obiettivi arabi e britannici. Il 22 febbraio 1948 un commando composto da disertori britannici e militanti arabi fa esplodere tre camion nel principale mercato ebraico di Gerusalemme, uccidendo 58 persone. L'*Irgun* reagisce assassinando 9 soldati del Regno Unito e il *Lehi* facendo esplodere, il 28 febbraio, un treno militare, uccidendone altri 28. L'alto commissario britannico esige la collaborazione totale di Ben Gurion nell'eliminazione del *Lehi*, ma il capo dell'*Haganah* rifiuta qualsiasi gesto in questo senso prima della proclamazione di uno stato ebraico[62]. Sebbene i combattenti dell'*Irgun* e del *Lehi* siano appena 2000 rispetto agli effettivi dieci volte superiori dell'*Haganah*[63], Ben Gurion rifiuta di privarsi del loro contributo in questa battaglia che ritiene esistenziale.

Le autorità britanniche stimano che il bilancio dei morti nei primi tre mesi del 1948 sia di 671 ebrei e 841 arabi, per la maggior parte civili di entrambe le parti[64]. La battaglia per Gerusalemme ormai infuria. Il 9 aprile l'*Irgun* e il *Lehi* si impadroniscono del villaggio di Deir Yassin, a ovest di Gerusalemme, difeso solo dalla popolazione locale. I dissidenti vittoriosi annunciano di aver ucciso 254 arabi, tra cui donne e bambini, la maggior parte dei quali prigionieri giustiziati. L'Agenzia ebraica invia a re Abdullah di Transgiordania, con il quale sta segretamente negoziando l'effettiva partizione della Palestina, un messaggio di condanna di «questo atto brutale e barbarico»[65] dell'*Irgun*. Il bilancio del massacro è in realtà molto inferiore a quanto annunciato: l'*Irgun* ha raddoppiato il numero delle vittime arabe per seminare il panico nelle aree circostanti.

Questa strategia del terrore si rivela vantaggiosa per l'*Haganah*, che ottiene l'evacuazione della popolazione araba di Tiberiade, poi di San Giovanni d'Acri e di Haifa. Ma il 25 aprile 1948 è l'*Irgun* a lanciare l'assalto contro l'enclave araba di Giaffa. La difesa locale crolla, provocando l'esodo di una parte degli abitanti. L'esercito britannico avanza contro l'*Irgun*, che si ritira il 30 aprile, dopo la mediazione dell'Agenzia ebraica tra i dissidenti sionisti e le autorità mandatarie. Restano solo due settimane prima della scadenza del mandato. Il 14 maggio Ben Gurion proclama lo Stato di Israele a Tel Aviv, non senza invocare la Shoah, perché «l'Olocausto nazista, che ha annientato milioni di ebrei d'Europa, dimostra ancora una volta l'urgenza di ricostituire lo stato ebraico»[66]. Il nuovo governo provvisorio si dota rapidamente delle Forze di difesa israeliane, piú note con l'acronimo ebraico *Tzahal* e costruite intorno all'*Haganah*. Davanti all'ordine di aderirvi, l'*Irgun* e il *Lehi* fingono di obbedire, ma difendono la prosecuzione dei combattimenti a Gerusalemme per preservare l'autonomia delle loro unità nella Città Santa.

Il fatto è che la fine del mandato segna anche la transizione dalla guerra giudeo-araba in Palestina alla prima guerra israelo-araba, con l'intervento degli eserciti di Egitto, Transgiordania, Siria, Iraq e Libano. Gli ebrei della Palestina mandataria sono ormai israeliani, mentre il termine «palestinesi» inizia a designare i soli abitanti arabi del territorio, spinti sempre piú spesso all'esodo. Ad appena tre anni dalla fondazione, le Nazioni Unite, di fronte alla crisi piú importante della loro giovane storia, nominano «mediatore» Folke Bernadotte, un diplomatico svedese che nelle ultime settimane del regime hitleriano ha contribuito all'evacuazione di circa 20 000 prigionieri e deportati, di cui piú di 6000 ebrei. L'11 giugno 1948 Bernadotte riesce a imporre ai belligeranti una tregua sulla base delle linee di fronte. L'esercito israeliano prende cosí il controllo della Galilea, che nel piano di partizione faceva parte dello stato arabo, mentre l'esercito egiziano si impadronisce del Negev, attribuito allo stato ebraico dallo stesso piano.

L'*Irgun* continua a tessere potenti reti di sostegno all'estero, in particolare in Francia, dove in nome della solidarietà con il giovane Stato di Israele i dissidenti sionisti ottengono un importante carico d'armi, imbarcato a Sète a bordo dell'*Altalena*. Questa nave, che prende il nome da uno degli pseudonimi di Žabotinskij, salpa il giorno stesso dell'entrata in vigore della tregua israelo-araba. Ben Gurion chiede a Begin che le armi vengano consegnate a *Tzahal*, ma nella notte del 20 giugno l'*Irgun* inizia a scaricarle non lontano da Tel Aviv. Yigal Allon, capo del *Palmach*, ordina di bombardare la nave, mentre Yitzhak Rabin, al comando dell'unità sul posto, apre il fuoco sui miliziani revisionisti. Tredici combattenti dell'*Irgun* vengono uccisi da tre soldati israeliani. Begin, sconvolto, ne annuncia cosí lo scioglimento.

In compenso il *Lehi* rifiuta di deporre le armi. Nei dieci giorni di ripresa delle ostilità, tra l'8 e il 18 luglio, l'ex Banda Stern spera di raggiungere la Spianata delle Moschee di Gerusalemme per distruggere quel luogo santo dell'islam e preparare l'avvento del Terzo Tempio[67]. Ma l'esercito israeliano non riesce a penetrare nella Città Vecchia, saldamente tenuta dall'esercito transgiordano. Bernadotte negozia quindi una seconda tregua, che correda di una proposta di soluzione basata sulla smilitarizzazione di Gerusalemme e su una partizione che integri la Transgiordania nel futuro stato arabo. Vuole soprattutto un ritorno rapido di almeno una parte dei rifugiati arabi di Giaffa e di Haifa. Ma per il *Lehi* è già troppo. L'ex Banda Stern decide quindi di eliminare il mediatore delle Nazioni Unite nel corso di una riunione cui partecipa anche Shamir[68].

Il 17 settembre 1948 Bernadotte viene assassinato a Gerusalemme da un commando i cui quattro membri indossano l'uniforme dell'esercito israeliano. Ben Gurion decreta quindi la messa al bando del *Lehi* in quanto «organizzazione terrorista», ordinando il rastrellamento di militanti e simpatizzanti. Tuttavia beneficia del terribile colpo inferto agli sforzi dell'Onu in favore di una soluzione duratura, sforzi che avrebbero potuto compromettere le insperate conquiste di *Tzahal* al tavolo dei negoziati. Il primo conflitto israelo-arabo si conclude il 7 gennaio 1949, ma tra Israele e i suoi quattro vicini arabi continua a sussistere uno stato di guerra, con l'Onu che si accontenta di patrocinare una serie di cessate il fuoco. Questi armistizi lasciano però irrisolta la questione degli oltre 750 000 rifugiati palestinesi costretti a lasciare le loro case sia prima sia dopo la proclamazione dello Stato di Israele.

Le prime elezioni della Knesset, il parlamento unicamerale di Israele, si tengono il 25 gennaio 1949 con un sistema proporzionale a circoscrizione unica particolarmente vantaggioso per gli schieramenti minoritari. Eppure Begin e il suo partito *Herut* (Libertà) ottengono solo l'11,5 per cento dei voti e 14 su 120 seggi. La sconfitta è schiacciante anche per il Partito dei combattenti, facciata ormai legale del *Lehi*, che ottiene solo un eletto a fronte del'1,2 per cento dei voti. Due settimane dopo le elezioni gli unici due accusati dell'omicidio di Bernadotte sono condannati rispettivamente a dieci e otto anni di reclusione, ma sono ben presto rilasciati nell'ambito di un'amnistia generale. Una delle prime decisioni dello Stato di Israele, una volta consacrate le sue istituzioni con un voto democratico, è quindi quella di garantire l'impunità agli assassini del primo mediatore per la pace con gli arabi.

Come aveva annunciato all'alto commissario britannico nel marzo del 1948, Ben Gurion non tarda a smantellare le milizie dissidenti dopo la fondazione di Israele. Ma laddove la sfida dell'*Altalena* è stata sanguinosa, agli stragisti di Deir Yassin e agli assassini di Bernadotte è garantita l'immunità. Ed è il suffragio universale – e non una sentenza – a consacrare la marginalizzazione istituzionale della corrente revisionista. Per queste frange minoritarie del sionismo combattente inizia un lungo periodo di crisi segnato da un'esclusione dalla storia ufficiale destinata a durare piú di una generazione di amarezza.

L'egemonia laburista.

È la consacrazione del suo governo alle elezioni del 1949 a permettere a Ben Gurion di avviare il processo di legittimazione dello Stato di Israele sul 77 per cento del territorio della Palestina mandataria, corredato dalla sua ammissione all'interno dell'Onu e dal suo riconoscimento di diritto da parte di stati che, come gli Stati Uniti, l'avevano fino ad allora riconosciuto solo di fatto*. In questa Knesset di 120 membri, il primo ministro laburista potrebbe formare una maggioranza di sinistra aggiungendo ai suoi 46 deputati del *Mapai* i 15 eletti marxisti del *Mapam*. Ma Ben Gurion preferisce relegare il *Mapam* all'opposizione e governare con una coalizione di quattro partiti religiosi che va dai pionieri sionisti dei *mizrachim* agli ultraortodossi di *Agudat Yisrael*. Ed è proprio per soddisfare questi ultimi che concede l'esenzione dal servizio militare agli studenti dei seminari talmudici. In linea generale, e a dispetto delle sue convinzioni socialisteggianti, Ben Gurion privilegia la distensione con il movimento religioso, e così come si è astenuto dal proclamare Israele durante lo Shabbat, evita di aprire un dibattito costituzionale che non farebbe altro che polarizzare la società sul ruolo del giudaismo nello stato.

Israele viene così fondato come uno stato senza costituzione, cosa che conferisce un valore eminente alla Dichiarazione di indipendenza del 14 maggio 1948, che «garantisce la piena e totale uguaglianza sociale e politica a tutti i cittadini, senza distinzione di razza, fede e sesso»[69]. Questa dichiarazione fondatrice assicura inoltre agli «abitanti arabi del paese di Palestina» che «godranno del diritto di cittadinanza a pieno titolo al pari degli ebrei e saranno rappresentati, come è loro dovuto, in tutti gli organi e in tutte le istituzioni»[70]. La realtà è che la popolazione araba, stimata a un quinto di quella del nuovo stato, è rappresentata solo dai due deputati della Lista democratica di Nazareth, unica grande città del paese a essere esclusivamente araba. Questa lista, guidata da un ex collaboratore arabo dell'*Haganah*, è fortemente sostenuta dall'amministrazione laburista, che la associa alla maggioranza di governo e la erge a dimostrazione della tolleranza israeliana. In compenso il Partito comunista non è autorizzato a fare campagna elettorale nelle zone arabe proprio perché è l'unico schieramento giudeo-arabo di Israele (bisognerà infatti aspettare il 1955 perché il *Mapam* ammetta membri arabi).

Il primo ministro, che detiene anche il portafoglio della Difesa, si circonda di veterani progressisti che, come lui, sono emigrati in Palestina all'inizio del secolo, durante la seconda *aliya*,

* Cfr. p. 39.

e hanno già ricoperto un ruolo dirigente all'interno dell'Agenzia ebraica. Moshe Shertock/Sharett, il direttore politico incaricato delle relazioni estere dell'Agenzia, diventa il ministro degli Esteri. Allo stesso modo Ya'akov Dori, ex direttore dell'*Haganah*, diventa il primo capo di stato maggiore di *Tzahal*. Anche la terza *aliya* è ben rappresentata all'interno del governo israeliano, con Golda Meyerson/Meir al ministero del Lavoro, Dov Yosef all'Agricoltura e Zalman Shazar all'Istruzione. Ma è un sabra, vale a dire un ebreo nato in Palestina, Reuven Shiloah, ad assumere la direzione del Mossad, il servizio di intelligence estera nato dal braccio clandestino dell'Agenzia ebraica e responsabile dell'immigrazione clandestina. Infine Ben Gurion attribuisce a Weizmann una «presidenza dello stato» in gran parte onorifica, le cui prerogative saranno definite solo quindici anni dopo, attraverso una «legge fondamentale» di valore costituzionale.

Nel luglio del 1950 la Knesset adotta all'unanimità una «legge del ritorno» che conferisce a qualsiasi ebreo il diritto di fare l'*aliya* in Israele, con la sola eccezione di coloro che rappresentano «un pericolo per la salute pubblica o la sicurezza dello stato»[71]. Due anni dopo la legge sulla nazionalità concede automaticamente la cittadinanza israeliana a tutti gli immigrati ammessi in Israele nell'ambito della legge del ritorno, ma solamente agli arabi che possono dimostrare il loro status di residenti sotto il mandato. Quanto alla legge sulle «proprietà degli assenti», adottata nel marzo del 1950, formalizza il trasferimento alle istituzioni sioniste dei beni degli arabi «assenti» a partire dal piano di partizione della Palestina delle Nazioni Unite. Questo massiccio trasferimento di proprietà permette l'integrazione volontaristica di un'ondata altrettanto massiccia di immigrati, che in tre anni raddoppiano la popolazione israeliana. Tale volontarismo di stato è a sua volta inquadrato dal Partito laburista, di cui nel 1951 è membro un israeliano su dieci[72].

Questa nazione ebraica in armi, perennemente in guerra con i suoi vicini arabi, si fonda su un servizio militare di trenta mesi per gli uomini e diciotto per le donne. Il «diritto» alla coscrizione, che per i nuovi immigrati è un importante fattore di integrazione, esclude gli arabi israeliani non tanto nel testo di legge, quanto piuttosto attraverso le istruzioni del ministero della Difesa. In un secondo momento le autorità israeliane lo concedono ai drusi, suddividendo la popolazione araba tra musulmani, cristiani, drusi e beduini, questi ultimi arruolabili solo su base individuale. Al di fuori delle città «miste» di Haifa, Giaffa, San Giovanni d'Acri e Lod, la popolazione araba si concentra in Galilea e nel Negev, dove restano in vigore le leggi di emergenza del mandato britannico, con severi controlli sugli spostamenti. L'amministrazione militare, particolarmente interventista nella vita quotidiana, è anche in grado di far votare queste zone arabe in favore del partito al potere[73].

A titolo di contributo definitivo di Israele alla soluzione della questione dei «rifugiati palestinesi», Ben Gurion propone alle Nazioni Unite l'ammissione in Israele di 100 000 di questi rifugiati, vale a dire meno di un settimo, in cambio dell'annessione israeliana della Striscia di Gaza. Prevedendo una nuova espansione di Israele, questa proposta è naturalmente giudicata irricevibile, e conduce alla sospensione *sine die* della Conferenza dell'Onu sulla Palestina del settembre del 1949. Il «diritto al ritorno» sancito da Israele in favore dei suoi immigrati ebraici si contrappone ormai al «diritto al ritorno» ratificato dall'Onu nel dicembre del 1948 in favore dei rifugiati palestinesi*. Per i leader israeliani l'applicazione del primo si basa sul rifiuto categorico del secondo, presentato come una minaccia esistenziale.

L'ampio consenso che regna sul tema in Israele va ben al di là del Partito laburista. Questo spinge il giovane stato a reprimere senza pietà tutte le «infiltrazioni», sistematicamente bollate come «terroristiche», dei profughi palestinesi che tornano nelle loro terre. Nei primi sei mesi del 1950 il solo kibbutz di Erez, a nord della Striscia di Gaza, provoca cosí la morte di tredici «arabi»[74]. È un'autentica guerra di confine in sordina. Piú che organizzarle, i governi arabi subiscono queste ostilità, tanto in Cisgiordania, ormai annessa alla Giordania, quanto nella Striscia di Gaza, sotto amministrazione egiziana. La dottrina israeliana della «difesa aggressiva», ereditata dall'*Haganah*, conduce tuttavia a varie rappresaglie al contempo indiscriminate e sproporzionate, soprattutto dopo la formazione segreta dell'Unità 101. Affidata al giovane ufficiale Ariel Sharon da Moshe Dayan, capo

* Cfr. p. 40.

delle operazioni dello stato maggiore, questa unità compie il suo primo raid contro un campo profughi palestinesi della Striscia di Gaza nell'agosto del 1953, uccidendo almeno venti civili[75]. Due mesi dopo Sharon e la sua Unità 101 si rendono responsabili della morte di sessantanove abitanti del villaggio di Qibya, in Cisgiordania, le cui case vengono fatte esplodere.

Bisogna aspettare altri due anni di «infiltrazioni» e rappresaglie perché, nell'agosto del 1955 e nell'aprile del 1956, Nasser, ormai padrone incontestato dell'Egitto e campione del nazionalismo arabo, lanci a partire da Gaza due campagne di *feddayin* contro Israele. In entrambi i casi questi combattenti palestinesi, addestrati e inquadrati dall'intelligence egiziana, si rendono responsabili della morte di una decina di israeliani, soprattutto civili. Sebbene la reazione israeliana sia come sempre sanguinosa, Ben Gurion è determinato ad andare oltre le rappresaglie e annientare il covo di *feddayin* che è diventata Gaza ai suoi occhi. È in nome di questo imperativo che nell'ottobre del 1956 conclude un patto segreto contro l'Egitto con la Gran Bretagna e la Francia, desiderose di vendicarsi l'una della nazionalizzazione del canale di Suez e l'altra del sostegno del Cairo all'insurrezione algerina.

Con Dayan come capo di stato maggiore, nel novembre del 1956 *Tzahal* si impossessa della Striscia di Gaza e della penisola del Sinai, mentre i contingenti britannici e francesi umiliano l'esercito egiziano nella zona del canale. Ma il presidente Eisenhower, furioso davanti a questo atto di forza neocoloniale, salva Nasser dallo sbaraglio e ottiene la fine dell'offensiva tripartita, seguita dal ritiro incondizionato degli invasori*. Nel marzo del 1957, dopo quattro mesi di un'occupazione estremamente sanguinosa, le truppe israeliane sono costrette a evacuare la Striscia di Gaza. Nel territorio si contano un migliaio di morti palestinesi su una popolazione stimata di circa 300 000 persone[76]. Ben Gurion è convinto che un simile massacro metterà un freno all'attivismo dei *feddayin*, mentre Golda Meir, allora ministro degli Esteri, si preoccupa per il ritorno di Gaza sotto l'autorità dell'Egitto.

La scommessa del «padre fondatore» di Israele circa una distensione duratura del fronte meridionale si rivela vincente. A

* Cfr. p. 42.

partire da questo momento Ben Gurion perde interesse per le avventure militari, concentrando le sue forze sulla metodica acquisizione dell'arma nucleare dalla Francia. La calma che regna sulle linee armistiziali favorisce la clamorosa vittoria del *Mapai* alle elezioni parlamentari del novembre del 1959, in cui ottiene 47 seggi. Il suo nuovo governo gode di una schiacciante maggioranza di 86 deputati su 120, di cui 12 del Partito nazionale religioso, piú noto con l'acronimo ebraico *Mafdal*. Erede del sionismo religioso dei *mizrachim*, questo schieramento fornisce un sostegno costante a Ben Gurion, che gli attribuisce i ministeri dell'Interno e degli Affari sociali. È cosí che l'élite laburista alla guida del paese offre ai suoi alleati ortodossi preziose reti clientelari. In compenso, sebbene la coalizione comprenda i cinque deputati arabi – a loro volta divisi fra tre satelliti del Partito laburista –, affidare un portafoglio di governo a un arabo israeliano resta fuori discussione.

Begin, il cui *Herut* raccoglie appena 17 seggi con solo un terzo dei voti ottenuti dai laburisti, denuncia invano l'egemonia del *Mapai* e la nazionalizzazione di una parte dell'economia. Per quanto corteggi i nuovi immigrati, per la maggior parte sefarditi, il suo partito rimane ashkenazita quanto la sinistra al potere. I suoi ferventi appelli per «i diritti storici del popolo di Israele sulla totalità della sua patria ancestrale, compresa la Cisgiordania»[77] hanno pochissima risonanza tra i suoi compatrioti. Ma piú che l'opposizione revisionista, è la rivalità interna al *Mapai* a provocare, nel 1963, le dimissioni dell'ultrasettantenne Ben Gurion in favore di Levi Eshkol, ministro laburista delle Finanze dal 1952. È la fine di un'epoca: Ben Gurion guidava infatti il governo israeliano dal 1948, con il solo intermezzo dell'esecutivo Sharett nel biennio 1954-55.

Come il suo illustre predecessore, Eshkol ricopre sia il ruolo di primo ministro sia quello di ministro della Difesa. Accorda tuttavia un'autonomia senza precedenti allo stato maggiore, comandato dal generale Yitzhak Rabin. Ed è con lui che negozia con successo gli aiuti militari degli Stati Uniti, che mettono fine alla neutralità sino ad allora rivendicata da Washington. Nel luglio del 1964 Eshkol autorizza anche il rimpatrio della salma di Žabotinskij dagli Stati Uniti, dove riposava dal 1940, un gesto simbolico di riconciliazione cui Ben Gurion si era costantemente opposto. Il feretro del leader revisionista, trasportato tra gli altri da Begin, viene sepolto tra i «Grandi della nazione» sul monte Herzl di Gerusalemme, in presenza del presidente israeliano e di vari ministri.

A partire da questo momento Eshkol deve fare i conti con i tentativi di sabotaggio di Ben Gurion, che sogna un ritorno al potere. Ma il primo ministro mantiene abilmente il controllo del *Mapai*, ancora una volta grande vincitore delle elezioni del gennaio del 1966, mentre Ben Gurion, a capo di una frazione laburista, passa all'opposizione. La coalizione di governo continua a includere i sionisti religiosi del *Mafdal*, cui assegna un'altra volta i ministeri dell'Interno e degli Affari sociali. Eshkol decide inoltre di porre fine al regime militare che regna nelle zone arabe di Israele fin dall'indipendenza. La legge marziale viene sospesa e con essa le restrizioni degli spostamenti, mentre la polizia assume le stesse competenze che nel resto del paese.

Le sempre maggiori tensioni della primavera del 1967 suscitano un nervosismo crescente tra i generali israeliani, che esortano Eshkol a lanciare un attacco preventivo contro Nasser. Il 30 maggio l'accordo che pone l'esercito giordano sotto comando egiziano fa precipitare la situazione. Il 1° giugno Eshkol forma un governo di unità nazionale in cui Dayan, il capo di stato maggiore della campagna vittoriosa del 1956, viene nominato ministro della Difesa. Anche Begin e un rappresentante di Ben Gurion fanno il loro ingresso nell'esecutivo come ministri senza portafoglio. Il 5 giugno Israele lancia l'offensiva lampo della Guerra dei sei giorni, che si conclude con l'occupazione di Gerusalemme Est, della Cisgiordania e di Gaza, oltre che della penisola egiziana del Sinai e delle alture siriane del Golan.

Le ombre di un trionfo.

Piú del primo ministro Eshkol o del capo di stato maggiore Rabin, è Dayan ad accaparrarsi gran parte degli onori di questa impresa militare. Ma è ancora Dayan a impedire ai fanatici dell'esercito, guidati dal rabbino militare Shlomo Goren, di far esplodere la Cupola della Roccia per rimpiazzarla con il Terzo Tempio[78]. In compenso l'11 giugno 1967 il quartiere maghrebino di Gerusalemme, che si estende ai piedi del Muro del Pianto, viene distrutto nel giro di poche ore[79]. Lo status quo sui luoghi santi, decretato un secolo prima dall'impero ottomano*, viene quindi completato da un nuovo status quo, questa volta imposto dall'occupazione israeliana, secondo cui gli ebrei pregano davanti al Muro del Pianto (*Kotel*) mentre la Spianata delle Moschee è riservata ai musulmani. Con il pretesto dell'unificazione «amministrativa» della municipalità di Gerusalemme, questa stessa logica del fatto compiuto sfocia in quella che è a tutti gli effetti l'annessione del settore orientale della Città Santa, fino ad allora sotto sovranità giordana.

Dayan ordina quindi di cancellare i segni visibili della «linea verde», come viene comunemente chiamata la linea armistiziale israelo-araba del 1949. È convinto che facilitare la circolazione dei palestinesi fuori dai territori da poco occupati dissolverà il loro nazionalismo nel mercato del lavoro israeliano, che d'altra parte ha un disperato bisogno di manodopera a basso costo. Sebbene la cancellazione della linea verde non abbia mire annessionistiche al di fuori di Gerusalemme Est, non può che incoraggiare i fautori dell'estensione del territorio israeliano a tutta *Eretz Israel*. Nel settembre del 1967 il primo ministro autorizza una delegazione guidata dal rabbino Hanan Porat a «tornare» a Kfar Etzion, un kibbutz caduto nel 1948 alla vigilia della proclamazione di Israele[80]. Porat, che all'epoca aveva solo quattro anni, aspira a ricostruire il Blocco di Sion (*Gush Etzion*), di cui l'ex colonia, a sud di Betlemme, era il centro.

Nell'aprile del 1968 è il rabbino Moshe Levinger a soggiornare in un hotel del centro di Hebron con il pretesto di festeggiare la Pasqua ebraica. Ma Levinger e il suo gruppo stabiliscono lí la loro sede, con l'obiettivo ormai dichiarato di restaurare il quartiere ebraico che esisteva nella città fino alle rivolte del 1929. Sono in effetti seguaci del rabbino Zvi Yehuda Kook, che vede un disegno divino nel ripristino dei confini biblici di *Eretz Israel* del 1967 e il cui padre vedeva uno «strumento di Dio» nel governo britannico al momento della dichiarazione Balfour del 1917**. Per il rabbino Kook i palestinesi sono «stranieri che

* Cfr. pp. 29-30.
** Cfr. pp. 77-78.

vivono sulle nostre terre», e nel 1967 la Cisgiordania e la Striscia di Gaza sono state «liberate»[81]. Per quanto ultraminoritari, questi fanatici sfruttano le rivalità presenti nel governo per imporre il loro fatto compiuto.

Consacrato dal suo trionfo della Guerra dei sei giorni, Dayan è ormai l'uomo piú popolare di Israele. Ma la vecchia guardia laburista gli preferisce Allon, un suo ex commilitone nelle Special Night Squads. Nel luglio del 1968 Allon diventa il vice primo ministro di Eshkol, scavalcando Dayan nell'ordine protocollare. Laddove il ministro della Difesa è favorevole a una semplice occupazione, Allon vanta «gli atti di colonizzazione» come «una delle armi del nostro movimento di rinascita nazionale»[82]. Nel mese di dicembre fa approvare il progetto di una colonia ebraica che domini Hebron come Nazareth Illit (Nazareth alta) era stata fondata nel 1956 per dominare la città araba piú popolata di Galilea. Quella che diventerà Kiryat Arba dovrebbe servire a distogliere i coloni dall'insediamento nel centro di Hebron.

Alla morte di Eshkol, stroncato da un infarto nel febbraio del 1969, il Partito laburista, diviso tra i sostenitori di Dayan e quelli di Allon, nomina primo ministro Golda Meir, che aveva diretto la diplomazia israeliana dal 1956 al 1966. Nello stesso momento Yasser Arafat e i suoi *feddayin* prendono il controllo dell'Olp, trasformando questo strumento della diplomazia egiziana in un movimento di resistenza di stampo terzomondista. Interrogata sul tema nel giugno del 1969, Golda Meir afferma che «i palestinesi non sono mai esistiti» perché «non è che in Palestina ci fosse un popolo palestinese che si considerava come un popolo palestinese e noi siamo arrivati, l'abbiamo cacciato e abbiamo preso il suo paese. Non esisteva»[83]. Mai prima della «Lady di ferro» israeliana la negazione del nazionalismo palestinese era stata espressa in modo tanto esplicito. Golda Meir, perfettamente anglofona, ribadirà la sua convinzione ai media americani: «Non esiste un popolo palestinese distinto»[84] e «non c'è mai stata una nazione palestinese»[85].

Eppure nello stesso momento l'esercito israeliano affronta una guerriglia palestinese a bassa intensità nella Striscia di Gaza. I *feddayin* dispongono di una solida base locale, che permette loro di compensare il limitato sostegno di Arafat, concentrato sul radicamento dell'Olp in Libano e in Giordania*, e l'assenza di una base di supporto araba, bloccata dall'occupazione della penisola egiziana del Sinai. Nel gennaio del 1971 Dayan dà carta bianca a Sharon, che già vent'anni prima si era reso responsabile di sanguinose incursioni in questo territorio. L'ambizioso generale non si accontenta di eliminare un centinaio di «terroristi» nel giro di pochi mesi, ma trasferisce anche decine di migliaia di civili, alcuni dei quali vengono espulsi in Egitto, per tracciare con i bulldozer gli assi di penetrazione dei carri armati israeliani nei campi profughi[86]. La brutalità di questi metodi seda l'insurrezione, senza tuttavia riuscire a soffocarla del tutto.

Nell'ottobre del 1973 l'offensiva congiunta dell'Egitto di Anwar al-Sadat e della Siria di Hafiz al-Assad coglie di sorpresa l'esercito israeliano, la cui controffensiva è resa ancora piú forte dal sostegno di un ponte aereo americano. Golda Meir non si rimetterà mai da questo conflitto, passato alla storia come la guerra di Yom Kippur. Nel giugno del 1974 cede la guida del governo a Rabin, il capo di stato maggiore della Guerra dei sei giorni, che nomina Shimon Peres ministro della Difesa. Il nuovo primo ministro non fa in tempo a formare l'esecutivo che subito si trova a dover gestire un tentativo di instaurazione di una colonia selvaggia a sud di Nablus. L'iniziativa proviene dal Blocco dei fedeli (*Gush Emunim*) che, sotto l'autorità spirituale del rabbino Kook, riunisce i coloni già impegnati nel Blocco di Sion, intorno a Porat, e a Hebron, con Levinger. Sharon, appena assegnato alla riserva, si unisce ai coloni, ben presto dispersi, mentre Rabin rifiuta di «piegare lo stato» a «tutti i capricci di poche decine di persone»[87].

Se è vero che i coloni restano ultraminoritari, possono ancora una volta far leva sulle divisioni interne ai laburisti, puntando sull'aspirazione di Peres a soppiantare Rabin come avevano scommesso su quella di Allon a scavalcare Dayan. Nell'aprile del 1975 il ministro della Difesa lascia che il Blocco dei fedeli fondi a nord di Ramallah la colonia di Ofra, che prende il nome da una città trasferita dal regno di Samaria a quello di Giudea nel 145 a.C. Per i messianici un simile fatto compiuto non è altro che la traduzione concreta dell'appellazione «Giudea-Samaria»,

* Cfr. pp. 222-23.

come chiamano ormai la Cisgiordania occupata. Pochi mesi dopo i coloni si insediano a Sebastia, non lontano da Nablus, sul sito stesso di Samaria, l'omonima capitale del regno ebraico. Una volta tollerato l'atto di forza, Rabin esita di fronte alla prospettiva di mobilitare migliaia di soldati per sloggiare i coloni.

Il problema è che il primo ministro sa che la sua maggioranza parlamentare è alla mercé dei sionisti religiosi del *Mafdal*, sempre piú sensibili alla retorica biblica dei coloni. Rabin ha anche preso Sharon come consigliere militare, nella speranza di neutralizzare questo fervido eroe di Gaza e soprattutto della guerra di Yom Kippur. La condiscendenza di Sharon rafforza quella di Peres, per il quale il Blocco dei fedeli è composto da «buoni cittadini e buoni coloni»[88]. Rabin ritiene invece che questo gruppo «minacci la democrazia nello Stato di Israele»[89], cosa che non gli impedisce di piegarsi alle sue richieste. Agli occhi di Chaim Zadok, il ministro della Giustizia, la vicenda è l'equivalente della crisi dell'*Altalena*, con la sostanziale differenza che Rabin – che nel 1948 aveva osato aprire il fuoco per vincere la sfida del revisionismo[90] – indietreggia questa volta di fronte agli estremisti.

Il parallelo con l'*Altalena* è reso ancora piú calzante dal fatto che nel giugno nel 1975 Rabin accetta di consegnare venti *feddayin* palestinesi all'Egitto in cambio delle salme dei due assassini di Lord Moyne. Questi militanti del *Lehi*, giustiziati nel 1945 dalle autorità britanniche, erano infatti sepolti al Cairo. Ben Gurion non aveva avuto parole abbastanza dure per condannare quelle «bande di malviventi» di cui bisognava «estirpare [il] flagello»[91]. Era arrivato persino a offrire alla polizia britannica la collaborazione dell'*Haganah* per dare la caccia al *Lehi*. Trent'anni dopo, i feretri dei due terroristi vengono sepolti nel Sinai con gli onori militari. Shamir, uno degli ex leader militari del *Lehi*, assiste alla cerimonia in qualità di deputato del partito di Begin, al quale ha aderito sei anni prima dopo un decennio all'interno del Mossad.

Tuttavia non è l'ammissione di debolezza di Rabin di fronte ai coloni a segnare le sorti del suo governo, bensí la rivelazione che possiede alcune migliaia di dollari su un conto statunitense. Il primo ministro, che aveva aperto il conto quando era ambasciatore a Washington, avrebbe dovuto chiuderlo al suo ritorno in Israele. Nell'aprile del 1977 decide quindi di rassegnare le dimissioni. Un misto di orgoglio e di integrità gli impedisce infatti di invocare la buona fede per questo reato tutto sommato minore. Nominato primo ministro ad interim, Peres crede che sia arrivato il suo momento, ma non tiene conto del fatto che la destra revisionista, in progressione costante nelle ultime elezioni, ha finalmente la possibilità di mettere fine a tre decenni di egemonia laburista.

La rivincita del revisionismo.

Nel 1973 Begin ha integrato il suo partito revisionista, l'*Herut*, in uno schieramento conservatore piú largo, il *Likud* (Consolidamento). Alle elezioni parlamentari del maggio del 1977 il *Likud* si aggiudica 43 dei 120 seggi della Knesset, contro i 32 dei laburisti di Peres. Come se non bastasse i sionisti religiosi del *Mafdal* rompono l'alleanza storica con i laburisti per offrire i loro 12 seggi al *Likud*, cui si aggiungono i 4 seggi degli ultraortodossi di *Agudat Yisrael*. Begin, per quanto non meno ashkenazita di Peres, ha beneficiato della mobilitazione populista dell'elettorato sefardita contro l'«élite» laburista, per la stragrande maggioranza originaria dell'Europa orientale. Ha inoltre goduto del sostegno di Dayan, ricompensato con il ministero degli Esteri, e di Sharon che, nominato ministro dell'Agricoltura, mette la sua amministrazione al servizio dei coloni. In linea generale il Blocco dei fedeli viene incoraggiato, talvolta con il concorso dell'esercito, a moltiplicare i «fatti compiuti» nei territori occupati.

Se è vero che l'ex leader dell'*Irgun* ha abbandonato le rivendicazioni revisioniste sulla sponda orientale del Giordano, rimane fermo sul suo rifiuto di qualsiasi concessione territoriale in *Eretz Israel*. Fin dalla sua prima visita ufficiale negli Stati Uniti, nel luglio del 1977, sa di poter contare piú sui sionisti cristiani, determinati a sconfiggere il presidente Carter*, che sulle comunità ebraiche, abituate a trattare con i leader laburisti con cui da tempo condividono numerose affinità. Al suo ritorno da Washington il primo ministro israeliano rende le-

* Cfr. p. 47.

gali gli insediamenti fino ad allora semplicemente tollerati in Cisgiordania, mentre la diplomazia americana li denuncia come «ostacoli alla pace»[92]. Non si discosta da questa linea dura nemmeno quando, nel novembre del 1977, Sadat prende l'audace iniziativa di invocare la pace davanti alla Knesset. Laddove nel suo discorso il presidente egiziano nomina i palestinesi e i loro diritti una dozzina di volte, Begin menziona gli «arabi di *Eretz Israel*» una sola volta[93].

Carter ritiene che ci siano comunque i presupposti per avviare, sotto la sua egida, un negoziato tra Israele ed Egitto. Arafat dà sfoggio della sua capacità di disturbo ordinando, nel marzo del 1978, un'infiltrazione dei *feddayin* in Israele che termina in un bagno di sangue, causando la morte di trentotto civili, di cui dodici bambini. Begin vi vede la conferma che uno «stato palestinese sarebbe un pericolo mortale per la nostra nazione e il nostro popolo»[94], arrivando persino ad accusare l'Olp di avere «l'obiettivo di assassinare quello che resta dei sopravvissuti della Shoah»[95]. Lancia quindi le truppe israeliane all'assalto del Sud del Libano, facendo al contempo bombardare le posizioni palestinesi a Beirut. Il bilancio delle vittime di una settimana di combattimenti in Libano è pari a un migliaio di civili contro una ventina di soldati israeliani e alcune decine di *feddayin* palestinesi[96]. Carter ottiene il ritiro di *Tzahal* dal Libano ancora piú in fretta di quanto nel 1957 Eisenhower avesse ottenuto il ritiro israeliano dal Sinai e da Gaza. Il presidente americano intende preservare a tutti i costi la possibilità di un processo di pace israelo-egiziano, da cui l'Olp si sarebbe autoesclusa attraverso il suo attivismo terroristico.

Nel settembre del 1978 Carter invita Begin e Sadat a Camp David per un vertice di tredici giorni che sancisce in tutto e per tutto il principio dello scambio tra terra (araba) e pace (con Israele), ma unicamente tra Israele e l'Egitto. Begin, negoziatore tanto inflessibile quanto efficace, acconsente infatti al ritiro israeliano dal Sinai e allo smantellamento delle colonie del Nordest di questa penisola, solo a patto di poter proseguire l'occupazione e la colonizzazione nei territori palestinesi. Concede esclusivamente il principio di un'autonomia locale degli abitanti (*self-governing autonomy*) che non metta in discussione il controllo israeliano della terra[97]. Ma la parte palestinese degli accordi di Camp David rimane lettera morta, a causa del rifiuto della Giordania di partecipare. Al termine delle trattative non resta quindi che un trattato di pace israelo-egiziano aspramente negoziato fino all'ultima riga, che viene firmato a Washington nel marzo del 1979.

Begin ritiene di aver raggiunto il limite delle concessioni permesse dalla sua ideologia revisionista e rifiuta la benché minima apertura sulla questione palestinese. Nell'ottobre del 1979 questo irrigidimento spinge Dayan a rassegnare le dimissioni. Il ministero degli Esteri viene affidato a Shamir, che pure si è astenuto durante il voto sul trattato di pace con l'Egitto. Al termine delle elezioni parlamentari del giugno del 1981, Begin allarga la sua maggioranza di governo al partito di estrema destra *Tehiya* (Rinnovamento), molto legato al Blocco dei fedeli e categoricamente contrario agli accordi di Camp David. La polarizzazione comunitaria si accentua, con piú di due terzi dei sefarditi che votano in favore del *Likud* e piú di due terzi degli ashkenaziti che votano in favore dei laburisti[98]. Nel luglio del 1981, subito dopo la nomina di Sharon a ministro della Difesa, due settimane di combattimenti con l'Olp in Libano causano la morte di piú di 450 palestinesi e libanesi a fronte di 6 israeliani[99]. Viene raggiunto un cessate il fuoco sotto l'egida degli Stati Uniti di Ronald Reagan, che tuttavia si astengono da qualsiasi contatto diretto con l'Olp, trattando attraverso il governo libanese.

Nell'aprile del 1982, conformemente agli accordi di Camp David, la fase finale del ritiro israeliano dal Sinai è accompagnata dallo smantellamento della colonia di Yamit, la piú importante nel territorio egiziano. Nel Blocco dei fedeli questa evacuazione dell'esercito israeliano è vissuta come un trauma. Begin e Sharon esaltano la ritirata inflitta ai coloni davanti a Reagan e alla sua amministrazione. Nel giugno del 1982, ormai rassicurati dalla neutralizzazione del principale esercito arabo – quello egiziano –, hanno finalmente mano libera per invadere il Libano, nell'ottica non solo di annientare l'Olp, ma anche di imporre un governo ben disposto a concludere un accordo di pace, se non addirittura di alleanza, con Israele. Ma Arafat resta saldo nella sua roccaforte assediata di Beirut Ovest, sfuggendo ai molteplici tentativi di Sharon di eliminarlo[100]. Alla fine di agosto la Francia e gli Stati Uniti soprintendono all'evacuazione del leader dell'Olp e di migliaia dei suoi combattenti[101], a seguito della quale Arafat e il suo stato maggiore si stabiliscono in Tunisia. Il bilancio di tre mesi di ostilità in Libano è stimato in piú o meno 20 000 vittime, per la stragrande maggioranza civili.

Eletto alla presidenza del Libano nell'agosto del 1982, Beshir Gemayel è un alleato di lunga data di Israele. Nel settembre dello stesso anno muore in un attentato ordito – come si apprenderà molto tempo dopo – da Damasco. Per il momento l'esercito israeliano occupa Beirut Ovest in violazione degli impegni presi con Washington e Parigi, affiancato dalle milizie cristiane che gli sono affiliate. E sono proprio questi miliziani a compiere una strage nei campi palestinesi di Sabra e Shatila, in cui muoiono tra gli 800 e i 3000 civili a seconda delle fonti. La scoperta di questo massacro sconvolge l'opinione pubblica internazionale e suscita massicce proteste nello stesso Israele. Begin replica che «dei cristiani assassinano dei musulmani e i non ebrei (*goyim*) accusano gli ebrei»[102]. Ma il suo governo è costretto a istituire una commissione d'inchiesta capitanata dal presidente della Corte suprema. Le conclusioni, pubblicate nel febbraio del 1983, escludono qualsiasi responsabilità diretta di Israele, pur sottolineando la responsabilità personale di Sharon e del suo capo di stato maggiore, il generale Rafael Eitan. Nello stesso periodo un estremista di destra lancia una granata contro la folla durante una manifestazione pacifista a Gerusalemme, uccidendo il professor Emil Grunzweig, figlio di una sopravvissuta ad Auschwitz.

Sharon è costretto a dimettersi dal ministero della Difesa, anche se resta nel governo senza portafoglio. Eitan lascia l'esercito per unirsi al partito *Tehiya*, dove, grazie alle dichiarazioni sui palestinesi della Cisgiordania, paragonati a «scarafaggi drogati in fondo a una bottiglia»[103], diventa subito popolare. Stremato da questa crisi, nell'agosto del 1983 Begin rassegna le dimissioni, lasciando la guida del governo a Shamir, che subisce le pressioni di Sharon all'interno dello stesso *Likud*. Tuttavia la destra revisionista può ritenersi soddisfatta dell'annessione strisciante della Cisgiordania, dove durante i suoi sei anni al potere è sorto un centinaio di colonie, pari al quintuplo di quelle create nel precedente decennio di governi laburisti[104]. Ma le elezioni del luglio del 1984 sono segnate dall'avanzata dell'estrema destra, con 5 seggi per il *Tehiya* e l'ingresso in parlamento del rabbino Meir Kahane, il cui programma apertamente razzista prevede non solo la limitazione dei diritti degli arabi israeliani, ma anche la criminalizzazione dei rapporti sessuali tra ebrei e arabi[105]. Il campo religioso conquista 13 seggi, di cui 4 per lo *Shas*, una frazione sefardita di *Agudat Yisrael*.

Sebbene abbiano ottenuto 45 seggi contro i 41 del *Likud*, i laburisti non riescono a formare una maggioranza di governo. Ma Peres è pronto a tutto pur di diventare primo ministro e conclude con Shamir un accordo di unità nazionale a «rotazione» (*rotatzia*) di una durata di 50 mesi. Per i primi 25 mesi Peres sarà quindi primo ministro e Shamir ministro degli Esteri, dopodiché i due leader si invertiranno i ruoli per un periodo equivalente. Quanto a Rabin, ottiene il ministero della Difesa per tutta la durata di questo accordo di opportunità, che sancisce la rivincita revisionista diluendo la specificità laburista in un consenso securitario fortemente influenzato dal *Likud*.

Nell'aprile del 1984 le autorità israeliane annunciano lo smantellamento di un'«organizzazione terroristica ebraica» che negli ultimi cinque anni si è resa responsabile di una serie di sanguinosi attentati contro i civili palestinesi, nonché di un piano per far esplodere la Cupola della Roccia, ancora una volta nell'ottica di edificare il Terzo Tempio. Uno dei venticinque accusati dichiara di essersi ispirato a «Shamir, Begin e i loro compagni, che hanno difeso il loro popolo e la loro patria negli anni Trenta e Quaranta»[106]. Il processo rivela l'ampiezza delle complicità di questi terroristi all'interno delle colonie, in particolare a Hebron. Le sentenze, pronunciate nel luglio del 1985, sono tuttavia relativamente clementi, tranne che per i tre accusati di omicidio premeditato, che vengono condannati all'ergastolo. Un anno dopo il verdetto, solo sette condannati restano ancora in carcere. Nel luglio del 1987 il primo ministro Shamir si esprime invano in favore della loro grazia. Ma l'ergastolo è commutato in una condanna a dieci anni, che permette il rilascio anticipato degli ultimi «terroristi ebrei» ancora detenuti.

Ovviamente questa tolleranza nei confronti dei coloni piú estremisti non si applica all'Olp e ai suoi militanti. Nell'ottobre del 1985 l'aviazione israeliana bombarda la sede della leadership palestinese nella periferia di Tunisi, uccidendo 73 persone di cui 12 tunisini. Arafat, il vero bersaglio di questo raid senza precedenti, ne esce indenne, ma il colpo inflitto alla Tunisia, che pure è stato il primo paese arabo ad aver sostenuto i negoziati con Israele nel 1965*, è molto duro. Nell'agosto del 1986 la Knesset approva una legge che punisce qualsiasi contatto con l'Olp con una pena che può arrivare fino a tre anni di reclusione. Nel dicembre del 1987 l'*intifada*, vale a dire l'«insurrezione» della popolazione palestinese dei territori occupati da vent'anni, è repressa nel sangue, nonostante il rifiuto di intraprendere la lotta armata da parte dei partecipanti a questa «rivoluzione delle pietre». Rabin non esita ad applicare una politica del «pugno di ferro», che mescola spari sulla folla, sanzioni collettive e migliaia di arresti. Nell'aprile del 1988 Abu Jihad, il numero due dell'Olp, è ucciso da un commando israeliano sbarcato a nord di Tunisi. Questo assassinio riaccende la rivolta palestinese.

Al momento delle elezioni israeliane del novembre del 1988, il bilancio della repressione dell'*intifada* ha già raggiunto le 430 vittime palestinesi, di cui 277 per arma da fuoco, una parte delle quali uccise dai coloni[107]. Con i suoi 40 eletti il *Likud* supera i laburisti di un seggio, mentre i partiti religiosi ottengono 18 deputati e l'estrema destra 7 (una modifica della legge elettorale ha proibito a Kahane di ripresentarsi a causa del suo dichiarato «razzismo»). Israele si ritrova un'altra volta in un'impasse politica, con il peso equivalente dei due partiti principali e la frammentazione delle altre formazioni. Di lí a poco ad Algeri il Consiglio nazionale palestinese, vale a dire il parlamento dell'Olp, approva per 253 voti contro 46 la Risoluzione 242 del Consiglio di sicurezza dell'Onu, rinunciando a «qualsiasi azione armata al di fuori dei territori occupati e contro persone innocenti». Proclama inoltre lo Stato di Palestina sulla base di un «regime parlamentare democratico» e nell'ambito di una «costituzione che garantisce il primato della legge e l'indipendenza della giustizia»[108].

La Casa Bianca, dove il presidente Reagan sta preparando la transizione con George H. Bush, chiede ad Arafat ulteriori chiarimenti, e dopo averli ottenuti, nel dicembre del 1988, decide di aprire un dialogo con l'Olp. Sebbene la maggior parte dell'opinione pubblica israeliana sia favorevole a questo dialo-

* Cfr. p. 219.

go[109], i laburisti aderiscono a un nuovo governo di unità nazionale, ma questa volta chiaramente guidato da Shamir. Il leader del *Likud* si limita a proporre, nell'aprile del 1989, elezioni «libere e democratiche» in Cisgiordania e a Gaza che portino a una fase di autonomia provvisoria, prima di un dibattito su uno «status definitivo» che in ogni caso escluda qualsiasi prospettiva nazionale. Questo piano Shamir si ispira chiaramente alla parte palestinese degli accordi israelo-egiziani di Camp David, rimasto lettera morta nel 1979. Il mese successivo Arafat, invitato a Parigi dal presidente François Mitterrand, annuncia che lo statuto dell'Olp, che promuove la distruzione di Israele, è «obsoleto». Shamir deplora la «visita del capo delle organizzazioni di assassini in Francia» e il ministero degli Esteri israeliano arriva persino a rifiutare il verbale dei colloqui franco-palestinesi[110].

Sebbene il dialogo tra gli Stati Uniti e l'Olp non vada oltre il livello dell'ambasciatore americano a Tunisi, l'amministrazione Bush si sforza di avviare negoziati israelo-palestinesi sul principio «terra in cambio di pace», già alla base del trattato israelo-egiziano di Camp David. In un contesto di prosecuzione dell'*intifada* e della relativa repressione, Shamir vi si oppone ferocemente. Nel marzo del 1990 i laburisti, sempre piú preoccupati da questa paralisi, presentano una mozione di sfiducia che provoca la caduta del governo di unità nazionale per la prima volta nella storia di Israele. Ma la manovra si ritorce contro di loro: dopo lunghe settimane di trattative, Shamir forma infatti un nuovo governo in cui la maggioranza dei ministri si era opposta agli accordi di Camp David nel 1979 e aveva sostenuto la guerra del Libano nel 1982. Eitan, il capo di stato maggiore coinvolto nei massacri di Sabra e Shatila, viene nominato ministro dell'Agricoltura, una posizione chiave per il sostegno ai coloni. Non solo il partito di estrema destra *Tehiya* fa il suo ingresso nel governo, ma vi ritrova Rehavam Zeevi, un ex capo militare della Cisgiordania favorevole al «trasferimento» – vale a dire all'espulsione – della popolazione palestinese dai territori occupati.

La formazione di questo governo Shamir coincide con la sospensione, nel giugno del 1990, del dialogo tra gli Stati Uniti e l'Olp. Il bilancio dei sei anni di collaborazione con i laburisti si rivela molto favorevole per il leader del *Likud*. Non solo tra il

1985 e il 1990 il numero di coloni è passato da 46 000 a 81 000, ma il giogo dell'«unità nazionale» ha impedito al governo di rispondere alle aperture palestinesi, nonostante il favore dell'opinione pubblica israeliana. La partnership bipartisan ha inoltre favorito l'oltranzismo dell'estrema destra, mentre i partiti progressisti vengono ormai sempre piú identificati con la minoranza araba. Shamir ha cosí mano libera per difendere la sua visione dell'«autonomia» degli abitanti – e non dei territori – della Cisgiordania e di Gaza. Sebbene nell'ottobre del 1991, dopo un lungo braccio di ferro con l'amministrazione Bush, accetti di partecipare alla Conferenza di pace di Madrid, impone condizioni intransigenti e punitive alla rappresentanza palestinese, che viene fusa nella delegazione giordana e separata dall'Olp*.

Durante il suo discorso a Madrid, Shamir celebra il «legame indissolubile» del popolo ebraico «con la Terra d'Israele da ormai quasi quattromila anni». Peraltro evoca i palestinesi solo tre volte, una in relazione al «terrorismo palestinese» e due agli «arabi palestinesi» cui viene offerta l'autonomia. Afferma che «centinaia di migliaia di arabi che vivevano nella Palestina mandataria sono stati incoraggiati dai loro leader a lasciare le loro case», mentre nei paesi arabi «un'ondata di oppressioni, espropri ed espulsioni ha provocato l'esodo di massa di circa 800 000 ebrei»[111]. Shamir nega la natura territoriale del conflitto israelo-arabo, che attribuisce esclusivamente al rifiuto arabo di accettare l'esistenza stessa di Israele. Per essere accompagnato a Madrid non ha scelto il ministro degli Esteri, bensí il suo vice, Binyamin Netanyahu, che moltiplica le conferenze stampa sull'«ostilità fondamentale» delle delegazioni arabe nei confronti di Israele[112].

La Conferenza di Madrid si conclude in capo a due giorni senza alcun risultato concreto, prima che vengano aperte trattative bilaterali, sotto l'egida degli Stati Uniti, tra Israele e ognuna delle delegazioni arabe. Questi negoziati non tardano ad arenarsi, sebbene il mediatore americano abbia dovuto arrendersi all'evidenza e separare i fascicoli giordano e palestinese del dialogo con Israele. In ogni caso piú che il processo di pace, la priorità di Shamir è l'ondata di immigrazione di ebrei sovietici che ha

* Cfr. p. 53.

investito Israele durante gli ultimi due anni di vita dell'Urss, con 185 000 arrivi nel 1990 e 148 000 nel 1991. Sharon, allora ministro degli Alloggi e dell'Edilizia, si dedica con la stessa energia tanto ad accogliere i suoi nuovi compatrioti quanto a espandere la colonizzazione.

I coloni ritengono che, grazie al sostegno di Sharon, «non c'è collina su cui non siamo saliti»[113]. Il fatto che le «colline» della Cisgiordania siano essenziali per il dominio sulla popolazione palestinese che vive alle loro pendici rende l'elogio ancora piú sentito. Non è un caso che nel gennaio del 1992 Shamir lanci la sua campagna elettorale da una colonia ultraortodossa, proclamando che «le colonie ebraiche come la vostra sono permanenti, per non dire eterne»[114]. È proprio questo radicalismo a permettere a Shamir di vincere le primarie del *Likud* contro Sharon. All'interno del partito laburista, è Rabin a imporsi su Peres grazie alla sua fama, rassicurante ma marziale, di «Mister Sicurezza»[115]. Mettendo di fronte Shamir e Rabin, le elezioni parlamentari del giugno del 1992 oppongono chiaramente due distinte visioni di Israele e del suo futuro, in un contesto di crisi economica aggravata dalle tensioni con gli Stati Uniti e dalla prosecuzione dell'*intifada*.

Il primo intermezzo.

Con 44 seggi contro 32, la vittoria dei laburisti sul *Likud* è clamorosa. Shamir si ritira dalla vita politica lasciando la guida del suo partito a Netanyahu, l'ambizioso esponente della nuova leva conservatrice. Quanto a Rabin, sarebbe in grado di formare una maggioranza con i 12 eletti del *Meretz* (Energia), allo stesso tempo pacifisti e progressisti, e i 5 deputati arabi, ma preferisce governare con una «maggioranza ebraica» e decide di allearsi agli ultraortodossi sefarditi dello *Shas*, forti dei loro 6 deputati. Rabin propone ad Aryeh Deri, il leader dello *Shas*, di conservare il ministero dell'Interno, che già deteneva nei precedenti governi Shamir. L'esecutivo formato intorno a questi tre partiti (laburisti, *Meretz* e *Shas*) risulta molto piú coerente delle coalizioni precedenti, con una maggioranza parlamentare di 62 eletti, che può salire a 67 con il rinforzo dei deputati arabi.

Se pubblicamente continua a porsi nella prospettiva di un'autonomia palestinese, Rabin non esclude piú alcune concessioni territoriali, tranne che nella valle del Giordano. Teme infatti che la mediazione americana si areni, soprattutto dopo l'elezione, nel novembre del 1992, di Bill Clinton, il cui disinteresse per le questioni internazionali è notorio. Il primo ministro israeliano decide quindi di procedere in due tempi: nel dicembre del 1992 sferra un duro attacco contro gli islamisti palestinesi espellendone 415 da Gaza e dalla Cisgiordania verso il Libano nonostante le condanne internazionali, anche da parte di Washington, mentre nel gennaio del 1993 ottiene l'abrogazione della legge del 1986 che criminalizzava i contatti con l'Olp, consentendo l'apertura di un canale di dialogo segreto con la leadership palestinese in Norvegia.

Rabin sostiene che Israele debba negoziare come se non ci fosse il terrorismo, ma anche combattere il terrorismo come se non ci fossero i negoziati. All'epoca nelle carceri israeliane si contano 12 000 detenuti palestinesi, mentre la circolazione tra il Nord della Cisgiordania, intorno a Jenin, e il Sud, intorno a Hebron, è praticamente proibita, cosí come l'accesso a Gerusalemme Est e a Gaza[116]. L'opinione pubblica israeliana è sempre piú favorevole a un ritiro da Gaza, a patto che venga negoziato con una forza palestinese che impedisca la nascita di un'enclave terroristica. La mediazione norvegese fa sí che in questa fase Arafat accetti di limitare la futura autonomia alla Striscia di Gaza e a Gerico. Avendo fretta di concludere, il leader dell'Olp non chiede a Israele alcun impegno sulla colonizzazione. Gli accordi di Oslo saranno due: uno sul riconoscimento reciproco tra Israele e l'Olp e l'altro sull'instaurazione di un'«Autorità palestinese» sui territori evacuati da Israele per un periodo di transizione di cinque anni, al termine del quale verranno affrontate le questioni di Gerusalemme, dei confini, delle colonie e dei rifugiati.

Il 30 agosto 1993 il governo israeliano approva gli accordi di Oslo, che Rabin difende davanti alla Knesset sottolineando l'assenza di qualsiasi concessione su Gerusalemme, sulla colonizzazione e sulla sicurezza, che rimangono sotto il controllo di Israele. Ciò non impedisce a Netanyahu di paragonarli alla capitolazione delle democrazie europee di fronte a Hitler alla Conferenza di Monaco del 1938[117]. Il 13 settembre 1993 Rabin e Arafat firmano questi accordi a Washington, in presenza di Bill Clinton. Una volta scemata l'euforia, iniziano dure e complesse trattative sull'attuazione del ritiro di Israele da Gaza e Gerico, in cui la leadership dell'Olp in esilio rivela la portata della sua ignoranza in merito alla realtà sul campo. Il 25 febbraio 1994 un seguace del rabbino Kahane massacra 29 palestinesi prima di essere linciato nella moschea della Tomba dei patriarchi a Hebron, luogo di culto condiviso da ebrei e musulmani. L'assassino viene assurto a «martire» dalla frazione piú dura dei coloni, ma considerato un «lupo solitario» dalla giustizia israeliana[118]. Anziché approfittare dello sgomento provocato da questa strage per allontanare i coloni dal centro di Hebron, Rabin resta fermo sul suo rifiuto di smantellare qualsiasi insediamento durante il periodo di transizione.

Nell'aprile del 1994 Rabin presenta alla Knesset il bilancio di sei anni e mezzo di *intifada*, stimandolo a 2156 vittime palestinesi contro 219 israeliane. Ricorda che «la dominazione permanente di un popolo straniero che non ci vuole ha un prezzo»[119]. Tuttavia il mese successivo i deputati di destra e di estrema destra lasciano il parlamento per non avallare – anche solo con la loro presenza – l'approvazione dell'accordo Gaza-Gerico sottoscritto da Rabin e Arafat al Cairo. Nel mese di luglio il ritorno del leader dell'Olp a Gaza, dove viene accolto da un'enorme folla di sostenitori, è seguito dalla firma di una dichiarazione di pace tra Israele e Giordania, perfezionata in ottobre da un trattato di pace in piena regola. Il volontarismo di Rabin sulla parte giordana deriva dal fatto che tra le due parti non sussistono dispute territoriali e che le discussioni piú difficili riguardano solo la partizione delle acque.

Le trattative con l'Olp, molto piú tese e complesse, culminano il 28 settembre 1995 negli accordi di Oslo II, firmati da Rabin e Arafat a Washington. Questo documento di quattrocento pagine trasferisce un quarto della Cisgiordania a un'amministrazione palestinese. La campagna di Netanyahu contro questi accordi è resa ancora piú agguerrita dal sostegno dei suoi alleati sionisti cristiani negli Stati Uniti*. Il 5 ottobre, dopo l'approvazione degli accordi da parte della Knesset per 61 voti

* Cfr. pp. 55-56.

contro 59, il *Likud* organizza una manifestazione a Gerusalemme in cui vengono scandite invocazioni all'omicidio di Rabin. Sconfessato dallo *Shas*, il primo ministro israeliano perde la sua «maggioranza ebraica», perché la vittoria è stata resa possibile solo grazie al voto dei deputati arabi. Rabin è dipinto come una SS o un *fida'i* dai suoi detrattori, per i quali queste due minacce esistenziali sono intercambiabili. Il 4 novembre riesce comunque a mobilitare 100 000 persone a Tel Aviv a sostegno del suo programma di pace, ma al termine della manifestazione è assassinato da un fanatico sostenitore della colonizzazione ebraica.

La morte di Rabin, che è sostituito da Peres alla guida del governo israeliano, suscita un'immensa emozione nell'opinione pubblica. Netanyahu teme di pagare cari i suoi attacchi al primo ministro assassinato, ma dopo un periodo di riserbo riprende le sue critiche implacabili contro il principio stesso delle trattative con l'Olp. Punta sulle sue doti comunicative per tentare di aggiudicarsi le prime elezioni di un capo di governo a suffragio universale diretto. E l'ondata di attentati suicidi di *Hamas* che investe Israele nel febbraio e nel marzo del 1996 favorisce la sua propaganda. Netanyahu può anche contare sull'appoggio di Sharon, che gli garantisce il sostegno sia dei partiti ultraortodossi sia della stragrande maggioranza dell'elettorato di lingua russa[120]. Dal canto suo il *Likud* integra nella sua lista elettorale tanto l'estrema destra di Eitan quanto i dissidenti sefarditi. Netanyahu fa inoltre leva sulla fibra nazionalistica dei suoi compatrioti, ponendosi come un ardente difensore degli interessi di Israele di fronte alle eventuali pressioni americane. È cosí che, nel maggio del 1996, vince le elezioni con un margine risicato. Questa consultazione segna la fine del primo intermezzo laburista e con esso del periodo piú promettente del processo di pace israelo-palestinese.

Il secondo intermezzo.

Nonostante l'elezione di Netanyahu a primo ministro, il *Likud* ottiene solo 32 seggi contro i 34 dei laburisti. La formazione di una maggioranza parlamentare risulta quindi parecchio complicata, con un cartello di sei partiti molto piú eterogenei rispetto ai tre dell'esecutivo Rabin. Ma per il nuovo primo ministro questa fragilità si rivela di enorme aiuto nel braccio di ferro con l'amministrazione Clinton. Piuttosto che abrogare gli accordi di Oslo, Netanyahu si sforza di sabotarne l'applicazione, rinegoziando tutto il rinegoziabile, per poi subordinare la loro messa in atto a ulteriori trattative sulle modalità pratiche. In ogni momento cruciale agita lo spauracchio delle defezioni parlamentari, e quindi la caduta del governo, per neutralizzare le richieste americane e rimandare il momento delle concessioni.

È cosí che l'accordo su Hebron, concluso nel gennaio del 1997, viene presentato da Netanyahu e dai mediatori americani come una grande concessione a fronte del dogma revisionista sull'integrità territoriale di *Eretz Israel*. La realtà è che Arafat, che aveva ottenuto il ritiro israeliano da tutte le altre grandi città della Cisgiordania, accetta che l'agglomerato di Hebron sia suddiviso in un settore H1, in cui 115 000 palestinesi vivranno sotto amministrazione palestinese, e un settore H2, in cui 35 000 palestinesi continueranno a subire l'occupazione israeliana a causa della presenza di meno di mille coloni. E sebbene per meglio negoziare questo accordo Netanyahu abbia evidenziato la fragilità della sua coalizione, la Knesset lo ha approvato solo grazie ai voti dei laburisti e degli arabi, mentre alcuni esponenti della destra e dell'estrema destra lo hanno respinto o si sono astenuti.

Nel febbraio del 1997, una volta firmato e ratificato l'accordo di Hebron, Netanyahu si reca a Washington per annunciare la costruzione di una nuova colonia ebraica di 6500 abitazioni, Har Homa, tra Gerusalemme e Betlemme. Si dice costretto a questo gesto dai parlamentari della sua stessa maggioranza che hanno votato contro la partizione di Hebron. Pur deplorando questo atto di forza, l'amministrazione Clinton pone il veto su una bozza di risoluzione in cui il Consiglio di sicurezza dell'Onu ribadisce l'illegalità della colonizzazione in Cisgiordania, che viene quindi respinta nonostante il voto favorevole degli altri quattordici membri. Nel mese di marzo l'avvio del cantiere di Har Homa provoca come previsto vari incidenti con i palestinesi, cui Netanyahu ingiunge di scegliere tra «il terrore e la pace»[121]. Determinato a dimostrare la sua buona volontà, Arafat autorizza trattative riservate sotto l'egida della Cia, al termine delle quali, nel mese di dicembre, i palestinesi garantiscono agli israeliani la loro piena collaborazione per prevenire e reprimere il terrorismo. Sebbene l'accordo preveda un minimo di reciprocità, Netanyahu insiste sul fatto che gli impegni palestinesi debbano essere unilaterali.

Il 1998 è dedicato a una laboriosa contrattazione sulla percentuale del territorio della Cisgiordania che dovrà essere evacuata nell'ambito dell'imminente ridispiegamento israeliano. Arafat chiede il 30 per cento, ma accetta di buon grado l'offerta del 13 per cento presentata dal mediatore americano. Ancora insoddisfatto, Netanyahu si trincera dietro la richiesta di Sharon, nel frattempo diventato ministro degli Esteri, di un ritiro pari o inferiore al 9 per cento. Negli Stati Uniti la pressione degli alleati evangelici del *Likud* è tale che l'amministrazione Clinton deve presentare i suoi «suggerimenti» con la massima neutralità, di fronte a un Netanyahu che non esita a gridare all'«ultimatum». Nel mese di ottobre il presidente americano è costretto a riunire personalmente Netanyahu e Arafat nella sua residenza di Wye River, a est di Washington, per strappare finalmente un accordo sul 13 per cento. I coloni israeliani accusano il loro primo ministro di «tradimento»[122] e spingono i loro eletti alla Knesset a presentare una mozione di sfiducia, che finisce per essere respinta grazie ai voti dei laburisti.

Lungi dal nuocere a Netanyahu, questa agitazione parlamentare lo rafforza nel suo braccio di ferro con Clinton, permettendogli, in nome della stabilità del governo, di sospendere l'applicazione dell'accordo appena concluso. Sebbene nel dicembre del 1998 il presidente americano visiti Netanyahu a Gerusalemme e Arafat a Gaza, niente sembra poter sbloccare la situazione. Anche il vertice tripartito che si tiene su sua iniziativa a Erez – il valico di frontiera israeliano all'ingresso della Striscia di Gaza – è segnato dalla sequela di accuse mosse dal primo ministro israeliano nei confronti del leader dell'Olp, cui Sharon rifiuta di stringere la mano. Poco piú tardi la Knesset vota il proprio scioglimento, sospendendo *sine die* l'applicazione del memorandum di Wye River. Nonostante il suo potere e l'impegno della Casa Bianca, la diplomazia americana ha fatto un buco nell'acqua.

Netanyahu vince le primarie del *Likud* con l'82 per cento dei voti, aggiudicandosi una solida base partitica. Ma il suo elettorato del 1996 si divide tra gli ultraortodossi, che contestano l'ebraicità degli immigrati di lingua russa, e questi ultimi, che rivendicano il proprio secolarismo. Come se non bastasse Barak, il suo rivale laburista che aveva partecipato all'assassinio di vari leader dell'Olp in Libano nel 1973 e in Tunisia nel 1988, valorizza la propria immagine di militare piú decorato della storia israeliana. Esclude pubblicamente qualsiasi divisione di Gerusalemme, qualsiasi ritorno dei rifugiati palestinesi e qualsiasi presenza militare non israeliana a ovest del Giordano. Dopo aver dichiarato, nel 1996, di sentirsi «piú vicino ai coloni che alla sinistra»[123], si pronuncia per la preservazione della «maggior parte degli insediamenti in Giudea e Samaria»[124]. Questo discorso marziale gli vale il 56,1 per cento dei voti alle elezioni del maggio del 1999, ma la frammentazione della Knesset in quindici partiti lo obbliga a formare un governo di coalizione tra sette diversi schieramenti. Dal suo canto Sharon prende il controllo del *Likud* diventando il leader dell'opposizione parlamentare.

Come Netanyahu prima di lui, Barak fa leva sulla fragilità della sua base parlamentare per rimandare l'applicazione del memorandum di Wye River. Dà inoltre la priorità alla conclusione di un accordo di pace con la Siria, da cui dipende il ritiro di Israele dal Sud del Libano, occupato dal 1982. Ma al vertice siro-americano di Ginevra del marzo del 2000 lascia Clinton solo di fronte ad Assad. Mal preparato, l'incontro fallisce a causa della pretesa del dittatore siriano di avere un accesso al lago di Tiberiade anche se Israele accetta di ritirarsi dal 99 per cento delle alture del Golan, occupate nel 1967[125]. Barak reagisce decidendo per il ritiro unilaterale delle truppe israeliane in Libano, un gesto che rafforza gli islamisti palestinesi e la loro celebrazione della «resistenza islamica» di *Hezbollah*. Questo unilateralismo fa anche il gioco di un numero sempre crescente di autorità israeliane che privilegiano il fatto compiuto securitario sui negoziati con i palestinesi.

Dopo lo schiaffo ginevrino di Assad, Clinton spera almeno di salvare il processo di pace israelo-palestinese che ha ereditato al suo ingresso alla Casa Bianca, nel 1993. Vedendo approssimarsi la fine del suo secondo mandato, l'11 luglio 2000 il presidente americano riunisce Barak e Arafat a Camp David per un vertice che si anticipa come storico. Il leader dell'Olp vi si reca con riluttanza, convinto che se i negoziati dovessero fallire sarà lui ad assumere il ruolo del colpevole. Quanto al primo ministro israeliano, conta sui risultati di Camp David, positivi o negativi che siano, per ricostruire una maggioranza ormai disgregata dal disconoscimento dello *Shas*. Di fronte a due parti tanto recalcitranti, la mediazione americana dovrebbe mostrare una grande fermezza, ma abbandona ben presto il suo progetto iniziale per concentrarsi sul dialogo tra Clinton e Barak. Il presidente americano si fa quindi portavoce delle proposte israeliane, presentate come «americane», a un Arafat sempre piú diffidente.

Il primo ministro israeliano resta infatti fermo sulla sua richiesta, ereditata dal piano Allon*, di un'annessione della valle del Giordano, che chiuderebbe al futuro stato palestinese qualsiasi accesso diretto alla Giordania. Se è vero che il 18 luglio accetta di trasferire i quartieri arabi della Città Vecchia di Gerusalemme alla sovranità palestinese, lo fa soltanto per meglio consolidare l'annessione a Israele delle località arabe limitrofe. L'offerta israeliana prevede quindi uno stato palestinese, ovviamente smilitarizzato, sull'86 per cento della Cisgiordania, di cui solo il 77 per cento sarebbe evacuato immediatamente. I blocchi di colonie farebbero parte del 13 per cento di territorio palestinese annesso a Israele, con soluzioni da concordare per il restante 1 per cento. Poiché Barak insiste sulla non negoziabilità delle proposte, la sua mancanza di dialogo con Arafat paralizza le trattative. E l'ipotesi americana di dividere la Spianata delle Moschee di Gerusalemme, su cui potrebbe essere autorizzato il culto ebraico, getta scompiglio nella delegazione palestinese**.

A differenza di Rabin, che aveva concluso gli accordi di Oslo direttamente con l'Olp, Barak si ostina a trincerarsi dietro la mediazione americana, e questo malgrado l'insuccesso del vertice Clinton-Assad. Esorta la Casa Bianca a lanciare un ultimatum ad Arafat, cui viene ingiunto di accettare le proposte formalmente «americane», ma di fatto israeliane. Il 21 luglio la parte palestinese accetta l'annessione israeliana del 2,5 per cento della Cisgiordania, in cui vive un terzo dei coloni, ma continua a insistere sul principio delle compensazioni territoriali. Il 23 luglio la delegazione israeliana modifica le sue proposte, presentate co-

* Si veda la mappa 7.

** Cfr. pp. 57-58.

me americane. Ormai acconsente solo a relazioni amministrative tra i quartieri arabi della Città Vecchia di Gerusalemme e la capitale palestinese, che verrebbe stabilita nel villaggio di Abu Dis, oltre i confini municipali di Gerusalemme, sempre «unificata» sotto sovranità israeliana. Il 25 luglio Clinton, Barak e Arafat non possono che riconoscere il loro fallimento collettivo, nonostante «negoziati senza precedenti tanto in termini di ampiezza che di dettagli»[126].

Malgrado questa grave battuta d'arresto, le trattative israelo-palestinesi proseguono nelle settimane successive. Ma Barak propone a Sharon di formare un governo di unità nazionale, destinato alla stesura di una costituzione, di una legge sul matrimonio civile e di una modernizzazione dell'istruzione anche nelle scuole religiose. In quest'ottica laica, senza precedenti dal 1948, il primo ministro appare però piú come un politico disposto a qualsiasi alleanza pur di rimanere al potere che come un leader visionario. È d'altronde per contrastare un eventuale ritorno di Netanyahu alla guida del *Likud* che, nel settembre del 2000, Barak autorizza Sharon e alcuni eletti del suo partito a recarsi sulla Spianata delle Moschee di Gerusalemme. Questa visita provocatoria segna l'inizio dell'*intifada* di al-Aqsa, una rivolta di protesta caratterizzata dal fervore islamico e dal ricorso ad attacchi suicidi da parte delle varie fazioni.

Sicuro di poter schiacciare questa seconda *intifada*, Barak adotta una linea molto dura, che fin dai primissimi giorni provoca 13 vittime tra gli arabi israeliani. Nel giro di un mese vengono uccisi 200 palestinesi, un terzo dei quali di età inferiore ai 17 anni[127]. Nel mese di dicembre il leader laburista, convinto che la sua fama di signore della guerra lo favorirà alle urne, rassegna le dimissioni, senza tuttavia sciogliere la Knesset, aprendo la strada, due mesi dopo, alle elezioni del primo ministro. Questa prospettiva, unita all'imminente ingresso di George W. Bush alla Casa Bianca, dà un nuovo slancio alla mediazione americana, che presenta i «parametri Clinton» per una soluzione definitiva, questa volta concordati da entrambe le parti*. Barak accentua però il suo profilo marziale avvalorando la tesi che non esista un partner palestinese per la pace. Ma questo oltranzismo, lungi dal favorire il capo del

* Cfr. pp. 173-74.

governo, fa il gioco di Sharon, che nel febbraio del 2001 viene eletto con il 62,4 per cento dei voti.

Guerra alla Palestina.

Forte di questa base elettorale, il nuovo primo ministro è determinato a portare a termine l'offensiva contro l'Olp che aveva dovuto sospendere vent'anni prima, durante l'assedio di Beirut Ovest. Certo non si tratta piú di eliminare fisicamente Arafat, ma piuttosto di marginalizzarlo per infliggere una sconfitta storica al nazionalismo palestinese. Per farlo Israele deve sferrare al campo avversario colpi talmente duri da costringerlo ad accettare una forma di capitolazione. Piú che a una resa in piena regola, Sharon punta all'instaurazione unilaterale di un rapporto di forza che renda la vittoria israeliana irreversibile. Come durante la sua campagna del 1971 contro la guerriglia palestinese a Gaza, il nuovo primo ministro intende riconfigurare metodicamente lo spazio palestinese per assoggettarlo in maniera implacabile al dominio israeliano.

Sharon non deve fare altro che calcare le tinte del racconto di Barak per rendere Arafat un nemico irriducibile, votato alla distruzione di Israele, che avrebbe gettato la maschera, prima a Camp David e poi scatenando la seconda *intifada*. Questo discorso fa centro in un'opinione pubblica israeliana traumatizzata dagli attentati suicidi, costretta a constatare che il processo di pace, anziché migliorare la sicurezza, l'ha peggiorata. Poco importa che l'opinione pubblica palestinese faccia lo stesso ragionamento, lamentando un tracollo delle proprie condizioni di vita e l'intensificarsi della colonizzazione dopo gli accordi di Oslo, con il numero di coloni in Cisgiordania passato dai 110 000 del 1993 ai 190 000 del 2000[128]. La logica di guerra alimenta la tragica illusione di un gioco a somma zero in cui gli interessi israeliani sembrano ormai garantiti solo da un indebolimento, per non dire da un avvilimento, della parte palestinese.

Sharon non ha alcuna difficoltà ad assicurarsi una maggioranza schiacciante di 94 deputati su 120 per un governo di unità nazionale composto da 26 ministri. La sua coalizione di nove partiti, tra i quali le tre formazioni religiose, va dai laburisti di

Peres, promosso vice primo ministro, all'estrema destra di Zeevi. Nominato ministro del Turismo, questo ardente promotore del «trasferimento» dei palestinesi intende incrementare i soggiorni organizzati degli evangelici americani in Israele. All'opposizione rimangono solo i sostenitori progressisti e arabi della prosecuzione del processo di pace. Laddove Rabin si era impegnato a combattere il terrorismo pur continuando a negoziare, e viceversa, Sharon esige la fine di qualsiasi violenza prima di riprendere qualsivoglia discussione con la parte palestinese. La precedenza assoluta che il primo ministro accorda alla repressione dell'*intifada* si traduce in una notevole escalation delle tensioni.

Nel maggio del 2001 l'aviazione israeliana colpisce vari obiettivi dell'Autorità palestinese in Cisgiordania e a Gaza come rappresaglia per un attentato suicida rivendicato da *Hamas*. A giugno l'esercito israeliano viene autorizzato a sparare in una «zona cuscinetto» di un chilometro di profondità all'interno della Striscia di Gaza, a sua volta recintata da una barriera munita di un sistema di telerilevamento diurno e notturno. Nel mese di luglio il gabinetto di sicurezza israeliano approva una lista di 26 palestinesi da abbattere. In agosto Abu Ali Mustafa, il leader del Fronte popolare per la liberazione della Palestina (Fplp) – una fazione dell'Olp contraria agli accordi di Oslo –, tornato in Cisgiordania due anni prima sulla base di un accordo tra Arafat e Barak, è ucciso da un attacco missilistico nel suo ufficio di Ramallah. È la prima volta che un leader civile e non militare di una fazione palestinese viene eliminato in questo modo in Cisgiordania. L'Fplp si vendica due mesi dopo assassinando, in un hotel di Gerusalemme, Zeevi, che ha appena voltato le spalle a un governo ai suoi occhi ancora troppo moderato.

Gli attentati dell'11 settembre 2001 a New York e a Washington spingono il presidente Bush a dichiarare la «guerra globale al terrorismo». Sharon equipara pubblicamente Arafat a Bin Laden per giustificare la sua intransigenza nei confronti del leader dell'Olp. I carri armati israeliani impediscono ad Arafat di lasciare Ramallah persino per assistere alla messa di Natale a Betlemme. Nel marzo del 2002 Sharon lancia l'operazione «Scudo difensivo» per rioccupare la Cisgiordania. Arafat, assediato nelle stanze della presidenza a Ramallah, organizza il processo del commando dell'Fplp responsabile dell'assassinio di

Zeevi, i cui quattro membri vengono condannati a 18 anni di reclusione. Ma Sharon pretende che gli assassini vengano consegnati a Israele, mentre Betlemme, Jenin e Nablus sono teatro di sanguinosi combattimenti. L'esercito israeliano potrebbe allora smantellare l'intera Autorità palestinese, ma preferisce concentrarsi sulle reti militanti dell'Olp e delle sue varie fazioni. È in questa stessa ottica che Israele dà il via ai lavori per la costruzione di un muro di separazione lungo – e addirittura oltre – la linea verde del 1949, che gli permette di proseguire l'erosione della Cisgiordania.

Le elezioni del gennaio del 2003 sono un trionfo per Sharon, il cui *Likud* conquista il doppio dei seggi ottenuti dai laburisti, dimostrando che l'unità nazionale giova sempre piú alla destra che alla sinistra. Il primo ministro, che non deve piú presentarsi al suffragio universale diretto, può formare una coalizione piú compatta di quattro partiti, in cui i centristi laici di *Shinui* prendono il posto dei laburisti felicitandosi del passaggio degli ultraortodossi all'opposizione. Sharon affida il ministero delle Finanze a Netanyahu, che avvia un vasto programma di privatizzazioni e si accanisce contro l'*Histadrut*, ultimo baluardo dell'egemonia laburista, accusandolo di essere «una banda di criminali e di ipocriti»[129]. Sharon convince inoltre la Casa Bianca a creare una nuova carica di primo ministro dell'Autorità palestinese, che permetterebbe di destituire una volta per tutte Arafat, ancora assediato nella sua presidenza di Ramallah.

Nel marzo del 2003 Mahmud Abbas, uno dei negoziatori degli accordi di Oslo, diventa il primo capo di governo palestinese. I suoi appelli alla smilitarizzazione dell'*intifada* e alla fine delle violenze, lanciati a nome dell'Olp, vengono categoricamente respinti da *Hamas*. In compenso Sharon lo incontra a due riprese, senza tuttavia fare nessuna concessione che giustifichi una linea di moderazione tanto plateale. Abbas si dimette in capo a sei mesi, lasciando che l'esercito israeliano si accanisca contro i massimi leader degli islamisti palestinesi. Nel marzo del 2004 lo sceicco Ahmed Yassin, capo e fondatore di *Hamas*, è ucciso – insieme alle sue tre guardie del corpo e a quattro passanti – in un bombardamento cosiddetto «mirato». Il mese successivo è il turno del suo successore, Abdelaziz al-Rantisi, che muore in un attacco simile. *Hamas* decide allora di tenere segreto il nome del suo leader a Gaza. In ottobre Arafat, logorato da due anni e mezzo di assedio, viene allontanato da Ramallah verso la Francia, in seguito a un appello a Jacques Chirac di Sharon, che teme le conseguenze di un decesso del suo nemico giurato in territorio palestinese. Il leader dell'Olp muore di lí a poco in un ospedale della periferia di Parigi, prima che la sua salma venga trasferita al Cairo e infine sepolta a Ramallah.

Ora che i leader storici dell'Olp e di *Hamas* sono scomparsi, Sharon può considerarsi il vincitore della seconda *intifada*. Nonostante la condanna della Corte internazionale di giustizia, nel luglio del 2004, il muro di separazione continua a trincerare le colonie israeliane fuori dal territorio palestinese. In quattro anni di insurrezione il numero dei coloni in Cisgiordania è passato da 190 000 a 235 000[130], con undici di loro eletti alla Knesset nel 2003[131]. Alla fine del 2004 il bilancio delle ostilità è di oltre 3000 vittime palestinesi contro meno di 1000 israeliane, un terzo delle quali militari[132], vale a dire un rapporto di 1 a 3 tra le perdite israeliane e quelle palestinesi. Il primo ministro israeliano è un difensore dell'unilateralismo militante, che crea fatti compiuti per meglio garantire la sicurezza di Israele. E per quanto non sia un ideologo revisionista, ritiene che sia giunto il momento di respingere i palestinesi dietro un «muro di ferro» non solo in Cisgiordania, ma anche a Gaza.

Nel maggio del 2005 l'annuncio di Sharon di un imminente ritiro israeliano da Gaza suscita un grande scompiglio nella maggioranza di governo. Ma il primo ministro sottolinea che l'allontanamento dei circa ottomila coloni dalla Striscia consentirà di disimpegnare i numerosi soldati mobilitati, in un contesto particolarmente ostile, per occupare un quarto di questa enclave palestinese. L'uomo che nel 1982 ha supervisionato l'evacuazione del Nordest del Sinai in quanto ministro della Difesa ricorda che l'inclusione di Gaza in *Eretz Israel* è lungi dall'avere un ampio consenso. Insiste sul fatto che questo ritiro permetterà a Israele di liberarsi del controllo del 40 per cento della popolazione dei territori occupati nel 1967 e che, invece di aprire la strada a uno stato palestinese, ne comprometterà le prospettive. L'intelligence israeliana lavora intanto allo scenario della comparsa, in capo a un anno, di due enclave concorrenti, una controllata da *Hamas* a Gaza e l'altra dall'Autorità palestinese in Cisgiordania[133].

Per Sharon è fuori discussione negoziare il ridispiegamento con Abbas, che pure nel gennaio del 2005 è stato eletto presidente dell'Autorità palestinese con il 62,5 per cento dei voti. Nei mesi che precedono il ritiro, l'esercito israeliano si sforza di infliggere colpi durissimi alle varie milizie palestinesi. Entro agosto solo la metà dei coloni di Gaza è ancora sul posto, perché il trasferimento volontario è la condizione indispensabile per ottenere un risarcimento integrale. A loro si sono uniti i migliaia di coloni della Cisgiordania che si oppongono invano all'evacuazione programmata. Nei ranghi di *Tzahal* è segnalato un solo caso di insubordinazione durante l'operazione, che si svolge senza incidenti degni di nota[134]. L'evacuazione è completata dallo smantellamento, nel Nord della Cisgiordania, di quattro avamposti installati illegalmente dalla frangia piú radicale dei coloni. Sebbene in settembre Abbas tenti invano di prendersi il merito del ritiro israeliano da Gaza, è *Hamas* a celebrare a gran voce la «vittoria» della sua «resistenza islamica»[135]. Bisogna aspettare novembre perché Israele e l'Autorità palestinese negozino finalmente, sotto l'egida degli Stati Uniti, un accordo tecnico sulle condizioni di accesso alla Striscia di Gaza, sempre piú isolata dal resto del mondo dai bombardamenti di *Tzahal*, ordinati nell'ambito di un'operazione simbolicamente chiamata «Eterno inizio».

La riconfigurazione dello spazio israelo-palestinese di Sharon, in cui Israele si libera di Gaza per meglio controllare la Cisgiordania, è accompagnata da un'audace ricomposizione della scena politica israeliana. Nel novembre del 2005 il primo ministro crea un nuovo partito, *Kadima* (Avanti), il cui nome fa eco a uno slogan della prima generazione sionista. Questo schieramento integra un gruppo di dissidenti laburisti, guidati da Shimon Peres, insieme a una parte maggioritaria dei membri del *Likud*, favorevole al ritiro da Gaza, mentre la minoranza rimane sotto la guida di Netanyahu. La scommessa di Sharon è che Israele, secondo lui libero dall'ipoteca palestinese, possa ormai essere governato dal centrodestra. Ma il primo ministro, colpito da un ictus nel gennaio del 2006, entra in un coma irreversibile e non vedrà mai il coronamento della sua grande opera.

È Ehud Olmert, l'ex sindaco di Gerusalemme, a prendere la guida di *Kadima*, che alle elezioni parlamentari del marzo del 2006 conquista 29 seggi contro i 19 dei laburisti e i 12 del *Likud*. La soglia elettorale, passata dall'1 per cento nel 1949 all'1,5 per cento nel 1992, è stata portata al 2 per cento per limitare la frammentazione parlamentare. Olmert forma una coalizione di 77 deputati che unisce *Kadima*, *Shas*, i laburisti (Barak è nominato ministro della Difesa) e un effimero Partito dei pensionati, che parteciperà solo a queste elezioni ottenendo la creazione di un ministero dedicato. La vittoria di *Hamas* alle elezioni parlamentari palestinesi sfocia ben presto in una guerra latente tra le milizie islamiste e i sostenitori dell'Autorità palestinese a Gaza, su cui nel giugno del 2006 Israele impone un blocco. Un anno dopo si consuma la frattura tra Gaza, da cui *Hamas* espelle l'Autorità palestinese, e la Cisgiordania, dove la zona A rimane sotto l'autorità di Abbas. Le incursioni israeliane, che neutralizzano i rivali palestinesi di Abbas, preservano il suo controllo sulla porzione della Cisgiordania assegnata all'Autorità palestinese dagli accordi di Oslo*.

Pur non riuscendo a rilanciare il processo di pace, la conferenza che il presidente Bush convoca ad Annapolis nel novembre del 2007 favorisce l'avvio di ulteriori colloqui tra Olmert e Abbas. Ma le trattative hanno vita breve, proprio perché il presidente dell'Autorità palestinese, in aperto contrasto con *Hamas*, non può impegnarsi a nome di tutto il popolo. Quanto a Olmert, è molto indebolito da alcuni scandali di corruzione, che nel settembre del 2008 lo portano a dimettersi dalla guida di *Kadima*, pur mantenendo quella del governo. Ed è forse sperando di ristabilire la sua credibilità che il 27 dicembre 2008 il primo ministro israeliano lancia una vasta offensiva su Gaza che uccide tra i 1166 e i 1417 palestinesi in 23 giorni. Il primo bilancio, fornito dal governo israeliano, include 709 «terroristi di *Hamas*», mentre il secondo, di fonte palestinese, menziona solo 236 combattenti. Quel che è certo è che le perdite israeliane si limitano a 13 morti, di cui tre civili e quattro soldati uccisi dal «fuoco amico»[136]. Il rapporto tra le vittime israeliane e palestinesi passa cosí nella seconda *intifada* da 1 a 3 a 1 a 100,

* Si veda la mappa 8.

confermando la scommessa di Sharon sul ritiro da Gaza. È tuttavia una ben magra consolazione per Olmert, che viene sconfitto da Netanyahu alle elezioni del marzo del 2009, prima di finire sotto processo per corruzione. Nel 2016, a seguito di un procedimento complesso, l'ex primo ministro sarà incarcerato per un periodo di 16 mesi.

Il grande rifondatore.

Alle elezioni del marzo del 2009 il *Likud* passa da 12 a 27 seggi, pur senza superare i 28 seggi di *Kadima*. Tuttavia è Netanyahu a formare una maggioranza parlamentare, composta da 74 deputati provenienti da cinque partiti. L'adesione dei 13 laburisti di Barak rivela – al di là delle ambizioni del loro leader – la volontà di spezzare la dinamica centrista di *Kadima*. Il leader del *Likud* beneficia anche del sostegno dei 15 deputati di *Israel Beitenu* (Israele, la nostra casa), un partito creato da Avigdor Lieberman, il suo capo di gabinetto dal 1996 al 1997, che attira gran parte dell'elettorato di lingua russa. Ma Netanyahu riesce a consolidare la sua comoda maggioranza solo includendo anche i 19 eletti dei partiti religiosi. Barak ottiene il ministero della Difesa, Lieberman quello degli Esteri ed Eli Yishai, il leader dell'ultraortodosso *Shas*, quello dell'Interno, tutti e tre con il rango di vice primo ministro.

Dieci anni dopo aver perso la guida del governo, il primo ministro prepara il terreno della sua permanenza al potere per i successivi dodici anni. E lo fa innanzitutto prestando un'estrema attenzione al controllo interno del *Likud*, in cui ogni critica viene soffocata agitando lo spauracchio della marginalizzazione del partito avvenuta tra il 2006 e il 2009. Quando il *Likud* passerà in testa alle successive elezioni, per Netanyahu l'essenziale sarà stringere un'alleanza con i partiti ultraortodossi lasciando intatti i loro privilegi, che si tratti dei sussidi o dell'esenzione dal servizio militare. Il leader del *Likud* consolida con costanza il controllo degli *haredim* (timorati di Dio) sul Gran Rabbinato, nonostante la loro rigida definizione dell'ebraismo escluda parte della diaspora soprattutto negli Stati Uniti. Ciò poco importa a Netanyahu, che ha deciso di puntare sul sostegno incondizionato dei sionisti cristiani organicamente legati al Partito repubblicano, piuttosto che su quello di una comunità ebraica in prevalenza favorevole al Partito democratico*.

Questa combinazione è particolarmente efficace sia in Israele sia sulla scena internazionale, tanto piú che l'assegnazione dei ministeri chiave a figure inclini all'oltranzismo permette a Netanyahu di porsi a buon mercato come una personalità «moderata» e responsabile. Alla vigilia della visita di papa Benedetto XVI in Israele, nel maggio del 2009, Yishai rifiuta infatti di esentare dall'esproprio le proprietà vaticane in Terra Santa: un contenzioso che dopo sedici anni di trattative avrebbe dovuto essere definitivamente risolto. Anche Lieberman imprime un tono ben poco diplomatico al ministero degli Esteri, che dirigerà fino al 2015 (con un intermezzo di un anno a causa di un'inchiesta per corruzione da cui verrà scagionato). Fin dal suo primo incontro, «molto teso»[137], con la sua omologa americana Hillary Clinton, nel giugno del 2009, le rimprovera di voler istituire «un nuovo stato fallito in Medio Oriente»[138] in nome della soluzione a due stati. Lieberman, che vive in un insediamento del Blocco di Sion, a sud di Betlemme, rifiuta il principio stesso della sospensione della colonizzazione imposto allora dall'amministrazione Obama. E quando abbraccia la prospettiva di un eventuale stato palestinese, con ancora piú riluttanza di Netanyahu, è per promuovere il «trasferimento» verso questo stato di una buona parte dei suoi compatrioti arabi, ai quali intende ritirare la cittadinanza israeliana.

Nel novembre del 2010, grazie all'ondata conservatrice delle elezioni di metà mandato americane, Netanyahu esce vincitore dal braccio di ferro con Obama. Rieletto due anni dopo alla Casa Bianca, il presidente democratico abbandona qualsiasi velleità di contribuire seriamente alla soluzione del conflitto israelo-palestinese, preferendo concentrarsi sulla questione del nucleare iraniano. Questo tema suscita numerose controversie pubbliche tra Obama e Netanyahu, ma lascia mano libera al secondo per rafforzare la sua retorica anti-palestinese e intensificare la colonizzazione. Alle elezioni del gennaio del 2013 Lieberman integra il suo partito in una lista congiunta con il *Likud*, che dopo una

* Cfr. pp. 62-63.

campagna elettorale molto orientata a destra riesce ad aggiudicarsi 31 seggi. Di questo gioco al rialzo beneficia anche la Casa ebraica, guidata da un ex collaboratore di Netanyahu, Naftali Bennett, che nel frattempo è diventato leader dello Yesha, il consiglio rappresentativo delle colonie. I 12 seggi ottenuti dal suo partito mostrano l'influenza crescente dei coloni, che all'epoca sono circa 540 000, vale a dire il 7 per cento della popolazione israeliana, di cui 340 000 in Cisgiordania e 200 000 a Gerusalemme Est[139]. Bennett ottiene da Netanyahu ben tre ministeri – quello dell'Economia, quello degli Affari religiosi e quello della Diaspora –, nonché la gestione degli affari di Gerusalemme, di vitale importanza per i coloni.

Il nuovo esecutivo di Netanyahu incorpora anche alcuni dissidenti di *Kadima*, sferrando il colpo di grazia al partito lanciato da Sharon e Olmert, e i centristi di Yair Lapid, che subentrano ai laburisti come avallo «liberale» del *Likud*. I due anni di questo governo costituiscono l'unica eccezione all'alleanza privilegiata di Netanyahu con gli ultraortodossi. Dopo le elezioni del marzo del 2015 il leader del *Likud* affida il ministero dell'Economia e poi dell'Interno ad Aryeh Deri, il fondatore dello *Shas*, tornato alla guida di questa formazione ultraortodossa dopo intricati guai giudiziari. La coalizione di governo riunisce intorno al *Likud* la Casa ebraica e i due partiti ultraortodossi (l'uno sefardita, l'altro ashkenazita), oltre all'avallo «moderato» di uno schieramento guidato da un ex ministro di Netanyahu. Ma di elezione in elezione, e nonostante l'innalzamento della soglia di accesso alla Knesset (passata dal 2 per cento del 2006 al 3,25 per cento del 2015), il baricentro della maggioranza si sposta inesorabilmente verso l'estrema destra.

La campagna elettorale del 2015 non a caso è segnata dalle dichiarazioni incendiarie di Netanyahu contro i suoi compatrioti arabi[140], con Lieberman che arriva persino a minacciare di «decapitare con un'ascia» tutti coloro che mancheranno di lealtà[141]. Bennett, che nel frattempo è diventato ministro dell'Istruzione, richiede un «muro di dissuasione» che permetta di «sparare per uccidere i terroristi prima che abbiano la possibilità di colpire degli innocenti», insistendo sul fatto che «i terroristi non meritano uno stato»[142]. Si erge a garante di un'«identità ebraica», che sarebbe indebolita dai matrimoni misti, escludendo dai programmi scolastici un romanzo ebraico sulla relazione tra un ebreo israeliano e una palestinese[143]. Miri Regev, una stretta collaboratrice di Netanyahu nominata ministro della Cultura, subordina la concessione delle sovvenzioni agli artisti israeliani alla presentazione delle loro mostre e dei loro spettacoli in Cisgiordania, un requisito senza precedenti[144].

Inizialmente assente dal nuovo governo, Lieberman vi entra dalla porta principale nel maggio del 2016, quando è nominato ministro della Difesa nonostante la sua mancanza di esperienza militare. Due mesi piú tardi paragona il poeta Mahmud Darwish, che aveva rinunciato alla nazionalità israeliana per unirsi all'Olp e redigere la proclamazione dello Stato di Palestina ad Algeri nel 1988[145], a Hitler. Nel dicembre del 2017, quando alcune località arabe di Israele manifestano contro il riconoscimento di Gerusalemme come capitale da parte di Trump, Lieberman incita a «boicottare» queste popolazioni, ritenute «indesiderabili», perché «non fanno parte di Israele e dovrebbero far parte dell'Autorità palestinese»[146]. Nell'aprile del 2018 giustifica la sanguinosa repressione delle manifestazioni civili di Gaza affermando che «a Gaza non ci sono innocenti», perché ai suoi occhi «sono tutti stipendiati da *Hamas*»[147].

Netanyahu lascia volentieri il ruolo di agitatori a Bennett e Lieberman, tanto piú che i loro discorsi provocatori esaltano, per contrasto, la sua levatura di uomo di stato. Il leader del *Likud* è determinato a ricostruire Israele su basi molto diverse rispetto a quelle stabilite da Ben Gurion nel 1948. Il primo capo del governo israeliano, in carica per 13 anni, aveva infatti insistito sulla dimensione al contempo ebraica e democratica del nuovo stato, per quanto buona parte della minoranza araba vi avrebbe vissuto sotto un'amministrazione militare fino al 1966. Ma l'arabo era lingua ufficiale al pari dell'ebraico e la coscrizione, inizialmente riservata ai soli ebrei, era stata ben presto estesa ai drusi, mentre gli altri arabi potevano arruolarsi nell'esercito solo su base volontaria. I fautori pacifisti della soluzione a due stati ne fanno d'altronde la condizione necessaria per preservare il carattere al contempo ebraico e democratico di Israele, poiché l'assorbimento democratico delle popolazioni attualmente occupate metterebbe in discussione il carattere ebraico dello stato, mentre un'annessione piú o meno dichiarata dei territori palestinesi ne comprometterebbe il carattere democratico.

Il settantesimo anniversario di Israele offre a Netanyahu l'aura commemorativa ideale per una simile rifondazione dello stato. Le «marce del ritorno», lanciate nel marzo del 2018 nella Striscia di Gaza per commemorare i settant'anni dell'esproprio ai danni dei palestinesi, sono represse molto duramente dal territorio israeliano, con piú di un centinaio di manifestanti uccisi nel giro di poche settimane. Questa repressione non guasta minimamente la cerimonia di insediamento dell'ambasciata statunitense a Gerusalemme, che nel mese di maggio è benedetta dagli amici evangelici del primo ministro israeliano*. Nel mese di luglio Netanyahu fa adottare alla Knesset, nonostante una risicata maggioranza di 62 voti su 120, una «legge fondamentale» di valore costituzionale su «Israele come stato-nazione del popolo ebraico». Questa legge, che declassa l'arabo a mero «statuto speciale», riserva al solo popolo ebraico il diritto all'autodeterminazione in Israele, definito come «focolare nazionale» negli stessi termini della dichiarazione Balfour. Ed è questa la ragione per cui lo «stato considera lo sviluppo dell'insediamento ebraico come una causa nazionale, e agirà per incoraggiare e promuovere la sua instaurazione e il suo consolidamento»[148].

Nell'agosto del 2018 la minoranza araba, stimata a un quinto della popolazione israeliana, si mobilita contro il testo, definito «razzista». I primi a protestare sono i drusi, che scendono in piazza a decine di migliaia a Tel Aviv lamentando il fatto di essere diventati «cittadini di serie B» nonostante la loro «illimitata fedeltà verso lo stato»[149]. Poi è il turno degli altri arabi, sostenuti da alcuni progressisti ebrei, che scandiscono «uguaglianza» in arabo e in ebraico[150]. Ma queste manifestazioni trovano poca eco nella popolazione ebraica, cosa che rafforza il volontarismo rifondatore di Netanyahu. Il primo ministro israeliano moltiplica gli attacchi nei confronti della magistratura, della stampa e persino delle forze dell'ordine, la cui indipendenza limiterebbe la sovranità del popolo in quanto espressa dal suffragio universale. Questo populismo di tipo «illiberale»[151] appare ancora piú aggressivo se si considera che Netanyahu si trova a fare i conti

* Cfr. pp. 65-66.

con diversi scandali, ognuno dei quali sfocia in uno specifico procedimento giudiziario.

L'avanzata dei suprematisti.

Quando Netanyahu guida il *Likud* alle elezioni dell'aprile del 2019, è già vicino al record di longevità di Ben Gurion a capo del governo israeliano, ma è determinato ad aggrapparsi al potere, non fosse altro che per l'immunità concessa al primo ministro in carica. Convince quindi i suoi alleati di estrema destra della Casa ebraica e di *Tkuma* (Risurrezione) a concludere un patto elettorale con *Otzma Yehudit* (Potere ebraico), uno schieramento ispirato dal rabbino Kahane, al fine di superare la soglia del 3,25 per cento necessaria per accedere alla Knesset. Kahane, unico membro del suo partito a essere eletto nel 1984, si esprimeva generalmente davanti a un emiciclo vuoto, tanto le sue tesi razziste ripugnavano i suoi colleghi deputati, i quali, nel 1988, avevano finito per escludere il suo schieramento dalla competizione elettorale. Trent'anni piú tardi Netanyahu non esita a infrangere questo tabú, permettendo al neonato patto tripartito di ottenere cinque deputati. Arriva persino a offrire il ministero dei Trasporti a Bezalel Smotrich, sostenitore di uno stato teocratico sull'insieme della «Terra d'Israele», dove i palestinesi, a prescindere dal fatto che abbiano o no la cittadinanza israeliana, potranno scegliere solo di andarsene o di restare senza diritto di voto[152].

Con i suoi 25 seggi, il *Likud* arriva a pari merito con Blu e Bianco, la coalizione di centro dell'ex capo di stato maggiore Benny Gantz che prende il nome dai colori della bandiera israeliana per blandire l'elettorato di destra. Né Netanyahu né il suo rivale riescono a formare una maggioranza parlamentare, ma il primo resta alla guida di un governo ufficialmente incaricato degli affari correnti. Questo non impedisce all'esecutivo di lanciare, nel 2019, il maggior numero di costruzioni nelle colonie in cinque anni, per un totale di circa 650 000 coloni, di cui 430 000 in Cisgiordania e 220 000 a Gerusalemme Est[153]. Il governo di fatto si protrae, perché le elezioni del settembre del 2019 sono inconcludenti quanto quelle di aprile. Nel novembre dello stesso anno Netanyahu continua a ingraziarsi i coloni nominando Bennett alla Difesa, poco prima di essere indagato per frode, corruzione e appropriazione indebita.

Ormai diventato il primo ministro piú a lungo in carica della storia di Israele, Netanyahu ostenta, durante la campagna per le elezioni del marzo del 2020, la sua complicità con Trump, con cui ha appena firmato un «accordo del secolo» destinato a risolvere una volta per tutte la questione palestinese*. Sebbene l'accordo rimanga lettera morta, Netanyahu resta al potere, questa volta alla guida di un governo di unità nazionale che Gantz dirigerà in un secondo tempo, in base al sistema della rotazione già sperimentato dal *Likud* e dai laburisti tra il 1984 e il 1988. Gantz avrebbe potuto formare un governo di minoranza garantito dall'appoggio – senza partecipazione all'esecutivo – dei partiti arabi, ma la destra di Blu e Bianco si oppone categoricamente a un accordo con i «sostenitori del terrorismo»[154]. Questo ostracismo nei confronti dei rappresentanti della minoranza araba non può che favorire il leader del *Likud*, che bada a includere i due partiti ultraortodossi nella coalizione nominando ancora una volta Deri all'Interno.

Netanyahu non ha alcuna intenzione di onorare il suo accordo con Gantz, che ha attirato nella trappola dell'unità nazionale solo per meglio minare le fondamenta di Blu e Bianco. Esaurita la dinamica internazionale dell'«accordo del secolo», il primo ministro tenta di approfittare di quella degli accordi di Abramo, che nel settembre del 2020 normalizzano le relazioni di Israele con gli Emirati Arabi Uniti e il Bahrein. Ma Mohammed bin Zayed, il leader degli Emirati, rifiuta di accogliere Netanyahu ad Abu Dhabi o di fargli visita in Israele, per evitare di legare le sorti del trattato di pace a quelle del primo ministro. Blu e Bianco finisce per sgretolarsi, provocando la caduta del governo. Le elezioni del marzo del 2021 sono segnate dalla vittoria relativa del *Likud*, che arriva in testa con 30 seggi, dal crollo di Blu e Bianco, relegato a 7 seggi, e dalla disgregazione della Lista comune dei partiti arabi, tra cui spiccano gli islamisti, con 4 seggi. Quanto al blocco suprematista, forte di 7 seggi, conta ormai un seguace dichiarato del rabbino Kahane, Itamar Ben-

* Si veda la mappa 10.

Gvir, condannato nel 2007 per incitamento all'odio e sostegno a un'organizzazione terrorista[155].

Non potendo porsi come un pacificatore, nel maggio del 2021 Netanyahu assume il ruolo di signore della guerra. Alcuni incidenti a Gerusalemme Est provocano infatti scontri con *Hamas* a Gaza e disordini in Cisgiordania, nonché, per la prima volta, moti intercomunitari nello stesso Israele (tanto nelle città «miste» di Lod e di San Giovanni d'Acri, quanto, tra le altre, a Tel Aviv). Il bilancio di una settimana di combattimenti nei territori palestinesi è di 256 vittime palestinesi a Gaza (metà delle quali civili) e 27 in Cisgiordania[156], contro 12 vittime israeliane[157]. Ma a colpire l'opinione pubblica sono soprattutto le vittime, sia ebraiche sia arabe, delle sommosse in Israele. La minoranza araba saluta questa «rivolta della dignità», mentre una parte crescente della maggioranza ebraica giudica ormai la coesistenza impossibile. Nello stesso Israele questi moti segnano una frattura paragonabile a quella causata nel 2000 dalla seconda *intifada*, che aveva rafforzato la tesi dell'impossibilità di negoziare la pace con palestinesi accusati di operare per la distruzione di Israele. Ma questa volta a uscire screditata da questa crisi non è tanto la «soluzione a due stati», quanto la possibilità di conciliare il carattere ebraico e democratico di Israele.

A causa della sua graduale estensione all'insieme del territorio della Palestina storica, la crisi del maggio del 2021 provoca un sussulto di unità nazionale in Israele, accompagnato da una volontà senza precedenti di uscire finalmente da un'impasse politica di cui Netanyahu è allo stesso tempo causa e conseguenza. È così che nel mese di giugno, sebbene il suo partito abbia ottenuto solo quattro seggi, Bennett riesce a formare un'improbabile coalizione. Un'alleanza che va dall'estrema destra all'estrema sinistra e si fonda su un nuovo accordo di rotazione, questa volta con i centristi di Lapid, che recuperano la guida del governo in capo a un anno. Se l'esecutivo esclude i partiti ultraortodossi, può contare sul voto degli islamisti arabi, che tuttavia non partecipano al governo. Per quanto indiretto, il sostegno di uno schieramento arabo scatena le ire dei suprematisti, designati con il termine *hardalim*, una fusione tra gli *haredim* ultraortodossi e i *leumi* del nazionalismo religioso. Nell'ottobre del 2021 Smotrich inveisce contro i deputati arabi in piena Knesset, accusandoli di essere lí per errore: «È un errore che Ben Gurion non abbia finito il lavoro e non vi abbia espulsi nel 1948»[158].

In ogni caso il paradossale cartello dell'esecutivo Bennett non può durare essendo il suo unico collante l'ostilità condivisa nei confronti di Netanyahu. Nel novembre del 2022 un nuovo scioglimento della Knesset apre la strada alle quinte elezioni in tre anni e mezzo. Il *Likud* si impone con 32 seggi, seguito dai 24 deputati centristi di Lapid. Tuttavia sono i suprematisti a suscitare sorpresa, diventando il terzo partito con 14 eletti. Sebbene gli *hardalim* rappresentino solo il 2 per cento della popolazione ebraica di Israele[159], il loro schieramento beneficia dello sgomento suscitato dalle rivolte giudeo-arabe del maggio del 2021 e del rigetto dei «compromessi» di Bennett con i deputati arabi. Netanyahu non tarda a formare una coalizione tra il *Likud*, i due partiti ultraortodossi e i suprematisti, cui apre le porte dei ministeri chiave. Smotrich, nominato ministro delle Finanze, diventa anche ministro delegato alla Difesa, mentre Ben-Gvir, ormai ministro della Sicurezza nazionale, si vede affidare l'incarico di costituire e gestire una «guardia nazionale» indipendente dalla gerarchia poliziesca. Per farlo si appoggia ad alcuni gruppi di militanti ultranazionalisti insediati nelle città miste di Israele per meglio «giudaizzarle», con il rinforzo dei coloni venuti dalla Cisgiordania.

Eppure non sono le molteplici provocazioni e dichiarazioni razziste dei due ministri suprematisti a scatenare il piú grande movimento di protesta della storia di Israele, bensí la proposta di «riforma» del sistema giudiziario che mira a neutralizzare la Corte suprema e minaccia l'indipendenza della magistratura. Dal gennaio al marzo del 2023 centinaia di migliaia di manifestanti scendono in piazza per denunciare la deriva autoritaria e il «putsch giudiziario»[160] di Netanyahu. Rifacendosi alla dichiarazione fondatrice del 1948, alcuni auspicano addirittura una «seconda guerra di indipendenza»[161]. Si premurano tuttavia di censurare i riferimenti arabi nei cortei, e a maggior ragione le bandiere palestinesi, in quanto farebbero il gioco del governo. L'interiorizzazione della propaganda ufficiale fa sí che la minoranza araba, primo bersaglio dall'estrema destra, venga esclusa da questa ondata di protesta democratica. Di fatto la proporzione di ebrei israeliani che ritengono di meritare maggiori diritti rispetto ai loro compatrioti arabi passa da un quarto nel 2018 alla metà nel 2022[162], in conseguenza diretta dei disordini giudeo-arabi del maggio del 2021.

Netanyahu riesce cosí a mantenere il quadro rifondato del suo «stato-nazione del popolo ebraico», anche se la fronda dei riservisti e la mobilitazione dei veterani, seguite dalla sconfessione del ministro della Difesa, Yoav Gallant, lo portano a «sospendere» il suo progetto, senza tuttavia ritirarlo. Il primo ministro è talmente determinato a portare a termine la sua riforma del sistema giudiziario che nel luglio del 2023 fa votare una restrizione dei poteri della Corte suprema, fino ad allora garantiti da una legge fondamentale di valore costituzionale. Quanto a Smotrich, nel marzo del 2023 è libero di affermare che «i palestinesi non esistono, perché il popolo palestinese non esiste». Ritenendo che la sua famiglia, che vive da tempo a Gerusalemme, rappresenti i «veri palestinesi», accusa gli arabi di «inventare un popolo fittizio nella Terra d'Israele e di rivendicare diritti fittizi sulla Terra d'Israele solo per combattere il movimento sionista»[163]. Di fronte allo scalpore suscitato da queste affermazioni, il ministro suprematista ricorda a giusto titolo che non ha fatto che ripetere l'idea formulata mezzo secolo prima da Golda Meir[*]. Queste dichiarazioni contribuiscono ad alimentare un clima di violenza senza precedenti a Gerusalemme Est e in Cisgiordania: nei primi sei mesi del 2023, le Nazioni Unite registrano una media giornaliera di tre «incidenti» in cui i coloni hanno aggredito i palestinesi e/o danneggiato i loro beni[164].

L'accanimento anti-palestinese, però, non è alimentato solo dall'estrema destra, ma anche da vari membri di secondo piano del *Likud* che cercano di imporsi sulla scena politica con proposte provocatorie. È cosí che nel giugno del 2023 un semplice deputato del partito di Netanyahu, Amit Halevi, rompe con il ripetuto impegno del primo ministro a rispettare lo status quo sulla Spianata delle Moschee di Gerusalemme, proponendo di dividere questo spazio fra un terzo per i fedeli musulmani, che conserverebbero la moschea di al-Aqsa, e due terzi per gli ebrei, che otterrebbero la Cupola della Roccia, conformemente all'ubicazione dei primi due Templi. Questo rapporto di un terzo a

[*] Cfr. p. 101.

due terzi corrisponde al coefficiente di ripartizione della Tomba dei patriarchi a Hebron, che dopo il massacro di ventinove palestinesi da parte di un colono israeliano, nel 1994, è stata divisa tra musulmani ed ebrei, con ingressi separati per ciascuna fede. Effettivamente il numero di ebrei che pregano sul Monte del Tempio è passato da 5000 nel 2009 a 50 000 nel 2022, un fatto compiuto incoraggiato dallo stesso Ben-Gvir fin dal suo ingresso nel governo. Ma Halevi, che siede alla Knesset solo in quanto supplente di un ministro in carica, spera soprattutto di farsi un nome per poter figurare in posizione eleggibile nella lista del *Likud* alle successive elezioni.

Mai la sfida di uno stato israeliano allo stesso tempo ebraico e democratico si è posta in modo tanto acuto. Rabin, glorioso veterano di tutte le guerre di Israele, è diventato il martire di un processo di pace che non ha mai voluto imporre ai suoi compatrioti. Cosí facendo ha alimentato negli estremisti piú violenti un senso di impunità che gli è costato la vita. Rabin è stato anche il vate assassinato dello stato ebraico e democratico, che solo la riconciliazione storica con i palestinesi poteva a suo avviso salvare. Perché o la dimensione ebraica di Israele sarebbe stata chiamata a dissolversi nella demografia palestinese all'interno di uno stato di diritto che garantisse l'uguaglianza di tutti i suoi cittadini, o l'ambizione democratica dello stato ebraico doveva capitolare di fronte alla dominazione durevolmente imposta a milioni di palestinesi esclusi dalla cittadinanza. Trent'anni dopo l'assassinio di Rabin, la sua infausta previsione appare incredibilmente lungimirante. E il movimento suprematista da cui proviene il suo assassino è diventato un partito potente sulla scena politica israeliana, a dimostrazione del fatto che qualsiasi campagna contro le derive illiberali di Israele che non accordi una chiara priorità al ritiro negoziato dai territori ancora occupati è destinata a fallire.

«Un tempo, voi giovani avete portato la pace con l'aratro | Oggi, ve la portano con i fucili»[165]. È nel 1937 che Nathan Alterman compone questo *Canto delle brigate*, che diventa in breve tempo popolare all'interno dello *Yishuv*. Piú che dalla sua valorizzazione, il riscatto della Terra d'Israele passa ormai dalle armi destinate a conquistarla, dal momento che gran parte della Palestina resta abitata da una popolazione araba che vi abita da generazioni, per non dire secoli. Nel 1944 Hannah Arendt, che tre anni prima è fuggita dalle persecuzioni naziste per stabilirsi negli Stati Uniti, accusa i leader laburisti dello *Yishuv* di «appoggiare in modo inequivocabile [...] non solo gli obiettivi nazionali, ma anche quelli sciovinisti – non contro i nemici del popolo ebraico, ma contro i suoi potenziali amici ed attuali vicini»[166]. L'impegno militaristico dei pionieri sionisti alimenta quindi una mistica del popolo ebraico in armi, un popolo che in effetti resiste alla coalizione degli eserciti arabi durante la «guerra d'indipendenza» del 1948.

L'angoscia esistenziale di venire sommersi dal nemico arabo rinasce nel 1967, anche se a questo punto è piú fantasticata che fondata. Il trionfo nella Guerra dei sei giorni stimola la dimensione messianica della dinamica sionista ben al di là degli ambienti religiosi, dando origine alla convinzione ampiamente diffusa che le armi di Israele abbiano semplicemente ristabilito i «diritti» storici del popolo ebraico. Poiché le stesse cause producono gli stessi effetti, la negazione del nazionalismo arabo nella Palestina mandataria diventa negazione delle aspirazioni nazionali del popolo palestinese, che nel 1977 Begin riduce al ruolo di «arabi di *Eretz Israel*». Un discorso meno caricaturale fatica a imporsi, tanto piú che il sistema elettorale, profondamente democratico, alimenta la frammentazione della scena politica e la conseguente tentazione dell'oltranzismo. A partire dal 1993 Rabin riconosce fino a che punto è piú facile mobilitare la popolazione israeliana per la guerra che per la pace, tanto piú che la seconda rappresenta una scommessa sull'altra parte e sul lungo termine, mentre la prima implica di contare solo sulle proprie forze con l'obiettivo di una vittoria a breve termine.

Nel 1995 l'assassinio di Rabin non provoca alcun serio esame di coscienza in Israele, cosa che naturalmente incoraggia l'estremismo. Questa deriva a destra è interrotta solo da Sharon, che nel 2005 ricompone la scena politica intorno al centro attraverso *Kadima*. Una ricomposizione che si fonda a sua volta su una militarizzazione del controllo dell'insieme di *Eretz Israel* tramite l'assedio dell'enclave di Gaza, in cui un terzo della popolazione araba della Palestina mandataria è concentrato nell'1 per cento del suo territorio. Nel 2009 il ritorno al potere di Netanyahu mette fine all'intermezzo centrista e sposta il baricentro della maggioranza sempre piú a destra. Le diatribe anti-palestinesi, anziché screditare quanti le promuovono – da Lieberman a Bennett –, permettono loro di imporsi sulla scena politica, con Bennett che tra il 2021 e il 2022 riesce persino a detronizzare il suo mentore per diciotto mesi. Per il suo secondo ritorno al potere Netanyahu si appoggia ormai ai suprematisti, per cui il ritiro da Gaza rappresenta un trauma costitutivo. Sembra quasi che in Israele, da Begin nel 1977 a Ben-Gvir nel 2022, il pluralismo militante agevoli la rivincita degli estremisti minoritari sui loro rivali storici, il tutto in nome di un'ostilità sfrenata nei confronti dei palestinesi.

Capitolo terzo
Una strategia dei fatti compiuti

> Il regno di David era piú piccolo, ma sotto Salomone diventa un impero. Chissà... è il primo passo che costa.
>
> CHAIM WEIZMANN, 1937[1].

Sostenuto dalla profondità strategica del sionismo cristiano e forte di un pluralismo militante che legittima qualsiasi oltranzismo, il progetto sionista può nutrirsi anche di una strategia, tanto scaltra quanto efficace, fondata sui fatti compiuti. Sembra inverosimile che nel 1917 la Gran Bretagna avrebbe fornito il suo appoggio all'impresa sionista in Palestina se avesse saputo che sarebbe sfociata, tre decenni piú tardi, in uno stato ebraico epurato dalla popolazione araba e in guerra contro tutti i suoi vicini. Analogamente, è probabile che nel 1967 i sostenitori del «Davide» israeliano di fronte ai «Golia» arabi sarebbero stati turbati nell'apprendere che, mezzo secolo dopo, Israele avrebbe continuato a imporre la sua legge su milioni di palestinesi e a colonizzare i loro territori. Eppure la forza di questa strategia gradualista non risiede in un improbabile machiavellismo, bensí nella realtà di un pragmatismo militante che trasforma di volta in volta una conquista a breve termine in una conquista irreversibile, senza necessariamente dirimere la questione dell'obiettivo finale. E i leader israeliani sono sempre liberi di mettere in risalto la loro relativa moderazione di fronte agli estremisti interni e all'assolutismo escatologico dei sionisti cristiani.

Una Palestina definita dal mandato.

Laddove la prima *aliya* degli Amanti di Sion, venuti dall'Ucraina a partire dal 1882, ha come unico obiettivo la Palestina ottomana, la fondazione del movimento sionista, quindici anni piú tardi, confonde paradossalmente le acque. Come abbiamo visto, nel 1903 Theodor Herzl arriva persino a proporre al Congresso sionista un progetto di colonizzazione alternativa nell'attuale Kenya occidentale. La corrente «territorialista» è pronta a cogliere qualsiasi opportunità per realizzare una colonizzazione di massa, mentre solo il «sionismo pratico» accorda un'assoluta priorità all'insediamento in *Eretz Israel*. Il territorio palestinese cosí designato non possiede alcuna unità amministrativa nel sistema ottomano, in cui è diviso tra i sangiaccati di Nablus e di San Giovanni d'Acri, che dipendono dal governatorato di Beirut, e il mutasarrifato di Gerusalemme, gestito direttamente da Costantinopoli (negli archivi imperiali questa circoscrizione è chiamata «al-Quds», il nome arabo di Gerusalemme, o «Palestina»)[2]. Dal punto di vista ottomano questa divisione in tre entità mira a contenere le continue ingerenze dei consoli europei nella sola Città Santa e a limitare cosí il loro impatto sul resto della Palestina[3]. Quanto al confine tracciato nel 1906 tra l'impero ottomano e l'Egitto, sotto occupazione britannica dal 1882, interessa due mutasarrifati legati alla Sublime Porta, quello di Gerusalemme, che comprende Gaza e la città di frontiera di Rafah, da un lato, e quello di Karak in Transgiordania, che copre la parte desertica del Negev dal Sud del Mar Morto al porto di Aqaba[4], dall'altro.

A partire però dalla dichiarazione Balfour il movimento sionista si mobilita per garantire che il territorio considerato palestinese sia il piú ampio possibile per massimizzare le possibilità di colonizzazione ebraica. Occorre tuttavia sottolineare che per Weizmann e la sua organizzazione non si tratta di tracciare i confini di una futura entità ebraica, bensí di estendere il piú possibile lo spazio di applicazione della dichiarazione. Nel gennaio del 1919, a Londra, il leader sionista conclude con Faysal, che ha appena instaurato il suo «regno arabo» a Damasco, un accordo che sancisce la colonizzazione ebraica in una Palestina i cui confini restano ancora da definire. Sebbene Faysal subordini questo accordo al riconoscimento della sua sovranità sulle province arabe dell'impero ottomano*, Weizmann può ormai affermare di aver conciliato il progetto sionista con le aspirazioni arabe.

È da questa posizione di forza che nel febbraio del 1919 il movimento sionista affronta, a Parigi e nella sua periferia, la confe-

* Cfr. p. 26.

renza di pace destinata a porre fine alla Prima guerra mondiale, fino ad allora sospesa da una serie di armistizi. Weizmann rivendica l'immigrazione di 70-80 000 ebrei l'anno, in un territorio palestinese di oltre 40 000 chilometri quadrati che si estenderebbe a nord fino a Saida (ma senza includerla), a nordest fino alle alture del Golan, a est fino alla linea ferroviaria tra Amman e Ma'an in Transgiordania (ma senza includere le due città) e a sud ben oltre il confine tra l'Egitto e l'impero ottomano*. In questa fase esclude un «governo strettamente ebraico», ma aggiunge: «Quando questa nazionalità costituirà la maggior parte della popolazione, allora sarà il momento di reclamare il governo di questo paese»[5]. Al ritmo previsto dalla leadership sionista, la maggioranza demografica sarebbe stata raggiunta nel giro di una decina d'anni. Quanto alla volontà di Weizmann di sviluppare in Palestina «una vita ebraica tanto ebraica quanto la vita in Inghilterra è inglese»[6], non potrà certo limitarsi alla sola rinascita culturale della lingua.

Le richieste massimaliste del movimento sionista, sostenuto da Londra, si scontrano ben presto con l'invocazione da parte di Parigi dell'accordo Sykes-Picot, concluso in segreto con la Gran Bretagna nel 1916. Se è vero che i diplomatici francesi non sperano piú in un'internazionalizzazione della Palestina conformemente a questo accordo, insistono perché venga rispettata la linea di partizione definita tra la zona assegnata alla Francia a nord e quella attribuita al Regno Unito a sud. Il braccio di ferro tra le due potenze imperiali riguarda ormai la delimitazione dei «mandati» che entrambe hanno tutte le intenzioni di ricevere dalla Società delle Nazioni. Nel settembre del 1919 il primo ministro Lloyd George richiama il riferimento biblico di una Palestina «da Dan a Beer Sheva»[7], con Beer Sheva chiaramente situata nel Negev, mentre l'ubicazione di Dan nell'Alta Galilea o addirittura sul monte Hermon risulta piú incerta. Londra fa quindi sue le rivendicazioni sioniste sulle risorse idriche del fiume Litani, nel Sud del Libano, e delle alture del Golan, una vera e propria riserva d'acqua naturale.

Le trattative franco-britanniche sono talmente convulse che la questione dei confini tra i futuri mandati sulla Siria e sulla Pale-

* Si veda la mappa 2.

stina non è risolta nemmeno alla Conferenza di Sanremo dell'aprile del 1920, in cui tuttavia si concorda di assegnare il primo mandato alla Francia e il secondo alla Gran Bretagna. Sei mesi piú tardi i negoziati sono ancora a un punto morto, e Weizmann esorta il ministro degli Esteri britannico a mantenere il Sud del Libano e le alture del Golan all'interno della «giurisdizione della Palestina»[8], insistendo sull'importanza cruciale di queste due regioni per i progetti di valorizzazione agraria sionista. Tuttavia nel dicembre del 1920 Lloyd George decide di «non sostenere le rivendicazioni di espansione territoriale sioniste al di fuori della Palestina storica»[9]. La convenzione franco-britannica che viene quindi sottoscritta definisce i confini tra i mandati francesi sulla Siria e sul Libano, da un lato, e il mandato britannico sulla Palestina, dall'altro. Quest'ultimo si estende, attraverso la Galilea, fino all'insediamento sionista di Metulla, ormai identificato con la Dan biblica.

Una volta stabiliti i confini settentrionali della Palestina, Londra ne traccia i confini orientali (instaurando un mandato specifico sulla Transgiordania, situata a est del fiume Giordano e del Mar Morto) e meridionali (confermando il tracciato del 1906 con l'Egitto, che diventa indipendente). Il territorio palestinese cosí delimitato si estende su quasi 26 000 chilometri quadrati, vale a dire molti meno dei 40 000 rivendicati da Weizmann nel 1919. Ma per il movimento sionista quello che conta è l'inserimento, nel luglio del 1922, della dichiarazione Balfour nella carta stessa del mandato che la Società delle Nazioni affida alla Gran Bretagna sulla Palestina. Solo la minoranza revisionista contesta questa vittoria storica. Žabotinskij afferma che, con la Transgiordania, il popolo ebraico ha perso l'80 per cento della «Terra d'Israele». Non sarà l'ultima volta che la leadership sionista consoliderà metodicamente una conquista irreversibile pur essendo accusata di debolezza dagli estremisti.

La «questione nascosta».

Per molto tempo il movimento sionista non presta particolare attenzione alla popolazione araba di Palestina. Questo atteggiamento dipende da una generale ignoranza delle realtà umane e materiali di una terra in gran parte fantasticata, nonché dalla convinzione dei benefici di una colonizzazione per cui gli autoctoni non potranno che essere riconoscenti. Yitzhak Epstein, un pedagogista della rinascita dell'ebraico che risiede in Palestina fin dal 1886, rompe con questo consenso per difetto rimproverando ai sionisti, a margine del congresso del 1905, di aver «completamente ignorato» la «questione del nostro atteggiamento nei confronti degli arabi». A rendere tale indifferenza ancora piú grave c'è il fatto che ai suoi occhi la «corretta soluzione» di questa «questione nascosta»[10] rappresenta «il presupposto su cui si fonda la realizzazione delle nostre speranze nazionali»[11]. Le critiche di Epstein suscitano scalpore nei ranghi sionisti, specialmente da parte di Zeev Smilansky, uno dei militanti della prima *aliya*, secondo cui «gran parte dei contadini si è stabilita nel nostro Paese solo nel secolo scorso; quanto agli altri, stando alle prove fornite dai ricercatori, sarebbero i discendenti degli ebrei dell'antichità»[12]. Di conseguenza non ci sarebbe motivo di preoccuparsi per la popolazione araba della Palestina, o a causa del suo insediamento relativamente recente, o in virtú di ipotetiche radici ebraiche che a tempo debito la condurranno ad aderire al progetto sionista.

I pionieri socialisteggianti della seconda *aliya* escludono i lavoratori arabi dalle loro organizzazioni* senza temere che l'espropriazione della terra corrisponda anche a un'espropriazione del lavoro. Arthur Ruppin, incaricato della supervisione dell'immigrazione ebraica a Giaffa dal Congresso sionista del 1907, propone quattro anni piú tardi un massiccio trasferimento di contadini palestinesi espropriati verso il centro e il Nord della Siria[13]. La leadership sionista rifiuta questo piano per timore che aggravi piuttosto che placare le apprensioni degli arabi nei confronti del sionismo. Nel 1913 è Richard Lichtheim, uno dei rappresentanti sionisti a Costantinopoli, a mettere in guardia sul fatto che «gli arabi sono e resteranno i nostri avversari naturali», perché «vogliono un governo strutturato, una fiscalità legittima e l'indipendenza politica»[14]. Nel 1917 Harry Sacher, uno stretto collaboratore di Weizmann che

* Cfr. p. 76.

conduce una campagna sul «Manchester Guardian» in favore della dichiarazione Balfour, confida i suoi timori a un amico: «Se anche i nostri calcoli politici avessero il risultato sperato, gli arabi diventeranno il nostro problema piú serio. Non vorrei che in Palestina trattassimo gli arabi come in Polonia i polacchi trattano gli ebrei»[15].

I leader sionisti continuano tuttavia a nascondersi dietro la retorica della concordia giudeo-araba. Ma nel 1920 Weizmann propone in un documento interno una strategia di influenza e divisione volta a impedire la nascita di un autentico nazionalismo tra gli arabi di Palestina. Oltre alla «provocazione del dissenso tra i cristiani e i musulmani», suggerisce di stringere «un'alleanza con gli sceicchi beduini della Palestina meridionale»[16], nonché con i capi tribú della Transgiordania, coltivando al contempo il rapporto già instaurato con Haydar Bey Tuqan, ex sindaco di Nablus e deputato del parlamento ottomano nel 1912. È soprattutto attraverso la corruzione che Weizmann conta di sviluppare le reti di simpatizzanti del sionismo tra i notabili arabi. Il principale artefice di questa politica dell'ombra è Chaim Kalvarisky, Amante di Sion immigrato durante la prima *aliya*, uno dei rari arabisti dello *Yishuv*, per questo incaricato dell'acquisto delle terre.

Bisogna aspettare i moti di Gerusalemme dell'aprile del 1920 (durante i quali muoiono 5 ebrei e 4 arabi) e quelli di Giaffa del maggio del 1921 (durante i quali muoiono 47 ebrei e 48 arabi) perché all'interno del movimento sionista si apra il primo vero dibattito pubblico sulla questione araba. Al Congresso sionista del settembre del 1921 alcuni delegati chiedono al movimento se vuole una guerra con gli arabi, cui questo risponde adottando solennemente la proclamazione della volontà del popolo ebraico «di vivere con il popolo arabo nell'amicizia e nel rispetto reciproco, e di sviluppare con lui la patria comune a entrambi in una comunità fiorente che assicuri a ciascuno dei suoi popoli uno sviluppo nazionale sereno»[17]. Žabotinskij rompe un'altra volta con la linea maggioritaria riconoscendo l'esistenza di un forte nazionalismo palestinese, ma solo per meglio combatterlo fino a ricacciarlo dietro a un «muro di ferro»*.

* Cfr. p. 80.

Nel novembre del 1925 nasce a Gerusalemme *Brit Shalom*, un'«alleanza per la pace» volta a promuovere una soluzione binazionale in Palestina. Questa associazione, composta da un centinaio di membri, è animata da alcuni pionieri della colonizzazione sionista come Ruppin e Kalvarisky, convinti dai loro lunghi anni di negoziati con la popolazione locale dell'inutilità di negare il nazionalismo arabo. Le posizioni pacifiste di *Brit Shalom* vengono sostenute e condivise da Yehuda Magness, il rettore della nuovissima Università ebraica di Gerusalemme, e da Martin Buber, un filosofo tedesco molto rispettato all'interno del movimento sionista. Ma questa dimensione accademica viene prontamente denunciata come elitaria, soprattutto dopo i disordini del 1929, percepiti come pogrom nonostante un bilancio equivalente di circa 130 vittime in ciascuna comunità. Ben Gurion respinge quindi le tesi di *Brit Shalom*: «Sarebbe un errore affermare che *Eretz Israel* significa la stessa cosa per il popolo arabo e per il popolo ebraico. Se il concetto bi-nazionale prevede questo tipo di uguaglianza, è una menzogna che nega il nostro obiettivo finale»[18].

Nel 1933 *Brit Shalom* cessa le sue attività senza mai essere riuscito a suscitare una corrente di opinione favorevole a una Palestina interamente giudeo-araba, con uguali diritti per tutti i suoi abitanti. Sempre nel 1933 Ben Gurion entra a far parte dell'esecutivo sionista, da dove si impegna a sviluppare con metodo le reti di intelligence tra gli arabi di Palestina e in Transgiordania, in un'ottica piú di scontro che di conciliazione[19]. Quanto a Žabotinskij, dopo aver tentato senza successo di costringere il Congresso sionista a definire il suo «fine ultimo» nel 1931, passa nel 1935 alla dissidenza aperta, organizzando il suo movimento revisionista come alternativa al sionismo maggioritario. Rimprovera aspramente alla leadership sionista di non essersi impegnata pubblicamente in favore di uno stato ebraico in Palestina. E quando nel 1937 la Gran Bretagna valuta una partizione della Palestina per la prima volta, Žabotinskij non ha parole abbastanza dure per denunciare l'accettazione del piano Peel da parte di Weizmann[20].

La realtà è che il Congresso sionista, riunito a Zurigo nell'agosto del 1937, si guarda bene dal ratificare i confini di questo futuro stato ebraico, ma sostiene il principio della partizione di una Palestina che risulta ancora per due terzi araba. Con la Galilea e la pianura costiera, lo stato ebraico del piano Peel* coprirebbe infatti un quinto della Palestina mandataria e avrebbe una popolazione per due terzi ebraica, mentre solo un migliaio di ebrei risiederebbe nel territorio dello stato arabo annesso alla Transgiordania. Questo piano comporterebbe seri problemi di applicazione, tanto dal punto di vista della creazione di un corridoio tra Gerusalemme a Giaffa, che resterebbero sotto controllo britannico, quanto da quello delle sorti della minoranza araba nel futuro stato ebraico. Ma mentre Žabotinskij inveisce come nel 1922, la leadership sionista ottiene un'ulteriore vittoria storica, perché la prospettiva di uno stato ebraico in Palestina finisce per sostituirsi a quella di un semplice «focolare nazionale». Come commenta Weizmann – in francese –, «è il primo passo che costa»[21].

Ma Ben Gurion ha un motivo in piú per sostenere il piano Peel. L'insurrezione araba dell'aprile del 1936, ancora in corso in Palestina, ha infatti rimesso la «questione nascosta» al centro della riflessione sionista. Per evocare le sorti dei 225 000 arabi che risiederebbero nel territorio del futuro stato ebraico, il rapporto della commissione britannica fa riferimento agli «scambi di popolazione» tra Grecia e Turchia tra il 1922 e il 1924. Ma dal momento che nel caso palestinese un simile scambio risulta inconcepibile, non essendoci nel territorio assegnato allo stato arabo una popolazione ebraica, il piano Peel sembra legittimare il concetto stesso di un «trasferimento». Ed è in questo senso che Ben Gurion si esprime al Congresso sionista dell'agosto del 1937: «Il trasferimento della popolazione permetterà di realizzare un piano intensivo di popolamento. È un bene che la popolazione araba disponga di vasti territori disabitati. L'intensità crescente del popolamento ebraico di Palestina ci aiuterà anche a organizzare meglio un trasferimento massiccio»[22]. Il capo dell'Agenzia ebraica pensa alla Transgiordania e persino all'Iraq. Qualche mese dopo è ancora piú diretto: «Io sono per il trasferimento obbligatorio. Non ci vedo niente di immorale»[23].

* Si veda la mappa 4.

La guerra per lo stato ebraico.

Il decennio tra il 1937 e il 1947 vede il movimento sionista appropriarsi del tema dello stato ebraico per trasformarlo da concetto relativamente astratto in strumento di mobilitazione senza precedenti, mentre l'eventuale «trasferimento» della popolazione araba viene discusso solo internamente, non fosse altro che per non alienarsi l'opinione pubblica internazionale. Nel dicembre del 1940 Yosef Weitz, il responsabile dell'acquisto delle terre presso il Fondo nazionale ebraico (Kkl), afferma che «con la possibile eccezione di Betlemme, di Nazareth e della Città Vecchia di Gerusalemme, non un solo villaggio, non una sola tribú devono essere lasciate al loro posto. E il trasferimento deve avvenire attraverso il loro assorbimento in Iraq e in Siria, e persino in Transgiordania»[24]. Un mese piú tardi Weizmann confida all'ambasciatore sovietico a Londra che in «una prima fase» potrebbe essere trasferito dalla Palestina «in Iraq o in Transgiordania» non meno di «mezzo milione di arabi»[25]. Nell'ottobre del 1941 Ben Gurion prevede che solo alcuni gruppi minoritari drusi o beduini saranno pronti ad accettare un «trasferimento» piú o meno volontario, mentre la massa della popolazione araba lascerà le proprie terre solo sotto una «costrizione spietata»[26].

Come abbiamo già detto il «Commonwealth ebraico», l'obiettivo che Ben Gurion pone al movimento sionista nel maggio del 1942*, non è altro che un eufemismo per designare uno stato ebraico, cui le rivelazioni sullo sterminio degli ebrei d'Europa conferiscono una dimensione di urgenza esistenziale. Il programma Biltmore, che sostiene allora questa prospettiva, celebra l'«importante pagina di storia della colonizzazione» scritta dal popolo ebraico, colonizzazione di cui «hanno beneficiato i suoi vicini arabi in Palestina»[27]. La campagna in favore dell'immigrazione clandestina in Palestina e i contrasti che suscita con le forze britanniche permettono per il momento di rimandare l'inevitabile conflitto con la maggioranza araba della popolazione. Persino Begin, che nel settembre del 1944 guida la «lotta per la

* Cfr. p. 36.

liberazione» dell'*Irgun**, sente il bisogno di rassicurare retoricamente i «vicini arabi»: «Questa lotta non è diretta contro di voi. Non vi vediamo come nemici, vogliamo vedervi come buoni vicini. Non vogliamo né annientarvi né privarvi della terra in cui vivete. In Palestina c'è posto per voi, per i vostri figli e per i figli dei vostri figli, cosí come per milioni di ebrei che possono vivere solo in questo paese»[28].

Non è possibile valutare il grado di sincerità di questo tipo di discorso, pronunciato in termini analoghi anche all'interno dell'*Haganah*. Tuttavia è difficile immaginare come l'arrivo di «milioni di ebrei» in una Palestina di due milioni di abitanti, per due terzi arabi, possa avvenire pacificamente. Solo la priorità accordata al braccio di ferro con la potenza britannica permette di rimandare lo scontro con la popolazione araba. Ma all'interno del movimento sionista vi si preparano tutti metodicamente, con l'obiettivo di offrire un santuario ai sopravvissuti della Shoah. È cosí che nel dicembre alcuni militanti polacchi della sinistra socialista fondano del 1943 il kibbutz Yad Mordechai a nord di Gaza, in omaggio a Mordechai Anielewicz, uno degli eroi della resistenza del ghetto di Varsavia, repressa nel sangue pochi mesi prima. Piú in generale il territorio palestinese conosce una proliferazione di insediamenti estremamente protetti, tutti costruiti sullo stesso modello, in cui poche decine di sionisti fortemente motivati assumono funzioni di avamposto[29].

Nel febbraio del 1947 la Gran Bretagna trasferisce la responsabilità di decidere sulle sorti della Palestina ufficialmente alle Nazioni Unite. Nel mese di maggio la proposta araba di un voto sull'indipendenza della Palestina viene respinta dall'Assemblea generale, che istituisce una commissione d'inchiesta. Il mese successivo Ben Gurion si impegna davanti all'Onu a garantire alla minoranza araba la piena parità di diritti in un futuro stato ebraico. Ma conformemente alla dichiarazione Balfour si tratta sempre e solo dei diritti civili e religiosi, con una giurisdizione interna a ciascuna comunità in materia di matrimoni, divorzi e successioni, sulla base del modello ottomano. Questa tolleranza formale permette di dividere la popolazione araba tra varie comunità religiose, in una prassi privilegiata da tutti gli imperiali-

* Cfr. p. 87.

smi per combattere la sfida nazionalista in Medio Oriente. È in questo spirito che Ben Gurion promette agli ortodossi di *Agudat Yisrael* (oltre al rispetto dello Shabbat e della kasherut negli enti pubblici) che le controversie famigliari nello stato ebraico resteranno di esclusiva competenza dei tribunali rabbinici. L'idea del capo dell'Agenzia ebraica è di ingraziarsi una corrente molto potente tanto in Palestina quanto nella diaspora, sebbene *Agudat Yisrael* continui a rifiutarsi di dichiararsi sionista.

Nel novembre del 1947 il voto dell'Onu sul piano di partizione della Palestina, approvato con il sostegno determinante degli Stati Uniti, costituisce la quarta vittoria storica del movimento sionista dopo quelle del 1917, del 1922 e del 1937. Secondo una prassi ormai consolidata, questo successo è contestato dalla frazione revisionista, cosa che permette alla leadership di mettere in risalto la sua relativa moderazione. Nel frattempo l'Agenzia ebraica ha condotto alcune trattative segrete con re Abdullah di Transgiordania, che si dichiara pronto a riconoscere il futuro stato ebraico a condizione di annettere al proprio regno i territori assegnati a uno stato arabo dalla partizione delle Nazioni Unite[30]. Nella guerra giudeo-araba che scoppia subito dopo l'adozione del piano, le milizie sioniste dell'*Haganah*, dell'*Irgun* e del *Lehi* hanno dalla loro parte una preparazione metodica e un'estrema motivazione. Centinaia di località arabe concludono patti di non aggressione con la colonia sionista piú vicina.

Nei tre mesi che seguono il voto dell'Onu, circa 70 000 arabi su un totale di 1,3 milioni fuggono dal paese[31]. Sono soprattutto membri del ceto medio delle città, come per esempio Haifa, attribuita dal piano di partizione allo stato ebraico, teatro di aspri combattimenti e già a metà marzo del 1948 svuotata di 20-30 000 dei suoi abitanti[32]. Eppure negli ultimi giorni del 1947 i notabili arabi di Haifa avevano concluso un cessate il fuoco con lo *Yishuv*, che tuttavia era stato rapidamente infranto da un attacco dell'*Irgun* (6 morti arabi), che aveva provocato rappresaglie indiscriminate (39 ebrei uccisi), a loro volta seguite dal massacro da parte dell'*Haganah* di decine di civili arabi, tra cui donne e bambini, nei villaggi vicini. Questo pesante bilancio suscita accesi dibattiti all'interno dello *Yishuv*, ma lascia Ben Gurion impassibile: «Siamo in guerra e in guerra e non si possono fare distinzioni precise»[33].

Nel gennaio del 1948, nell'ambito della battaglia per la strada da Tel Aviv a Gerusalemme, è l'*Haganah* a cacciare gli abitanti del villaggio di Sheikh Badr, mentre l'*Irgun* e il *Lehi* terrorizzano le località vicine di Lifta e Romema. È ancora nel gennaio del 1948 che i volontari di un «esercito arabo della salvezza» iniziano a infiltrarsi in Palestina a partire dalla Siria. L'*Haganah* decide di conservare tutte le sue posizioni, anche le piú isolate, contando sulla solidità della loro difesa statica, anche a costo di subire pesanti perdite durante i convogli di rifornimento. Secondo le autorità britanniche il bilancio dei primi quattro mesi di questa guerra civile è di 959 vittime arabe e 875 ebree[34].

Il 10 marzo 1948 lo stato maggiore dell'*Haganah* adotta il piano *Dalet*, dal nome ebraico della lettera D. Per Ben Gurion e i suoi generali si tratta di riprendere l'iniziativa militare in vista della fine del mandato britannico, prevista per il 15 maggio. Il piano prevede di «organizzare operazioni contro i centri abitati nemici situati all'interno o in prossimità del nostro sistema difensivo, al fine di impedire che vengano utilizzati come basi da una forza armata attiva. Queste operazioni possono essere suddivise nelle seguenti categorie:

- distruzione di villaggi (incendiandoli, facendoli esplodere e collocando mine tra le macerie), soprattutto quando si tratta di centri abitati difficili da controllare in modo continuativo;
- rastrellamento e controllo secondo le seguenti linee guida: accerchiamento dei villaggi, ricerca casa per casa. In caso di resistenza le forze armate dovranno essere eliminate e la popolazione espulsa dai confini dello stato. I villaggi cosí svuotati dovranno essere inclusi nel sistema di difesa fissa e, laddove necessario, fortificati»[35].

La leadership sionista ritiene che il rifiuto della divisione della Palestina da parte degli arabi lasci la definizione dei «confini dello stato» ebraico alle sole sorti del conflitto armato. Il piano *Dalet* fornisce quindi un quadro operativo per la «distruzione», il «rastrellamento» e il «controllo» delle località arabe, che potranno eventualmente essere «svuotate» della loro popolazione. Negli ultimi giorni di marzo la fornitura clandestina di armi cecoslovacche su ordine di Stalin permette all'*Haganah* di riprendere l'offensiva sulla strada di Gerusalemme. Il 9 aprile 1948 il villaggio di Deir Yassin, che pure aveva firmato un patto di non aggressione con i suoi vicini ebrei, è abbandonato alle violenze dell'*Irgun* e del *Lehi*[*].

Sebbene sconfessato dall'*Haganah*, questo massacro permette di accelerare la capitolazione araba a Tiberiade, poi nella Galilea orientale e infine a Haifa e a San Giovanni d'Acri, ogni volta con massicci trasferimenti di popolazione. Il 25 aprile 1948 è l'*Irgun* a lanciare l'assalto su Giaffa, dove l'esercito britannico, dopo aver affrontato i miliziani di Begin, offre una breve tregua alla popolazione locale. Questa decide di approfittare delle ultime due settimane di presenza britannica per fuggire dal porto arabo, ormai circondato da ogni lato, sotto la sua protezione. Il 1° maggio Ben Gurion visita i quartieri di Haifa abbandonati dalla popolazione araba, descrivendoli come «uno spettacolo terrificante e magnifico». Nella parte occidentale di Gerusalemme «si sente come in una città ebraica: non ci sono stranieri, il 100 per cento sono ebrei». E spiega ai suoi sostenitori che «quello che è successo a Gerusalemme e quello che è successo a Haifa può succedere in gran parte del paese, se teniamo duro»[36].

Al momento della proclamazione dello Stato di Israele, il 14 maggio 1948, quasi 400 000 palestinesi sono già stati costretti all'esodo, vale a dire piú della metà del totale dei profughi che causerà la *Nakba*, come è chiamata questa «Catastrofe» in arabo. Ciò dimostra che l'espulsione della popolazione autoctona, lungi dall'essere un danno collaterale della prima guerra israelo-araba, è al centro delle operazioni delle milizie sioniste e poi di *Tzahal*. Un rapporto dei servizi di intelligence del neonato esercito israeliano stima che il 1° giugno 1948 fossero già «emigrati» 391 000 palestinesi (di cui 239 000 dal territorio attribuito dall'Onu allo stato ebraico) e fossero state «evacuate» 250 città, un esodo imputato per il 55 per cento alle operazioni dell'*Haganah* e per il 15 per cento a quelle dell'*Irgun* e del *Lehi*. Solo il 2 per cento sarebbe stato causato da ordini di espulsione espliciti di iniziativa locale, il 5 per cento da appelli arabi alla fuga e il 22 per cento dalle «paure» e dalla «crisi di fiducia» delle popolazioni interessate[37]. Tuttavia Ben Gurion si guarda bene dal firmare qualsiasi ordine di espulsione, cosa che per-

[*] Cfr. p. 91.

mette alla minoranza araba di San Giovanni d'Acri di restarvi, poiché l'autorità locale richiede un ordine scritto prima di evacuare la città[38].

Nel luglio del 1948 Israele assorbe senza difficoltà il contraccolpo dell'intervento degli eserciti arabi, tanto piú che la Transgiordania e la sua Legione araba rispettano il loro impegno di non combattere all'interno del territorio assegnato allo stato ebraico dal piano di partizione dell'Onu (anche se gli scontri rimangono intensi a Gerusalemme, le cui sorti non sono state decretate dal piano e la cui Città Vecchia è caduta nelle mani della Legione araba). A partire dall'estate del 1948 lo stato ebraico non lotta piú per la sua sopravvivenza, bensí per ottenere il territorio piú esteso possibile e quindi piú favorevole a una massiccia campagna di immigrazione. È in quest'ottica che Lod (l'ex Lidda) e le sue decine di migliaia di abitanti, molti dei quali vi si sono rifugiati dopo l'evacuazione di Giaffa, diventano un obiettivo prioritario per controllare l'asse tra Tel Aviv e Gerusalemme. La conquista israeliana della città è accompagnata il 12 luglio dal massacro di almeno 250 civili[39]. Il giorno successivo gli abitanti sono espulsi in lunghe colonne che mirano sia a disturbare la difesa della Legione araba sia a minare il morale della popolazione palestinese.

Rabin, che comanda l'operazione, rimpiangerà a lungo un'«azione tanto crudele», perché «non potevamo evitare di usare la forza e di sparare in aria per costringere gli abitanti di Lod a percorrere i circa venti chilometri che li separavano dalla Legione» araba[40]. Bambini e anziani perdono la vita durante questa marcia forzata, in cui gli stupri e i saccheggi sono talmente frequenti che Ben Gurion è costretto a diffondere forti richiami all'ordine[41]. Le fonti palestinesi parlano di 1300 morti, di cui 800 nei combattimenti per Lod e 500 nel corso dell'esodo[42]. È in ogni caso documentato che il 15 luglio per le strade di Lod e nelle campagne circostanti i cadaveri sono ancora cosí tanti che le autorità israeliane temono una crisi di salute pubblica a causa del rischio di epidemie[43]. I soldati israeliani costringono decine di civili arabi a seppellire le numerose salme, un'operazione che richiede diversi giorni[44].

Eppure la prassi israeliana è tutt'altro che uniforme. Nel momento stesso della caduta di Lod, la conquista della Galilea occidentale provoca un esodo piú limitato. È pur vero che Ben Gurion, sempre molto attento all'opinione pubblica internazionale, preferisce risparmiare il simbolo cristiano di Nazareth, che ha accolto *Tzahal* alzando bandiera bianca e in cui i soldati israeliani, salvo eccezioni, non sono autorizzati a entrare per evitare atrocità[45]. Quanto ai notabili drusi, decidono di consegnare i loro villaggi agli occupanti, salvo poi inscenare una finta resistenza. Il fatto che Israele si serva delle minoranze cristiane e druse per dividere il campo arabo è evidente, ma non significa che tutte le località musulmane vengano trattate con la stessa severità. A Illut e Kfar Manda vari civili vengono giustiziati sommariamente, ma la popolazione non viene espulsa, mentre gli abitanti rimasti a Ein Mahal si impegnano, nel momento della resa, a impedire il ritorno dei loro vicini «assenti»[46].

È sempre nell'estate del 1948 che Israele instaura il regime di amministrazione militare delle popolazioni palestinesi e il procedimento per la confisca dei beni dei proprietari «assenti». I drusi vengono ricompensati per il loro sostegno diventando gli unici arabi israeliani soggetti alla coscrizione obbligatoria come gli ebrei. È ancora a partire da questo periodo che il divieto di ritorno dei rifugiati viene fatto rispettare con la forza, sia attraverso la detenzione e la riespulsione dei civili, sia tramite l'esecuzione degli «infiltrati», generalmente contadini venuti a lavorare le loro terre. Ed è di nuovo durante l'estate che le zone conquistate vengono piú o meno metodicamente «ripulite», con la distruzione degli edifici tramite esplosivi e bulldozer o attraverso l'assegnazione delle case svuotate agli immigrati ebrei[47].

Dopo le prime tre ondate dell'inverno del 1947-48, della primavera del 1948 e poi dell'estate dello stesso anno, l'esodo palestinese conosce una quarta ondata nel corso dell'autunno. Il 21 ottobre Ben Gurion confida a un suo stretto collaboratore che «gli arabi della Terra d'Israele [hanno] una sola via aperta, quella di scapparsene di corsa»[48]. Durante le precedenti campagne, nella Galilea orientale in aprile e nella Palestina centrale in luglio, Allon, ormai al comando del fronte meridionale, non ha lasciato alcun nucleo di popolazioni arabe dietro le linee israeliane. È altrettanto sommario nella sua offensiva contro l'esercito egiziano, durante la quale i bombardamenti e i mitragliamenti dell'aviazione israeliana scatenano il panico nella popolazione. Questo panico è aggravato dal massacro del 29 ottobre di almeno un centinaio di persone nel villaggio di Dawayima, che pure si è arreso senza combattere (un bilancio parla di 455 vittime, di cui 170 donne e bambini[49], mentre il console americano a Gerusalemme menziona «fra 500 e 1000» morti[50]). Ma sono le atrocità commesse durante questa strage a colpire maggiormente l'opinione pubblica: un testimone israeliano afferma che ad alcuni bambini è stata spaccata la testa a bastonate[51]. Le notizie di stupri seminano il terrore tra i civili palestinesi, che fuggono verso l'enclave ancora controllata dalle truppe egiziane intorno a Gaza. L'esercito israeliano trasporta a sua volta a Gaza centinaia di civili dopo la presa di Beer Sheva[52], poi di Majdal[53], il cui nome viene ben presto ebraicizzato in Ashkelon.

Nello stesso momento viene lanciata un'offensiva per «ripulire» la Galilea centrale dagli ultimi insediamenti dell'Esercito arabo della salvezza. La condotta delle operazioni è chiaramente piú erratica che nel Sud, con un buon terzo della popolazione mantenuta sul posto a causa della sua resa volontaria o per rispetto delle minoranze druse e cristiane. Tuttavia il villaggio cattolico di Eilabun, che pure si arrende senza combattere, è teatro di varie atrocità e in tre villaggi al confine con il Libano conquistati fra il 30 ottobre e il 2 novembre 1948 vengono massacrate decine di civili. Un ufficiale israeliano teme che le Nazioni Unite possano segnalare i numerosi cadaveri lasciati senza sepoltura[54]. La preoccupazione è tale che Ben Gurion deve istituire una commissione d'inchiesta interna, salvo poi affossarla sotto i procedimenti[55]. Nelle settimane successive l'esercito israeliano si impegna a sgomberare le varie linee di fronte dalla popolazione araba, a diversi chilometri di profondità, nell'ottica di un armistizio.

È il 7 gennaio 1949 quando il cessate il fuoco con l'Egitto mette fine alla prima guerra israelo-araba. Lo stato ebraico, cui il piano di partizione delle Nazioni Unite offriva il 55 per cento della Palestina mandataria, ne controlla ormai il 77 per cento*. Questa vittoria è ancora piú clamorosa se si considera che nel 1917, al momento della dichiarazione Balfour, le proprietà ebraiche rap-

* Si veda la mappa 5.

presentavano solo il 2 per cento delle terre palestinesi e trent'anni dopo il 6 per cento[56]. Le vittime ebree sono poco piú di 6000, contro le circa 13 000 arabe, vale a dire una proporzione nell'ordine dell'1 per cento per entrambe le popolazioni[57]. Ma, per la maggior parte, gli israeliani uccisi sono combattenti, mentre, per la maggior parte, i morti palestinesi sono civili. Dal suo canto Ben Gurion ritiene che, nonostante la portata dell'esodo che ha fortemente incoraggiato, in Israele ci siano ancora «troppi arabi»[58].

Tra lo Stato di Israele, la Giordania (creata dall'annessione della Cisgiordania, compresa Gerusalemme Est, alla Transgiordania) e la Striscia di Gaza, sotto amministrazione egiziana, la Palestina è in effetti letteralmente scomparsa. Gli 1,3 milioni di palestinesi si dividono ormai tra i 160 000 che sono rimasti in Israele (di cui 25 000 sfollati che hanno dovuto abbandonare le loro case)[59], i 300 000 abitanti della Cisgiordania e gli 80 000 della Striscia di Gaza, oltre ad almeno 750 000 profughi insediati a Gaza, in Giordania, in Libano, in Siria e altrove[60]. Circa quattrocento località palestinesi[61] sono state eliminate dal territorio di Israele*, alcune rase al suolo e altre, piú della metà, ebraicizzate nel nome e giudaizzate nella popolazione[62]. È il caso del sobborgo di Givat Shaul, a ovest di Gerusalemme, che sorge sulle rovine del villaggio martire di Deir Yassin. Sebbene Buber scriva a Ben Gurion per protestare contro questa seconda morte di Deir Yassin, il primo ministro israeliano lascia la sua lettera senza risposta[63].

La nascita dei feddayin.

I leader israeliani, che durante le ostilità hanno escluso qualsiasi ritorno dei rifugiati palestinesi, sono determinati a continuare a opporvisi anche dopo la firma degli armistizi con l'Egitto, il Libano, la Giordania e la Siria. Ma nel dicembre del 1948 l'Assemblea generale dell'Onu adotta la Risoluzione 194 secondo cui, offrendo ai rifugiati l'alternativa tra risarcimento o rimpatrio, riconosce, secondo la parte araba, una forma di «diritto al ritorno» per i palestinesi espulsi dalle lo-

* Si veda la mappa 6.

ro terre. Israele non può contestare la validità di questa risoluzione, il cui valore giuridico equivale a quello del piano di partizione della Palestina, fondamento stesso della legittimità dello stato ebraico. Per quanto indiretto, questo riconoscimento del «diritto al ritorno» è infatti la condizione necessaria per l'ammissione di Israele all'Onu in qualità di «stato pacifico», in seguito a un voto in questo senso dell'Assemblea generale nel maggio del 1949[64].

Ben Gurion sa bene che, se vuole consolidare la dinamica del riconoscimento internazionale, Israele deve compiere un gesto su questa questione molto delicata. È anche preoccupato per la nascita di un focolare nazionalista nella «Striscia di Gaza», il territorio sotto autorità egiziana in cui ormai si concentra un quarto della popolazione araba della Palestina mandataria. Il suo piano originale prevedeva di conquistare quell'enclave e di «risolvere» le sorti della sua popolazione sulla falsariga dell'offensiva condotta in tutto il Sud della Palestina nell'autunno del 1948. Ma la combattività egiziana e le pressioni internazionali ne impediscono l'attuazione[65], in un momento in cui circa 200 000 profughi convivono con gli 80 000 abitanti di questa striscia il cui territorio è stato delimitato dalla guerra e dall'armistizio (la confusione è tale che Israele è convinto che a Gaza risiedano solo 100 000 profughi palestinesi).

Nel maggio del 1949 gli Stati Uniti, la Francia e la Turchia invitano Israele e gli stati arabi a incontrarsi a Losanna sotto l'egida dell'Onu. Questa conferenza di pace dovrebbe porre fine al conflitto israelo-arabo fornendo una risposta a ciascuna delle questioni rimaste in sospeso, prima fra tutte quella dei profughi palestinesi. La posizione degli stati arabi, che hanno concordato di non invitare una delegazione palestinese indipendente[*], è indebolita dal fatto che basano le proprie rivendicazioni sul piano di partizione delle Nazioni Unite, contro il quale hanno iniziato la guerra nel maggio del 1948. In compenso Ben Gurion prende l'iniziativa proponendo non solo di annettere la Striscia di Gaza, ma anche di reinsediare all'interno di Israele 100 000 profughi presenti al suo interno. In questo modo il primo ministro israeliano spera di prendere due piccioni con una fava, da

[*] Cfr. p. 215.

una parte, sollevando Israele dai suoi obblighi internazionali e, dall'altra, eliminando la roccaforte nazionalista di Gaza.

La proposta non è ben accolta dalla parte araba, le cui rivendicazioni si fondano sul ritorno al piano di partizione, cosa che naturalmente esclude una nuova annessione. Gli Stati Uniti ricordano che qualsiasi ulteriore annessione potrà avvenire solo nel quadro di una compensazione territoriale, ovviamente nel Negev. L'offerta di Ben Gurion suscita scalpore anche all'interno di Israele, dove il consenso intorno al rifiuto del principio stesso del ritorno dei rifugiati è praticamente unanime. La cifra di 100 000 rifugiati viene quindi ridotta di un terzo nel corso delle successive precisazioni del governo israeliano[66], la cui offerta non negoziabile vuole essere un contributo definitivo a una soluzione altrettanto definitiva della questione dei profughi palestinesi. In queste condizioni la Conferenza di Losanna si conclude nel settembre del 1949 con un nulla di fatto.

Truman e la sua amministrazione, che hanno avuto un ruolo cruciale nell'approvazione della partizione della Palestina del 1947 e nel riconoscimento dello Stato di Israele del 1948, esercitano questa volta tutta la loro influenza per creare, nel dicembre del 1949, l'Unrwa, il cui mandato non menziona alcun «diritto al ritorno». Quanto all'esercito israeliano, considera ogni «infiltrazione» – comprese quelle dei contadini venuti a lavorare le terre da cui sono stati espulsi – come un'operazione «terroristica». L'autoritarismo di questa politica apre la strada a numerose atrocità[67], la cui brutalità, amplificata dalla violenza di eventuali rappresaglie, mira fondamentalmente a scoraggiare i tentativi di ritorno. Ciò è particolarmente vero lungo i confini della Striscia di Gaza, dove si verificano vari incidenti sanguinosi[68]. Nei primi anni di vita dello Stato di Israele vengono cosí uccise migliaia di palestinesi «infiltrati», senza tuttavia che sia possibile fornire una cifra esatta del totale delle vittime arabe di una guerra inconfessata[69].

Il governo israeliano è cosí impegnato nell'immensa impresa di assorbire una massiccia ondata di immigrati che nel giro di tre anni conduce al raddoppio della popolazione del giovane stato. I beni e le terre confiscate ai palestinesi «assenti» sono quindi metodicamente trasferiti ai nuovi arrivati, spesso del tutto inconsapevoli del fatto che il loro insediamento – già di per sé estenuante – si fonda su una tale spoliazione. Chi invece ne è consapevole è Ben Gurion, che in seguito dichiarerà ai suoi ministri: «Se all'epoca non avessimo portato in Israele 700 000 ebrei senza pensarci due volte, 700 000 arabi sarebbero inevitabilmente tornati e non avremmo potuto fare niente per impedirlo. Portando in Israele 700 000 ebrei, abbiamo sbarrato loro la strada»[70]. Laddove il rifiuto categorico del ritorno dei rifugiati palestinesi è generalmente presentato come la condizione necessaria per accogliere nuovi immigrati ebrei, il fondatore di Israele inverte il ragionamento facendo di questi nuovi immigrati uno «sbarramento» collettivo al rimpatrio dei palestinesi espulsi.

Già nel 1949 Ben Gurion, sempre estremamente lucido, teme anche che la Striscia di Gaza, popolata per due terzi da profughi, diventi un focolare attivo del nazionalismo palestinese. Ma bisogna aspettare il rovesciamento della monarchia del Cairo, nel luglio del 1952, e poi il consolidamento del potere personale di Nasser, due anni dopo, perché l'esercito egiziano si decida a sostenere una forma di guerriglia palestinese. I *feddayin*, come vengono designati i combattenti palestinesi, sono quindi addestrati e armati dai servizi segreti egiziani, che li utilizzano a due riprese, nell'agosto del 1955 e nell'aprile del 1956, per due campagne di attentati dietro le linee israeliane. Piú che nella ventina di morti, perlopiú civili, provocati da queste due campagne, per Israele la minaccia risiede nell'ascesa senza precedenti del nazionalismo armato palestinese.

Si stima che tra il 1949 e il 1956 il bilancio di guerra dei confini – il conflitto israelo-palestinese a bassa intensità che infrange gli armistizi conclusi tra Israele e i suoi vicini arabi – sia di 200 vittime civili israeliane contro 2700-5000 vittime palestinesi[71]. Anziché placarsi nel tempo, il conflitto sembra aggravarsi con l'ascesa dei *feddayin* di Gaza, tanto da spingere Ben Gurion a denunciare pubblicamente la «quinta colonna» che diffonderebbe questa minaccia tra la popolazione araba di Israele[72]. Il primo ministro laburista è ormai convinto della necessità di colpire duramente l'Egitto e occupare la Striscia di Gaza per eradicare la minaccia dei *feddayin*. Si avvicina quindi alla Francia e alla Gran Bretagna, entrambe determinate a punire Nasser.

Il 24 ottobre 1956 le delegazioni francese, britannica e israeliana firmano un protocollo segreto di offensiva anti-egiziana a Sèvres, nella periferia di Parigi, con il pretesto dell'«interposizione» della Francia e del Regno Unito tra le forze israeliane ed egiziane sul canale di Suez[73]. Alle 17 del 29 ottobre Israele lancia l'attacco contro l'Egitto e proclama il coprifuoco sulle zone arabe. Ma a quell'ora gli abitanti del villaggio di Kfar Qasim, non lontano dalla linea verde armistiziale con la Giordania, stanno ancora lavorando nei campi; 48 contadini, tra cui 15 donne e 11 bambini, sono uccisi dalle guardie di frontiera, che applicano spietatamente gli ordini dell'esercito. Il massacro è occultato per diversi giorni prima che Israele istituisca una commissione d'inchiesta. Nel 1958 un tribunale militare condanna dieci israeliani, di cui due ufficiali, per «omicidio a sangue freddo di civili»[74], ma l'anno successivo sono graziati dal presidente dello Stato di Israele, Yitzhak Ben Zvi, pioniere del laburismo israeliano con Ben Gurion*. Bisognerà aspettare il 2014 perché un altro presidente israeliano, Reuven Rivlin, faccia visita a Kfar Qasim per condannare il «terribile crimine» che vi è stato perpetrato sessant'anni prima[75].

Per il momento Israele occupa la Striscia di Gaza dal 2 novembre 1956 con l'obiettivo dichiarato di eliminare la presenza dei *feddayin*. L'occupazione, che dura quattro mesi, è particolarmente letale, con un migliaio di morti per una popolazione di 300 000 abitanti, vale a dire la proporzione di vittime piú alta mai registrata in tutte le numerose guerre condotte a Gaza da Israele fino al 2023[76]. Nei primissimi tempi dell'occupazione vengono perpetrati due massacri, uno a Khan Yunis e l'altro a Rafah, con un bilancio ritenuto «credibile» dall'Onu di 275 vittime per il primo e 111 per il secondo, mentre le cifre delle fonti palestinesi sono due volte superiori[77]. Il territorio è metodicamente rastrellato alla ricerca dei *feddayin* e dei loro sostenitori, da qui il pesantissimo tributo di questa occupazione.

Quando gli Stati Uniti costringono Israele a evacuare la Striscia di Gaza, nel marzo del 1957, Ben Gurion ritiene di aver raggiunto il suo obiettivo. L'occupazione è stata talmente traumatica che la popolazione di Gaza rifiuta la prospettiva di un'amministrazione fiduciaria dell'Onu e accoglie con entusiasmo il ritorno dell'amministrazione egiziana. Ben Gu-

* Cfr. pp. 75-76.

rion evita cosí la creazione di un'enclave autonoma al confine meridionale di Israele, confidando in Nasser per contrastare qualsiasi tentativo di ricostituzione dei *feddayin*. Questo tacito accordo, fondamentalmente anti-palestinese, durerà dieci anni. Quanto agli arabi israeliani, Ben Gurion insiste per mantenerli sotto un'amministrazione militare sostenuta dalla legge marziale, adducendo motivi demografici: «Il loro tasso di mortalità è quello degli ebrei mentre il loro tasso di natalità è senza contraccezione»[78]. Sebbene nel giugno del 1963 il fondatore di Israele si dimetta dal ruolo di primo ministro, il suo successore Levi Eshkol deve fare i conti con l'opposizione della vecchia guardia laburista a qualsiasi alleggerimento dello status d'eccezione che grava sugli arabi di Israele. Eshkol aspetta quindi il dicembre del 1966 per emancipare finalmente i suoi compatrioti arabi dal regime militare che ha governato la loro quotidianità per quasi vent'anni.

I piani di Allon.

L'obiettivo prioritario di Israele durante la Guerra dei sei giorni del giugno del 1967 è in tutto e per tutto l'Egitto di Nasser. È solo in un secondo momento che l'entrata in guerra della Giordania di re Hussein porta alla conquista lampo di Gerusalemme Est e della Cisgiordania. Circa 250 000 civili attraversano il Giordano, per la stragrande maggioranza senza speranza di tornare (solo 14 000 saranno autorizzati a farlo)[79]. Nella parte occupata della Città Santa viene imposto un nuovo status quo, con la distruzione del quartiere maghrebino e l'apertura sulle sue rovine di una spianata davanti al Muro del Pianto, riservato al culto ebraico, mentre la Spianata delle Moschee viene lasciata al culto musulmano. L'unificazione «amministrativa» del comune di Gerusalemme equivale a un'annessione di fatto di Gerusalemme Est, la cui superficie, che sotto l'autorità giordana copriva meno di 7 chilometri quadrati, viene portata a 72. Con questa espansione in territorio occupato la parte israeliana di Gerusalemme, pari a circa 38 chilometri quadrati, triplica quindi la sua superficie[80]. La Cisgiordania è gestita attraverso il metodo militare del fatto compiuto, con il trasferimento delle procedure ancora in vigore fino a qualche mese prima nelle zone arabe di Israele.

Il governo di unità nazionale di Eshkol, costituito alla vigilia del conflitto, fa fronte comune sull'indivisibilità di Gerusalemme. In compenso è diviso sulle sorti da riservare alla Cisgiordania, con Begin che sostiene l'inviolabilità dei «confini» restaurati di *Eretz Israel* e Dayan che difende un'occupazione senza colonizzazione. Sebbene sia solo ministro del Lavoro, Allon non fa mistero della sua volontà di succedere a Eshkol. Nel luglio del 1967 sottopone all'esecutivo una bozza iniziale del suo «piano» per la Cisgiordania, che fissa il confine di Israele lungo il Giordano, annettendo le zone a scarsa concentrazione araba e organizzando l'autonomia delle zone piú densamente popolate, di concerto con la Giordania cui queste enclave potranno essere incorporate[81]. Tuttavia questa annessione non ottiene un consenso unanime nel governo israeliano, in cui alcuni propendono per un'autonomia palestinese sotto protettorato israeliano.

L'esercito di occupazione stabilisce quindi un sistema tanto complesso quanto metodico di accaparramento delle terre della Cisgiordania. Per prima cosa si impadronisce del 13 per cento delle terre demaniali che nei vent'anni precedenti le autorità giordane avevano delimitato grazie a una laboriosa operazione di registrazione catastale. Tuttavia solo un terzo delle terre è stato effettivamente registrato, un processo che Israele sospende per avere mano libera sui restanti due terzi il cui status rimane contestabile. Le autorità di occupazione estendono quindi alla Cisgiordania la legge del 1950 sulle «proprietà degli assenti»*, che consente loro di confiscare le terre lasciate vacanti dai proprietari fuggiti nel 1967. Infine l'amministrazione israeliana riesuma una normativa ottomana del 1858 che attribuisce allo stato qualsiasi terra non coltivata da piú di tre anni[82].

Nel 1948 Allon è stato il generale israeliano piú sistematico nella «pulizia» della popolazione araba dalle zone che ha conquistato, prima nella Galilea orientale, poi nella Palestina centrale e infine nel Sud, contribuendo in larga misura alla concentrazione dei profughi palestinesi nella Striscia di Gaza. È anche vicino ai coloni religiosi, di cui facilita l'insediamento a Hebron. A partire

* Cfr. p. 95.

dal dicembre del 1967 la Cisgiordania, territorio «amministrato» e non occupato secondo la terminologia israeliana, è designata con il nome biblico di «Giudea e Samaria». Le discussioni su un'eventuale autonomia condotte con i notabili cisgiordani si scontrano con il rifiuto di Israele di trasferire loro competenze significative, ma anche con la richiesta di una forma di «copertura» internazionale da parte della Giordania.

È per questo che nell'aprile del 1968 il piano Allon viene riformulato con l'instaurazione di un corridoio tra Ramallah e Gerico, punto d'ingresso dell'autorità giordana per controllare le due enclave, una tra Jenin e Ramallah a Nord e l'altra tra Betlemme e Hebron a Sud*. Israele progetta infatti di annettere un terzo della Cisgiordania intorno a Gerusalemme, ma anche la valle del Giordano e la catena collinare che la domina. Questa «opzione giordana» si inserisce nel lungo periodo del movimento sionista, che va dal primo piano di partizione della Palestina del 1937 agli accordi ufficiosi con re Abdullah per il secondo piano di partizione, tra il 1947 e il 1948.

Nel settembre del 1968 Allon accompagna a Londra Abba Eban, capo della diplomazia israeliana, per presentare in segreto queste proposte a re Hussein. Colto alla sprovvista dall'estensione delle annessioni previste da Israele, il monarca giordano riflette a lungo prima di rifiutare l'offerta israeliana. Da parte sua esige il ripristino della sovranità giordana su tutti i territori occupati nel 1967, compresa Gerusalemme Est, dove è disposto solo a «riconoscere il diritto di Israele sui luoghi sacri ebraici»[83]. Quanto alle modifiche della linea armistiziale israelo-giordana del 1949, le accetta solo sulla base della reciprocità, e quindi delle compensazioni territoriali.

Il piano Allon potrebbe essere considerato morto e sepolto se non fosse diventato uno strumento al servizio delle ambizioni del suo autore, promosso vice primo ministro nel luglio del 1968 e mantenuto in questo ruolo dal governo di Golda Meir del marzo del 1969. Come se non bastasse, proprio perché non viene mai ufficialmente pubblicato, questo piano permette a Israele di alimentare le illusioni circa la sua volontà di una pace duratura con la Giordania. Il rifiuto di re Hussein del set-

* Si veda la mappa 7.

tembre del 1968 resta a sua volta segreto e due anni piú tardi la crisi del «settembre nero»*, in cui l'esercito giordano sconfigge i *feddayin* dell'Olp, spinge Amman ad avvicinarsi a Israele. Nell'ottobre del 1970 è lo stesso Allon a discutere le modalità del suo «piano» con re Hussein, nel deserto a sud del Mar Morto. Ma Dayan, l'intoccabile ministro della Difesa, mette un termine alle trattative.

Allon continua tuttavia a mantenere in Cisgiordania la sua rete di notabili filogiordani, ferocemente contrari all'Olp. Sono queste le personalità che, nel marzo del 1972, il vice primo ministro presenta a François Mitterrand, segretario del Partito socialista e «compagno» dei laburisti israeliani all'interno dell'Internazionale socialista. L'incontro si svolge nel kibbutz di Allon, sulle rive del lago di Tiberiade, e contribuisce a rendere il leader della sinistra francese il piú convinto sostenitore del piano Allon all'estero: «Una Cisgiordania smilitarizzata e collegata al regno di Hussein da Gerico; valichi di frontiera israeliani lungo il Giordano; un nuovo tracciato dei confini in alcuni punti sensibili ma limitati; la sovranità giordana sui luoghi sacri musulmani con accesso attraverso una strada extraterritoriale»[84]. Nonostante la sua sagacia, Mitterrand sembra non rendersi conto che il piano del suo invitato non prevede aggiustamenti «limitati» dei confini, bensí l'annessione di un terzo della Cisgiordania.

Mentre Allon perfeziona i suoi progetti in Cisgiordania, Sharon guida la repressione di un'insurrezione a bassa intensità lanciata nel giugno del 1967 nella Striscia di Gaza. La morte del leader della guerriglia, un ufficiale di ventotto anni di nome Ziyad al-Husayni, permette a Sharon di dichiararsi vincitore nel novembre del 1971. Il generale israeliano afferma tuttavia che per essere duraturo, questo successo dovrà essere accompagnato non solo da una colonizzazione volontaristica del territorio palestinese, ma anche dallo sgombero dei campi profughi, i cui abitanti saranno trasferiti nelle città della Cisgiordania o della Striscia di Gaza. Sharon arriva fino a proporre che tra i 20 000 e i 30 000 profughi vengano insediati in Israele e che un fondo di risarcimento «soddisfi le legittime richieste delle famiglie di profughi arabi»[85]. Ma Dayan rifiuta un'altra volta di accogliere i suoi suggerimenti.

* Cfr. p. 223.

Il ministro della Difesa, consacrato dal trionfo del giugno del 1967, perde gran parte del suo prestigio dopo la guerra dell'ottobre del 1973. È stato infatti colto di sorpresa dall'offensiva egiziano-siriana, sebbene abbia poi condotto la vittoriosa controffensiva israeliana. Nel giugno del 1974 Peres lo sostituisce come ministro della Difesa del governo Rabin. Questa configurazione convince re Hussein a moltiplicare le riunioni segrete con i nuovi leader israeliani, presso il quartier generale del Mossad a Tel Aviv, a partire dall'agosto del 1974. Il monarca giordano vuole il permesso di dispiegare il suo esercito lungo la sponda occidentale occupata del Giordano per qualche chilometro di profondità. Per legittimare la sua richiesta si rifà agli accordi di «separazione delle forze» che Israele ha appena concluso con l'Egitto e la Siria nei territori occupati del Sinai e delle alture del Golan.

Rabin e Peres escludono di mettere in discussione il piano Allon, che garantirebbe il controllo israeliano sulla valle del Giordano. Re Hussein agita invano la minaccia di un'ascesa dell'Olp e di Arafat sulla scena internazionale. In effetti il vertice arabo di Rabat dell'ottobre del 1974 riconosce l'Olp come «unica e legittima rappresentante del popolo palestinese», una decisione cui la Giordania è l'unica a opporsi[86], e il mese successivo Arafat viene invitato a esprimersi all'Assemblea generale dell'Onu. Quando nel maggio del 1975 re Hussein incontra nuovamente Peres, sempre in segreto e questa volta a Sud del Mar Morto, lo rimprovera aspramente: «Se avesse accettato una separazione delle forze, avrei potuto evitare quello che è successo a Rabat»[87]. Ma nell'aprile del 1976 i laburisti israeliani preferiscono indire elezioni municipali in Cisgiordania, nella speranza di far emergere personalità disposte a collaborare con il regime di occupazione. La manovra non produce il risultato auspicato, perché la maggior parte dei sindaci eletti sono aperti sostenitori dell'Olp.

L'autonomia secondo Camp David.

Nel maggio del 1977 Begin conduce il *Likud* alla vittoria con un programma che promette di «sterminare» l'Olp[88]. Oltre a porre fine a tre decenni di egemonia laburista, il leader revisionista seppellisce anche l'«opzione giordana», rifiutando categoricamente di cedere la benché minima parte di *Eretz Israel*, che con l'occupazione del 1967 ha semplicemente restaurato i suoi legittimi confini. L'ex capo dell'*Irgun* ritiene che, abbandonando la Transgiordania nel 1922, il sionismo abbia compiuto un sacrificio storico, e che il Regno hashemita di Giordania costituisca già uno stato «palestinese». Quando il leader egiziano Sadat prende la coraggiosa decisione di visitare Gerusalemme, nel novembre del 1977, difende davanti alla Knesset i diritti dei palestinesi, che Begin chiama semplicemente «gli arabi di *Eretz Israel*», negando loro qualsiasi aspirazione nazionale.

I negoziati tra Begin e Sadat, patrocinati da Carter a Camp David nel settembre del 1978, restringono il campo d'azione del principio «terra in cambio di pace» al trattato israelo-egiziano. In compenso il primo ministro israeliano, fermamente contrario a qualsiasi concessione territoriale in Cisgiordania e a Gaza, riesce a limitare l'accordo quadro sulla questione alla creazione di un'autonomia palestinese per un periodo intermedio di cinque anni, al termine dei quali le sorti dei territori palestinesi saranno decise da un trattato di pace tra Israele e la Giordania. Il prevedibile rifiuto di re Hussein di aderire a un dispositivo negoziato in sua assenza non può che fare il gioco del leader del *Likud*, che aveva già ottenuto da Carter l'esclusione dell'Olp.

Begin si assicura in tal modo che l'autonomia delle persone in Cisgiordania e a Gaza, cui è favorevole se non altro per sollevare Israele dalla loro gestione quotidiana, non possa sfociare in un'effettiva autonomia di quei territori. Quanto al testo firmato a Camp David, prevede che «l'Egitto, Israele e la Giordania dovranno accordarsi sulle modalità di instaurazione di un'autorità autonoma elettiva sulla Cisgiordania e su Gaza». Quello che conta per «la sicurezza di Israele» è che «l'autorità autonoma instaurerà una potente forza di polizia locale che contribuirà a garantire questa sicurezza». Questa forza di polizia, «composta da abitanti della Cisgiordania e di Gaza», sarà in «costante collegamento» con «i responsabili nominati da Israele, dalla Giordania e dall'Egitto»[89]. Per il leader del *Likud* i poliziotti palestinesi dovranno infatti essere solo ausiliari delle forze israeliane.

Sebbene l'astensione della Giordania renda l'insieme del dispositivo piuttosto teorico, Begin si premura, prima del voto degli accordi di Camp David alla Knesset, di presentare una traduzione in ebraico che ne altera profondamente il significato. È cosí che «la Cisgiordania e Gaza» diventano «la Giudea, la Samaria e il distretto di Gaza», la «soluzione del problema palestinese in tutti i suoi aspetti» si trasforma nella «soluzione del problema degli arabi di *Eretz Israel* in tutti i suoi aspetti» e l'«autonomia di autogoverno» viene ridotta a una «autorità di autoamministrazione»[90]. Carter accetta persino di confermare in una lettera a Begin che le espressioni «palestinesi» o «popolo palestinese» dell'accordo possono essere intese da Israele come «arabi palestinesi» (senza nozione di popolo) e che la Cisgiordania per Israele è effettivamente la «Giudea e Samaria»[91].

Il presidente americano spera che il capo del governo israeliano congeli la colonizzazione fino all'instaurazione dell'autonomia dei territori occupati. Ma Begin insedia 10 000 nuovi coloni nel 1979, 12 500 nel 1980 e 16 000 nel 1981[92]. Decide inoltre di sospendere tutte le consultazioni in Cisgiordania e a Gaza, per paura che le elezioni municipali si rivelino, come nel 1976, favorevoli all'Olp. A seguito di un attentato contro i coloni di Hebron, nel maggio del 1980, il primo ministro israeliano ordina l'espulsione in Libano del sindaco della città, nonché di quello di una città vicina. Due mesi dopo fa approvare dalla Knesset la «legge fondamentale» di valore costituzionale su Gerusalemme «unita e indivisibile» come capitale di Israele. E il leader del *Likud* non esita a giocare la carta degli evangelici americani, che fanno campagna contro Carter e in favore di Reagan*.

Dopo l'elezione di Reagan alla Casa Bianca, nel gennaio del 1981, Begin può contare sul suo appoggio contro i «terroristi» dell'Olp. Washington sostiene anche l'invasione israeliana del Libano, nel giugno del 1982, prima di aderire, nel mese di agosto, all'iniziativa francese dell'evacuazione da Beirut di Arafat e di migliaia dei suoi *feddayin*. Ma quando a settembre il presidente americano tenta di rilanciare il processo di pace tra Israele e la Giordania, sulla base dell'«opzione giordana», escluden-

* Cfr. pp. 49-50.

do sia l'Olp sia la prospettiva di uno stato palestinese, Begin vi si oppone ferocemente. Denuncia una violazione degli accordi di Camp David nella richiesta americana di congelare la colonizzazione e di includere Gerusalemme Est nelle elezioni per l'autonomia palestinese, ribadendo che questa autonomia deve riguardare le persone e non i territori. La linea dura gli vale il sostegno della Knesset. È la sua ultima grande battaglia diplomatica prima che, esausto, rassegni le dimissioni nell'agosto del 1983, lasciando la guida del governo a Shamir.

Il nuovo primo ministro rimane in carica fino al luglio del 1992, con un intermezzo come ministro degli Esteri dal settembre del 1984 all'ottobre del 1986 nell'ambito di un governo di unità nazionale con Peres e Rabin. I laburisti, per un attimo tentati dai negoziati con una delegazione giordano-palestinese, passano ben presto alla fuga in avanti militarista con il bombardamento della sede dell'Olp a Tunisi dell'ottobre del 1985. Quanto a Shamir, si attiene a una linea resa ancora piú chiara dalla sua incrollabile fermezza, direttamente ispirata dalla parte palestinese degli accordi di Camp David: l'unica autonomia contemplabile è quella «della Giudea, della Samaria e del distretto di Gaza», sulla base di elezioni locali che apriranno un periodo di transizione di cinque anni.

Né lo scoppio dell'*intifada* nei territori occupati né il disimpegno ufficiale della Giordania dalla Cisgiordania discostano il primo ministro israeliano dalla sua linea. Nell'aprile del 1989 Shamir arriva persino a dare il suo nome a un piano per le elezioni e l'autonomia in Cisgiordania e a Gaza. Ribadisce che questo processo non riguarderà Gerusalemme Est e che escluderà qualsiasi negoziato con l'Olp e qualsiasi cambiamento nello status «della Giudea, della Samaria e di Gaza»[93]. E nonostante l'irritazione degli Stati Uniti resta fermo sulle sue posizioni anche alla Conferenza di pace israelo-araba di Madrid dell'ottobre del 1991. Il paradosso è che questa formula di autonomia dei territori occupati, utilizzata in maniera apertamente dilatoria prima da Begin e poi da Shamir, si ritroverà al centro del processo di pace tra Israele e l'Olp, contribuendo in larga misura al suo fallimento.

Un processo senza orizzonti.

Rabin è sinceramente determinato a venire a capo del conflitto israelo-palestinese. Nel settembre del 1993 rompe con tutti i suoi predecessori accettando di riconoscere l'Olp come «rappresentante del popolo palestinese». Questo duplice riconoscimento, in primo luogo, del popolo palestinese destinato a vivere nella stessa terra del popolo israeliano e, in secondo luogo, dell'Olp in quanto rappresentante di quello stesso popolo, costituisce una frattura fondamentale con il dogma sionista fino ad allora predominante. Quanto ad Arafat, afferma che «l'Olp riconosce il diritto dello Stato di Israele a vivere in pace e in sicurezza» e «rinuncia al ricorso al terrorismo e a qualsiasi atto di violenza». È sulla base di questi impegni che Rabin decide di avviare «negoziati con l'Olp nell'ambito del processo di pace in Medio Oriente»[94].

Questo scambio di lettere tra Rabin e Arafat, patrocinato dalla diplomazia norvegese, costituisce il primo dei due accordi di Oslo, l'unico ad aprire un capitolo radicalmente nuovo della storia israelo-araba. Il secondo, firmato alla Casa Bianca da Rabin e Arafat in presenza di Clinton, è una «dichiarazione di principio sulle disposizioni provvisorie di autogoverno», in linea con la parte palestinese degli accordi di Camp David. Le discussioni sullo status finale – che si tratti di Gerusalemme, dei confini, delle colonie o dei profughi – sono quindi rimandate al termine di un periodo di transizione di cinque anni. Nel frattempo «l'obiettivo dei negoziati israelo-palestinesi» è di «stabilire un'Autorità palestinese di autogoverno provvisorio», dotata, come nell'accordo israelo-egiziano del 1978, di una «potente forza di polizia». I «ridispiegamenti» delle forze israeliane «saranno applicati gradualmente, a mano a mano che la polizia palestinese assumerà il controllo dell'ordine pubblico e della sicurezza interna»[95].

Dopo decenni di negazione israeliana, Rabin accetta la legittimità del nazionalismo palestinese, con cui può quindi essere negoziato uno storico accordo di pace. Ma il primo ministro israeliano si guarda bene dal pronunciarsi sulla forma finale di questo accordo. Non parla mai di uno stato palestinese, né del suo corollario, la soluzione a due stati. Ottiene che il graduale ritiro dell'esercito israeliano dalla Cisgiordania e da Gaza venga qualificato come un semplice «ridispiegamento». E difende la sua libertà di continuare, durante il periodo di transizione, a incoraggiare la colonizzazione, cui non è piú favorevole di quanto lo fosse nel 1975[*], ma che non è nemmeno piú in grado di frenare. Ci sono ormai tutti i presupposti perché, dopo i voli pindarici di Washington, il processo di pace si trasformi in un meccanismo frustrante in cui ogni «ridispiegamento» israeliano verrà concesso solo dopo estenuanti deliberazioni sulla capacità relativa dell'Autorità palestinese di mantenere i propri impegni.

Per il momento la priorità di Rabin è il ritiro dell'esercito israeliano dal pantano della Striscia di Gaza. Ed è con questo argomento che giustifica gli accordi con l'Olp davanti all'opinione pubblica: «Preferisco che siano i palestinesi a farsi carico del problema del mantenimento dell'ordine a Gaza», afferma, perché «governeranno con i loro metodi e, soprattutto, solleveranno l'esercito israeliano da questo compito»[96]. Arafat deve adoperarsi per far sí che il primo ritiro israeliano non si limiti alla Striscia di Gaza ma comprenda anche una parte della Cisgiordania, seppure limitata all'oasi di Gerico. Laddove l'Olp vuole vedere nell'Autorità palestinese l'embrione di uno stato in divenire, Israele la considera soltanto una «potente forza di polizia», conformemente alla parte palestinese di Camp David.

Bisogna aspettare il febbraio del 1994 perché un accordo firmato al Cairo formalizzi le condizioni per l'ingresso e l'uscita della popolazione palestinese attraverso i valichi di frontiera sui ponti del Giordano (con la Giordania) e nella città di Rafah (con l'Egitto). La sicurezza esterna rimane di esclusiva pertinenza israeliana, che applicherà «disposizioni speciali» alle «personalità di spicco (Vip) che transiteranno per l'ala palestinese», essa stessa distinta dal terminal riservato agli israeliani[97]. Per la prima volta viene accreditata una nomenklatura palestinese, il cui trattamento preferenziale da parte di Israele dipende direttamente dal suo grado di cooperazione. Queste trattative ufficialmente tecniche rivelano altresí che, paradossalmente, la parte israeliana conosce i territori palestinesi di cui si discutono le sorti me-

[*] Cfr. pp. 102-3.

glio dei suoi interlocutori dell'Olp. Questi ultimi, generalmente esiliati di lunga data, si trovano infatti di fronte a responsabili, spesso militari, che hanno organizzato o supervisionato l'occupazione della Cisgiordania e di Gaza per molti anni. I negoziatori israeliani dispongono inoltre di mappe molto piú precise e aggiornate di quelle dei loro omologhi palestinesi[98].

È solo nel maggio del 1994 che Rabin e Arafat firmano l'accordo Gaza-Gerico al Cairo, in presenza del presidente Mubarak. Con 19 pagine di testo e 400 di appendici e mappe, l'accordo costituisce il dispositivo di applicazione dettagliato della «dichiarazione di principî» sottoscritta otto mesi prima a Washington. Se inizialmente Arafat rifiuta di firmare la mappa dell'enclave di Gerico, ai suoi occhi troppo esigua, finisce per farlo sotto le pressioni di Mubarak[99]. L'accordo mantiene il quadro giuridico e regolamentare dell'occupazione, stabilendo che «le leggi e le normative militari vigenti nella Striscia di Gaza o nella regione di Gerico prima di questo accordo rimarranno in vigore»[100]. Le appendici precisano le restrizioni imposte da Israele sulla composizione, l'armamento e i movimenti della polizia palestinese. La firma dell'accordo di Gaza-Gerico segna l'inizio del periodo di transizione di cinque anni, che dovrebbe concludersi nel maggio del 1999.

Nel luglio del 1994 Arafat ritorna trionfalmente a Gaza, dove è accolto da una folla immensa. Il leader dell'Olp non tarda a moltiplicare i servizi di sicurezza, da una parte, per mantenere gli impegni presi con Israele e, dall'altra, per evitare che un singolo servizio possa trasformarsi in una base di potere alternativa. Pochi giorni dopo l'Autorità palestinese si rende responsabile della morte sotto tortura di un civile palestinese[101]. Ma la brutalità della polizia non dissuade l'esercito israeliano dal continuare a colpire obiettivi «terroristici» nei territori assegnati all'Autorità palestinese. La sequenza del novembre del 1994 è in questo senso rivelatrice: la morte di un leader del Movimento per il Jihad islamico in Palestina (Mjip) in un'esplosione attribuita a Israele a Gaza è seguita da una serie di proteste contro Arafat, fischiato durante le esequie, e poi da un attacco suicida dell'Mjip, che uccide tre riservisti israeliani a Gaza; l'ondata di repressioni lanciata dall'Autorità palestinese contro l'Mjip provoca nuove manifestazioni che vengono represse nel sangue dalla polizia palestinese, con quindici persone uccise a colpi di arma da fuoco.

Nel frattempo Rabin continua a difendere la sua visione di un'autonomia palestinese di natura amministrativa, opponendosi a qualsiasi affermazione di sovranità da parte dell'Autorità palestinese durante il periodo di transizione. Nel gennaio del 1995 promuove davanti all'opinione pubblica la «separazione» dai palestinesi, che «costituiscono un'entità distinta dalla nostra sotto ogni punto di vista, sia esso politico, religioso o nazionale». Dichiara che questa «separazione non avverrà lungo i confini precedenti al 1967, perché il Giordano rimarrà il nostro confine di sicurezza e Gerusalemme resterà unita per l'eternità»[102]. Insiste inoltre perché il successivo «ridispiegamento» in Cisgiordania distingua fra tre zone, A, B e C. Il 3 per cento della zona A sarà l'unico sotto esclusivo controllo dell'Autorità palestinese, il 24 per cento della zona B sarà sotto amministrazione palestinese e sicurezza israeliana e il 73 per cento della zona C sotto esclusivo controllo israeliano[*]. Arafat scopre solo tardivamente la mappa israeliana, una vera e propria «pelle di leopardo» in cui le enclavi palestinesi assomigliano a una «successione di cantoni»[103]. Nonostante le sue pochissime concessioni, Rabin è assassinato da un estremista ebreo a Tel Aviv cinque settimane dopo gli accordi di Oslo II, firmati a Washington nel settembre del 1995. È un colpo terribile per il processo di pace israelo-palestinese, che non si riprenderà mai piú.

È lecito domandarsi se negoziati volontaristici sulle questioni di fondo non avrebbero suscitato una dinamica piú duratura rispetto al loro rinvio al termine di un periodo di transizione. Destinato a consolidare la fiducia tra i due popoli, questo periodo di transizione, fissato a cinque anni, è infatti diventato fonte di continue controversie, con un'Autorità palestinese dotata di enormi poteri repressivi ma senza la legittimità conferita da uno stato, o anche solo da una parvenza di stato. Anche i cosiddetti «dividendi della pace» appaiono discutibili – se non addirittura inafferrabili – tanto per la popolazione israeliana, alle prese con una recrudescenza degli attentati, quanto per quella palestinese, segnata dal deterioramento delle sue condizioni di

[*] Si veda la mappa 8.

vita a causa dei ripetuti blocchi causati dalla prosecuzione della colonizzazione.

Durante la sua prima esperienza alla guida del governo, tra il giugno del 1996 e il luglio del 1999, Netanyahu si dedica principalmente a svuotare di sostanza gli accordi di Oslo e Oslo II, perché le pressioni americane gli impediscono di abrogare dei testi su cui l'amministrazione Clinton ha tanto investito. Il risultato è particolarmente frustrante. Anche l'accordo su Hebron del febbraio del 1997, anziché segnare l'abbandono da parte del *Likud* delle sue rivendicazioni sull'insieme di *Eretz Israel*, perpetua il dominio israeliano sul centro della città piú popolata della Cisgiordania, mentre Ramallah, Nablus, Betlemme e Jenin sono state evacuate. Netanyahu moltiplica inoltre gli avamposti, spesso situati sulle colline della Cisgiordania, e destinati o a diventare colonie a tutti gli effetti, o a entrare a far parte dei «blocchi» di insediamenti.

Il primo ministro israeliano mobilita inoltre i sionisti cristiani statunitensi contro Clinton, proprio come Begin aveva fatto contro Carter, ma in maniera ancora piú metodica e aggressiva. Nel novembre del 1998, quando Israele dovrebbe effettuare un nuovo ritiro, il governo Netanyahu insiste sul fatto che «nei negoziati sulla Giudea, la Samaria e il distretto di Gaza [...] tutelerà gli interessi nazionali vitali dello Stato di Israele», che comprendono «le zone di sicurezza, le regioni intorno a Gerusalemme, le zone di colonizzazione ebraica, gli interessi infrastrutturali, le risorse idriche e i siti militari e di sicurezza, le zone adiacenti alle arterie di trasporto nord-sud ed est-ovest, e i siti storici del popolo ebraico»[104].

Piú che il sabotaggio degli accordi di Oslo, è la confusione della gestione del governo a portare alla sconfitta di Netanyahu nel maggio del 1999, con solo il 43,9 per cento dei voti contro Barak. Il periodo di transizione di cinque anni previsto dagli accordi di Oslo è appena terminato e si può ormai iniziare a discutere dello status finale. Ma a differenza di Rabin nel 1992, il nuovo primo ministro laburista non ha fatto campagna su un programma pacifista. Ha privilegiato la prospettiva di un accordo con la Siria, che tuttavia sfuma con il fallimento del vertice Clinton-Assad del marzo del 2000, conducendo due mesi dopo Barak a decretare il ritiro unilaterale dal Libano dopo vent'anni di occupazione. Nonostante la tentazione di agire altrettanto unilateralmente sulla questione palestinese, nel luglio del 2000 il primo ministro israeliano si presta piú o meno di buon grado a partecipare al vertice tripartito con Clinton e Arafat a Camp David.

Ma è solo dopo lo scoppio della seconda *intifada* e l'escalation di violenza che ne consegue da entrambe le parti, che Barak formulerà una vera e propria offerta di pace, abbandonando le sue richieste di annessione della valle del Giordano. Un gesto fortemente incoraggiato dalla Casa Bianca, che si impegna senza riserve in questo estremo tentativo di negoziazione e formula, il 23 dicembre 2000, i «parametri» di Clinton per un accordo finale: uno stato palestinese «non militarizzato» nella Striscia di Gaza e nel 94-96 per cento della Cisgiordania (con una compensazione territoriale piú modesta – nell'ordine dell'1-3 per cento – da parte di Israele); Gerusalemme città aperta e indivisa, con sovranità israeliana sui quartieri ebraici di Gerusalemme Est e palestinese sui quartieri arabi; avamposti israeliani nella valle del Giordano. Sulla questione del diritto al ritorno dei rifugiati palestinesi, Clinton offre un'alternativa tra la formulazione: «Entrambe le parti riconoscono il diritto al ritorno dei rifugiati palestinesi nella Palestina storica», che sarebbe conforme alla Risoluzione 194 ma inaccettabile per Israele, e la formulazione: «Entrambe le parti riconoscono il diritto al ritorno dei rifugiati palestinesi nella loro patria»[105], che limiterebbe il loro ritorno al territorio dello stato palestinese.

Barak e Arafat accettano questi «parametri», ma bisogna aspettare il passaggio di poteri tra Clinton e Bush, il 20 gennaio 2001, perché le delegazioni israeliana e palestinese, riunite al porto egiziano di Taba, nel Sinai nordorientale, inizino finalmente a lavorare a un accordo finale. Le due parti avvicinano sensibilmente le loro posizioni fino a limitare, da parte di Israele, le richieste di annessione al 6 per cento della Cisgiordania, e ad accettare, da parte dell'Olp, l'annessione del 3,1 per cento. Si accordano sul fatto di considerare Gerusalemme capitale di entrambi gli stati, con una divisione della sovranità sui quartieri di Gerusalemme Est in base alla loro popolazione. Le due delegazioni fanno persino qualche progresso sulla questione del diritto al ritorno: Israele propone di accogliere tra i

25 000 e i 40 000 profughi, soprattutto dal Libano, in cambio dell'assorbimento del resto dei rimpatriati da parte della futura Palestina. Il 27 gennaio le delegazioni si congedano affermando che «le due parti non sono mai state tanto vicine a un accordo», con la «convinzione che le restanti lacune possano essere colmate da una ripresa dei negoziati all'indomani delle elezioni israeliane»[106]. Ma Barak è già un primo ministro con i minuti contati e alle elezioni del 6 febbraio verrà schiacciato da Sharon con il 62,4 per cento dei voti.

L'«Eretz Israel» di Netanyahu.

Tra il 2001 e il 2005 Sharon usa la guerra per riconfigurare un *Eretz Israel* in cui spera di seppellire qualsiasi prospettiva di uno stato palestinese. Il muro di separazione, progressivamente edificato in Cisgiordania, serve tanto a prevenire le «infiltrazioni» quanto a erodere ulteriormente il territorio palestinese. Se la rioccupazione della Cisgiordania del marzo del 2002 è abbastanza brutale da distruggere le premesse di una costruzione statale, si ferma prima del collasso generale dell'Autorità palestinese. Sharon, che vent'anni prima aveva tentato invano di liquidare l'Olp a Beirut, non vuole infatti l'annientamento di una struttura palestinese con cui certamente si rifiuta di negoziare, ma la cui funzione ausiliaria gli appare essenziale per la sicurezza di Israele. Quanto al ritiro unilaterale da Gaza, nel settembre del 2005, permette di sottrarre questa enclave sovrappopolata dall'equazione demografica israelo-palestinese.

Al suo ritorno alla guida del governo, nel marzo del 2009, Netanyahu eredita quindi una situazione particolarmente favorevole. Sebbene si sia opposto al ritiro da Gaza, non può che beneficiare di questo fatto compiuto, reso ancora piú provvidenziale, nel giugno del 2007, dalla rottura tra *Hamas*, padrone incontestato di Gaza, e l'Autorità palestinese, confinata in Cisgiordania. Pressato da Obama a impegnarsi per la soluzione a due stati, Netanyahu vi acconsente nel giugno del 2009, imponendo tuttavia una condizione che nessun negoziato israelo-arabo aveva mai menzionato e che lui stesso non aveva avanzato durante il suo precedente mandato di primo ministro, tra il

1996 e il 1999: «Se i palestinesi riconoscono Israele in quanto stato ebraico, siamo pronti a concludere un vero e proprio accordo di pace, uno stato palestinese smilitarizzato accanto allo stato ebraico». Netanyahu aggiunge che «Israele ha bisogno di confini difendibili, con Gerusalemme come sua capitale unita». D'altronde «i coloni non sono i nemici della pace, sono i nostri fratelli e le nostre sorelle». Quanto al «problema dei profughi palestinesi», «deve essere risolto al di fuori dei confini di Israele»[107].

Questo discorso mette l'Autorità palestinese in una situazione impossibile: riconoscendo Israele in quanto stato ebraico, minaccerebbe lo status del 20 per cento di arabi israeliani, la cui lealtà è già messa regolarmente in discussione, se non altro perché non prestano servizio militare (con l'eccezione dei drusi e di alcuni beduini); rifiutando questo riconoscimento, verrebbe invece inevitabilmente accusata di essere la sola responsabile del blocco del processo di pace. Abbas cerca di tergiversare, aggravando ulteriormente la situazione di stallo, mentre Netanyahu, sostenuto attivamente dai sionisti cristiani statunitensi, ha ormai una scusa per tenere testa a Obama. Quanto alla divisione persistente tra l'Autorità palestinese in Cisgiordania e *Hamas* a Gaza, continua a fare il gioco del leader del *Likud*.

Netanyahu è infatti tornato al potere al termine di un'offensiva particolarmente sanguinosa contro la Striscia di Gaza. L'assedio imposto da Israele in collaborazione con l'Egitto al confine del Sinai gli permette di controllare molto da vicino questa enclave dominata da *Hamas*, dove un terzo della popolazione araba che vive ancora sul suolo della Palestina mandataria è concentrato nell'1 per cento della sua superficie*. Il deterrente rappresentato da Gaza è anche l'argomento principale di Netanyahu, il quale ribadisce costantemente che un ritiro israeliano, anziché favorire la pace, non farebbe che incoraggiare il terrorismo islamico, persino «eradicando decine di colonie»[108]. Il blocco di Gaza resta in tutto e per tutto la formula piú vantaggiosa per Netanyahu, che nel 2011 propone a *Hamas* il rilascio di oltre mille prigionieri palestinesi in cambio di un solo soldato israeliano. È cosí che Yahya al-Sinwar, il pioniere dell'islamismo ar-

* Cfr. p. 127.

mato a Gaza incarcerato dal 1988 e condannato a 462 anni di reclusione, torna come un eroe nel territorio assediato, di cui finirà per diventare il leader indiscusso incarnando la linea piú intransigente di *Hamas*.

In assenza di contatti diretti tra Israele e *Hamas*, il cessate il fuoco di Gaza dovrebbe essere garantito dall'Egitto. E la rivolta popolare che rovescia Mubarak nel febbraio del 2011 non cambia le cose: i Fratelli Musulmani, al potere al Cairo a partire dal giugno del 2012, sfruttano la loro vicinanza con *Hamas* per fare in modo che le ostilità che cinque mesi dopo scoppiano a Gaza durino solo una settimana, con un bilancio di 166 vittime palestinesi (un terzo delle quali combattenti) contro 6 vittime israeliane (due delle quali soldati). Ma il putsch anti-islamista del generale Abdel-Fatah al-Sisi, che nel luglio del 2013 prende il potere al Cairo, scatena tensioni senza precedenti con *Hamas*. L'Egitto rifiuta quindi di arginare l'escalation di violenza che devasta la Striscia di Gaza tra l'8 luglio e il 26 agosto del 2014. Prigioniero del suo stesso oltranzismo, Netanyahu lancia un'offensiva di terra che devasta interi quartieri di Gaza, in cui perdono la vita 66 soldati israeliani. Non riesce tuttavia a fermare i razzi palestinesi, che uccidono sei civili nello stesso Israele. Dal lato palestinese le perdite superano i 2100 morti, di cui quasi 500 bambini, mentre piú di 100 000 civili vedono le loro case distrutte[109]. Quando finalmente viene ripristinato, il cessate il fuoco continua a essere privo di qualsiasi prospettiva politica.

Netanyahu è ormai deciso a non ripetere l'errore di un intervento di terra a Gaza. Le elezioni del marzo del 2015 lo confermano alla guida di un governo militante, i cui ministri rivaleggiano nell'accanimento anti-palestinese. Ma è contro la minoranza araba interna che il primo ministro lancia il suo ambizioso progetto di rifondazione dello Stato di Israele, cui abbiamo accennato in precedenza. Le basi sono nettamente diverse da quelle gettate da Ben Gurion nel 1948, tanto che nel luglio del 2018 la Knesset vota una legge fondamentale di valore costituzionale che definisce «Israele come stato-nazione del popolo ebraico». Laddove la Dichiarazione di indipendenza offriva agli «abitanti arabi della terra di Palestina» il «diritto di piena e intera cittadinanza a parità con gli ebrei»[110], settant'anni dopo il testo di

Netanyahu riserva il diritto all'autodeterminazione nella Terra d'Israele al solo popolo ebraico. Lo sviluppo dell'«insediamento ebraico» viene assurto a «causa nazionale» da «incoraggiare e promuovere». Quanto all'arabo, fino ad allora lingua ufficiale al pari dell'ebraico, è retrocesso a un vago «statuto speciale»[111].

Sebbene venga approvata solo da 62 dei 120 membri della Knesset, questa legge fondamentale suscita proteste ben presto limitate alla comunità drusa e ai suoi alleati nei partiti progressisti. Non verrà messa realmente in discussione nemmeno durante le cinque campagne elettorali che si susseguiranno tra il 2019 e il 2022. Questo consenso – quantomeno per difetto – costituisce la piú importante vittoria di Netanyahu, che rifonda lo Stato di Israele secondo le sue convinzioni revisioniste. Gli ebrei, che all'epoca della dichiarazione Balfour rappresentavano solo un decimo della popolazione della Palestina, costituiscono nel 2019 poco piú della metà dei suoi 14 milioni di abitanti. Sono tutti, per definizione, cittadini israeliani a pieno titolo, compresi i residenti delle colonie, nell'ordine di 250 000 a Gerusalemme Est e di 450 000 in Cisgiordania, vale a dire il 10 per cento della popolazione ebraica israeliana. In compenso i palestinesi sono suddivisi in quattro status, dal piú al meno favorevole, che corrispondono alle quattro divisioni geografiche del territorio israelo-palestinese: 1,7 milioni sono cittadini israeliani, 300 000 sono abitanti di Gerusalemme Est, 2,8 milioni risiedono in Cisgiordania e 2,2 milioni a Gaza.

Netanyahu può godere del sostegno incondizionato di Trump, a sua volta spinto a una tale condiscendenza dall'attivismo dei sionisti cristiani. Nel febbraio del 2020 questa dinamica degli atti di forza culmina nell'«accordo del secolo» concluso da Netanyahu e Trump alle spalle dei palestinesi, cui è richiesto di conformarsi al progetto israelo-americano di uno stato fantoccio, senza continuità territoriale, la cui capitale è situata sul lato cisgiordano del muro di separazione*. Ma in un sussulto di dignità Abbas rifiuta di piegarsi alla manovra. Netanyahu reagisce minacciando di annettere un terzo della Cisgiordania, vale a dire la valle del Giordano e i principali blocchi di colonie. Ma paradossalmente questa minaccia getta scompiglio all'interno

* Si veda la mappa 10.

della gerarchia militare, che preferisce gestire dei territori occupati, come fa da decenni, piuttosto che delle zone diventate formalmente israeliane.

Netanyahu capisce allora che l'incertezza sull'obiettivo finale può giovare al processo di colonizzazione – per non dire di espansione – di Israele. Laddove nel 1931 Žabotinskij tentava invano di ottenere la definizione di un «fine ultimo» dalla leadership sionista, il suo seguace del 2020 deve accantonare i suoi piani di annessione aperta per preservare le conquiste multiformi di un'annessione strisciante. È qui che gli accordi di Abramo offrono una scappatoia al primo ministro israeliano. Nel settembre del 2020 Mohammed bin Zayed – il sovrano di fatto degli Emirati Arabi Uniti – sostiene di aver ottenuto da Netanyahu l'abbandono dei suoi piani di annessione in cambio della firma di un trattato di pace bilaterale. Può quindi affermare di aver normalizzato le relazioni con Israele solo in cambio di un gesto sulla questione palestinese. La realtà è che Netanyahu non ha piú alcuna intenzione di portare avanti i suoi obiettivi annessionistici, il cui abbandono ufficiale salva la faccia a entrambi i leader, ormai impegnati in un vero e proprio avvicinamento strategico.

Netanyahu ha tutto il tempo di riflettere su questa lezione durante l'intermezzo, tra il giugno del 2021 e il dicembre del 2022, in cui viene estromesso dal potere. E il suo secondo ritorno alla guida del governo beneficia di questa esperienza quanto il primo aveva beneficiato della riconfigurazione bellicosa dello spazio israelo-palestinese da parte di Sharon. Il leader del *Likud* si guarda bene dal definire un «fine ultimo», pur affermando a gran voce il diritto ai suoi occhi inalienabile di Israele di colonizzare la Cisgiordania. E lascia che i suoi alleati suprematisti esprimano le dichiarazioni piú scioccanti e incoraggino – quando non la organizzano in prima persona – la violenza dei coloni.

Netanyahu sa che la massiccia mobilitazione contro il suo progetto di riforma giudiziaria concentra tutte le energie dell'opposizione israeliana. Quest'ultima resta però in silenzio di fronte alla repressione in Cisgiordania, che pure ha raggiunto un livello di intensità senza precedenti da quella della seconda *intifada* del 2005. Quanto alla Corte suprema, sostenuta dai contestatori israeliani, è definita dagli attivisti israeliani per i diritti umani «Corte suprema dell'occupazione»[112], in quanto nel corso della sua storia si è pronunciata quasi sistematicamente in favore delle autorità israeliane contro i ricorrenti palestinesi. In tutta evidenza un simile contesto non può che incoraggiare ulteriori fatti compiuti nei confronti del popolo palestinese.

Questo capitolo è piú breve dei precedenti in quanto affronta sia una questione sottotraccia sia una strategia tanto piú efficace quanto meno si rivela come tale. In questa prospettiva occorre navigare tra due scogli: da un lato, quello della ricostruzione a posteriori di una coerenza che sarebbe in larga misura artificiale e, dall'altro, quello di una cieca accettazione delle giustificazioni sioniste e poi israeliane. Rari sono quanti hanno ammesso che il progetto sionista si fonda inevitabilmente su un'«ingiustizia» nei confronti del popolo palestinese, ingiustizia di cui si può solo limitare la portata. Tra di loro c'è Martin Buber, che nel 1929 scrive: «In Palestina dovremmo immaginare, nel piú profondo di noi stessi, che noi siamo gli abitanti originari del paese e gli altri i nuovi arrivati, che sono appena giunti nel paese e che, di anno in anno, ne prendono sempre piú possesso. Come avremmo affrontato una situazione simile? Come avremmo reagito? Sarà solo quando l'avremo capito che impareremo a non commettere un'ingiustizia piú grande di quella che non possiamo evitare di commettere a causa di una necessità vitale»[113].

Per confutare le tesi bi-nazionali, d'altronde ampiamente minoritarie nel movimento sionista, Ben Gurion evita di assumere una posizione morale. Diluisce l'attaccamento degli «abitanti originari del paese» alla loro terra in una vasta entità araba in cui questa popolazione potrebbe reinserirsi, mentre solo il popolo ebraico intratterrebbe da millenni un legame indefettibile con *Eretz Israel*. Questa inversione di legittimità, che antepone i «diritti» degli immigrati sionisti a quelli degli arabi di Palestina, è fondamentale, perché da qui deriva tutto il resto. Lo stato ebraico passa dal 20 per cento della Palestina nel 1937, al momento del primo piano di partizione, al 55 per cento nel 1947, al momento della seconda partizione, per stabilirsi infine sul

77 per cento nel 1949. E quando il trionfo del 1967 permette a Israele di controllare l'intera Palestina mandataria, gli argomenti opposti dai laburisti alla colonizzazione della «Giudea-Samaria» sono piú di opportunità che di principio.

Nel 1977 Begin ha quindi mano libera per ergersi a garante dell'integrità di *Eretz Israel* di fronte alle pressioni internazionali in favore delle concessioni territoriali. Per quanto la sua offerta di una semplice autonomia della Cisgiordania equivalga alla negazione dei diritti nazionali del popolo palestinese, viene messa al centro del processo di pace, che non smetterà mai di parassitare. Nel 2009 Netanyahu – il successore in brutta copia di Rabin di cui, tra il 1996 e il 1999, cerca di svendere l'eredità – assume una statura di inflessibile nazionalista che gli garantisce un'eccezionale longevità alla guida del governo israeliano. Questo perché il rifondatore di Israele è riuscito ad accumulare in suo favore i vantaggi strutturali generati dalla mobilitazione incondizionata dei sionisti cristiani statunitensi, l'oltranzismo permanente in Israele – fino alla recente svolta suprematista –, e la prosecuzione dei fatti compiuti nei territori occupati. Ma per quanto notevoli, questi punti di forza non avrebbero giovato in modo tanto spettacolare a Israele se la parte palestinese non avesse sofferto per piú di un secolo di tre punti di debolezza altrettanto strutturali.

Parte seconda

I tre punti di debolezza palestinesi

Capitolo quarto
L'illusione araba

> La Palestina non appartiene ai palestinesi, ma agli arabi.
>
> ALLUBA PASHA, 1937[1].

Il conflitto per la terra di Palestina oppone fin dal principio gli immigrati ebrei a una popolazione locale che si identifica come araba, nonostante il mandato britannico faccia proprie le categorie confessionali dell'impero ottomano. L'affermazione di questa identità mira al contempo a contrastare la minaccia sionista e a evitare la trappola della divisione tra le varie comunità. Ma la tentazione di appoggiarsi a una piú vasta solidarietà araba alimenta la propaganda sionista incentrata sull'assenza di un sentimento nazionale proprio alla Palestina e sulla possibilità di trasferire gli abitanti arabi nei paesi vicini. Come se non bastasse, la causa palestinese diventa il campo privilegiato del gioco al rialzo e delle manovre tra quei regimi arabi che cercano di compensare la loro mancanza di legittimità nell'arena panaraba. Nel 1948 le rivalità interarabe aggravano l'espropriazione dei palestinesi, che oltre a essere espulsi dalla loro terra da parte di Israele, si vedono privati di una rappresentanza autonoma da parte di stati che considerano «fratelli». Per tutta una generazione, il conflitto arabo-israeliano conduce paradossalmente all'occultamento della questione palestinese, che pure resta onnipresente nei discorsi arabi. È solo nel 1967, quando Israele prende il controllo dell'intera Palestina storica, che l'Olp inizia a incarnare un nazionalismo autenticamente palestinese, non senza ripetuti e sanguinosi scontri con diversi regimi dell'area araba.

Gli avatar di un'identità.

È una guarnigione in gran parte araba che, nel 332 a.C., tiene testa ad Alessandro Magno a Gaza, costringendolo a immobilizzare le truppe per un lungo assedio, prima di punire la città appena conquistata per la sua feroce resistenza[2]. Nella sua *Guerra dei Giudei* Flavio Giuseppe menziona «tutti gli arcieri arabi»[3] che partecipano alla repressione romana della rivolta in Galilea nel 67 d.C. Ma in entrambi i casi si tratta di mercenari provenienti dall'«Arabia» nabatea, sulla sponda orientale del Giordano. Sebbene la presenza degli arabi cristianizzati, vassalli dell'impero bizantino, sia attestata a Gerusalemme fin dal v e vi secolo, bisogna aspettare il 634 perché gli eserciti arabi, guidati da Medina dal califfo Omar - vale a dire il «successore» del profeta Maometto -, si lancino alla conquista della Palestina, completata nel giro di pochi anni. La provincia militare (*jund*) di *Filastin*, con capitale Lod/Lidda, riprende il nome della *Palaestina* romana e bizantina. Ma la conquista musulmana non provoca l'islamizzazione delle popolazioni, che rimangono prevalentemente cristiane, con il ritorno degli ebrei a Gerusalemme da dove i bizantini li avevano cacciati.

È ancora a Gerusalemme che nel 660 Mu'awiya conquista la fedeltà dei capi arabi, consentendogli, l'anno successivo, di proclamarsi califfo. Mu'awiya istituisce il principio ereditario in favore della dinastia omayyade e il califfato lascia Medina per stabilire la sua capitale a Damasco. Quanto alla capitale della provincia di Palestina, viene spostata da Lod a Ramla, una città appositamente fondata nelle vicinanze. Il piú importante sovrano omayyade, Abd al-Malik, al potere dal 685 al 705, porta avanti una politica volontaristica di arabizzazione. Fa costruire la sontuosa «Cupola della Roccia» a Gerusalemme, sul sito venerato dagli ebrei come Monte del Tempio. Questo monumento, impropriamente chiamato «moschea di Omar», dovrebbe coronare la «roccia» su cui Abramo era pronto a sacrificare il figlio Isacco in segno di cieca obbedienza a Dio. Nel 715 è inaugurata la moschea di al-Aqsa, a sud della Cupola della Roccia, questa volta per commemorare il viaggio mistico di Maometto a Gerusalemme descritto nel Corano. I due edifici si completano a vicenda per sacralizzare uno spazio denominato «Nobile Santuario» (*Haram al-Sharif*), che rende la Spianata delle Moschee il terzo luogo santo dell'islam dopo La Mecca e Medina. Ma la denominazione araba *al-Quds* (Città Santa) per Gerusalemme non è riservata ai musulmani, piú di quanto lo sia *al-ard al-Muqaddasah* (Terra Santa) per la Palestina.

La presa di Gerusalemme da parte dei crociati, nel 1099, dà il via alla graduale mobilitazione di una contro-crociata musulmana che, sotto la guida di Saladino, esalta le virtú di al-Quds fino alla sua riconquista nel 1187. Se nel 1229 la Città Santa torna nelle mani dei crociati, prima di essere riconquistata dai musulmani nel 1244, il suo controllo diventa essenziale per consolidare la legittimità del potere islamico del momento. Lo sanno bene i mamelucchi, il cui sultanato siro-egiziano ha come fulcro la Palestina dal 1260 fino alla conquista ottomana del 1516. Ed è per questo che tra il 1537 e il 1540 Solimano il Magnifico fa costruire le mura che circondano tutt'oggi la Città Vecchia di Gerusalemme. Questi imponenti bastioni, per quanto sprovvisti di utilità militare, celebrano la gloria del sultano sotto il cui regno l'impero ottomano ha raggiunto la sua massima estensione.

La gestione di questo immenso territorio è intrisa di un empirismo che non si limita al territorio palestinese, anche se la priorità accordata da Costantinopoli a Damasco e ad Aleppo, con i loro sbocchi sul Mediterraneo, aumenta il margine di manovra dei funzionari locali in Palestina. Per un secolo e mezzo dopo la conquista del 1516 il governatore di Damasco conserva l'autorità sui cinque sangiaccati (distretti) della Palestina, i cui capoluoghi sono Gerusalemme, Gaza, Nablus, Safad e Lajjun, una città nei pressi di Jenin. I rappresentanti delle autorità centrali vengono generalmente inviati per un periodo limitato a Gerusalemme e San Giovanni d'Acri, sedi delle due principali guarnigioni ottomane in Palestina, la prima alle dipendenze di Damasco e la seconda, a partire dal 1660, a quelle di Saida. L'adempimento della loro missione, che si tratti della riscossione delle imposte o del reclutamento di ausiliari, dipende in larga misura dalla cooperazione dei notabili arabi.

Il *qadi*, ossia il giudice religioso nominato da Costantinopoli a Gerusalemme, segue il rito hanafita, la scuola giuridica del sunnismo che predomina nel mondo turco, mentre la maggior parte dei musulmani locali segue il rito sciafeita, si rivolge pertanto ai chierici di questa corrente. Quanto al muftī di Gerusalemme, che si distingue dal *qadi* per il fatto che le sue opinioni religiose – le sue *fatwa* – sono interpretazioni piú che decisioni, non fa formalmente parte della gerarchia ottomana, cosa che relativizza la portata delle sue *fatwa*. In ogni caso le circoscrizioni religiose, siano musulmane o cristiane, non corrispondono alla suddivisione ottomana[4]. La fluidità delle categorie amministrative non esclude un attaccamento organico al territorio da parte delle popolazioni locali. Nel XVII secolo questo attaccamento si esprime nella formula «La Palestina è la nostra patria» del muftī di Ramla, Khayr al-Din al-Ramli[5].

Nel XVII secolo una serie di crisi a Costantinopoli incoraggia l'instaurazione di roccaforti da parte dei notabili arabi del Medio Oriente fino ad allora soggetti all'autoritarismo ottomano. È il caso della Galilea degli Zaydani, una famiglia di beduini sedentarizzati che si trasmette di padre in figlio l'appalto delle imposte nella zona di Tiberiade. Zahir al-Umar estende progressivamente il suo territorio assicurandosi che le autorità ottomane, una volta messe di fronte al fatto compiuto, convalidino i suoi atti di forza. Dopo aver conquistato Safad e Nazareth, nel 1746 si stabilisce a San Giovanni d'Acri, consolidando le fortificazioni della città e sviluppando il commercio di cotone e cereali con i mercanti europei. Qualche anno dopo diventa abbastanza potente da cacciare i pirati maltesi e impadronirsi del porto di Haifa.

Zahir al-Umar incita i contadini della Galilea a insediarsi su una costa sempre piú fiorente. In compenso i suoi tentativi di espandersi verso Nablus, e ancora di piú verso Gerusalemme, si rivelano un fallimento. Bisogna aspettare il 1770 perché rompa finalmente con la Sublime Porta. Si allea quindi con il governatore dell'Egitto, a sua volta dissidente, e approfitta con lui della guerra dell'impero ottomano contro la Russia per occupare brevemente Damasco. Ben presto arriva a controllare tutti i porti tra Saida e Giaffa, sebbene la Palestina centrale continui a resistergli. Ma la pace conclusa nel 1774 tra Costantinopoli e San Pietroburgo permette alla flotta ottomana di riconquistare San Giovanni d'Acri l'anno dopo. La morte di Zahir al-Umar, ucciso in questa battaglia finale, provoca il crollo della sua roccaforte.

Il sultano ottomano nomina a San Giovanni d'Acri un governatore di origine bosniaca, Ahmed al-Jazzar (il «macellaio»), che una volta ripristinato l'ordine rilancia il commercio marittimo, attirando le popolazioni rurali nei porti. Nel 1799 resiste con successo all'assedio di due mesi imposto alla città da

Napoleone Bonaparte. Il generale francese, non contento di aver occupato l'Egitto, mira infatti a sollevare il «terzo stato» arabo contro la «nobiltà» ottomana e persino ad attaccare l'Anatolia alle spalle a partire dal Medio Oriente. L'anacronismo di queste categorie repubblicane, già palese al Cairo, è ancora piú lampante durante questa campagna di Palestina, in cui la popolazione locale subisce le atrocità perpetrate dagli invasori. Come se non bastasse, durante la loro ritirata verso l'Egitto le truppe francesi devastano la costa palestinese, con l'obiettivo dichiarato di rallentare la controffensiva ottomana. Queste distruzioni sistematiche vanificano gli sforzi di ripopolamento che Zahir al-Umar e Ahmed al-Jazzar avevano compiuto nella zona costiera. Quanto alle tribú beduine, fino ad allora confinate nel Negev e al di là del Giordano, iniziano a trasferirsi in quei territori ormai abbandonati[6]. Questi beduini, troppo spesso dipinti come predoni nomadi, si inseriscono rapidamente nelle reti di clientelismo locali, pesando in favore dell'una o dell'altra fazione nelle lotte di potere[7].

Sebbene la spedizione francese in Egitto si concluda nel 1801, vi lascia un'autorità ottomana talmente indebolita da essere progressivamente rimpiazzata da un potere autonomo. Nonostante le sue origini albanesi, Muhammad Ali, nominato governatore d'Egitto nel 1805, si fa paladino di una forma di nazionalismo arabo, che è soprattutto un mezzo per consolidare il suo potere di fronte alla Sublime Porta. Nel 1831 si sente abbastanza forte da lanciare il figlio Ibrahim Pasha alla conquista della Palestina. Questa volta la roccaforte di San Giovanni d'Acri cade, aprendo la strada per la Siria al contingente egiziano. La nuova amministrazione incoraggia la valorizzazione volontaristica delle aree lasciate all'abbandono. Istituisce consigli consultivi locali aperti a tutte le comunità. Ma nel 1834 l'imposizione della coscrizione militare scatena un'insurrezione. La repressione è severa: i leader della rivolta sono giustiziati e i simpatizzanti esiliati. L'ordine egiziano, troppo efficace per non essere brutale, è reso ancora piú impopolare dal fatto che Londra diffonde la propaganda ottomana. La Francia si ritrova isolata nel suo sostegno a Ibrahim Pasha, che nel 1840 è costretto a far ripiegare le sue truppe sotto le pressioni europee. In Palestina questa prima esperienza di arabismo aggressivo è ricordata senza nostalgia, a differenza di quella di Zahir al-Umar, ancora oggi spesso celebrato come il precursore del nazionalismo palestinese.

Nahda e Tanzimat.

Il ripristino dell'autorità ottomana in Palestina è graduale, e le élite locali approfittano della transizione per ritornare a una forma di autonomia che il centralismo egiziano ha gravemente indebolito. I dieci anni di regno di Ibrahim Pasha hanno anche associato questo territorio alla dinamica della *Nahda*, il «rinascimento» arabo, trainato dalla diffusione di libri e giornali in lingua araba. Ma la sfida egiziana costringe Costantinopoli ad avviare una serie di profonde riforme, definite con il termine generico *Tanzimat*. Nel 1839 una prima tranche abolisce l'appalto delle imposte e introduce il principio della coscrizione, seguita nel 1856 da un editto di emancipazione di tutti i sudditi ottomani che riconosce loro pari diritti e doveri senza distinzione di religione. La Palestina rimane esclusa dal servizio militare in virtú della sua tradizione ribelle, ma i capi distretto locali, spesso rispettati notabili, vengono degradati al rango di semplici esattori fiscali[8].

È solo nel 1859 che la Sublime Porta si sente abbastanza forte da dominare la regione di Nablus, diventata il principale focolare di contestazione dell'autorità ottomana in Palestina. La spedizione organizzata contro la roccaforte degli Abdel-Hadi, una famiglia la cui ascesa è stata favorita dall'occupante egiziano, è sostenuta dai Tuqan e dai Jarrar, i clan piú contrari alle riforme, che provengano dal Cairo o da Costantinopoli. Ma dando man forte a questa campagna, le élite tradizionali permettono alla relativa centralizzazione ottomana di imporsi progressivamente nei loro stessi domini[9]. Un processo simile – sebbene meno convulso – è in atto in tutta la Palestina: i notabili locali, che fino ad allora i leader ottomani dovevano corteggiare o addirittura cooptare, devono a loro volta coltivare i favori degli esponenti del potere centrale per mantenere il loro rango. La sospensione dell'esenzione dal servizio militare, nel 1862, segna simbolicamente la normalizzazione ottomana della Palestina.

Il nuovo codice fondiario, promulgato dalla Sublime Porta nel 1858, preserva le differenze di status tra le terre statali, le proprietà private e i *waqf*, cioè i beni di manomorta attribuiti a una fondazione religiosa. Tuttavia la registrazione obbligatoria dei titoli di proprietà provoca numerose controversie tra l'uso consuetudinario, talvolta attestato da diverse generazioni, e il primato della legge. Inoltre i terreni lasciati vacanti sono ormai acquistabili, senza prova di occupazione, dai ricchi abitanti urbani la cui residenza può trovarsi a grande distanza. Emerge allora una nuova categoria di proprietari terrieri assentisti, inedita in una Palestina dove i rapporti di classe si fondavano fino ad allora sulla prossimità geografica. Infine l'amministrazione ottomana, sempre molto attenta alla trasparenza fiscale, si impegna a smantellare tutte quelle forme di coltivazione collettiva tanto diffuse nelle comunità di villaggio. Nel 1867 gli stranieri vengono autorizzati ad acquistare terre in Palestina, ma cinque anni dopo la Sublime Porta decide di gestire il distretto di Gerusalemme direttamente, scorporandolo dal governatorato di Damasco, a causa delle varie forme di ingerenza dei consolati europei nella Città Santa, a loro volta legate alla competizione tra potenze, anche in nome della «protezione» dell'una o dell'altra comunità.

Le *Tanzimat*, le riforme dall'alto dell'impero, convergono con la *Nahda*, consolidando un'inedita classe di notabili urbani, nota con il termine arabo *ayan*, in tutto il Medio Oriente ottomano. Questa classe soppianta le élite rurali, vittime al contempo dell'accentramento ottomano e della riforma agraria, ma conserva una struttura clanica che equivale a un'articolazione di fedeltà persino nelle campagne circostanti*. La «Terra Santa» di Palestina favorisce le famiglie che godono di una legittimità religiosa, o grazie alla posizione clericale ricoperta da uno o piú dei suoi membri, o a una genealogia prestigiosa, o ancora al legame con un *waqf* importante, tre possibilità che possono naturalmente combinarsi. La loro funzione di intermediazione tra il potere ottomano e i suoi sudditi è essenziale. Quando nel 1876, subito dopo essere asceso al trono, il sultano Abdulhamid II decide di adottare una costituzione e di formare un'as-

* Cfr. pp. 252-53.

semblea di membri nominati dai consigli provinciali, 6 dei suoi 120 deputati provengono dalla Palestina[10].

Con un parlamentare su venti, la Palestina ottiene una rappresentanza di gran lunga superiore al suo peso demografico nell'Impero, a conferma del successo dell'integrazione dei suoi notabili nelle strutture ottomane. La legge sulle municipalità, approvata nel 1877, formalizza un sistema elettorale a suffragio censitario, con, nel caso di Gerusalemme, un elettore ogni quaranta abitanti[11]. Le élite arabe urbane si prestano quindi regolarmente a questa competizione di fatto limitata alle loro sfere di influenza e di clientelismo, in una sottile dialettica con i funzionari ottomani la cui autorità, sostenuta dal potere centrale, non può essere esercitata senza una forma di «politica dei notabili»[12]. In compenso la fedeltà rimane locale nelle campagne palestinesi, dove l'affermazione araba equivale soprattutto al rigetto di un potere «turco» ritenuto al contempo estraneo e predatorio[13].

La coscrizione militare svolge un ruolo determinante in questo contesto, a causa della morte di migliaia di soldati palestinesi durante la guerra contro la Russia del 1876-78[14], al termine della quale il sultano sospende la costituzione e ristabilisce un regime autocratico. Le perdite appaiono ancora piú pesanti se si considera che, secondo le fonti ottomane, nel 1881 la popolazione della Palestina è di 465 000 abitanti, di cui 405 000 musulmani, 45 000 cristiani e 15 000 ebrei (i nomadi beduini sono esclusi dal conteggio)[15]. Queste statistiche, raccolte a fini fiscali, distinguono i sudditi per confessione e non tengono conto dei circa 9000 ebrei di nazionalità straniera o che hanno scelto la protezione di uno dei consolati europei[16]. La Sublime Porta teme che la prima *aliya* possa favorire gli interventi stranieri, da qui l'esigenza che i nuovi immigrati prendano la cittadinanza ottomana e gli ostacoli burocratici opposti al loro insediamento.

È a causa di questa fermezza ottomana che bisogna aspettare il 1891 perché i leader palestinesi protestino per la prima volta contro il progetto sionista. E lo fanno con una petizione in cui alcuni notabili musulmani e cristiani di Gerusalemme esortano la Sublime Porta a limitare l'immigrazione degli ebrei stranieri e a proibire loro l'acquisto delle terre. Le apprensioni arabe si intensificano con il Congresso sionista del 1897 e le prime iniziative di Theodor Herzl. Sebbene la prima *aliya* resti relativamente di basso profilo, la pubblicità ormai accordata alle campagne sioniste consolida il rifiuto di principio del regime ottomano, vanificando gli sforzi di Herzl per conquistare il favore de sultano, anche attraverso l'intercessione, nel 1898, dell'imperatore tedesco*. Tuttavia la colonizzazione sionista continua, in particolare attraverso la corruzione dei notabili locali, sebbene a un ritmo molto piú lento di quanto sperasse Herzl.

Nel 1899 Yusuf Diya al-Khalidi, sindaco di Gerusalemme dal 1870 al 1875 e poi di nuovo dal 1878 al 1879, decide di esprimere le preoccupazioni degli arabi direttamente a Herzl. Per farlo scrive una lettera in francese che trasmette al leader sionista tramite il grande rabbino di Francia. Dopo aver ricordato che «per noi arabi [gli ebrei] sono cugini», Khalidi afferma che il progetto sionista si scontra con la «realtà» demografica della Palestina ottomana: «Dal punto di vista geografico, questa realtà, questi dati di fatto, questa forza brutale delle circostanze non lasciano alcuna speranza di realizzazione al sionismo e, cosa piú importante, mettono in grave pericolo gli ebrei» dell'impero ottomano. Khalidi, che tra il 1877 e il 1878 era stato membro del parlamento di Costantinopoli, si dice convinto che «anche le nazioni meglio disposte verso gli ebrei, come quella inglese e quella americana» non andranno mai «in guerra contro altre nazioni per aiutare gli ebrei a stabilirsi in Palestina». E se «il movimento sionista, nel senso geografico del termine, [non] cessa», è inevitabile «un movimento popolare contro i vostri correligionari». Khalidi suggerisce a Herzl di indirizzare la colonizzazione sionista verso una destinazione alternativa, «ma, in nome di Dio, che la Palestina venga lasciata in pace»[17].

Il filosemitismo di Khalidi, espresso nel registro classico della parentela abramitica tra ebrei e arabi, è sincero. E altrettanto sinceri sono i suoi timori per la Palestina, se verrà consegnata al progetto sionista, cosí come i suoi avvertimenti sui focolai di antisemitismo che questo progetto non mancherà di alimentare. Anche la sua lungimiranza sul coinvolgimento degli evangelici anglosassoni è degna di nota. E pur non padroneggiando tutte le sfumature del dibattito sionista, privilegia chiaramen-

* Cfr. p. 18.

te il sionismo culturale di Achad Ha'Am*, anche se incoraggia un'alternativa territorialista all'obiettivo palestinese. La risposta di Herzl non si fa attendere, ma rimane nel registro della «questione nascosta»** e della sua negazione del nazionalismo palestinese, perché per lui la sfida è semplicemente quella di «far capire agli indigeni che [con i coloni sionisti] acquisiranno degli ottimi fratelli»[18].

Nel 1904, alla scomparsa di Herzl, l'avvio della seconda *aliya* conferma i peggiori timori dei notabili palestinesi. Sebbene le restrizioni ottomane restino in vigore, la determinazione sionista ad aggirarle assume una portata senza precedenti. Nel 1904 il consolato francese a Gerusalemme stima a 40 000 il numero di ebrei che abitano nella Città Santa di cui 15 000 di nazionalità ottomana, 10 000 registrati presso i consolati e 15 000 in situazione irregolare, rimasti sul territorio al di là del loro permesso di soggiorno di tre mesi, talvolta da molto tempo[19]. Quanto ai proprietari terrieri assentisti, il cui patrimonio si basa sulla riforma fondiaria del 1858, sono i partner privilegiati della campagna sionista di acquisizione delle terre, che vede il trasferimento dell'80-90 per cento della loro superficie[20]. È il caso di Alfred Sursock, un ricco imprenditore di Beirut la cui tenuta copre una delle zone piú fertili della Palestina settentrionale[21].

Dall'ottomanismo all'arabismo.

All'inizio del Novecento la Palestina beneficia delle esportazioni di agrumi e cereali dai porti di Giaffa, Gaza, San Giovanni d'Acri e Haifa. L'ordine ottomano è mantenuto da poche centinaia di militari, concentrate soprattutto a Gerusalemme[22]. Questo declino dell'insicurezza è in gran parte dovuto alla sedentarizzazione volontaria dei beduini, con la creazione, nel 1899, del centro amministrativo di Beer Sheva, a nord del Negev. La ripresa economica alimenta una crescita demografica sostenuta: secondo le fonti ottomane, nel 1908 gli abitanti della Pale-

* Cfr. pp. 72-73.

** Cfr. pp. 143-44.

stina sono 645 000, di cui 545 000 musulmani, 70 000 cristiani e 30 000 ebrei[23]. I beduini sedentarizzati sono ormai inclusi nel censimento, che continua tuttavia a escludere gli ebrei in situazione irregolare o registrati presso i consolati.

È in questo contesto che, nel marzo del 1908, una serie di scontri a Giaffa provoca vari feriti sia tra gli ebrei sia tra gli arabi. Quello che altrove costituirebbe un fatto di cronaca si trasforma qui in un braccio di ferro diplomatico: i consoli europei ottengono il licenziamento del rappresentante del governatore di Gerusalemme a Giaffa, mentre i leader sionisti si impegnano ad allontanare i facinorosi. Quattro mesi piú tardi i Giovani turchi, che propugnano una riforma radicale dell'impero ottomano, ottengono l'appoggio dell'esercito in Anatolia e costringono Abdulhamid II a ristabilire la Costituzione del 1876. Questa «proclamazione della libertà» provoca scene di giubilo e fraternizzazione a Gerusalemme, dove la Spianata delle Moschee viene addirittura aperta a una processione di fedeli ebrei che portano le tavole della legge. Secondo il «Times» di Londra, «gli imam li accolgono con entusiasmo, abbracciandoli e servendo loro un rinfresco: sono tutti fratelli, sono tutti ottomani»[24]. Il contrasto tra gli incidenti con il nuovo *Yishuv* a Giaffa e il trattamento riservato agli esponenti del vecchio *Yishuv* nelle giornate rivoluzionarie di Gerusalemme è stridente.

I Giovani turchi intendono promuovere un ottomanismo costituzionale, con l'elezione, nel novembre del 1908, di un'assemblea di 288 membri, di cui 147 turchi, 60 arabi, 14 armeni e 4 ebrei (gli ultimi due gruppi da considerarsi sia come denominazione sia come nazionalità). Anche questa volta il sistema elettorale prevede un suffragio censitario a due livelli, in cui i collegi secondari propri a ogni provincia eleggono i parlamentari chiamati a esercitare il loro mandato nella capitale (per eleggere un membro del collegio secondario sono necessari in media 500 contribuenti iscritti nelle liste elettorali)[25]. Ruhi al-Khalidi – nipote dell'ex sindaco Yusuf Diya al-Khalidi – e Said al-Husayni, entrambi formatisi all'Alliance israélite di Gerusalemme, vengono eletti deputati per la Città Santa. Il terzo rappresentante per la circoscrizione di Gerusalemme è Hafiz Said, un notabile di Giaffa che ha già ricoperto vari incarichi nell'amministrazione regionale. Quanto ai sangiaccati della Palestina settentrionale, i loro deputati sono due personalità religiose, lo sceicco Ahmed al-Khammash per Nablus e lo sceicco As'ad al-Shuqayri per San Giovanni d'Acri.

Forte di 140 aderenti, la sezione di Gerusalemme del partito di governo, il Comitato unione e progresso (Cup), è gestita da un consiglio di dieci membri, di cui cinque musulmani, quattro cristiani e un ebreo (Albert Antébi, direttore dell'Alliance israélite nella Città Santa, che ottiene tra l'altro il maggior numero di voti in questa elezione interna)[26]. David Yellin, professore ebreo di Gerusalemme, candidato sconfitto alla deputazione ma membro del collegio secondario della capitale, celebra l'«amore per la patria» e per la «nostra Terra Santa» dei deputati Khalidi e al-Husayni durante la cerimonia che segna la loro partenza per Costantinopoli[27]. Gli ebrei di nazionalità ottomana svolgono quindi un ruolo attivo nella vita politica palestinese. La liberalizzazione della stampa permette la successiva comparsa di numerosi giornali in lingua araba, a partire da «Al-Quds» a Gerusalemme e «Al-Karmil» (Il Carmelo) a Haifa, seguiti da «Al-Dustur» (La costituzione) a Gerusalemme e infine «Filastin» (Palestina) a Giaffa. «Al-Karmil» e «Filastin» si distinguono per il loro antisionismo, che i fondatori cristiani (protestanti nel caso del primo, greco-ortodossi in quello del secondo) formulano piú in termini nazionalistici che comunitari. Il militantismo di queste due pubblicazioni provoca la loro regolare sospensione da parte delle autorità ottomane.

I Giovani turchi, che nell'aprile del 1909 sono minacciati da un sussulto controrivoluzionario a Costantinopoli, reagiscono deponendo Abdulhamid II in favore di un sultano privo di qualsiasi potere reale. Il nuovo regime, sempre piú autoritario, conduce intense trattative con il movimento sionista, cui offre invano una colonizzazione ebraica della Mesopotamia. Per quanto segreti, questi negoziati alimentano in Palestina le accuse di collusione tra i Giovani turchi e i sionisti. La fondazione di Tel Aviv in quanto municipalità autonoma, distinta da Giaffa, conferisce al progetto sionista una visibilità senza precedenti, mentre la sostituzione delle guardie arabe per la protezione degli insediamenti ebraici con militanti di *HaShomer* è accompagnata da sanguinosi incidenti[28]. La questione sionista diventa talmente delicata che nel maggio del 1911 è fatta oggetto di un dibattito parlamentare a Costantinopoli. In questa occasione Ruhi al-Khalidi non manca di ricordare che è stato eletto anche dagli ebrei ottomani di Palestina. Quanto ai sionisti, sottolinea che «gli ebrei sono un grande popolo», ma che «dovrebbero stabilirsi in altre regioni dell'impero e acquisire la nazionalità ottomana»[29]. Questa adesione alla linea dei Giovani turchi permette a Khalidi di rinnovare il suo mandato alle elezioni dell'aprile del 1912, in cui la supremazia del Cup non lascia scampo all'opposizione[30].

L'umiliazione di queste elezioni farsa si aggrava nell'ottobre del 1912, quando i Giovani turchi cedono la Libia all'Italia, che l'aveva invasa un anno prima. La perdita di un territorio arabo da parte di una potenza accusata di negligenza, per non dire di tradimento, alimenta le società segrete – *al-Fatat* (la Gioventú), civile, e *al-Ahd* (il Patto), militare –, che propugnano una forma di nazionalismo arabo sul modello italiano. Un nuovo ciclo di guerre balcaniche semina il caos a Costantinopoli, dove i «tre paşa» – Enver alla Guerra, Cemal alla Marina e Talat all'Interno – impongono gradualmente la loro dittatura di fatto. La Francia decide di giocare la carta araba, ospitando il primo Congresso nazionale arabo a Parigi nel giugno del 1913. Le rivendicazioni vertono su un maggiore coinvolgimento degli arabi nel governo ottomano, che dovrebbe concedere anche una maggiore autonomia alle province arabe. Dei venticinque delegati – per la maggior parte siro-libanesi ed egiziani –, l'unico rappresentante della Palestina è Izzat Darwaza, un militante di *al-Fatat* a Nablus. I congressisti non sentono il bisogno di pronunciarsi sul sionismo, un silenzio che viene aspramente denunciato in Palestina, tra gli altri dai giornali «Al-Karmil» e «Filastin»[31]. Di lí a poco a Nablus nasce un'«associazione per la lotta contro il sionismo», con l'obiettivo di mobilitare la popolazione palestinese contro la colonizzazione ebraica.

Trent'anni dopo la prima *aliya*, l'atto costitutivo dell'arabismo moderno ignora completamente la questione del sionismo. In compenso è «la nazione palestinese (*al-umma al-filistiniyya*)» che i redattori del «Filastin» mettono in guardia contro «il pericolo della minaccia da parte della corrente sionista»[32]. Emerge quindi fin dal principio una contraddizione tra un nazionalismo specificamente palestinese e l'affermazione di un'identità araba a vocazione piú ampia. Eppure ognuna di queste correnti rivendica una «nazione» designata con il termine *watan*, che richiama un patriottismo di tipo moderno, o con il termine *umma*, che fa eco alla comunità dei credenti della sfera islamica. L'attaccamento alla Palestina si declina quindi in nome del *watan* sul piano palestinese o panarabo, con un eventuale ulteriore livello di solidarietà islamica che può apparire invocando la *umma*.

La Prima guerra mondiale determina un doloroso chiarimento tra questi vari livelli di fedeltà, perché infrange il mito ottomano opponendo tra loro il nazionalismo turco e quello arabo. Sorge una nuova Società araba rivoluzionaria, volta a operare, come *al-Fatat* e *al-Ahd*, per l'indipendenza della nazione araba (*umma*)[33]. Cemal Paşa assume dunque da Damasco il comando di un «fronte di Palestina» contro l'Egitto sotto protettorato britannico. Da questa posizione strategica tenta di sedare il fermento nazionalistico delle varie società segrete. Non a caso, nel luglio del 1915, *al-Fatat* incarica Faysal – uno dei figli dello sceriffo Husayn, il governatore ottomano della Mecca – di negoziare con gli Alleati una rivolta araba contro la Sublime Porta. In cambio la Gran Bretagna e la Francia si impegnano a garantire «l'indipendenza degli arabi» nei territori liberati dall'autorità ottomana[34].

Lo sceriffo Husayn rivendica una discendenza che risale a Hashem, il bisnonno del profeta Maometto, da cui deriva l'appellazione «hashemita» della sua dinastia e il prestigio di cui gode in Medio Oriente. Ed è proprio questo prestigio che spinge *al-Fatat* a scegliere il governatore della Mecca come paladino. Cemal Paşa spera tuttavia di soffocare la contestazione araba facendo giustiziare, nel maggio del 1916, ventun personalità nazionaliste a Damasco e a Beirut. Tre di questi «martiri» sono palestinesi: Muhammad al-Shanti di Giaffa, Ali Omar Nashashibi di Gerusalemme e Salim Abdel-Hadi di Nablus. Ma anziché neutralizzare la sfida nazionalista, lo shock di queste impiccagioni collettive galvanizza la Rivolta araba del 1916, che ben presto si impadronisce di tutto l'Hegiaz, fatta eccezione per la guarnigione ottomana assediata a Medina.

Gli orfani del regno arabo.

Nonostante le loro promesse agli insorti arabi, nel maggio del 1916 Parigi e Londra concludono segretamente l'accordo Sykes-Picot per la partizione del Medio Oriente, che assegna il Nord alla Francia e il Sud al Regno Unito, con una Palestina internazionalizzata per neutralizzarvi le ambizioni concorrenti*. Tuttavia il governo britannico, su cui grava la maggior parte dello sforzo bellico in Medio Oriente, non si fa scrupoli a violare gli impegni presi sia con gli arabi sia con i francesi, fornendo, con la dichiarazione Balfour, il suo sostegno alla «creazione di un focolare nazionale per il popolo ebraico in Palestina». Ma la rivelazione di questo doppio tradimento non basta a dissuadere Faysal – le cui truppe arabe stanno avanzando verso il Nord della Transgiordania – dal perseverare nell'alleanza con i britannici. I combattenti della Rivolta araba sperano infatti di stabilire un rapporto di forza in loro favore in vista del crollo dell'impero ottomano in Siria.

È lo stesso calcolo fatto da militanti palestinesi come Amin al-Husayni, ex ufficiale dell'esercito ottomano che ha disertato nel 1917 per organizzare – da Gerusalemme e sotto l'autorità dello stato maggiore britannico – il reclutamento dei volontari per l'esercito di Faysal. Con la Palestina sotto amministrazione militare britannica, Damasco, conquistata dalle truppe anglo-arabe nell'ottobre del 1918, diventa il focolare dell'arabismo, compreso quello palestinese. Al-Husayni vi ritrova varie personalità esiliate dagli ottomani o che hanno aderito alla Rivolta araba, che lo inviano a Gerusalemme per creare il Circolo arabo, l'equivalente del ramo palestinese di *al-Fatat*. In Palestina la scena politica è in fermento, con la nascita di numerosi circoli piú o meno agguerriti. In prima linea della mobilitazione nazionalista ci sono le associazioni musulmano-cristiane, che nel gennaio del 1919 organizzano il primo Congresso arabo-palestinese a Gerusalemme. I delegati appaiono divisi tra i sostenitori dell'annessione a Damasco della «Siria meridionale», vale a dire la Palestina, e i difensori dell'indipendenza palestinese con un governo costituzionale[35].

* Cfr. pp. 22-23.

I leader sionisti prestano molta attenzione ai dissensi, su cui si sforzano di fare leva. In questo sono sostenuti dalle autorità britanniche, che seguono da vicino, nell'aprile del 1918, la visita di Weizmann in Palestina. È infatti il governatore militare di Gerusalemme a invitare i notabili della Città Santa ad ascoltare uno dei discorsi di Weizmann, che traduce egli stesso in arabo. Le personalità palestinesi restano ferme sulla loro richiesta di parità di diritti e doveri, che esclude di fatto i privilegi di un «focolare nazionale ebraico». Weizmann si sente molto piú sicuro con Faysal, che incontra due mesi dopo ad Aqaba. Lo rivede nel mese di dicembre a Londra, dove l'emiro, invitato a cena da Lord Rothschild – il destinatario della dichiarazione Balfour –, dichiara: «Reclamiamo la libertà per gli arabi e non ne saremmo degni se non dessimo, come faccio oggi, il benvenuto agli ebrei che tornano nel loro paese»[36].

Questo discorso viene tradotto in inglese dal colonnello Lawrence, distaccato dall'intelligence britannica presso il capo militare della Rivolta araba. Il futuro Lawrence d'Arabia esorta Faysal a ingraziarsi i sionisti, secondo lui gli unici a poter convincere gli Stati Uniti a sostenere il progetto di una monarchia costituzionale a Damasco. È in questo contesto che nel gennaio del 1919, sempre attraverso Lawrence, Weizmann e Faysal firmano a Londra un accordo in inglese, che autorizza «l'immigrazione ebraica in Palestina su larga scala»*. Pur aggiungendo una postilla in arabo che condiziona l'accordo alla piena indipendenza del regno arabo, Faysal subordina di fatto i diritti degli arabi di Palestina ai suoi obiettivi regionali. Un mese dopo, durante il suo intervento alla Conferenza di pace di Parigi, dichiara di «lasciare da parte la Palestina a causa del suo carattere internazionale»[37]. Meno di sei anni dopo il Congresso arabo di Parigi, è la seconda volta che le aspirazioni della popolazione palestinese vengono calpestate in nome del nazionalismo arabo. Sarà tutt'altro che l'ultima.

Eppure l'opposizione al sionismo è l'unico elemento di consenso che emerge dai vari colloqui condotti in tutta la Palestina, nel giugno del 1919, dalla commissione istituita per raccogliere le opinioni delle popolazioni interessate dai futuri mandati del-

* Cfr. p. 26.

la Società delle Nazioni. Questa commissione, boicottata dalla Francia e dalla Gran Bretagna, è copresieduta da due fedelissimi del presidente americano Wilson, l'accademico Henry King e l'uomo d'affari Charles Crane. Ancor prima di proseguire la loro missione in Medio Oriente, affermano alla Casa Bianca che solo una potente forza armata potrà imporre il programma sionista in Palestina[38]. Ma bisogna aspettare la convocazione a Damasco, nel luglio del 1919, di un Congresso generale siriano cui partecipano molti delegati palestinesi, perché Faysal chiarisca e radicalizzi la sua posizione sul sionismo. L'assemblea adotta una risoluzione che respinge la dichiarazione Balfour e l'immigrazione sionista, proclamando al contempo la parità di diritti con i «nostri compatrioti ebrei»[39].

Le rivolte intercomunitarie che finiscono per scoppiare a Gerusalemme nell'aprile del 1920 causano la morte di cinque ebrei e quattro arabi. Il governatore britannico decide di deporre il sindaco della Città Santa, Musa al-Kazim al-Husayni, ordinando al contempo l'arresto dei militanti arabi e, per andare sul sicuro, di Žabotinskij, che viene però rilasciato in seguito a una campagna in suo favore dell'insieme delle organizzazioni sioniste. I nazionalisti palestinesi, che puntano sul boicottaggio dell'amministrazione militare, sperano di metterla in difficoltà lasciando la carica di sindaco vacante. Ma Ragheb al-Nashashibi accetta l'offerta britannica di prendere il posto di Musa al-Kazim al-Husayni, dividendo definitivamente le élite locali tra i «radicali» filo-Husayni e i «moderati» filo-Nashashibi. I britannici si dimostrano cosí capaci di condurre in Palestina una politica dei notabili altrettanto efficace rispetto a quella degli ottomani prima di loro.

Di lí a poco la Conferenza di Sanremo decide di assegnare i mandati della Società delle Nazioni sulla Palestina e l'Iraq al Regno Unito e quello sulla Siria alla Francia. Tre mesi piú tardi le truppe francesi conquistano Damasco, causando il crollo del regno arabo e la fuga di Faysal, il suo effimero sovrano. I sostenitori dell'annessione della Palestina alla Siria devono ammettere la loro cocente sconfitta, mentre Musa al-Kazim al-Husayni, il sindaco deposto di Gerusalemme, dichiara: «Dobbiamo effettuare un cambiamento completo dei nostri piani. La Siria meridionale non esiste piú. Dobbiamo difendere la Palestina»[40].

Allo stesso tempo però i nazionalisti propriamente palestinesi subiscono lo schiaffo della nomina di Herbert Samuel al ruolo di alto commissario britannico a Gerusalemme. Un sionista convinto, posto alla guida dell'amministrazione civile dopo tre anni di governo militare, che rilancia l'immigrazione ebraica e nega ogni rappresentanza alle associazioni musulmano-cristiane.

Tuttavia queste associazioni e i circoli nazionalisti organizzano a Haifa, nel dicembre del 1920, un nuovo Congresso arabo-palestinese che rappresenta l'atto costitutivo del nazionalismo palestinese, sette anni dopo quello del nazionalismo arabo a Parigi. Musa al-Kazim al-Husayni, di ormai 67 anni, presiede i lavori in qualità di decano. Come nel 1913 i delegati di Parigi avevano sperato di convincere le autorità ottomane della legittimità delle loro richieste, i delegati di Haifa chiedono «alla Gran Bretagna il diritto di formare un governo nazionale responsabile di fronte a una camera di deputati eletti dai membri del popolo che parlano la lingua araba e che risiedevano in Palestina prima dell'inizio della guerra»[41]. È infatti il sionismo – e non il Regno Unito – a essere designato come nemico delle aspirazioni del «popolo arabo palestinese»[42]. Al-Husayni viene eletto alla guida del Comitato esecutivo incaricato di mettere in atto queste risoluzioni. Nel settembre del 1921 la «delegazione araba di Palestina» invoca presso la Società delle Nazioni a Ginevra l'illegalità del mandato britannico, i cui termini «ci privano del diritto di autodeterminazione» e «ci sottraggono i pochi diritti politici di cui abbiamo goduto per secoli»[43].

L'invenzione del gran muftī.

Di fronte alla crescente affermazione del nazionalismo palestinese, Samuel mette in atto una brillante manovra di neutralizzazione. Nell'aprile del 1921 ottiene la nomina di Amin al-Husayni, di soli 26 anni, al ruolo di muftī di Gerusalemme, lasciato vacante dalla morte del fratellastro. L'alto commissario britannico, che aveva concesso l'amnistia a questo militante nazionalista condannato dopo i disordini dell'aprile del 1920 a Gerusalemme, può cosí fingere la distensione di fronte al Congresso arabo-palestinese presieduto da Musa al-Kazim al-Husayni, zio di Amin. Quanto all'età del nuovo dignitario, è nobilitata dallo status di «Haj» attribuitogli dopo un pellegrinaggio alla Mecca nel 1913. Viene inoltre investito del titolo di «gran muftī», importato dall'Egitto e inedito in Palestina, che traspone nella sfera islamica la centralizzazione dell'amministrazione britannica a Gerusalemme, conferendogli l'autorità sui muftī dei vari distretti del paese. Nel gennaio del 1922 il processo è completato dalle elezioni del Consiglio supremo islamico (Csi), basato sul collegio secondario ottomano. La posta in gioco in queste elezioni è nientemeno che la supervisione delle numerose fondazioni create in Palestina sulla falsariga del *waqf*. Dopo l'amministrazione britannica, il Csi costituisce il secondo datore di lavoro palestinese, con le reti clientelari che ne derivano[44].

Samuel riesce cosí ad aggirare il rifiuto arabo di partecipare a un'elezione che legittima il mandato britannico, la cui carta incorpora, nel luglio del 1922, la dichiarazione Balfour e, di conseguenza, la negazione dei diritti nazionali della popolazione araba, ridotta a un'accozzaglia di «comunità non ebraiche». Ma l'alto commissario è stato anche in grado di islamizzare una scena politica in cui la mobilitazione nazionalista traeva la sua forza dall'alleanza tra musulmani e cristiani all'insegna della Palestina araba. E ha soprattutto intrappolato le élite palestinesi in un confronto tra i sostenitori degli Husayni, che hanno vinto le elezioni del Csi, e quelli dei Nashashibi, che sono stati cooptati al municipio di Gerusalemme. Questa rivalità, che si rivelerà disastrosa per il futuro del nazionalismo palestinese[*], assume ben presto una dimensione interaraba. I Nashashibi possono infatti contare sull'appoggio di Abdullah, emiro della nuova Transgiordania, e di suo fratello Faysal, insediato da Londra sul trono dell'Iraq. Di fronte ai due sovrani hashemiti, gli Husayni si rivolgono prima all'Egitto, diventato indipendente nel febbraio del 1922, e poi ai wahhabiti di Ibn Sa'ud, che nell'ottobre del 1924 si impadroniscono della Mecca costringendo all'esilio lo sceriffo Husayn, per quanto il loro regno prenda il nome di Arabia Saudita solo otto anni dopo.

Quando nella Siria sotto mandato francese scoppia una rivolta nazionalista, nel luglio del 1925, Haj Amin al-Husayni prende

[*] Cfr. p. 256.

la guida del movimento palestinese di solidarietà con gli insorti. A Gerusalemme gli slogan anti-francesi iniziano a eclissare quelli antisionisti, cosa che spinge le autorità britanniche a tollerare manifestazioni e collette[45]. Nel giugno del 1926 il gran muftī di Gerusalemme fornisce il suo avallo al Congresso islamico che ufficialmente Ibn Sa'ud convoca alla Mecca per discutere l'organizzazione del pellegrinaggio. L'incontro mira in realtà a legittimare la vittoria dei wahhabiti sugli hashemiti, che suscita ancora una profonda apprensione nel mondo musulmano a causa del fondamentalismo militante dei nuovi padroni dei luoghi santi. Nell'agosto del 1928 al-Husayni si spinge oltre, pubblicando a Gerusalemme, insieme ad alcuni nazionalisti siriani, una dichiarazione che invoca la restaurazione del regno arabo di Damasco, questa volta con un figlio di Ibn Sa'ud sul trono, e l'annessione della Palestina[46]: una deliberata provocazione nei confronti degli hashemiti, e in particolare di re Faysal d'Iraq, il sovrano deposto della Siria.

La politica araba sempre piú divisiva del gran muftī è accompagnata da una polarizzazione senza precedenti tra i musulmani e i cristiani all'interno della popolazione palestinese. Il Congresso missionario protestante, che si apre a Gerusalemme nel marzo del 1928, scatena un'ondata di dissenso, in un contesto di assimilazione tra gli attuali imperialisti e i crociati medievali. Izzat Darwaza, l'unico delegato palestinese al Congresso arabo di Parigi del 1913, aderisce al discorso islamista che il gran muftī alimenta da dietro le quinte[47]. Anche la relativa sovrarappresentazione dei cristiani rispetto ai musulmani nell'amministrazione del mandato britannico è oggetto di aspre polemiche[48]. Nell'aprile del 1928 nasce a Nablus l'Associazione della gioventú musulmana, sul modello e in conflitto con la *Ymca* (*Young Men Christian Association*), il movimento anglosassone con una forte presenza a Gerusalemme e attivamente sostenuto delle autorità britanniche.

Musa al-Kazim al-Husayni è stato riconfermato alla presidenza dell'Esecutivo arabo, incaricato del monitoraggio delle risoluzioni adottate, dal Congresso arabo-palestinese del 1920. Al Congresso del giugno del 1928 a Gerusalemme – dove un quarto dei delegati è cristiano, sebbene questi rappresentino appena un ottavo della popolazione araba –, cerca di arginare la deriva confessionale. I 38 membri dell'Esecutivo arabo, di cui 12 sono cristiani, condannano in qualità di «palestinesi» – senza nemmeno menzionare il loro carattere arabo – il «regime coloniale assoluto» imposto al loro paese[49]. Ciononostante il presidente al-Husayni si scontra con la determinazione del nipote, il gran muftī di Gerusalemme, a perseverare nell'internazionalizzazione araba e nell'islamizzazione retorica della causa palestinese. Durante le celebrazioni per lo Yom Kippur al Muro del Pianto, nel settembre del 1928, l'installazione di un paravento tra uomini e donne provoca un tafferuglio con alcuni musulmani che denunciano una violazione dello status quo. Tanto basta al gran muftī per convocare il mese successivo un congresso musulmano, con una forte presenza di nazionalisti siriani, che affida ai palestinesi la missione di difendere il terzo luogo santo dell'islam a Gerusalemme[50].

L'incapacità delle autorità britanniche di definire un'interpretazione incontestabile dello status quo, che ebrei e musulmani si accusano a vicenda di violare, lascia il campo libero, nell'agosto del 1929, a una ripresa degli incidenti intorno al Muro del Pianto. Sebbene i disordini, che si diffondono in tutta la Palestina, provochino circa 130 vittime da entrambe le parti, i sionisti denunciano un pogrom fomentato dal gran muftī al-Husayni, i cui sostenitori accusano a loro volta gli ebrei di aver tentato di impadronirsi di al-Aqsa. Nel mese di ottobre un congresso – questa volta arabo e non musulmano – riunisce a Gerusalemme un migliaio di delegati provenienti da tutta la Palestina, ma anche dalla Transgiordania, dalla Siria e dall'Iraq. L'emozione è forte, tanto piú che tre insorti arabi sono appena stati condannati a morte (l'unico ebreo condannato a morte per i disordini dell'agosto del 1929 verrà graziato). Nel giugno del 1930, poco prima di essere impiccati, i tre militanti, celebrati come martiri, chiedono «che gli arabi di tutti i paesi, cosí come i musulmani, si sforzino di liberare la Palestina dalle sue sofferenze»[51].

Nel dicembre del 1931 il gran muftī si spinge oltre, convocando a Gerusalemme un Congresso islamico i cui 145 delegati sono principalmente siriani e palestinesi, ma al quale partecipano anche rappresentanti dell'Iraq, del Libano, del Maghreb, dell'India e dell'Iran. È Abdel-Rahman Azzam Pasha, leader del partito nazionalista *Wafd*, a guidare la delegazione egiziana, di cui lo stesso Haj Amin al-Husayni ha negoziato la partecipazione al Cairo. Il congresso è dedicato alla difesa dei luoghi sacri musulmani e alla lotta contro l'immigrazione e la colonizzazione ebraica. Awni Abd al-Hadi, uno stretto collaboratore del gran muftī, riunisce i nazionalisti arabi presenti a Gerusalemme a margine del congresso per adottare una carta in cui si proclama che «i paesi arabi formano un'unità completa e indivisibile»[52]. I leader britannici hanno autorizzato questi incontri per dare un segno di benevolenza ai musulmani delle Indie e ai nazionalisti arabi, la cui ostilità si orienta quindi contro la Francia.

Attraverso queste iniziative internazionali, Haj Amin al-Husayni cerca di imporsi come protagonista della scena politica palestinese e come interlocutore privilegiato delle autorità britanniche. Nel dicembre del 1933 si impegna con l'alto commissario a moderare il militantismo arabo, proponendo al contempo di sospendere l'immigrazione ebraica e di considerare il «focolare nazionale» del popolo ebraico in Palestina definitivamente costituito. E in effetti, laddove le manifestazioni arabe dell'ottobre del 1933 avevano provocato una trentina di morti, quelle del gennaio del 1934 si svolgono senza incidenti. Nel marzo del 1934 la morte di Musa al-Kazim al-Husayni, che viene sepolto sulla Spianata delle Moschee, lascia vacante la guida dell'Esecutivo arabo, rafforzando la statura nazionale del nipote. Il gran muftī tenta quindi una mediazione palestinese tra l'Arabia Saudita e lo Yemen, che è stato invaso dal suo vicino settentrionale. Sebbene non sia in grado di arginare il conflitto – che si conclude nel luglio del 1934 con un trattato di pace molto favorevole all'aggressore saudita –, Haj Amin al-Husayni consolida il suo ruolo nell'arena interaraba, coltivando al contempo le sue relazioni con Ibn Sa'ud. I Nashashibi reagiscono avvicinandosi ancora di piú all'emiro Abdullah di Transgiordania e a suo nipote Ghazi, che nel frattempo è succeduto a Faysal, morto sul trono d'Iraq nel 1933.

La Grande rivolta araba.

Il raddoppio della popolazione ebraica in Palestina[53] tra il 1932 e il 1936 esercita una tale pressione sugli autoctoni arabi che, nell'aprile del 1936, una serie di incidenti sfocia in una rivolta nazionalista. Lo sciopero generale in questa Grande rivolta araba è accompagnato da azioni di guerriglia nelle campagne. I comitati locali che sorgono in favore dell'insurrezione costringono i sostenitori degli Husayni e dei Nashashibi a sospendere la loro faida. Viene costituito un Supremo comitato arabo sotto la presidenza del gran muftī, ma con la partecipazione dei suoi rivali. Questa dinamica unitaria alimenta un movimento di disobbedienza civile di dimensioni mai viste.

Ma nell'agosto del 1936 duecento combattenti siriani e iracheni guidati da Fawzi al-Qawuqji attraversano il Giordano, seminando scompiglio tra gli insorti. Al-Qawuqji, un veterano siriano della Rivolta araba del 1916 e dell'insurrezione del 1925 in Siria, si autoproclama «comandante in capo della rivoluzione» in Palestina, una rivendicazione sostenuta dai governanti hashemiti dell'Iraq e della Transgiordania. La tensione è alta tra Fawzi al-Qawuqji e Abd al-Qadir al-Husayni, figlio di Musa al-Kazim e cugino di Haj Amin, che guida i commando palestinesi del «sacro jihad nazionale» proclamato dal Supremo comitato arabo[54]. Questa tensione è ulteriormente aggravata dalla collaborazione di al-Qawuqji con i capi delle bande legate ai Nashashibi nelle regioni di Jenin e Nablus[55].

La diplomazia britannica si sforza di mobilitare i monarchi arabi per fermare la rivolta. L'emiro Abdullah, i cui contatti con l'Agenzia ebraica non sono cessati nemmeno durante la rivolta, si presta prontamente alla manovra. Quanto a re Ghazi d'Iraq, dà carta bianca al suo primo ministro, Nuri al-Said, molto vicino a Londra. Non resta altro che coinvolgere Ibn Sa'ud, impressionato dalla fermezza dimostrata dalla Gran Bretagna. Nell'ottobre del 1936 il re d'Arabia avverte il Supremo comitato arabo delle «disastrose conseguenze che potrebbe causare lo sciopero»[56]. È poi la volta dei tre sovrani di chiedere insieme al Supremo comitato arabo di «ristabilire la pace e l'ordine per evitare ulteriori spargimenti di sangue», in nome della loro «fiducia nella buona volontà del governo di Sua Maestà britannica»[57]. Ed è in «accordo con i nostri fratelli, i re arabi e l'emiro Abdullah»[58], che in capo a sei mesi il Supremo comitato arabo decreta la fine dello sciopero generale.

Londra è cosí riuscita a far leva sull'internazionalizzazione araba della questione palestinese per porre fine alla campagna di disobbedienza civile che la preoccupava ben piú dell'insurrezione armata. Quanto ad al-Qawuqji, sospende solennemente le sue operazioni, reprime gli oppositori del cessate il fuoco nella regione di Nablus e riattraversa il Giordano per tornare in Iraq con i suoi sostenitori, dove viene accolto come un eroe. I guerriglieri palestinesi vedono la condiscendenza britannica nei confronti di al-Qawuqji come la conferma dei loro peggiori sospetti e si rifiutano di deporre le armi. Rimproverano al Supremo comitato arabo di avere acconsentito alla fine dello sciopero senza nessuna contropartita, dal momento che nel novembre del 1936 l'Agenzia ebraica ottiene una nuova quota di visti di immigrazione. Haj Amin al-Husayni salva la faccia annunciando il boicottaggio arabo della Commissione reale per la Palestina presieduta da Lord William Peel.

Nel gennaio del 1937 la Gran Bretagna può contare ancora una volta sui sovrani dell'Iraq e dell'Arabia Saudita per superare la riluttanza del Supremo comitato arabo a collaborare con la Commissione Peel. Questa può a sua volta contare sulla buona volontà dell'emiro Abdullah durante la sua visita ad Amman. Dal canto suo Haj Amin al-Husayni continua a coltivare le relazioni con Ibn Sa'ud, di cui è invitato personale durante il pellegrinaggio alla Mecca di febbraio. Il fatto che il gran muftī si serva del sovrano saudita per controbilanciare l'influenza hashemita riaccende la rivalità tra gli Husayni e i Nashashibi, che a luglio si ritirano dal Supremo comitato arabo. Il nazionalismo palestinese, già indebolito dalla ripresa di queste faide dopo poco piú di un anno, incassa il colpo della pubblicazione del piano Peel e del suo progetto di partizione della Palestina*. Il Supremo comitato arabo non può che limitarsi a una condanna tanto severa quanto impotente, mentre il gran muftī si rifugia sulla Spianata delle Moschee – teoricamente inviolabile – e l'emiro Abdullah saluta l'annessione del futuro stato arabo alla Transgiordania.

La sconfitta inflitta al nazionalismo palestinese incoraggia il gioco al rialzo panarabo, con la convocazione in Libano, nel settembre del 1937, di un congresso di solidarietà il cui vicepresidente, l'ex ministro egiziano Alluba Pasha, afferma che «la Palestina non appartiene ai palestinesi, ma agli arabi»[59]. Di

* Si veda la mappa 4.

lí a poco il comandante britannico per la Galilea viene assassinato da un gruppo di insorti arabi, innescando la destituzione del gran muftī e la deportazione di diversi membri del Supremo comitato arabo alle Seychelles. Ma Haj Amin al-Husayni riesce a eludere la caccia all'uomo britannica fuggendo via mare verso Beirut, dove viene intercettato dalla sicurezza francese e posto agli arresti domiciliari. Parigi, che aveva aspramente criticato la condiscendenza di Londra nei confronti delle agitazioni nazionaliste in Siria, ottiene cosí la sua rivincita. Quanto a Darwaza, rifugiatosi a Damasco, organizza per conto del gran muftī il sostegno all'insurrezione ormai ripresa in Palestina, grazie ai contributi raccolti, tra l'altro, in Egitto e in Iraq.

È Abd al-Qadir al-Husayni a imporsi, dal centro del paese, in quanto leader di un movimento di guerriglia le cui unità si sforzano di piantonare il territorio. Viene amministrata una forma di giustizia rivoluzionaria, non solo contro i collaboratori dell'esercito britannico, ma anche per risolvere le controversie nelle comunità rurali. Nell'agosto del 1938 i ribelli riescono a impadronirsi temporaneamente di Hebron, in settembre di Beer Sheva e in ottobre della Città Vecchia di Gerusalemme. Questi successi si fondano su un forte radicamento locale, accompagnato da un rifiuto dell'ingerenza straniera e da un'opposizione unanime all'eventuale ritorno di al-Qawuqji. L'offerta di fornire volontari da parte dei Fratelli Musulmani egiziani è fermamente respinta e l'emissario che si ostinano a inviare è assassinato dagli insorti, che lo sospettano di spionaggio per conto dei britannici[60].

L'arrivo di ingenti rinforzi dal Regno Unito, guidati da alcuni veterani della controinsurrezione in Irlanda e sostenuti da migliaia di ausiliari ebrei, accelera la fine della Grande rivolta araba in Palestina. Nel febbraio del 1939 Londra ospita una conferenza sulla Palestina al Saint James's Palace, dove le delegazioni ebraiche e arabe siedono in due sale separate. L'Iraq è rappresentato dal primo ministro Nuri al-Said, l'Arabia Saudita dal principe Faysal, figlio di Ibn Sa'ud, e l'Egitto da Ali Maher, ex (e futuro) capo del governo. Inizialmente questi stati arabi fanno pressione su Jamal al-Husayni – nominato alla guida della delegazione palestinese da suo cugino, il gran muftī – affinché includa i Nashashibi nella loro delegazione. Ma una volta imposta questa unità di facciata ai rappresentanti palestinesi, i leader arabi danno libero sfogo alle proprie faide. Il figlio di Ibn Sa'ud passa il resto della conferenza a battagliare contro i progetti di unità araba che attribuisce a Nuri al-Said, progetti cui l'Arabia Saudita si oppone a causa della sua storica ostilità nei confronti degli hashemiti.

Tuttavia la Conferenza di Saint James del maggio del 1939 sfocia nella pubblicazione del Libro bianco sulla Palestina, in cui le autorità britanniche accordano un'importanza senza precedenti alle rivendicazioni arabe: la partizione prevista due anni prima è respinta in favore della prospettiva di uno «stato palestinese indipendente» e bi-nazionale, mentre l'immigrazione ebraica è limitata a 75 000 persone per i successivi cinque anni. Oltre, come abbiamo visto, a scatenare una vigorosa campagna di protesta da parte dei leader sionisti*, questo Libro bianco viene respinto anche dal Supremo comitato arabo. La responsabilità di questo doppio rifiuto è da attribuire a Haj Amin al-Husayni, cui gli inglesi negano il ritorno in Palestina. Il gran muftī, radicalizzato da un esilio che l'ha estraniato dalla realtà palestinese, è ancora abbastanza forte da neutralizzare qualsiasi serio concorrente in Palestina, ma resta troppo debole per proporre un'alternativa credibile al Libro bianco.

Ridotto a un ruolo di semplice disturbatore, Haj Amin al-Husayni decide, nell'ottobre del 1939, di stabilirsi in Iraq piuttosto che in Arabia Saudita. Il gran muftī, ben presto affiancato da Jamal al-Husayni, tenta senza successo di ottenere qualche concessione da Londra tramite il primo ministro iracheno, l'anglofilo Nuri al-Said (il trono è occupato dal reggente Abd al-Ilah, essendo re Ghazi morto in un incidente nel 1939 e il principe ereditario ancora minorenne). Nel marzo del 1940 la sostituzione del primo ministro iracheno al-Said con Rashid al-Kaylani, favorevole a un avvicinamento con l'Asse, incoraggia Haj Amin al-Husayni a inviare un emissario a Berlino e poi a scrivere direttamente ad Adolf Hitler, al quale chiede di «aiutare gli arabi a schiacciare le mire sioniste»[61]. È con questo spirito che, nell'aprile del 1941, il gran muftī sostiene il colpo di stato filonazista di al-Kaylani. Mentre il reggente e Nuri al-Said fuggono dall'Iraq, l'assistenza tedesca ai putschisti transita per

* Cfr. p. 34.

gli aeroporti siriani, messi a disposizione di Berlino dal regime francese di Vichy.

La risposta di Londra all'avanzata di Hitler in Medio Oriente è fulminea. Nel giugno del 1941 le truppe britanniche si impadroniscono di Baghdad, da cui al-Kaylani e al-Husayni fuggono per riparare in Iran. Il reggente Abd al-Ilah torna sul trono iracheno con Nuri al-Said alla guida del governo. Il mese successivo l'esercito di Philippe Pétain viene sconfitto in Siria e in Libano e la Gran Bretagna rimette il mandato francese su questi due paesi al generale De Gaulle. Ferito nei combattimenti contro gli anglo-gaullisti, al-Qawuqji viene decorato da Vichy e trasferito in Germania per essere curato. Nel mese di agosto gli inglesi e i sovietici occupano congiuntamente l'Iran rovesciando Reza Shah, troppo vicino a Berlino, e insediando sul trono il figlio. Il gran muftī e al-Kaylani fuggono in Turchia, da dove raggiungono l'Italia fascista prima di trovare rifugio in Germania, dove si mettono al servizio del Führer.

È proprio la sua costante scommessa sull'arabizzazione della questione palestinese a portare Haj Amin al-Husayni a questo scandaloso allineamento con il regime hitleriano. Tuttavia in Palestina il suo impatto resta lieve, con un rapporto relativamente equilibrato tra le reclute arabe (7578) ed ebree (10 483) nell'esercito britannico[62]. Il gran muftī conduce soprattutto un'attività di propaganda nei media dell'Asse, dove invoca il jihad contro gli Alleati. Ma i suoi sforzi contribuiscono efficacemente al reclutamento di ausiliari musulmani per l'esercito nazista solo in Bosnia, mentre nel mondo arabo fanno un buco nell'acqua. I nazionalisti rimasti in Palestina lo accusano di aver «venduto» la loro causa a Berlino[63], ma il suo prestigio rimane tale che sulla scena palestinese non riesce a emergere nessuna personalità del suo calibro.

La Nakba della Lega degli stati arabi.

Il crollo del Terzo Reich obbliga Haj Amin al-Husayni a un nuovo esilio, questa volta in Svizzera. Nel maggio del 1945 le autorità elvetiche lo consegnano alla Francia insieme al maresciallo Pétain. Posto agli arresti domiciliari nella periferia di Parigi, il muftī riprende le sue grandi manovre arabe, in particolare attraverso la corrispondenza con Abdel-Rahman Azzam Pasha, che nel 1931 aveva invitato a guidare la delegazione egiziana al Congresso islamico di Gerusalemme. Azzam Pasha è nel frattempo diventato segretario generale della Lega degli stati arabi, fondata al Cairo nel marzo del 1945 da Egitto, Iraq, Arabia Saudita, Transgiordania, Siria e Libano. La Palestina ne è membro di diritto, ma la sua rappresentanza è garantita da una rotazione all'interno del Supremo comitato arabo, ricostituitosi dopo una nuova riconciliazione tra gli Husayni e i Nashashibi. È però la figura del gran muftī che continua a dominare i dibattiti.

Nel maggio del 1946, con l'aiuto del console siriano a Parigi, Haj Amin al-Husayni sfugge alla sorveglianza francese e vola al Cairo, dove ottiene asilo politico. La sua presenza in Egitto aumenta ulteriormente l'influenza sul Supremo comitato arabo, che nel settembre del 1946 è costretto a boicottare la Conferenza di Londra sulla Palestina. In compenso gli stati arabi accettano l'invito britannico e propongono di concedere agli ebrei un'autonomia comunitaria e non dei diritti nazionali, in una Palestina indipendente dove rappresenteranno un terzo della popolazione. Il gran muftī reagisce facendo assumere al Supremo comitato arabo una posizione massimalista, che riconosce la cittadinanza della futura Palestina solo agli ebrei che vi si siano stabiliti prima del 1917. Quando il Regno Unito trasferisce il compito di definire le sorti della Palestina all'Onu, il gran muftī persevera nell'oltranzismo costringendo le personalità palestinesi a boicottare la commissione dell'Onu giunta a Gerusalemme nel giugno del 1947 per ascoltare le parti coinvolte. La commissione si reca quindi a Beirut, dove i rappresentanti degli stati membri della Lega araba affermano collettivamente che, in caso di partizione della Palestina, «a uno stato fondato con la violenza, gli stati arabi saranno costretti a opporre la violenza»[64].

Ciononostante nel novembre del 1947 l'Assemblea generale dell'Onu approva il piano di partizione della Palestina con il sostegno determinante degli Stati Uniti*. Questa decisione storica rivela la discrepanza crudele tra la fervente retorica dei partiti arabi e la loro reale condotta. Abdullah di Transgiordania viola gli impegni presi con la Lega araba e negozia segretamente con la

* Si veda la mappa 5.

leadership sionista l'annessione dei territori assegnati dal piano di partizione allo stato arabo. Il sovrano hashemita, il cui emirato è diventato un «regno» alla fine del mandato britannico, nel 1946, sogna di realizzare l'«unione delle due sponde» del Giordano sotto la sua corona. Quanto alle unità palestinesi che il gran muftī pretende di animare dal Libano, sono male armate e scarsamente coordinate. Da parte sua Abd al-Qadir al-Husayni, forte del prestigio di leader della Grande rivolta araba, gode di una reale autorità solo nella regione di Gerusalemme.

Il ritorno di al-Qawuqji e dei suoi volontari arabi, che si infiltrano dalla Siria a partire dal gennaio del 1948, riaccende la rivalità tra le milizie del Nord e quelle del Centro della Palestina. Questo Esercito arabo della salvezza (*Jaysh al-Inqadh al-Arabi*), costituito sotto l'egida della Lega araba, viene troppo spesso tradotto dalla storiografia occidentale come «Esercito arabo di liberazione», sebbene per definizione non ci siano ancora territori da «liberare». Nel marzo del 1948 al-Qawuqji è ricevuto ad Amman da re Abdullah, con cui condivide la profonda ostilità nei confronti degli Husayni. Nello stesso momento Hassan al-Banna, il fondatore dei Fratelli Musulmani, aizza nei pressi di Gaza gli islamisti palestinesi ed egiziani, che lanciano attacchi congiunti e sostanzialmente inefficaci contro gli insediamenti sionisti della regione[65]. Ma questi interventi sporadici non bastano ad arginare l'esodo già impressionante della popolazione araba.

Nell'aprile del 1948 Abd al-Qadir al-Husayni si reca a Damasco per chiedere al comitato militare della Lega araba di dare la priorità alla battaglia per Gerusalemme. Ma i leader arabi preferiscono concentrarsi su al-Qawuqji e sulle sue operazioni in Galilea. Al-Husayni li accusa di tradimento e dichiara: «La storia vi condannerà»[66]. Di ritorno in Palestina, viene ucciso durante la riconquista di un villaggio strategico sulla strada per Gerusalemme. La scomparsa di questo comandante carismatico consegna le sorti della popolazione palestinese agli intrighi e ai maneggi dei regimi arabi. L'Egitto spinge per la nomina di re Abdullah come comandante supremo delle forze arabe, sperando di limitare il suo margine di manovra. Tocca quindi a un sovrano in trattative segrete con i sionisti il compito di incarnare militarmente la solidarietà araba in Palestina. Quanto alla Lega araba, inizia la pianificazione delle sue operazioni future solo il 9 maggio, sei giorni prima della scadenza del mandato britannico.

La prima guerra israelo-araba scoppia il 15 maggio 1948, all'indomani della proclamazione dello Stato di Israele, con quella che oggi è generalmente presentata come l'«invasione» di Israele da parte della coalizione araba. Ma gran parte delle operazioni non si svolgono sul territorio che le Nazioni Unite hanno assegnato allo stato ebraico, bensí su quello dello stato arabo. Ciò non toglie che sono gli stati arabi ad aver preso collettivamente l'iniziativa delle ostilità. Le truppe mobilitate sono composte da circa 10 000 egiziani, 4500 transgiordani, 1500 siriani e 1000 libanesi, cui si aggiungono un contingente di 1500 iracheni e altri 1500 sauditi. Anche tenendo conto delle migliaia di miliziani palestinesi, già estremamente provati, l'insieme eterogeneo di queste forze arabe rimane inferiore ai 30 000-35 000 combattenti del giovanissimo esercito israeliano[67]. Inoltre è una coalizione che esiste solo sulla carta, a causa della contraddizione tra i suoi obiettivi dichiarati e la tacita intesa tra Israele e la Transgiordania.

A mano a mano che Israele conquista la Palestina e che l'esodo della popolazione araba si aggrava, la rivalità all'interno della rappresentanza dei palestinesi tra l'Egitto e la Transgiordania si fa piú profonda. Il 30 settembre 1948, nella città di Gaza controllata dall'esercito egiziano, Haj Amin al-Husayni presiede un Consiglio nazionale palestinese che proclama l'indipendenza della Palestina con Gerusalemme come capitale. L'assemblea vota la fiducia a un Governo panpalestinese guidato da Ahmad Hilmi Pasha, uno stretto collaboratore del gran muftī, esiliato dagli inglesi alle Seychelles tra il 1937 e il 1939. Contestualmente si tiene ad Amman un congresso palestinese che giura fedeltà a re Abdullah. Il sovrano transgiordano è l'unico capo di stato arabo a rifiutare di riconoscere il Governo panpalestinese, che di fronte all'offensiva israeliana deve ben presto evacuare Gaza e riparare al Cairo, dove diventerà una mera cassa di risonanza per le ambizioni di Haj Amin al-Husayni. In compenso il 1° dicembre un nuovo congresso palestinese a Gerico rinnova la fedeltà al trono hashemita di centinaia di notabili palestinesi.

La *Nakba*, come i palestinesi chiamano la «Catastrofe» che li travolge nel 1948, vede quindi il 77 per cento della superficie della Palestina mandataria assorbito da Israele e il 22 per cento della Cisgiordania annesso da re Abdullah alla Transgiordania per fondare il suo regno hashemita di Giordania*. La linea verde definita dall'armistizio israelo-giordano dell'aprile del 1949 attraversa Gerusalemme, il cui settore occidentale è assegnato a Israele e quello orientale alla Giordania. L'Egitto rifiuta invece di annettere la Striscia di Gaza, come viene definito l'1 per cento della Palestina mandataria che si trova ormai sotto il suo controllo. Ma si guarda bene dal trasferire questo territorio al Governo panpalestinese e vi mantiene la sua amministrazione militare. Per tutti i regimi arabi, umiliati dalla sconfitta contro Israele, la Palestina è diventata troppo preziosa per affidarla ai palestinesi.

Le pesanti perdite degli eserciti arabi, con piú di un soldato su dieci ucciso[68], alimentano nei paesi coinvolti la convinzione che il sangue versato legittimi il loro diritto di parlare in nome della Palestina. Il naufragio del gran muftī e del suo Governo panpalestinese priva inoltre la popolazione palestinese, traumatizzata dall'esilio e dalla dispersione, di una leadership degna di questo nome. Poiché sia l'Egitto sia la Giordania temono che l'altro possa manipolare una qualche rappresentanza palestinese, nel marzo del 1949 emerge per difetto a Beirut un consenso arabo in favore dell'assenza di una delegazione palestinese alla Conferenza di pace aperta dall'Onu a Losanna il mese successivo. La conferenza si conclude dopo pochi mesi con un buco nell'acqua, facendo entrare la regione in un limbo tra la pace e la guerra. Quanto ai palestinesi, ridotti a un popolo di profughi, dovranno attendere un quarto di secolo per ottenere una rappresentanza alla pari con gli altri paesi nel panorama arabo.

La lunga marcia dei feddayin.

Lo shock della *Nakba* destabilizza durevolmente il Medio Oriente arabo, dove la questione palestinese è al centro tanto delle rivalità tra i vari regimi quanto delle lotte di potere all'interno di ciascun regime. Nel marzo del 1949 il capo di stato

* Si veda la mappa 5.

maggiore siriano, il colonnello Hosni al-Za'im, prende il potere a Damasco grazie a un colpo di stato che gli permette di sfuggire a un'inchiesta parlamentare in merito alle sue mancanze nella guerra contro Israele. Propone a Ben Gurion di accogliere 350 000 profughi palestinesi in Siria, ma il primo ministro israeliano dà la priorità alla raggiungimento di un cessate il fuoco che entra in vigore a luglio[69]. In ogni caso al-Za'im viene rovesciato e assassinato il mese successivo da uno dei suoi sottoposti, a sua volta rovesciato e assassinato nel dicembre del 1949. Questa serie di putsch radicalizza la retorica militante dei successivi leader, che rivendicano ormai il magistero del nazionalismo arabo alla Siria e contro l'Egitto.

Dal canto suo l'Arabia Saudita continua a opporsi alle monarchie hashemite di Giordania e Iraq, che accusa di colpevole condiscendenza nei confronti di Israele. Re Abdullah decide allora di concedere la cittadinanza giordana a tutti i suoi nuovi sudditi palestinesi, compresi i profughi, per rendere irreversibile la sua annessione della Cisgiordania. Tuttavia nel luglio del 1951 viene assassinato da un militante palestinese sostenitore degli Husayni sulla Spianata delle Moschee di Gerusalemme. L'inchiesta giordana conclude che l'attentato sia stato finanziato da fondi egiziani e sauditi[70]. Il nipote quindicenne di Abdullah, Hussein, con lui al momento dell'omicidio, viene colpito al petto, ma la decorazione che indossa sull'abito da cerimonia ferma il proiettile. L'erede miracolato sale al trono di Giordania nel maggio del 1953, quando raggiunge la maggiore età.

All'epoca l'uomo di fiducia della Palestina al Cairo è Ahmed al-Shuqayri, vicesegretario generale della Lega araba. Ex membro del Supremo comitato arabo, è riuscito a far dimenticare che nel 1916 il padre, lo sceicco As'ad al-Shuqayri, sindaco di San Giovanni d'Acri e deputato ottomano nel 1908 e nel 1912, ha emesso la *fatwa* che ha legittimato l'impiccagione di ventun nazionalisti arabi a Damasco e a Beirut*. Al-Shuqayri deve fare i conti con le proteste degli studenti palestinesi del Cairo, il cui sindacato, molto attivo, riunisce nazionalisti e islamisti, tra i quali in prima linea c'è Salah Khalaf, un rifugiato di Giaffa membro del ramo palestinese dei Fratelli Musulmani. Il colpo

* Cfr. p. 198.

di stato che nel luglio del 1952 rovescia la monarchia egiziana viene accolto con favore in questi ambienti militanti, tanto piú che i Fratelli Musulmani danno un sostegno decisivo ai Liberi Ufficiali del colonnello Nasser. Due mesi piú tardi Khalaf convince Yasser Arafat, un simpatizzante degli islamisti, a prendere la guida del sindacato degli studenti palestinesi in Egitto.

Khalaf ha infatti abbandonato le sue attività militanti al Cairo per dedicarsi all'organizzazione di alcune cellule clandestine di combattenti palestinesi nella Striscia di Gaza. Il suo nome di battaglia è Abu Iyad, secondo la tradizione araba che aggiunge alla parola «padre» (Abu) il nome del figlio maggiore (in questo caso Iyad). Anche l'islamista Khalil al-Wazir, un profugo di Ramla, soprannominato Abu Jihad, si impegna nel reclutamento clandestino a Gaza. Questi *feddayin*, come vengono chiamati i «combattenti per la fede», dipendono dall'indulgenza delle autorità egiziane. Grazie alle buone relazioni tra i Liberi Ufficiali e i Fratelli Musulmani egiziani, vengono tollerati tra il 1952 e il 1954, prima di essere repressi fino al 1955. Dopo aver estromesso gli islamisti, Nasser decide invece di mobilitare i *feddayin* palestinesi di Gaza per lanciare una serie di infiltrazioni contro Israele senza compromettere direttamente il suo esercito.

È proprio per soffocare la rinascita armata del nazionalismo palestinese che nel novembre del 1956 Israele invade la Striscia di Gaza. Con quasi mille morti, questa prima occupazione, di una durata di quattro mesi, è particolarmente sanguinosa. Il trauma è cosí profondo che dopo il ritiro di Israele, nel marzo del 1957, la popolazione invoca il ritorno all'amministrazione egiziana piuttosto che accettare l'amministrazione fiduciaria dell'Onu. Viene cosí perduta un'opportunità storica di costituire a Gaza un embrione di Palestina indipendente sotto tutela internazionale. Questa occasione non si ripresenterà fino all'instaurazione, nel 1994, di un'Autorità palestinese a Gaza e a Gerico. Per il momento la repressione egiziana si abbatte sui *feddayin*, spingendo Abu Jihad, e poi Abu Iyad, a raggiungere Arafat in Kuwait, dove l'attivismo palestinese è trattato con benevolenza.

È da questo emirato che Abu Jihad esorta i compagni islamisti ad accordare la priorità alla lotta per la Palestina piuttosto che a quella per l'islamizzazione. Ed è sempre qui che Arafat, Abu

Jihad e Abu Iyad fondano, nel settembre del 1959, il Movimento di liberazione della Palestina. Denominata con l'acronimo arabo inverso di *al-Fatah*, questa nuova organizzazione, di cui Arafat prende la guida, rifiuta qualsiasi forma di tutela araba, prestando il fianco alla repressione da parte dei vari regimi interessati, a prescindere dal loro orientamento. Questa intransigenza spiega perché per molti anni il militantismo clandestino di *al-Fatah* non troverà alcuna sponda pubblica. Arafat si impone infatti sulla scena mediorientale solo durante la «guerra fredda araba» che oppone il Cairo a Riyad, nel contesto del massiccio intervento egiziano nello Yemen del 1962, dove i repubblicani sostenuti da Nasser affrontano un'insurrezione monarchica che incendia l'Arabia.

Il presidente egiziano cerca di sfruttare la questione palestinese per legittimare le sue mire egemoniche sul mondo arabo. Nel giugno del 1963 approfitta della morte di Ahmad Hilmi Pasha, l'effimero presidente del Governo panpalestinese, per sostituirlo con Ahmed al-Shuqayri come rappresentante palestinese presso la Lega araba. Quest'ultimo subentra all'ex vicesegretario generale della Lega, che nel frattempo si è messo al servizio della diplomazia saudita. Al di là dello schiaffo inflitto a Riyad dal Cairo, le altalenanti fedeltà di al-Shuqayri illustrano fino alla caricatura la debolezza delle élite palestinesi e la loro crudele dipendenza dai regimi arabi. Nasser approfitta quindi della distensione dei suoi rapporti con re Hussein per convincerlo a ospitare, nel maggio del 1964, un Consiglio nazionale palestinese a Gerusalemme Est, naturalmente boicottato dall'Arabia Saudita. Il congresso rappresenta l'atto di nascita dell'Organizzazione per la liberazione della Palestina (Olp), di cui al-Shuqayri prende la guida e redige la carta. Questa «sancisce il carattere arabo della Palestina e l'unità delle sue terre in quanto parte della grande nazione araba»[71], senza tuttavia mai menzionare un eventuale stato palestinese.

L'Olp si dota solennemente di un Esercito di liberazione della Palestina (Elp), ma questo nome enfatico non è sufficiente a nascondere il fatto che le sue unità, prive di armamenti pesanti, sono disseminate in Egitto, in Siria, in Giordania e in Iraq e che la gerarchia palestinese – limitata al grado di sottufficiale – è soggetta al comando del paese ospitante. Per contrasto *al-Fa-*

tah dichiara l'autonomia dei suoi commando e la sua vocazione rivoluzionaria, che la porta mettersi in relazione con la Cina di Mao e la Cuba di Castro. All'inizio del 1965 Arafat lancia una serie di operazioni in Israele, di cui solo una centra l'obiettivo, un impianto idraulico sul lago di Tiberiade. Tuttavia l'efficacia ha meno valore dell'affermazione simbolica della lotta armata per la Palestina. L'intelligence egiziana neutralizza un commando nella Striscia di Gaza[72] mentre l'esercito giordano ne intercetta un altro in Cisgiordania, uccidendo un *fida'i*. È questo il primo «martire» di *al-Fatah* ucciso dalle pallottole di un regime arabo[73]. Non sarà l'ultimo.

Nel febbraio e nel marzo del 1965 Habib Bourguiba, il presidente tunisino che ha guidato la lotta del suo paese fino all'indipendenza del 1956, si reca in visita in vari paesi del Medio Oriente. Torna in Tunisia convinto che il conflitto israelo-arabo sia in realtà israelo-palestinese e che occorra avviare dei negoziati con Israele per ristabilire i diritti del popolo palestinese. Bourguiba, avvocato di formazione, ritiene che i negoziati debbano basarsi sulle due risoluzioni costitutive dell'Assemblea generale dell'Onu, quella sulla partizione della Palestina in due stati del 1947 e quella sul diritto al ritorno dei profughi palestinesi del 1948. E rimane molto colpito dallo «spettacolo indescrivibile» del campo profughi che visita a Gerico, perché «questi rifugiati sono alimentati da chimeriche speranze e sterili odi»[74]. Rifiutando la polarizzazione del mondo arabo tra l'Egitto e l'Arabia, si attira però le ire di Nasser, secondo cui «porta avanti un piano imperialista-sionista volto a minare il morale degli arabi»[75]. L'assenza della benché minima reazione israeliana alle aperture del presidente tunisino stronca sul nascere questi accesi dibattiti.

Il timore di Nasser è che una provocazione palestinese lo trascini suo malgrado in un conflitto contro Israele. Per questo motivo il Cairo scatena la sua propaganda contro *al-Fatah*, accusato di essere un'accozzaglia di islamisti al soldo dell'imperialismo occidentale. La logica della «guerra fredda araba» porta l'Arabia Saudita di re Faysal, che ha già accolto migliaia di Fratelli Musulmani perseguitati dall'Egitto, a fornire ad Arafat un sostegno decisivo. Il braccio di ferro tra il Cairo, che appoggia l'Olp, e Riyad, che sostiene *al-Fatah*, spinge le due potenze concorrenti a tessere le lodi dei rispettivi protetti. Paradossalmente questa resa dei conti restituisce visibilità al nazionalismo palestinese – seppure nel contesto delle rivalità interarabe –, portando alla creazione di nuove strutture militanti piú o meno votate alla lotta armata. *Al-Fatah* teorizza una forma di «coinvolgimento» (*tawrit*) dal debole al forte, in cui la guerriglia palestinese costringerà i regimi arabi a un confronto generalizzato con Israele, preludio della liberazione della Palestina con la forza delle armi.

Dopo anni di manipolazione delle élite palestinesi da parte dei regimi arabi, Arafat spera di invertire la tendenza mettendo le dispute interarabe al servizio della causa nazionale. L'occasione gli si presenta in Siria, dove i soldati che si richiamano al «socialismo arabo» del *Baath*, piú radicali di Nasser, hanno preso il potere nel marzo del 1963. Nel febbraio del 1966 le aspre lotte di potere a Damasco volgono a favore di Salah Jadid e degli oltranzisti della lotta armata. Sebbene nel maggio del 1966 Hafiz al-Assad, allora ministro della Difesa, tenti di neutralizzare Arafat facendolo imprigionare a Damasco, il leader di *al-Fatah* viene rilasciato dopo uno sciopero della fame di tre settimane[76]. La sua organizzazione, sostenuta da Jadid, intensifica le operazioni dal territorio siriano. Il patto di mutua difesa concluso tra la Siria e l'Egitto nel novembre del 1966 pone le basi per il «coinvolgimento» tanto auspicato da Arafat quanto temuto da Nasser[77]. Le operazioni dei *feddayin* provocano infatti pesanti rappresaglie da parte di Israele contro la Siria, che ordina all'Egitto di reagire. È il blocco del porto israeliano di Eilat da parte di Nasser del 23 maggio 1967 – un vero e proprio *casus belli* – a spingere finalmente Israele a lanciare dopo due settimane la campagna lampo della Guerra dei sei giorni.

Se il risultato della scommessa di Arafat sul «coinvolgimento» interarabo supera ogni sua aspettativa, sfocia però nella *Naksa*, vale a dire la «ricaduta», come viene definita la conquista da parte di Israele di Gerusalemme Est – ben presto annessa –, della Cisgiordania e della Striscia di Gaza, nonché del Sinai egiziano e delle alture siriane del Golan. Il leader di *al-Fatah* non farà mai autocritica della sua pesante responsabilità in quest'escalation incontrollata. E non è un caso: nell'estate del 1967 si introduce in Cisgiordania per organizzare la «resistenza popolare armata»[78] contro l'occupazione israeliana. Sebbene l'impatto degli attacchi palestinesi resti limitato, Arafat può vantarsi, quando ripiega sull'altra sponda del Giordano, di aver reso *al-Fatah* la prima forza della Cisgiordania, rimpiazzando i notabili legati a re Hussein. Come se non bastasse al-Shuqayri, squalificato dall'oltranzismo dei *feddayin*, abbandona la presidenza dell'Olp nel dicembre del 1967, mentre il Movimento nazionalista arabo, fino ad allora punta avanzata tra i fedeli di Nasser, subisce la scissione del suo ramo palestinese, che prende il nome di Fronte popolare per la liberazione della Palestina (Fplp) sotto la leadership di George Habash.

Nel marzo del 1968 Arafat, avvertito di un imminente attacco israeliano contro una base di *al-Fatah* a Karama, nella valle del Giordano, decide di mantenere i *feddayin* sul posto. A loro si uniscono varie unità dell'Elp e dell'esercito giordano per far fronte all'assalto israeliano. Sebbene le vittime arabe siano numerose (92 *feddayin*, 61 giordani e 24 membri dell'Elp), sono le perdite subite da Israele (28 morti, un aereo e 4 carri armati distrutti) a colpire l'opinione pubblica araba. Tanto basta perché Karama, che in arabo significa «dignità», diventi il simbolo dell'inizio di una rivincita palestinese contro l'umiliazione del giugno del 1967, in virtú del fatto che i *feddayin* si sono rifiutati di arretrare di fronte al «nemico sionista»[79]. Nel mondo arabo l'ondata di sostegno popolare ai *feddayin* è cosí forte che, per tentare di contrastarla, nel luglio del 1968 Nasser fa adottare all'Olp uno statuto ancora piú radicale di quello di quattro anni prima. Ormai solo gli ebrei giunti in Palestina prima del 1917 sono considerati palestinesi e «il sionismo, per sua natura fascista e razzista», viene considerato «organicamente legato all'imperialismo mondiale»[80].

Nasser deve tuttavia ammettere l'inanità di questo gioco al rialzo e accettare, nel febbraio del 1969, che *al-Fatah* prenda il controllo dell'Olp. Il presidente egiziano arriva persino a inaugurare al Cairo il Consiglio nazionale palestinese (Cnp), che elegge Arafat alla guida del Comitato esecutivo, l'organo supremo dell'Olp, e conferisce ai *feddayin* una posizione dominante. Il nuovo capo dell'Olp si inscrive nella prospettiva inedita di uno «stato palestinese indipendente e democratico», e afferma di non nutrire alcuna ostilità verso «gli ebrei come comunità etnica e religiosa»[81]. Osa persino rifiutare pubblicamente la Risoluzione 242 del Consiglio di sicurezza dell'Onu – che pure il suo ospite Nasser ha accettato –, perché menziona la questione palestinese solo dal punto di vista dei profughi*. Il capo di stato egiziano si spinge oltre, patrocinando l'Accordo del Cairo tra lo stato maggiore libanese e l'Olp nell'ottobre del 1969. Questo accordo non viene però reso pubblico, in quanto mina la sovranità del Libano. I *feddayin* diventano infatti gli unici padroni dei campi profughi palestinesi e ottengono «facilitazioni» per colpire Israele dal territorio libanese[82].

Settembre nero.

Ciò nonostante l'obiettivo principale dell'Olp non è il Libano, bensí la Giordania. Arafat, forte del prestigio di Karama, ha stabilito solide basi nei campi profughi e nella valle del Giordano. Il fatto che la popolazione del regno resti per metà palestinese, anche dopo la perdita della Cisgiordania, gioca a favore dei *feddayin*, soprattutto nelle città. Ma le tribú transgiordane, pilastri dell'esercito e delle forze di sicurezza, patiscono sempre di piú il doppio potere imposto loro dall'Olp. Arafat si circonda di altri due fondatori di *al-Fatah*, Abu Jihad alla guida dei *feddayin* e Abu Iyad a quella dell'intelligence, due ruoli che ricoprono sia all'interno di *al-Fatah* sia dell'Olp. Nonostante questa gerarchia formale, l'Olp resta scossa dall'escalation rivoluzionaria dell'Fplp, guidato da Habash, e di *al-Saiqa* (il Fulmine), affiliato al *Baath* siriano. La sezione irachena del *Baath*, che ha preso il potere nel 1968, contesta la preminenza della sua leadership damascena e fornisce un sostegno importante all'Fplp. È cosí che le faide interarabe accentuano la dinamica delle fazioni all'interno dell'Olp**.

Questa fuga in avanti spinge il Cnp, riunitosi al Cairo nel giugno del 1970, a proclamare che «la lotta palestinese si basa sulla convinzione secondo cui sulla scena giordano-palestinese esista un solo e unico popolo»[83]. Alcuni scontri tra i *feddayin* e i soldati provocano circa 500 morti ad Amman e nei comuni limitrofi. Re Hussein scampa a un attentato che Arafat condanna solen-

* Cfr. p. 44.
** Cfr. p. 272.

nemente. Il sovrano propone di risolvere la crisi nominando il leader dell'Olp alla guida del governo giordano. Arafat rifiuta, sostenendo che «Amman deve essere la Hanoi degli arabi, non un'altra Saigon»[84], cioè la patria della resistenza e non della collaborazione, secondo la retorica in voga in piena guerra del Vietnam. Ma Habash non nasconde piú la sua volontà di rovesciare la monarchia hashemita, secondo una dialettica rivoluzionaria in cui la sconfitta della «reazione araba» non può che preludere a quella del «nemico sionista». In questo modo l'Fplp attira l'Olp in una trappola non meno insidiosa del «coinvolgimento» con cui *al-Fatah* ha incastrato l'Egitto nel 1967.

Il settembre del 1970 si apre con un nuovo attentato a re Hussein, seguito dal dirottamento di tre aerei di linea (uno svizzero, uno britannico e uno tedesco) da parte dell'Fplp verso un aeroporto giordano. Svuotati dei loro passeggeri, i velivoli sono distrutti davanti alla stampa internazionale, mentre decine di ostaggi occidentali sono trasferiti ad Amman. È troppo per il monarca hashemita, che ordina al suo esercito di eliminare le roccaforti dell'Olp. Arafat, trascinato in questa battaglia persa in partenza, fa appello ai leader arabi. Jadid, l'uomo forte di Damasco, invia centinaia di carri armati siriani in soccorso ai *feddayin*, ma Hafiz al-Assad, allora ministro della Difesa, rifiuta di fornire una copertura aerea ai carri armati del suo stesso esercito, il cui assalto viene neutralizzato dall'aviazione giordana. Il machiavellico Assad scarica tutta la responsabilità di questa patetica avventura a Jadid, che di lí a poco rovescia per arrogarsi il potere assoluto.

Durante questo «settembre nero» i *feddayin* si ritrovano isolati di fronte all'offensiva vittoriosa per il ripristino della sovranità giordana. Le vittime si contano a migliaia, mentre Nasser si affanna per ottenere un cessate il fuoco, suggellato il 27 settembre al Cairo da un abbraccio tra Arafat e Hussein. L'indomani il presidente egiziano muore stroncato da un infarto e Sadat gli succede alla guida dell'Egitto. Le infuocate dichiarazioni dei leader arabi in favore della causa palestinese non sono piú sufficienti a mascherare la loro passività – per non dire la loro condiscendenza – nei confronti dell'asservimento della resistenza palestinese da parte della Giordania. Cacciati da Amman, i commando dell'Olp si trincerano a nordovest del paese, da dove vengono definitivamente espulsi nel luglio del 1971. Un centinaio di *feddayin* preferisce attraversare il Giordano e arrendersi a Israele che cadere nelle mani dei giordani. La radio di *al-Fatah* annuncia la fine di «ogni dialogo con il regime giordano; d'ora in poi prevarrà la lingua dei proiettili e degli esplosivi»[85]. Nel novembre del 1971 Wasfi al-Tal, il primo ministro giordano, viene assassinato al Cairo da un'organizzazione nota con il nome di Settembre nero.

Arafat non trae nessun insegnamento dall'ecatombe di Amman. Come dopo la *Naksa* nel 1967, il suo obiettivo resta quello dell'instaurazione, alle porte di Israele, di un focolare di *feddayin* abbastanza potente da mobilitare la solidarietà araba senza per questo esserle asservito. Una volta espulso dalla Giordania, il capo dell'Olp pensa solo a ricostituirlo, questa volta in Libano, sulla base dell'Accordo del Cairo del 1969. Avrebbe potuto ispirarsi al modello alternativo della Striscia di Gaza, dove una guerriglia a bassa intensità, pur senza una base arretrata in un territorio interamente occupato da Israele, ha combattuto dal 1967 al 1971. Ma la resistenza di Gaza è stata guidata da alcuni sottufficiali dell'Elp, la cui disciplina militare, appresa nelle accademie egiziane, è l'antitesi dell'oltranzismo dei *feddayin*[86]. Inoltre la cultura diasporica di Arafat, Abu Jihad e Abu Iyad – tutti e tre profughi – impedisce loro di prendere in considerazione la centralità del territorio palestinese in maniera piú operativa che retorica.

Alla fuga in avanti del Settembre nero giordano, dalla Palestina verso la Transgiordania, fa seguito quella del Settembre nero terrorista, dal mondo arabo verso il resto del mondo. Per non rischiare di compromettere *al-Fatah* e l'Olp, il gruppo è gestito autonomamente da un ex collaboratore di Abu Iyad. Nel febbraio del 1972 si rende responsabile dell'assassinio di cinque cittadini giordani in Germania e tre mesi dopo del dirottamento di un aereo belga verso l'aeroporto di Tel Aviv. Durante la liberazione degli ostaggi, due dei quattro dirottatori sono uccisi da un commando israeliano in cui spiccano due futuri primi ministri. L'unità è infatti guidata da Ehud Barak e annovera nei suoi ranghi Binyamin Netanyahu, che viene ferito durante l'assalto[87].

La frammentazione dell'Olp aggrava tanto l'escalation del terrorismo quanto l'internazionalizzazione dell'estremismo.

All'interno dell'Fplp, Wadie Haddad si afferma come rivale di Habash alla guida delle «operazioni estere», ben presto costituite in quanto gruppo separato (Fplp-Oe) e legate, tra gli altri, all'Armata rossa giapponese. Nel maggio del 1972 alcuni terroristi giapponesi che agiscono per conto dell'Fplp-Oe uccidono 27 persone, perlopiú pellegrini portoricani, all'aeroporto di Tel Aviv. Ma questa volta le rappresaglie israeliane non si limitano ai sanguinosi bombardamenti delle posizioni palestinesi in Libano. Una serie di attentati con autobombe e pacchi esplosivi prendono infatti di mira vari responsabili civili – come lo scrittore Ghassan Kanafani, portavoce dell'Fplp, ucciso a luglio a Beirut insieme alla nipote –, molto meno protetti dei leader terroristici.

Nel settembre del 1972 il gruppo Settembre nero attacca il padiglione israeliano alle Olimpiadi di Monaco. Due israeliani sono uccisi durante l'assalto e undici sono presi in ostaggio. Tutti perdono la vita durante l'operazione di salvataggio lanciata dalla polizia tedesca, che nella confusione si trasforma in un bagno di sangue. Oltre a un poliziotto, muoiono anche cinque terroristi, le cui salme sono trasferite in Libia, dove ricevono funerali molto partecipati. Un mese e mezzo dopo la strage, il dirottamento su Zagabria del volo Lufthansa Damasco-Francoforte costringe le autorità tedesche a rilasciare i tre palestinesi sopravvissuti al commando di Monaco. Ancora una volta i terroristi sono trasferiti in Libia, dove vengono celebrati come eroi. Il colonnello Gheddafi, al potere a Tripoli da tre anni, si sforza cosí di coltivare la sua immagine di «rivoluzionario», in concorrenza con i «fratelli nemici» del *Baath* al potere a Damasco e a Baghdad. Le rivalità interarabe alimentano quindi la radicalizzazione palestinese, perché ogni dittatura può ormai fomentare a buon mercato una dissidenza piú o meno gruppuscolare e condurre per suo tramite una «lotta antisionista» ad alto impatto mediatico.

Ma i raid aerei di rappresaglia contro il Libano e la Siria non bastano piú per Golda Meir, che emette l'ordine di colpire l'Olp al vertice. Nell'aprile del 1973 un commando guidato da Barak lancia un'audace operazione a Beirut, in cui vengono assassinati tre leader palestinesi: Kamal Adwan e Yusuf al-Najjar, entrambi rifugiati a Gaza dal 1948 e membri fondatori di *al-Fatah*, e Kamal Nasser, un poeta cristiano di Ramallah espulso dalla

Cisgiordania nel dicembre del 1967 dopo aver tentato di convincere le autorità israeliane ad accettare uno stato palestinese nei territori occupati. L'Olp e i suoi alleati a Beirut accusano le autorità libanesi di avere acconsentito, se non addirittura di aver collaborato all'incursione israeliana. Nel maggio del 1973 una serie di scontri provoca la morte di circa sessanta civili libanesi, oltre a una quarantina di soldati e altrettanti *feddayin*. Viene proclamato un cessate il fuoco sulla base degli accordi del Cairo, imposti quattro anni prima da Nasser.

Ci sono ormai tutti i presupposti perché Beirut, arena delle dispute interarabe, possa assorbire progressivamente tutta l'energia dell'Olp, a sua volta risucchiata in una spirale terroristica sempre piú incontrollabile. La resistenza palestinese viene salvata da questa deriva da una vicenda araba da cui è paradossalmente assente. Sadat e Assad sono infatti determinati a cancellare l'umiliazione del 1967 e tentare di liberare il Sinai egiziano e le alture siriane del Golan. Piú che a ottenere delle garanzie sulla questione palestinese, l'offensiva congiunta che lanciano nell'ottobre del 1973 – da cui escludono tanto la Giordania quanto l'Olp – mira quindi a ripristinare l'integrità territoriale dell'Egitto e della Siria. Ma Nixon, incoraggiato dagli evangelici americani*, predispone un massiccio ponte aereo per sostenere la controffensiva israeliana. Questa cobelligeranza provoca le ire di re Faysal d'Arabia, che per ritorsione decreta un embargo sulle esportazioni di idrocarburi verso gli Stati Uniti.

Tale decisione, presto imitata dagli altri produttori arabi anche dopo il cessate il fuoco con Israele, provoca uno shock petrolifero che moltiplica per quattro il prezzo del barile di greggio. Kissinger è inviato in Medio Oriente, dove riesce a concludere accordi di disimpegno prima tra Israele e l'Egitto e poi tra Israele e la Siria. Ma la manna petrolifera che si riversa sul Medio Oriente avrà un impatto duraturo sul mondo arabo. Gli emirati del Golfo, alcuni dei quali hanno ottenuto l'indipendenza solo da due anni, possiedono ormai risorse colossali. Re Faysal assume la guida di un vasto movimento di solidarietà economica con la Siria, l'Egitto e la Giordania, ma anche con l'Olp, in nome dell'unità araba contro Israele. Questi versamenti, che

* Cfr. pp. 45-46.

ammontano a miliardi di dollari, sono programmati per essere rinnovati di anno in anno. A questo si aggiunge una trattenuta sugli stipendi dei palestinesi espatriati in Kuwait – la culla di *al-Fatah* –, che viene destinata all'Olp.

Questi trasferimenti finanziari rendono senza dubbio l'Olp il movimento di liberazione piú ricco della storia. E Arafat, il cui istinto di sopravvivenza è acuito dalla clandestinità, si guarda bene dal condividere la gestione di un tesoro di guerra tanto cospicuo, per la maggior parte depositato presso la Arab Bank di Beirut. Se la firma del leader supremo è spesso richiesta per giustificare la copertura delle grandi o piccole spese della leadership palestinese, Arafat è ormai in grado di comprare anche le fedeltà piú costose. L'uomo che dopo aver perso il suo santuario giordano non è piú riuscito a imporsi con la forza sulle fazioni rivali trova nella manna petrolifera il modo piú sicuro per ripristinare la sua autorità, neutralizzando cosí la deriva terroristica dell'Olp. In Libano tre quarti dei *feddayin* si richiamano ormai ad *al-Fatah*, che controlla tra l'80 e il 90 per cento dei dirigenti dell'organizzazione[88].

Proprio in virtú della sua generosità disinteressata, il sostegno finanziario di re Faysal costituisce l'unico intervento arabo ad aver rafforzato in modo significativo il nazionalismo palestinese. E non è irrilevante che il sovrano saudita sia stato uno dei primi mecenati di *al-Fatah*. Nel giugno del 1974 il Consiglio nazionale palestinese del Cairo adotta la prospettiva di un'«autorità nazionale indipendente» su «ogni parte della terra palestinese liberata»[89]. Questo riconsolidamento della posizione del leader dell'Olp è impressionante. Proponendo un'alternativa alla pura e semplice scomparsa di Israele attraverso la lotta armata, Arafat costringe l'Fplp a lasciare l'Olp e a formare, con l'appoggio dell'Iraq e della Libia, un «Fronte del rifiuto» delle fazioni palestinesi contrarie a qualsiasi compromesso. In compenso rafforza la sua legittimità includendo nella nuova leadership dell'Olp quattro figure di spicco provenienti dai territori occupati da Israele.

La Siria di Assad reagisce promuovendo la sanguinosa incursione di un gruppo ferocemente contrario ad Arafat in Galilea, che scatena bombardamenti israeliani di rappresaglia nel Sud del Libano. Non potendo lasciare il monopolio dell'estremismo al fratello nemico di Damasco, il *Baath* iracheno accoglie a Baghdad Abu Nidal, un dissidente di *al-Fatah* che un tribunale palestinese condanna a morte per contumacia. Nel settembre del 1974 un altro dissidente di *al-Fatah*, Mohammed Abd al-Ghafur, sostenuto dalla Libia e responsabile di vari attentati omicidi, viene assassinato a Beirut su ordine di Abu Jihad. L'escalation terroristica è definitivamente arginata e il mese successivo, al vertice arabo di Rabat, Arafat ottiene il riconoscimento del «diritto del popolo palestinese a instaurare un'autorità nazionale indipendente sotto la guida dell'Olp in qualità di unico e legittimo rappresentante del popolo palestinese»[90]. Un quarto di secolo dopo la *Nakba*, la Palestina ritrova simbolicamente il suo ruolo nel panorama arabo.

La prima guerra di Assad.

Re Hussein è l'unico capo di stato arabo a opporsi apertamente alla consacrazione dell'Olp a Rabat. Ma Assad è altrettanto determinato a contrastare Arafat, ufficialmente in nome di una dottrina baathista che vede la Palestina come una semplice «Siria meridionale», in una sorta di rievocazione dei sogni del regno arabo di Damasco del 1919-20. La verità è che il presidente siriano ha assunto il potere nel 1970 sacrificando una parte dei carri armati inviati dal suo rivale Jadid per aiutare i *feddayin* palestinesi in Giordania, a dimostrazione della sua volontà di arginare l'azione dell'Olp, non fosse altro che per non compromettere il recente accordo con Israele sulle alture del Golan. Questo accordo, concluso nel 1974 sotto l'egida degli Stati Uniti, equivale infatti per Assad a un riconoscimento del suo regime da parte di Washington, sebbene la Siria costituisca l'alleata privilegiata dell'Urss nella regione[91]. Sempre abile nel tenere il piede in piú staffe, Assad ha diversificato i canali palestinesi della sua influenza: *al-Saiqa*, il ramo palestinese del *Baath* al potere a Damasco, rimane attivo all'interno dell'Olp, mentre l'intelligence siriana controlla il Comando generale dell'Fplp (Fplp-Cg) – una frazione particolarmente virulenta dell'Fplp all'interno del Fronte del rifiuto –, e alcuni ufficiali siriani supervisionano le unità dell'Elp con base in Siria.

Per il momento il padrone di Damasco è costretto ad ammettere la posizione dominante di Arafat in Libano. Oltre alle agevolazioni militari concesse dall'accordo del Cairo del 1969 e confermate nel 1973, l'Olp ha infatti installato a Beirut la capitale politica della Palestina in esilio e in Libano una forma di «stato nello stato»[92]. Al suo interno sono rappresentate tutte le istituzioni e le componenti della leadership palestinese, mentre i campi profughi sono stati trasformati in enclave di *feddayin* saldamente fortificate. La presenza di questi campi nelle aree piú disagiate del paese (la periferia di Beirut, il Sud del Libano e persino la pianura orientale della Bekaa) spinge l'Olp a sviluppare reti di assistenza e clientelismo all'interno della popolazione libanese locale. E come se non bastasse i leader palestinesi approfittano della centralità di Beirut nei media panarabi per diffondere la propaganda nazionalista e rafforzare la propria statura militante.

A questo punto la scena libanese è polarizzata dalla questione palestinese. La destra cristiana, guidata dalle Falangi libanesi di Pierre Gemayel, denuncia la tutela imposta al paese dall'Olp e le rappresaglie israeliane che ne conseguono. Al contrario il Movimento nazionale libanese (Mnl), una coalizione di partiti «islamo-progressisti» presieduta da Kamal Jumblatt, dichiara il suo sostegno alla causa palestinese, chiedendo al contempo una riorganizzazione delle istituzioni libanesi. Entrambi i blocchi si sono progressivamente dotati di un apparato militare, piú numeroso e meglio armato nel campo falangista. Per compensare questa inferiorità sul campo, l'Mnl ha ogni interesse ad attirare i *feddayin* nel suo braccio di ferro con la «reazione» cristiana. Ma Arafat non ha alcuna intenzione di mettere a repentaglio le conquiste dell'Olp in Libano in un simile confronto.

Sebbene scoppiata a causa di uno scontro tra i falangisti e i palestinesi, la «guerra civile» libanese dell'aprile del 1975 resta per molti mesi un conflitto interno, in cui l'Olp funge persino da arbitro di alcuni cessate il fuoco proclamati a intervalli regolari. Tuttavia gli omicidi confessionali e il fuoco dei cecchini fanno emergere una linea di demarcazione tra la parte orientale di Beirut, a maggioranza falangista, e quella occidentale, controllata dall'Mnl. Questa divisione isola all'interno di Beirut Est il campo palestinese di Tel al-Zaatar e la baraccopoli di

Karantina, dove i palestinesi convivono con i curdi e i libanesi in una comunità di miseria. Nel gennaio del 1976 i sostenitori di Gemayel bloccano l'accesso a Tel al-Zaatar per poi attaccare l'obiettivo piú vulnerabile di Karantina. Gli assalitori uccidono tra i 600 e i 1000 civili[93], mentre la baraccopoli finisce distrutta prima di essere rasa al suolo dai bulldozer.

Dopo nove mesi di moderazione, Arafat decide di mobilitare l'Olp al fianco dell'Mnl, anche al costo di accentuare la dimensione confessionale del conflitto. La conquista da parte dei «palestino-progressisti» della località cristiana di Damour, non lontano da Saida, come rappresaglia per la carneficina di Karantina, è accompagnata dal massacro di 150 civili[94]. Il coinvolgimento dei *feddayin* nel conflitto provoca l'intervento – in questa fase diplomatico – di Assad, in un contesto di dispiegamento nella Bekaa, con l'appoggio dell'Mnl, di alcune unità dell'Elp fedeli alla Siria. Si raggiunge un cessate il fuoco sotto l'egida di Assad, che convoca a Damasco il suo omologo libanese, Suleyman Franjiyah, per fargli approvare un piano di riequilibrio, in favore dei musulmani, della rappresentanza confessionale nel parlamento libanese. Jumblatt considera questo ritocco insufficiente, auspicando una radicale secolarizzazione del paese. Quanto ad Arafat, è determinato ad allentare la morsa siriana prima che sia troppo tardi.

L'11 marzo 1976 *al-Fatah* sostiene la rivolta del governatore militare di Beirut, un generale sunnita che invoca le dimissioni di Franjiyah. Quando Damasco riesce a sedare il tentativo putschista, l'Olp e l'Mnl lanciano un'offensiva congiunta contro il settore cristiano di Beirut. Assorbito da questa battaglia per il Monte Libano, Arafat trascura gli importanti sviluppi in corso nel territorio storicamente palestinese (la repressione del Giorno della Terra del 30 marzo segna una svolta per la popolazione araba di Israele e le elezioni municipali del 12 aprile in Cisgiordania si rivelano un plebiscito per l'Olp)*. Il 16 aprile si reca a Damasco per negoziare un accordo politico con Assad, presto reso obsoleto dal moltiplicarsi degli scontri e dal rifiuto di Franjiyah di dimettersi. Inebriata da questo rapporto di forza favorevole, l'Olp stabilisce un dubbio parallelismo tra la sua

* Cfr. p. 286.

vittoria in Libano e la liberazione della Palestina, una convinzione ribadita da Abu Iyad il 23 maggio e riassunta nella formula: «La liberazione di Gerusalemme passa per Jounieh»[95], il porto cristiano dove si è rifugiato Franjiyah.

Nel frattempo Assad prepara metodicamente la sua campagna libanese contro l'Olp. Tramite re Hussein convince Israele ad accettare un intervento contro i *feddayin*, come equivalente libanese del Settembre nero giordano[96]. In cambio il governo Rabin definisce una «linea rossa» a sud di Saida, che le truppe siriane non potranno oltrepassare. I primi invasori penetrano in Libano sotto la copertura di *al-Saiqa* e dell'Elp, prima che migliaia di soldati siriani attraversino apertamente il confine libanese il 1° giugno 1976. Assad può appoggiarsi al sostegno pubblico di Franjiyah per giustificare la sua invasione e neutralizzare l'appello di Arafat alla Lega araba. I falangisti riprendono l'iniziativa contro i palestino-progressisti, che si ritrovano costretti a combattere su due fronti. Il presidente siriano biasima pubblicamente l'Olp, perché «il palestinese che combatte sulla montagna libanese non combatte per la Palestina». E ricorda con amarezza che lo slogan in voga «nel 1970 in Giordania» era già: «La liberazione della Palestina passa per Amman»[97].

Bashir Gemayel, figlio del leader e fondatore delle Falangi, prende il comando delle milizie cristiane che attaccano da ogni parte l'enclave palestinese di Tel al-Zaatar. Dopo un assedio di cinquantadue giorni, appoggiato dall'esercito siriano, gli ultimi difensori vengono evacuati il 12 agosto 1976, sotto l'egida della Lega araba. Nonostante le garanzie internazionali, vengono massacrati piú di 1000 civili, portando il bilancio totale dell'assedio a oltre 3000 vittime[98]. La carneficina avviene a porte chiuse, tanto che è una fotografia scattata pochi mesi prima, durante il massacro di Karantina, a illustrare il bagno di sangue di Tel al-Zaatar[99]. Per l'Olp è un colpo devastante, tanto piú che nello stesso periodo Israele sta rafforzando la sua collaborazione con le milizie cristiane, contribuendo al blocco dei porti della zona palestino-progressista del Libano.

Una provocazione ordita a Baghdad accelera l'assalto finale della Siria contro l'Olp in Libano. Il 26 settembre 1976 il *Baath* iracheno, ancora ai ferri corti con il fratello nemico di Damasco, ordina una sanguinosa presa di ostaggi in un hotel della capitale siriana. L'operazione viene condotta dalla fazione di Abu Nidal. Nonostante le smentite di Arafat, Assad lancia un'imponente offensiva che prosegue fino al 16 ottobre, infliggendo pesanti perdite ai palestino-progressisti. Quel giorno re Khalid, succeduto a Faysal nel marzo del 1975, riunisce Assad, Arafat, Sadat e l'emiro Sabah del Kuwait a Riyad. Assad è costretto ad accettare la permanenza di Arafat alla guida dell'Olp, che in cambio appoggia l'avallo di una Forza araba di dissuasione (Fad) alla presenza siriana in Libano. Di lí a poco l'accordo è ratificato al Cairo, durante un vertice arabo presieduto da Sadat.

Come sei anni prima il «settembre nero» giordano si era concluso al Cairo con un consenso arabo che sanciva la sconfitta dell'Olp, la vittoria di Assad su Arafat è legittimata dal dispiegamento della Fad, che funge da semplice copertura araba alle truppe siriane. I *feddayin*, ritiratisi dietro la «linea rossa» per sfuggire all'assalto siriano, sono ormai intrappolati nel Sud del Libano, diventato il punto nevralgico del confronto con Israele, senza alcuna speranza di un coinvolgimento degli stati arabi. Arafat è costretto a riconoscere la perdita per la causa palestinese rappresentata dall'ascesa al trono saudita di Khalid, molto meno militante di Faysal. Ma il leader dell'Olp paga cosí lo scotto del suo eccessivo coinvolgimento negli intrighi interarabi, mentre a Gaza e in Cisgiordania i Fratelli Musulmani tessono pazientemente la loro tela con la tacita approvazione delle autorità di occupazione[100]. Quanto a Jumblatt, che aveva osato denunciare pubblicamente la collusione tra il regime di Assad e Israele, viene assassinato nel marzo del 1977 a cento metri da un posto di blocco siriano.

La seconda guerra di Assad.

Il Libano continua a essere al centro dell'attività politico-militare dell'Olp e dei calcoli internazionali del suo leader. È dal Sud del paese che nel marzo del 1978 Arafat lancia un commando di *al-Fatah*, il cui attentato contro un autobus israeliano, non lontano da Tel Aviv, uccide trentotto persone. Con questa provocazione terroristica, il leader palestinese spera di riuscire a imporsi nel processo negoziale tra Israele e l'Egitto incoraggiato da Carter*. Tuttavia, come già messo in luce, riesce solo a convincere il presidente americano a escludere l'Olp dalle trattative di Camp David e ad affidarsi alla sola Giordania per la parte palestinese degli accordi di pace. Come se non bastasse l'offensiva israeliana del marzo del 1978, lanciata come rappresaglia per l'attentato di *al-Fatah*, provoca un migliaio di morti tra i civili libanesi. Presso la popolazione del Sud del Libano, in maggioranza sciita, cresce il risentimento contro il dominio dell'Olp, sempre piú percepito come una forma di occupazione.

Arafat spera di placare il malcontento sciita mostrandosi a Teheran, nel febbraio del 1979, al fianco dall'ayatollah Khomeini, la cui rivoluzione islamica ha appena rovesciato lo scià dell'Iran, partner strategico di Israele. Oltre a consegnare l'ambasciata israeliana all'Olp, il nuovo regime iraniano adotta una linea ferocemente antisionista, esacerbata dalla firma del trattato di pace israelo-egiziano. Ma l'idillio tra l'Olp e la Repubblica islamica dell'Iran ha vita breve, perché Khomeini decide di appoggiarsi ad Assad contro Saddam Hussein, ormai detentore del potere assoluto in Iraq. Laddove Assad viola apertamente la rinomata «solidarietà araba», Arafat ne diventa il fervente paladino, raccogliendo il sollecito sostegno tanto dell'Iraq quanto delle petromonarchie del Golfo, terrorizzate dal messaggio rivoluzionario di Khomeini. La rottura dell'Olp con Teheran si consuma nel settembre del 1980, quando Arafat approva la decisione di Saddam di invadere l'Iran. La rapidità di questi stravolgimenti deriva dall'instabilità cronica delle relazioni inter-islamiche, cui i palestinesi sono particolarmente vulnerabili.

Per il momento l'Arabia Saudita dimostra la sua gratitudine all'Olp elaborando nell'agosto del 1981 il piano Fahd, dal nome del principe ereditario saudita che se ne fa carico. Re Khalid ha infatti preferito non esporsi al rischio di un rifiuto di questo piano, che prevede sí il riconoscimento dello Stato di Israele, ma solo in cambio dell'evacuazione di tutti i territori occupati nel 1967, dello smantellamento delle colonie e della creazione di uno stato palestinese. Arafat apprezza soprattutto la conferma da parte di Riyad dell'indiscutibile rappresentatività dell'Olp, che sta appena iniziando a misurare la portata della sfida che

* Cfr. p. 105.

l'islamismo pone al nazionalismo palestinese. Quanto a Begin e al suo ministro della Difesa Sharon, sono determinati a liquidare la presenza «terroristica» in Libano*. Con il tentato omicidio dell'ambasciatore israeliano a Londra, il 3 giugno 1982, la fazione di Abu Nidal offre a Israele il pretesto per invadere il Libano, sei anni dopo aver fornito ad Assad la scusa per l'offensiva libanese contro Arafat.

Assad oppone ben poca resistenza all'invasione israeliana del 6 giugno 1982, rifiutandosi il piú possibile di combattere e concludendo un cessate il fuoco già l'11 giugno. In compenso la guerra israelo-palestinese continua per altri due mesi e mezzo, durante i quali i 3500 soldati siriani intrappolati a Beirut Ovest si astengono dai combattimenti e lasciano all'Olp e ai suoi alleati libanesi il compito di difendere la prima capitale araba assediata dal «nemico sionista». Per contro l'intelligence siriana accoglie nella pianura orientale della Bekaa i commando iraniani dei Guardiani della rivoluzione, con i quali patrocina la costituzione clandestina di *Hezbollah*, letteralmente il «partito di Dio». Questa nuova milizia sciita mira a colmare, quando sarà il momento, il vuoto lasciato dall'Olp nel Sud del Libano, in nome di una resistenza non piú nazionalista, bensí esplicitamente «islamica». Il padrone di Damasco si sta già preparando ad approfittare del terribile colpo che Israele infliggerà ad Arafat.

Ma il doppio gioco di Assad passa relativamente inosservato di fronte all'abbandono dell'Olp da parte di tutti gli altri leader arabi. Piú che dall'assedio di Beirut Ovest, quello che sembra preoccupare i sovrani del Golfo e re Hussein è la controffensiva lanciata dall'Iran sul territorio iracheno, che inverte la rotta della guerra innescata da Saddam Hussein contro il suo potente vicino nel 1980. Ma è il colonnello Gheddafi a superare in indecenza tutti i suoi pari, consigliando pubblicamente ad Arafat di «suicidarsi» sul posto piuttosto che lasciare il Libano[101]. Quando viene raggiunto un accordo per l'evacuazione dei *feddayin* sotto l'egida della Francia e degli Stati Uniti, il 30 agosto, Arafat si imbarca per la Tunisia, sede della Lega araba, dove è accompagnato da un migliaio di *feddayin*. Altri 1100 partono per lo Yemen del Sud, 850 per lo Yemen del Nord, 600 per l'Alge-

* Cfr. p. 51.

ria e 500 per il Sudan[102]. Ma Assad fa in modo che la maggior parte dei combattenti dell'Olp venga trasferita via terra verso la Siria, insieme ai contingenti dell'esercito siriano e dell'Elp, sotto comando siriano, che l'assedio israeliano aveva intrappolato a Beirut Ovest.

L'esercito israeliano occupa Beirut Ovest il 15 settembre 1982 e l'indomani consegna i campi palestinesi di Sabra e Shatila alle milizie cristiane alleate. Il massacro che segue, di centinaia – se non migliaia – di civili, è rivelato da alcune immagini sconvolgenti pubblicate sulla stampa internazionale. All'interno dell'Olp lo sgomento è acuito dalle critiche mosse ad Arafat per aver dato la priorità, come nel 1976 a Tel al-Zaatar, all'evacuazione dei *feddayin* piuttosto che alla protezione della popolazione. E la propaganda di Damasco amplifica questo turbamento contrapponendo i militanti rimasti in Siria ai loro compagni ormai disseminati nei vari paesi arabi. Al Consiglio nazionale palestinese di Algeri del febbraio del 1983 i dibattiti sono burrascosi, ma la leadership di Arafat non viene mai messa apertamente in discussione. Due mesi dopo Issam Sartawi, incaricato dal leader dell'Olp di allacciare contatti discreti con alcuni pacifisti israeliani, viene assassinato nel bel mezzo del Congresso dell'Internazionale socialista in Portogallo. L'omicidio è rivendicato dalla fazione di Abu Nidal da Damasco, dove il leader terrorista si è stabilito tradendo Saddam Hussein in favore del suo nemico giurato Assad.

Sette anni dopo il suo primo tentativo in Libano, il presidente siriano ritiene che sia giunto il momento di sbarazzarsi definitivamente di Arafat. Piuttosto che creare una nuova fazione fedele alle sue idee, preferisce seminare la discordia all'interno del movimento fondato da Arafat, una manovra che aveva già tentato nel 1966, quando era solo ministro della Difesa*. Il 10 maggio 1983 all'interno di *al-Fatah* scoppia ufficialmente una «dissidenza» guidata da Abu Musa, uno stimato combattente i cui sostenitori espellono gli «arafatisti» prima dalla Siria e poi dai campi palestinesi della Bekaa. Il 24 giugno il leader dell'Olp si reca a Damasco per un incontro ad alta tensione con Assad, che gli intima di piegarsi ai dissidenti e lo minaccia in termini

* Cfr. p. 220.

appena velati. Arafat passa le settimane successive a visitare i paesi arabi nel tentativo di mobilitarli contro Assad, mentre Abu Jihad conduce una battaglia di retroguardia nella Bekaa prima di ritirarsi con i suoi seguaci a Tripoli, il grande porto del Libano settentrionale la cui periferia ospita due campi profughi palestinesi, Nahr al-Bared e Baddawi.

Il 16 settembre 1983 il capo dell'Olp si reca a Tripoli, dove 4000 combattenti lealisti sono assediati da 10 000 soldati siriani, anche se questi non esitano a dare risalto al migliaio di *feddayin* a loro affiliati, siano essi «dissidenti» di *al-Fatah* o membri di fazioni filosiriane. All'assalto lanciato il 3 novembre partecipa anche un migliaio di ausiliari libici. Lo stesso giorno Abu Iyad dichiara che «quello che Sharon non è riuscito a fare a Beirut, lo stanno facendo i siriani e i libici»[103]. In realtà la marina israeliana predispone un blocco navale al largo di Tripoli, completando dal mare l'assedio imposto ad Arafat e ai suoi sostenitori sulla terraferma. Nonostante i durissimi combattimenti, il 15 novembre i campi palestinesi cadono l'uno dopo l'altro. Ma una controffensiva lealista riesce a riprendere il controllo della parte meridionale di Baddawi, dove il 18 novembre Arafat recita simbolicamente la preghiera dell'alba. Ma è l'ultimo atto di resistenza per il leader dell'Olp, costretto a ritirarsi a Tripoli mentre a Nahr al-Bared una manifestazione di civili «arafatisti» viene repressa nel sangue.

Il 25 novembre 1983 l'Arabia Saudita afferma di aver concluso con la Siria un accordo sul «ritiro di tutti i combattenti palestinesi da Tripoli e dall'area circostante»[104]. Sebbene non menzioni la presenza siriana, il documento resta lettera morta. Bisogna aspettare il 20 dicembre perché piú di 4000 palestinesi siano trasferiti, sotto la supervisione francese, a bordo di navi greche battenti bandiera dell'Onu. Diverse centinaia di donne e bambini lasciano quindi Tripoli per timore di rappresaglie siriane[105]. Le navi greche sono scortate fino a destinazione dalla marina francese. Ma Arafat chiede che facciano uno scalo fuori programma nel canale di Suez, da dove si reca al Cairo per essere ricevuto da Mubarak.

Questa svolta inattesa, che sorprende persino Abu Jihad e Abu Iyad, è una manna dal cielo per la propaganda siriana, che si accanisce contro il «traditore» Arafat. Con l'Egitto ancora escluso dalla Lega araba in virtú del trattato di pace firmato con Israele nel 1979, l'abbraccio del leader dell'Olp al successore di Sadat sembra del tutto prematuro. Ma Arafat, che Israele ha espulso da Beirut nel 1982 e Assad da Tripoli l'anno successivo, vuole riprendere l'iniziativa sul fronte diplomatico. Spera di integrare l'Olp in una sorta di «campo della pace» arabo che farebbe affidamento tanto sull'Egitto quanto sulla Giordania con la benedizione saudita. Per raggiungere il suo obiettivo è pronto a sfidare la Siria e la Libia, dalle cui truppe è stato assediato a Tripoli, ma anche l'Iraq, il cui accanimento antisionista mira a contrastare la retorica iraniana. In Cisgiordania e a Gaza la riconciliazione egiziano-palestinese è infatti ben accolta.

Nell'aprile del 1984 Arafat si pronuncia in favore del «riconoscimento reciproco di due stati, la Palestina e Israele»[106]. Nel mese di novembre il Consiglio nazionale palestinese si riunisce ad Amman, in assenza dell'Fplp e delle fazioni radicali, per plebiscitare Arafat e il riavvicinamento tra l'Olp e la Giordania. Tre mesi piú tardi Arafat e re Hussein firmano un accordo di azione congiunta sulla base del quale viene costituita una delegazione giordano-palestinese. Il sovrano hashemita spera che questa delegazione sia ricevuta a Washington, per poi partecipare a una conferenza di pace internazionale volta ad aprire dei negoziati diretti con Israele in vista della creazione di una confederazione giordano-palestinese. Tuttavia il presidente Reagan, sempre piú legato ai sionisti cristiani*, esclude qualsiasi apertura in tal senso.

Queste grandi manovre diplomatiche convincono Assad a rilanciare la guerra contro l'Olp in Libano, anche se questa volta in maniera indiretta. Nel maggio del 1985 è la milizia sciita *Amal* (Speranza), molto vicina alla Siria, a lanciare l'assalto ai campi palestinesi del Sud di Beirut. I *feddayin* di tutte le tendenze hanno progressivamente ristabilito la loro presenza nei campi di Sabra e Shatila, teatro dei massacri del settembre del 1982. Assad incoraggia *Amal* a eliminarli, senza tuttavia misurare il significato simbolico di un attacco contro i due campi martiri. Questa «guerra dei campi» provoca infatti l'unione difensiva delle fazioni palestinesi, che siano arafatiste, radicali o dissiden-

* Cfr. p. 52.

ti. Per una volta lo stratagemma del machiavellico Assad gli si rivolta contro, unendo i combattenti palestinesi contro *Amal*. Dopo un mese di ostilità e un migliaio di morti, i miliziani sciiti piantonano le rovine di Sabra, ma incontrano una feroce resistenza negli altri campi. Assad, tanto amareggiato quanto realista, impone la firma di un cessate il fuoco tra *Amal* e i «dissidenti» palestinesi a Damasco, che l'Olp si impegna a rispettare.

Nell'ottobre del 1985 il bombardamento degli uffici di Arafat a Tunisi da parte dell'aviazione israeliana infligge un colpo mortale all'iniziativa giordano-palestinese, che quattro mesi piú tardi è definitivamente sospesa. Privato di una prospettiva diplomatica, il leader dell'Olp accorda la priorità alla ricostituzione di un focolare di *feddayin* in Libano, dando origine a un ciclo di «guerre dei campi» con *Amal* che si estende da Beirut al Sud del Libano. Nel novembre del 1986 i combattenti palestinesi cacciano *Amal* dalle alture di Saida, assicurandosi il controllo del campo piú popolato di tutto il Libano, Ein al-Hilweh, situato piú a valle. Durante la battaglia, la marina e l'aviazione israeliana bombardano le posizioni palestinesi, accreditando la teoria dell'Olp di una collusione tra *Amal* e Israele paragonabile a quella tra la Siria e Israele durante l'assedio di Tripoli del 1983. Il numero di *feddayin* in Libano è stimato tra 7000 e 8000, di cui due «arafatisti» su tre a Beirut e uno su due a Saida[107].

Nell'aprile del 1987 la dinamica unitaria delle guerre dei campi porta alla convocazione ad Algeri di un Consiglio nazionale palestinese (Cnp) per la reintegrazione dell'Fplp, in un contesto di spossatezza dei dissidenti filosiriani. Arafat può vantarsi di aver vinto contro Assad la battaglia per «l'indipendenza della decisione palestinese»[108], indipendenza che i leader palestinesi hanno sempre identificato con quella dell'Olp. È significativo che questa battaglia si sia svolta in Libano e attraverso la lotta armata, mentre in Cisgiordania e a Gaza una nuova generazione sta affermando il suo militantismo pacifista fino a scatenare l'*intifada* del dicembre del 1987. Nell'aprile del 1988 Shamir assicura involontariamente la trasmissione simbolica da una generazione all'altra facendo assassinare Abu Jihad nei sobborghi di Tunisi. Imponenti manifestazioni duramente represse in Cisgiordania e a Gaza celebrano il leader militare dell'Olp, non solo in quanto «martire», ma anche in quanto «primo proiettile» della lotta armata di *al-Fatah* e «prima pietra» dell'*intifada*.

Conscio dell'eco di una simile rivolta popolare tra i suoi sudditi, nel luglio del 1988 re Hussein decide di abbandonare ogni pretesa sulla Cisgiordania. La fine dell'ipoteca giordana, dopo quella dell'ipoteca siriana, lascia il campo libero all'affermazione della sovranità palestinese. Nel novembre del 1988, al Consiglio nazionale palestinese di Algeri, l'Olp proclama l'indipendenza dello Stato di Palestina, destinato a coesistere con Israele sulla base delle relative risoluzioni delle Nazioni Unite. Gli stati arabi non tardano a riconoscere ufficialmente la Palestina. Ma come re Hussein aveva rifiutato, nel 1974, di aderire al riconoscimento arabo dell'Olp in quanto unico e legittimo rappresentante del popolo palestinese, il rancoroso Assad rifiuta, quattordici anni piú tardi, di ammettere la sconfitta contro Arafat e riconoscere l'indipendenza della Palestina.

La trappola irachena.

Una volta passata l'euforia dell'ondata di riconoscimenti internazionali, la triste realtà dell'ostruzione israeliana e della repressione incessante torna a imporsi. Il dialogo tra l'Olp e gli Stati Uniti rimane limitato all'ambasciatore americano a Tunisi. Sebbene nel maggio del 1989 Arafat venga accolto al vertice arabo di Casablanca in quanto capo dello Stato di Palestina, non può che constatare che le promesse di un sostegno economico all'*intifada* espresse al vertice arabo dell'anno precedente sono rimaste lettera morta. Quanto al piano Shamir sulle elezioni nei territori occupati scaturito dagli accordi di Camp David, è contrastato solo debolmente dalle diplomazie arabe*. Nemmeno il ritorno dell'Egitto nella Lega araba cambia radicalmente le cose, nonostante le speranze che vi aveva riposto Arafat dopo la sensazionale riconciliazione con Mubarak del 1983.

Nel maggio del 1990 Arafat invoca la necessità di una protezione internazionale per la popolazione palestinese dei territori occupati davanti al Consiglio di sicurezza dell'Onu. La delusione

* Cfr. p. 110.

di fronte al suo rifiuto lo rende piú sensibile al discorso marziale pronunciato da Saddam Hussein al vertice arabo di Baghdad, un incontro che la Siria ha boicottato. Nel bel mezzo del summit l'esercito israeliano intercetta alcuni commando palestinesi che erano sbarcati su una spiaggia vicino a Tel Aviv. Il tentativo di attentato è opera del Fronte di liberazione della Palestina (Flp), un gruppuscolo membro dell'Olp, ma notoriamente legato ai servizi segreti iracheni. Abu Iyad avverte Arafat che Baghdad potrebbe cercare di manipolare l'Olp per guastare i suoi rapporti con i paesi occidentali e controllarla piú facilmente.

Gli Stati Uniti esigono quindi l'esclusione dell'Flp dall'Olp. Preoccupato di non inimicarsi l'Iraq, Arafat rifiuta, provocando la rottura del dialogo americano-palestinese il 20 giugno 1990. Ma il leader dell'Olp si ostina a non ascoltare gli avvertimenti del suo vice Abu Iyad, nonostante Saddam Hussein minacci sempre piú apertamente il Kuwait, che invade il 2 agosto e annette all'Iraq sei giorni dopo. Oltre a non condannare questa flagrante violazione del diritto internazionale nell'emirato che ha dato i natali ad *al-Fatah*, Arafat si oppone anche a una condanna dell'aggressione da parte della Lega araba. L'Olp si unisce quindi alla Giordania, allo Yemen, al Sudan e alla Libia nel sostegno all'avventurismo iracheno, mentre l'Egitto e la Siria proclamano la loro determinazione a difendere l'Arabia Saudita e gli emirati del Golfo.

Il 12 agosto 1990 Saddam Hussein propone una «soluzione globale» a «tutti i problemi di occupazione, attuali o futuri, nella regione»[109]. Secondo lui l'applicazione delle risoluzioni dell'Onu dovrebbe innanzitutto comportare l'evacuazione da parte di Israele dei territori occupati nel 1967, poi il ritiro delle truppe siriane dal Libano e infine l'eventuale ripristino della sovranità del Kuwait. L'Olp, che ha rifiutato di riconoscere l'annessione del Kuwait, saluta gli «elementi positivi e realistici» dell'offerta irachena, sebbene gli Stati Uniti la definiscano una mera «manovra di diversione»[110]. In Cisgiordania e a Gaza il sostegno all'Iraq riunisce in maniera inedita i sostenitori dell'Olp e di *Hamas*, con cortei che esibiscono i ritratti di Arafat e Saddam Hussein. La preoccupazione di Abu Iyad è pari alla sua incapacità di arginare questa marea.

L'8 ottobre 1990 la polizia israeliana uccide ventun palestinesi sulla Spianata delle Moschee di Gerusalemme, dove stavano protestando contro la volontà di una setta messianica di stabilirvi il Terzo Tempio. La debolezza delle reazioni internazionali a questa strage radicalizza il sostegno palestinese a Saddam Hussein, celebrato come un moderno Saladino. Il 4 dicembre Arafat si reca a Baghdad per un vertice tripartito con re Hussein e il despota iracheno, al termine del quale sono rilasciate migliaia di stranieri tenuti in ostaggio in Iraq. Il leader dell'Olp si attribuisce parte del merito di questo rilascio e sostiene di poter continuare la mediazione ed evitare un conflitto aperto. Ma George H. Bush ha convinto le Nazioni Unite a fissare la data limite per il ritiro delle truppe irachene dal Kuwait al 15 gennaio 1991.

Il 14 gennaio 1991 Abu Iyad è assassinato a Tunisi da una guardia del corpo infiltrata nella sua cerchia dalla fazione di Abu Nidal. L'ipotesi piú credibile è che l'omicidio sia stato commissionato da Baghdad, sebbene sia avanzata anche la pista israeliana o addirittura libica[111]. Con Abu Iyad Arafat perde non solo il capo dell'intelligence palestinese, ma anche l'ultimo dei fondatori di *al-Fatah* a essere rimasto al suo fianco dal 1959. Ormai nessuno può impedire all'Olp – ben presto seguita da *Hamas* – di allinearsi al regime iracheno, sebbene il conflitto si annunci perso in partenza dopo il dispiegamento di mezzo milione di soldati americani in Arabia Saudita.

Il 17 gennaio 1991 il presidente Bush lancia un'intensa campagna di bombardamenti contro le posizioni irachene in Kuwait e alcuni siti strategici in Iraq. Il giorno successivo Saddam Hussein ordina il lancio di decine di missili Scud contro Israele, nella speranza di provocare un nuovo conflitto arabo-israeliano che allenterà la pressione degli Stati Uniti sull'Iraq. Ma la Casa Bianca proibisce categoricamente a Shamir di reagire, pur dispiegando in Israele alcune batterie anti-missile americane, azionate da soldati americani, che limitano le perdite israeliane a soli due morti in piú di un mese. Il timore che i missili Scud trasportino testate chimiche si rivela infondato.

L'offensiva di terra della coalizione guidata dagli Stati Uniti inizia il 24 febbraio 1991 e libera il Kuwait nel giro di cento ore. Ben presto si scatena una caccia all'uomo contro i circa 400 000 palestinesi dell'emirato, accusati di essere la «quinta colonna» dell'Iraq e spinti all'esodo. La maggior parte di loro raggiunge la Giordania, che conosce cosí il suo terzo afflusso di profughi palestinesi dopo quelli del 1948 e del 1967. In Kuwait rimangono appena 30 000 palestinesi, risparmiati da questa ondata di rappresaglie piú o meno spontanee in virtú della loro comprovata fedeltà[112]. La perdita dell'apporto finanziario di questi espatriati palestinesi nel Golfo infligge un colpo terribile all'economia della Cisgiordania e di Gaza, già messa a dura prova da piú di tre anni di *intifada*.

A privare l'Olp di notevoli risorse è anche il muro di ostilità che ormai la separa dai suoi tradizionali sostenitori nella penisola arabica. Duramente colpito dall'espulsione dei Fratelli Musulmani dal territorio saudita, *Hamas* può comunque contare sulla persistente mobilitazione delle reti islamiste. Ma è sul fronte diplomatico che il rovescio di Arafat è piú clamoroso, perché il suo compromesso con Saddam Hussein ha mandato in fumo gran parte del credito pazientemente accumulato dall'Olp negli ultimi vent'anni. Cosí come la scommessa di Arafat sulla lotta armata dal Libano del 1978 ha escluso l'Olp dai negoziati di Camp David, la sua scommessa sull'Iraq del 1990 porta all'esclusione dell'Olp dal processo di pace che sarà avviato a Madrid l'anno successivo.

Il discredito dell'Olp è tale che Shamir non ha nessuna difficoltà a imporre a Bush le sue rigorosissime condizioni circa la composizione della rappresentanza palestinese – a sua volta incorporata in una delegazione giordano-palestinese – alla Conferenza di Madrid dell'ottobre del 1991*. È per definizione impossibile sapere se l'atto costitutivo di questo processo di pace sarebbe risultato diverso con un'esplicita partecipazione dell'Olp, a garanzia di una delegazione palestinese autonoma. In compenso è innegabile che l'assenza di Arafat a Madrid abbia contributo allo stallo delle trattative successive, convincendo Rabin – nominato primo ministro nel luglio del 1992 – ad aprire un canale segreto per dei negoziati diretti con l'Olp. È altrettanto assodato che durante queste trattative Arafat abbia fatto alcune concessioni – in particolare sulla colonizzazione – che la delegazione nata da Madrid non avrebbe mai accettato. Queste contraddizioni tra i canali di negoziazione ufficiali e

* Cfr. pp. 53-54.

quelli clandestini sono chiaramente la conseguenza piú pesante dell'assenza dell'Olp a Madrid.

La firma nel settembre del 1993 degli accordi israelo-palestinesi di Oslo da parte di Arafat e Rabin è duramente condannata da *Hamas*, che si affretta a unirsi all'Alleanza delle forze palestinesi creata contro Arafat dal regime siriano. L'ingresso di *Hamas* – acronimo arabo del Movimento islamico di resistenza – dà una nuova dimensione a questa alleanza, fino ad allora limitata alle fazioni del Fronte del rifiuto e ai gruppi dissidenti filosiriani. L'allargamento è facilitato dall'espulsione dalla Cisgiordania e da Gaza, nel dicembre del 1992, di centinaia di islamisti che avevano stretto rapporti con *Hezbollah* in Libano. Gli islamisti palestinesi inseriscono con piacere la loro opposizione agli accordi di Oslo in un «asse di resistenza» che va dalla Repubblica islamica dell'Iran a *Hezbollah*, che ha al centro il regime di Assad.

Hamas può ormai pretendere di contestare all'Olp il monopolio sulla rappresentanza del popolo palestinese, facendo propria – per meglio islamizzarla – la sua rivendicazione costitutiva della liberazione di tutta la Palestina. Assad ottiene cosí la sua rivincita sulla sconfitta di cinque anni prima contro Arafat, dandosi al contempo i mezzi per ricattare i mediatori americani del processo di pace. La sua capacità di disturbo, incarnata dalla resistenza di *Hezbollah* all'occupazione israeliana in Libano, si estende alla questione palestinese attraverso il suo sostegno alle fazioni anti-Arafat, due validi argomenti perché la Casa Bianca accordi la priorità a un accordo di pace tra Israele e Siria.

Per quanto inefficace, il ricatto di Assad nei confronti di Clinton complica la dinamica degli accordi di Oslo, con i ritiri molto graduali di Israele e gli errori dell'Autorità palestinese. Ma Arafat deve comunque fare i conti con la crescente contestazione della sua legittimità storica da parte di *Hamas*, sostenuto a vario titolo da molti paesi arabi. Nell'ottobre del 1997, dopo il fallimento di una rocambolesca operazione del Mossad ad Amman[113], re Hussein ottiene da Israele il rilascio dello sceicco Yassin, trasferito a Gaza per un ritorno trionfale in un elicottero giordano. Nel febbraio del 1998 il leader e fondatore di *Hamas*, detenuto in Israele da otto anni, ottiene il permesso di recarsi in Egitto per motivi di salute. Ne approfitta per visitare l'Arabia Saudita, gli Emirati Arabi Uniti e il Kuwait, dove è accolto con un riguardo pari almeno a quello riservato ad Arafat. I leader del Golfo continuano quindi a far pagare al capo dell'Olp il suo allineamento con Saddam Hussein del 1990. Ai funerali di re Hassan II, celebrati a Rabat nel luglio del 1999, l'emiro del Kuwait arriva persino a rifiutare di stringere la mano ad Arafat.

La seconda *intifada*, che scoppia nel settembre del 2000, mette in evidenza l'isolamento dell'Olp nel panorama arabo. Il divario si allarga tra l'opinione pubblica araba, sconvolta dalle immagini trasmesse dai canali di informazione 24 ore su 24 – primo fra tutti al-Jazeera, con sede in Qatar –, e i leader arabi, che non hanno nessuna voglia di farsi trascinare nella crisi. Il vertice arabo straordinario convocato al Cairo meno di un mese dopo l'inizio della rivolta – quando si contano già 121 vittime palestinesi contro 8 israeliane[114] – sfocia solo nella chiusura degli uffici di collegamento della Tunisia, del Marocco e dell'Oman a Tel Aviv. Nemmeno l'elezione di Sharon alla guida del governo israeliano, nel febbraio del 2001, e l'escalation che ne consegue suscitano reazioni significative da parte degli stati arabi.

Il vertice arabo che si tiene a Beirut nel marzo del 2002 è segnato dall'adozione di un «piano di pace arabo» di ispirazione saudita, spesso designato come piano Abdullah, dal nome del principe ereditario che salirà al trono arabo tre anni dopo. Questo piano si richiama a sua volta al piano Fahd, elaborato vent'anni prima dal delfino saudita dell'epoca. Il principio è quello di offrire a Israele una pace totale con tutti gli stati arabi in cambio di un ritiro totale dai territori che occupa dal 1967. Ma Sharon non dà seguito a questa iniziativa araba, troppo assorbito dalla preparazione di un'offensiva volta a rioccupare l'intera Cisgiordania.

Assediato nella presidenza dell'Autorità palestinese a Ramallah, Arafat dovrebbe intervenire al vertice arabo di Beirut attraverso un collegamento satellitare fornito da al-Jazeera. Ma il presidente libanese Émile Lahoud sostiene che Israele potrebbe interferire con il suo discorso per impedirne la trasmissione ai leader arabi, anche se al-Jazeera intende trasmetterlo in diretta. Lahoud abusa quindi del suo ruolo di ospite per compiacere Bashar al-Assad, che nove mesi prima è succeduto al padre alla guida della Siria e ha ereditato il suo odio nei confronti di Arafat. Quella del leader dell'Olp, circondato dai carri armati israeliani, che si spolmona nel vuoto credendo di parlare ai suoi pari, il tutto sotto gli occhi di milioni di telespettatori, è un'immagine crudelmente simbolica. Quando lo scandalo di questo boicottaggio scoppia, il danno è ormai irreparabile. Arafat rimane segregato nel suo quartier generale per due anni e mezzo, senza alcuna mobilitazione araba per tentare di farlo uscire. Quando finisce per crollare, nell'ottobre del 2004, nessuno stato arabo si offre di dargli accoglienza. Sarà quindi in Francia che Arafat agonizzerà fino alla morte, sopraggiunta due settimane dopo.

Da Gaza a Yarmuk.

Mahmud Abbas succede ad Arafat alla guida dell'Olp, di *al-Fatah* e dell'Autorità palestinese con la ferma intenzione di porre fine alla seconda *intifada*, di cui condanna da tempo la violenza terroristica. Si scontra tuttavia con il rifiuto di instaurare un dialogo di pace da parte di Sharon, determinato a definire unilateralmente i confini di sicurezza di Israele attraverso la costruzione di un muro in Cisgiordania e l'evacuazione di Gaza*. Quanto a *Hamas*, dopo la morte dello sceicco Yassin in un raid israeliano nel marzo del 2004 e poi quella del suo successore al-Rantisi in circostanze simili, si rifiuta di rivelare l'identità del suo leader. Questo mette in risalto la posizione di Khaled Meshaal, che dirige l'ufficio politico – vale a dire la sezione estera di *Hamas* – da Damasco. Oltre ai suoi legami con il regime di Assad, di cui è ospite, Meshaal predilige il registro della «resistenza islamica», che entra in risonanza con la retorica di Teheran e di *Hezbollah*.

Il ritiro di Israele dalla Striscia di Gaza, nel settembre del 2005, è celebrato come un successo di *Hamas*, che quattro mesi dopo vince le elezioni parlamentari palestinesi. Nel marzo del 2006 si costituisce un governo a maggioranza islamista sotto la presidenza di Ismail Hanieh, che ha tentato invano di formare un esecutivo di unità nazionale con *al-Fatah*. Abbas è convinto che l'isolamento di *Hamas* porterà presto alla sua caduta, men-

* Cfr. pp. 123-24.

tre Mohammed Dahlan, capo dei servizi di sicurezza palestinesi, tenta di sabotare la Forza esecutiva istituita dal governo Hanieh a Gaza. Agli scontri tra servizi rivali si aggiungono i ricorrenti conflitti tra i miliziani di *al-Fatah* e di *Hamas*. L'inesorabile escalation di violenza nella Striscia di Gaza culmina nella strage della fine del gennaio del 2007, in cui nel giro di due settimane sono uccisi 74 palestinesi.

Re Abdullah d'Arabia, il cui nome è associato al piano di pace arabo adottato cinque anni prima a Beirut, è talmente scosso dai massacri interpalestinesi che nel febbraio del 2007 convoca Abbas, Meshaal e Hanieh alla Mecca per costringerli a formare un governo di unità nazionale. Nonostante il miliardo di dollari promesso da Riyad ad *al-Fatah* e a *Hamas*, la composizione del nuovo esecutivo di Hanieh richiede un intero mese. *Hamas* ottiene nove ministeri (tra cui la carica di primo ministro) e *al-Fatah* sei (tra cui la carica di vice primo ministro). Ma la promozione di Dahlan a consigliere per la sicurezza di Abbas riaccende le polemiche sulla Forza esecutiva creata un anno prima, di cui *Hamas* vuole ufficializzare lo status nonostante l'ostilità di *al-Fatah*. La faida delle milizie riprende con rinnovato vigore e una violenza spesso spregevole.

Nel giugno del 2007, dopo la proclamazione di sette cessate il fuoco in un mese, le forze di *Hamas* lanciano un'offensiva generalizzata che conferisce loro il pieno controllo sulla Striscia di Gaza. La polarizzazione tra l'Autorità palestinese di Ramallah e il governo islamista di Gaza apre un nuovo ciclo di ingerenze arabe, non per sostenere la causa palestinese contro Israele, quanto piuttosto per appoggiare uno dei movimenti palestinesi contro il suo rivale. L'Arabia Saudita, scottata dal fallimento della sua conciliazione del febbraio del 2007, lascia all'Egitto il compito di negoziare tra Ramallah e Gaza. Le trattative non danno risultati: la mediazione del Cairo, lungi dall'essere neutrale, è fondamentalmente ostile agli islamisti. In compenso il Qatar mantiene una presenza a Gaza e un rapporto di fiducia con *Hamas*, che il regime di Assad sostiene senza riserve contro i «capitolardi» di Ramallah. Quanto agli Emirati Arabi Uniti, la loro ossessione anti-islamista coincide con quella del regime egiziano, portandoli a sostenere Dahlan, il nemico giurato di *Hamas* a Gaza.

La rivolta popolare che nel febbraio del 2011 rovescia Mubarak dà origine a un'onda d'urto che investe tutto il Medio Oriente arabo, provocando il mese successivo varie manifestazioni in favore della fine della divisione tra la Cisgiordania e Gaza e l'inizio di una serie di proteste in Siria. La mediazione dell'Egitto diventa finalmente credibile, tanto che nell'agosto del 2011 Abbas e Meshaal firmano al Cairo un accordo molto piú sostanziale di quello contrattato alla Mecca quattro anni e mezzo prima. Ma le burocrazie di Ramallah e Gaza sabotano la messa in atto di un'unificazione che minerebbe le loro reti clientelari*. Il Qatar si autoproclama garante regionale dei Fratelli Musulmani, che sembrano avere il vento in poppa, una dinamica di cui beneficia *Hamas*, nato come ramo palestinese di questa fratellanza. Meshaal lascia inoltre Damasco per Doha in segno del divorzio ormai consumato tra *Hamas* e il regime di Assad. Per contrasto gli Emirati Arabi Uniti adottano una strategia controrivoluzionaria e puntano piú che mai su Dahlan, la cui ambizione insaziabile finisce per esasperare Abbas, costringendolo a trasferirsi ad Abu Dhabi.

Ciò nonostante è Bashar al-Assad a consacrarsi alla piú cinica manipolazione della causa palestinese, superando il padre in perversità e crudeltà. Il despota siriano crede infatti di poter mobilitare Israele e i suoi alleati occidentali in favore della «stabilità» del suo regime, sempre piú contestato da manifestazioni per il momento pacifiche. A due riprese, il 15 maggio 2011, anniversario della *Nakba*, e il 5 giugno 2011, anniversario della Guerra dei sei giorni, organizza tentativi di «infiltrazione» di manifestanti palestinesi sulla linea di cessate il fuoco del Golan, fino ad allora scrupolosamente rispettata sia da Hafiz al-Assad dopo il 1974 sia da lui stesso dopo aver preso il potere nel 2000. Questa duplice provocazione costituisce una forma di ricatto rispetto alla salvaguardia del cessate il fuoco con Israele, salvaguardia che Assad lega a quella del suo stesso regime. Ma invece di mettere in prima linea i suoi soldati, già troppo impegnati a reprimere le proteste, il padrone di Damasco manda a morire i civili palestinesi del campo profughi di Yarmuk (4 il 15 maggio e 23 il 5 giugno).

* Cfr. p. 307.

L'emozione è forte a Yarmuk, diventato un agglomerato di circa 100 000 persone nella periferia sud di Damasco. Il 6 giugno 2011 i funerali delle vittime del giorno prima si trasformano in una manifestazione anti-Assad, con un attacco alle sedi delle fazioni filosiriane che piantonano il campo per conto del regime. I militanti palestinesi, tanto di *Hamas* quanto dell'Olp, cercano tuttavia di mantenere la neutralità del campo di fronte alla spirale della guerra civile. E ci riescono per un anno e mezzo, malgrado i colpi di mortaio talvolta letali delle forze filo-Assad. La situazione precipita nel dicembre del 2012, quando il regime di Assad decide di chiudere i confini di Yarmuk e bombardarlo per via aerea. Questa escalation provoca l'occupazione del campo da parte delle milizie rivoluzionarie, facendolo diventare uno dei principali fronti della battaglia per la capitale.

Nel luglio del 2013 Assad inasprisce il confronto ordinando il blocco totale di Yarmuk, la cui popolazione è scesa a circa 20 000 palestinesi. I continui bombardamenti rendono la metà del campo inabitabile per via delle distruzioni totali o parziali. È tuttavia l'arma della fame quella piú spietata: le prime vittime della carestia sono segnalate negli ultimi giorni del 2013. Il despota siriano si rifiuta di allentare la morsa e nel marzo del 2014 si contano piú di cento decessi dovuti direttamente alla fame, una cifra che non include i morti per mancanza di cure mediche o i civili uccisi mentre cercano da mangiare sulle linee di fronte[115]. Nell'aprile del 2015, incapace di piegare la resistenza nonostante le torture collettive, Assad lascia che i jihadisti si introducano a Yarmuk. Le milizie palestinesi, attaccate su due fronti, sono ben presto costrette a sfollare. L'esodo dei sopravvissuti è descritto da molti di loro come una «nuova *Nakba*»[116]. Questa volta, però, responsabile di tali barbarie è la dittatura di Assad.

Tra le petromonarchie, il fermento rivoluzionario in Medio Oriente vede il Qatar, che sostiene i Fratelli Musulmani, scontrarsi con gli Emirati Arabi Uniti, che difendono una restaurazione autoritaria in nome della lotta contro il «terrorismo». Questa polarizzazione consolida l'impegno di Doha in favore di *Hamas* e quello di Abu Dhabi in sostegno a Dahlan. Il presidente Abbas è costretto a rivolgersi al Cairo, ad Amman o a Riyad, in cerca di un appoggio arabo che non si rivela mai altrettanto sostanziale. E il capo dell'Autorità palestinese si ritrova isolato anche quando si tratta di coordinare un'eventuale risposta araba al riconoscimento di Gerusalemme come capitale di Israele da parte di Trump. E non è un caso: Mohammed bin Zayed, il leader di fatto degli Emirati Arabi Uniti, aderisce alla dinamica di normalizzazione israelo-araba promossa dalla Casa Bianca con il nome di «accordi di Abramo».

I primi due di questi accordi, firmati con gli Emirati Arabi Uniti e il Bahrein nel settembre del 2020, sono di natura diversa. Laddove quello con Manama normalizza completamente le relazioni bilaterali, quello con Abu Dhabi è un vero e proprio trattato di partenariato strategico. Per giustificare questa «pace calda», l'emiro Mohammed bin Zayed afferma di aver convinto Netanyahu a rinunciare ai suoi piani di annessione della Cisgiordania. In realtà il primo ministro israeliano sta cercando una scappatoia da alcuni progetti rigettati all'unanimità dall'apparato di sicurezza*. I due leader possono cosí salvare la faccia e dedicarsi allo sviluppo volontaristico delle relazioni bilaterali. Dahlan, che riponeva molte speranze in questa nuova realtà, rimane stupito nello scoprire che Abu Dhabi, soddisfatto della sua alleanza di fatto con Israele, non nutre piú alcun interesse per la questione palestinese.

Nell'ottobre del 2020 è il Sudan ad annunciare la normalizzazione delle sue relazioni con Israele. Ma il governo di transizione nominato a Khartum dopo la caduta del dittatore Omar al-Bashir l'anno precedente compie questo gesto solo per ottenere dagli Stati Uniti la rimozione del Sudan dalla «lista nera» dei paesi che sostengono il terrorismo. L'accordo di normalizzazione non viene però mai ratificato e nell'aprile del 2023 i putschisti – che nell'ottobre del 2021 hanno rovesciato il governo di transizione – sono troppo impegnati nelle loro lotte intestine per mantenere le promesse fatte a Israele. Quanto al Marocco, normalizza le sue relazioni con Israele solo nel dicembre del 2020, in cambio del riconoscimento da parte degli Stati Uniti della sua annessione del Sahara Occidentale, un'ex colonia spagnola per la quale le Nazioni Unite invocano senza successo un referendum consultivo della popolazione locale.

* Cfr. pp. 178-79.

Ciò che accomuna tutti i vari accordi di Abramo è che gli stati arabi coinvolti non hanno mai subordinato la loro firma ad azioni concrete circa la questione palestinese da parte di Israele né hanno approfittato della normalizzazione dei rapporti per temperare l'aggressività dell'occupazione e della colonizzazione, che dopo il ritorno al potere di Netanyahu nel dicembre del 2022 ha raggiunto livelli senza precedenti. Anche Mohammed bin Salman – il leader di fatto dell'Arabia Saudita che gli Stati Uniti incitano a normalizzare le relazioni con Israele – resta fermo nell'attuale rifiuto in nome dei suoi interessi nazionali, soprattutto in virtú della riconciliazione con l'Iran del marzo del 2023 e della sensibilità dei suoi compatrioti sullo status di Gerusalemme, il terzo luogo santo dell'islam. Ma il padrone di Riyad è convinto che la sua posizione ormai dominante nel mondo arabo non dipenda piú dalla solidarietà con il popolo palestinese che professavano i defunti sovrani Faysal, Fahd e Abdullah.

Fin dal principio l'arabizzazione della questione palestinese fornisce alla propaganda sionista e poi israeliana argomenti decisivi per negare l'esistenza del popolo palestinese e quindi rifiutare di riconoscere i suoi diritti nazionali. A partire dal mandato britannico il sostegno alla causa della Palestina di vari stati arabi tanto giovani quanto fragili non basta a rovesciare i rapporti di forza, molto sfavorevoli alla popolazione autoctona, ma è sufficiente ad arginare la piena affermazione di un nazionalismo specificamente palestinese. La scomparsa della Palestina dopo la *Nakba* del 1948 destabilizza a lungo il Medio Oriente arabo, dove ogni regime si richiama a questa causa per imporsi sui suoi rivali in un contesto di militarizzazione della politica araba, di cui i profughi palestinesi non sono altro che meri spettatori.

Sebbene a un certo punto della loro storia tutti gli stati arabi abbiano cercato di strumentalizzare la questione palestinese, due regimi si sono dimostrati particolarmente tenaci nella loro volontà di appropriarsene. Il primo è la monarchia hashemita di Amman, cui già il primo piano di partizione del 1937 assegna la parte araba della Palestina: una partizione realizzata poi in condizioni molto piú deteriorate nel 1948, con l'assorbimento della Cisgiordania nella nuova Giordania. La crisi del «settembre nero» del 1970 sancisce il fallimento dei *feddayin* nell'imporsi sul territorio giordano, una disfatta militare compensata quattro anni dopo dal riconoscimento arabo dell'Olp come unico e legittimo rappresentante del popolo palestinese. Il secondo è il regime di Assad, che conduce due guerre successive contro l'Olp in Libano, di cui la prima nel 1976 concentra i *feddayin* nel Sud del paese, preparando cosí l'invasione israeliana del 1982, mentre la seconda cerca di completare, con l'assedio di Tripoli nel 1983, la liquidazione dell'Olp iniziata da Israele a Beirut.

Arafat incarna sia la resistenza a tutti i costi ai diktat arabi, sia l'irragionevole fiducia in un ricorso arabo contro Israele; fiducia che nel 1990 lo porta a cadere nella trappola irachena. È in questo contesto di costante belligeranza che nel 2002 il capo dell'Olp finisce per arringare il vuoto credendo di rivolgersi al vertice arabo di Beirut. Quanto al suo successore Abbas, la sua influenza sul panorama arabo è ridotta dal fatto che la sua legittimità è contestata da *Hamas*, la cui leadership estera viene ospitata a Damasco e poi a Doha. Come se non bastasse il fallimento delle rivolte democratiche del 2011 nel mondo arabo segna la sconfitta dei popoli, ancora vicini alla causa palestinese, a vantaggio dei regimi, per cui questa causa è ormai diventata un fardello. In questo senso gli accordi di Abramo rappresentano l'inquietante fine di un secolo di arabizzazione della questione palestinese. Ma se i regimi arabi sono stati tanto a lungo in grado di immischiarsi negli affari palestinesi, è solo grazie a una dinamica delle fazioni molto favorevole a questo genere di ingerenze.

Capitolo quinto
La dinamica delle fazioni

A Gaza non c'è una lotta contro il nemico e una lotta contro i suoi agenti, perché gli agenti non possono essere separati dal nemico.

GEORGE HABASH, 1970[1].

Prima o poi tutti i movimenti nazionalisti devono fare i conti con la sfida delle fazioni, una sfida alimentata dalla violenza della resistenza armata, nonché dalla dimensione di guerra civile che accompagna ogni lotta di liberazione in nome della lotta contro i «collaborazionisti». Ma il nazionalismo palestinese è caratterizzato da una polarizzazione interna talmente marcata che, a causa dell'antagonismo tra gli Husayni e i Nashashibi, paralizzerà la mobilitazione collettivamente efficace contro il mandato britannico e la colonizzazione sionista. Questa polarizzazione impedisce infatti alla leadership nazionalista di cogliere l'opportunità storica del Libro bianco del 1939 e la condanna all'impotenza nel momento della *Nakba* del 1948. L'espulsione, la dispersione e l'esilio portano alla frammentazione dei gruppi di *feddayin* che nel 1969 prendono il controllo dell'Olp. Solo la capacità di Arafat di coniugare coercizione e clientelismo permette – dal «settembre nero» in Giordania alle «guerre dei campi» in Libano – di mantenere la coerenza di un'organizzazione tanto eterogenea. Ma il processo di pace con Israele si apre nel momento stesso in cui *Hamas* contesta la rappresentatività dell'Olp, contribuendo cosí al suo fallimento. E la divisione tra l'*al-Fatahstan* di Ramallah e l'*Hamastan* di Gaza che regna dal 2007 grava pesantemente sulla durevole impasse del progetto nazionale palestinese.

Una genealogia mitica.

La società palestinese tradizionale si struttura in gran parte intorno all'*hamula*. Questo termine, spesso tradotto come «clan», corrisponde in realtà alla famiglia allargata, che comprende diverse famiglie nucleari riunite sotto il patrocinio mitico di un antenato tutelare e l'autorità concreta di una figura patriarcale, designata per la sua anzianità e il suo prestigio, ma anche per la sua capacità di difendere gli interessi del gruppo. Lungi dall'essere una struttura rigida, l'*hamula* opera secondo tre livelli di fedeltà: il primo è lo zoccolo duro della famiglia dominante e della sua parentela piú stretta, il secondo è la cerchia di nuovi arrivati che vi sono entrati a far parte per affinità o per difetto e l'ultimo il gruppo piú instabile degli alleati di circostanza. Piú che un'entità fissa, l'*hamula* è una costruzione empirica, consolidata dal rispetto dell'endogamia, ma caratterizzata da una dinamica di patrocinio e clientelismo. È cosí che le famiglie beduine, quando si sedentarizzano, scelgono di entrare a far parte di un'*hamula* nella loro terra d'elezione e la assistono nelle dispute locali*. Tra le altre cose il potere di un'*hamula* si misura dalla sua capacità di sostituirsi alle autorità ottomane nell'imposizione del diritto consuetudinario per risolvere le controversie personali o fondiarie, attraverso la forza o l'arbitraggio.

A partire dal XVII secolo la genealogia mitica di ogni *hamula* si arricchisce di un legame altrettanto discutibile con le tribú arabe del Nord e del Sud della penisola arabica, note rispettivamente come Qaysi, con Adnan come antenato tutelare, e Yamani (o yemeniti), con Qahtan. Fin dai primi due secoli dell'islam le lotte di potere per il califfato avevano polarizzato i Qaysi e gli Yamani su basi piú politiche che genealogiche, cosa che non placava la brutalità dei loro scontri[2]. Il riemergere di queste categorie classiche in Palestina – ma anche in Siria e sul Monte Libano – nel contesto di una crisi del governatorato ottomano riflette la volontà dei vari capi locali di ampliare la base del proprio potere oltre l'*hamula*. L'invocazione di questa ascendenza permette inoltre di superare le divergenze confessionali: la popolazione di Betlemme, tanto cristiana quanto musulmana, aderisce cosí agli Yamani e alla loro bandiera bianca, mentre Hebron si dichiara collettivamente fedele ai Qaysi e al loro vessillo rosso[3]. Quanto agli Abu Ghosh, stabiliti a ovest di Gerusalemme, la loro affi-

* Cfr. p. 189.

liazione «yemenita» permette di arabizzare simbolicamente le loro origini circasse[4].

Quando, nel terzo quarto del XVIII secolo, Zahir al-Umar riesce a unificare il Nord della Palestina sotto la propria autorità, con San Giovanni d'Acri come sbocco marittimo*, sfrutta la sua affiliazione agli Yamani per sottomettere i suoi rivali, spesso identificati con i Qaysi. Tuttavia questa affiliazione non spezza il fronte comune che gli è opposto dai clan della regione di Nablus, siano essi Qaysi o «yemeniti», impedendogli di estendere il suo dominio verso sud. Anche la pretesa di Zahir al-Umar di una discendenza dal profeta Maometto suscita ben poche adesioni[5]. Ma è all'interno della sua stessa famiglia che il padrone della Galilea deve neutralizzare le ambizioni piú minacciose. Dopo aver eliminato uno dei suoi cugini nel 1743, poi il fratello maggiore nel 1761, si trova a fare i conti con le ribellioni successive dei suoi figli, ciascuno dei quali cerca di soppiantarlo a partire dalla propria roccaforte, rispettivamente Safad, Tiberiade e Nazareth[6]. Zahir al-Umar supera con successo queste varie crisi, ma una sequenza di dissensi famigliari tanto confusa illustra la fragilità della sua architettura politica, che infatti crolla subito dopo la sua morte, nel 1775.

L'intervento francese di Napoleone Bonaparte nel 1799 suscita un'avversione unanime in Palestina, a differenza dell'occupazione egiziana tra il 1831 e il 1840, che divide la popolazione tra i sostenitori e gli oppositori delle riforme imposte dal Cairo. Nella regione di Nablus gli Abdel-Hadi si schierano con i primi in nome della loro affiliazione ai Qaysi, mentre i Tuqan entrano in dissidenza sotto la bandiera «yemenita»[7]. La rivolta del 1834 contro la coscrizione militare è d'altronde guidata da un leader che rivendica la sua appartenenza agli Yamani, Qasim al-Ahmad, la cui roccaforte è situata tra Nablus e Ramallah. Rivolgendosi ai suoi pari di Gerusalemme e Hebron, li esorta a «prendere coraggiosamente le armi contro il tiranno» e a «colpire non l'infedele, ma dei musulmani come voi»[8]. La rivolta si estende da Safad a Gaza, costringendo il despota del Cairo, Muhammad Ali, a recarsi a Giaffa alla testa di un esercito per soccorrere il figlio Ibrahim Pasha. La controffensiva egiziana,

* Cfr. p. 188.

sostenuta da alcuni ausiliari locali – gli Abdel-Hadi di Nablus e alcune tribú beduine di Gaza –, è estremamente brutale. Qasim al-Ahmad, braccato fino in Transgiordania, è giustiziato a Damasco, mentre due dei suoi figli fanno la stessa fine a San Giovanni d'Acri. In ritorsione il Cairo coscrive 9000 reclute in Palestina, contro le 3000 inizialmente previste.

Con il ritiro egiziano del 1840 Costantinopoli riprende formalmente il controllo della Palestina, anche se ci vogliono vent'anni perché l'autorità ottomana sia effettivamente ripristinata. I rappresentanti di Costantinopoli lasciano infatti che i capi locali si sfiniscano nel conflitto tra i Qaysi e gli Yamani prima di approfittare del loro reciproco indebolimento. Sebbene la campagna condotta contro gli Abdel-Hadi nel 1859 goda del sostegno dei Tuqan, in Palestina si conclude con un generale declino del potere dei notabili, costretti a rientrare nei ranghi ottomani[9]. Coincide anche con il richiamo all'ordine di Hebron, una zona di fedeltà collettiva ai Qaysi in cui, in assenza di antagonismo con gli «yemeniti», il governatore ottomano fa leva sul conflitto tra due fratelli dell'*hamula* dominante degli Amr[10].

Si apre cosí l'epoca della politica ottomana dei notabili urbani, che svolgono ormai un ruolo di intermediazione con il potere centrale e i suoi rappresentanti. A Gerusalemme le funzioni religiose sono esercitate da famiglie che rivendicano la loro appartenenza a una stirpe prestigiosa. Gli Husayni fanno risalire le loro origini al profeta Maometto attraverso suo nipote al-Husayn, mentre i Khalidi affermano di discendere da Khalid bin al-Walid, il generale musulmano che aveva conquistato la Città Santa. Le radici ancestrali di questa genealogia giustificano l'adesione ai Qaysi per gli Husayni e agli Yamani per i Khalidi. Ma questi equilibri famigliari sono turbati dall'ascesa dei Nashashibi, grandi beneficiari delle riforme ottomane, in particolare nel settore fondiario. Questi non tardano a contestare la preminenza degli Husayni e dichiarano la loro affiliazione «yemenita» per meglio allearsi con i Khalidi.

Dei due deputati di Gerusalemme eletti al parlamento ottomano del 1908, uno appartiene alla famiglia Husayni e l'altro alla famiglia Khalidi. Ma l'unico delegato palestinese al Congresso arabo di Parigi del 1913, Izzat Darwaza, è originario di Nablus e non è legato a nessuna delle grandi famiglie locali. Gli altri animatori della società segreta *al-Fatat* in Palestina, dove è la punta avanzata del nazionalismo arabo, provengono sia da famiglie affiliate ai Qaysi sia da famiglie affiliate agli Yamani, segno che questa mobilitazione di tipo moderno supera il bipolarismo tradizionale. Si tratta di un'evoluzione tragicamente confermata dal fatto che la lista dei «martiri» nazionalisti impiccati per ordine di Cemal Paşa nel 1916 include Salim Abdel-Hadi e Ali Omar Nashashibi, le cui famiglie sono storicamente Qaysi nel caso del primo e Yamani in quello del secondo. Colpendo tanto le une quanto le altre, la repressione ottomana contribuisce a rafforzare l'opposizione nazionalista a prescindere dalle alleanze famigliari.

L'amministrazione militare che la Gran Bretagna istituisce successivamente in Palestina si trova quindi a fare i conti con l'affermazione nazionalista delle élite arabe, un'affermazione che la dichiarazione Balfour non fa che rafforzare. Se esiste una divergenza, è tra i sostenitori di un nazionalismo specificamente palestinese e quelli di un'annessione al regno arabo di Damasco. Questa rivendicazione nazionalista trascende le appartenenze confessionali nelle associazioni musulmano-cristiane, che nel 1919 prendono l'iniziativa di organizzare il primo Congresso arabo-palestinese*. Il rifiuto categorico della dichiarazione Balfour conduce a un appello al boicottaggio delle istituzioni create dalle autorità britanniche, che pure si premurano di cercare nella popolazione araba interlocutori tanto legittimi quanto i leader sionisti lo sono per lo *Yishuv*.

Gli Husayni contro i Nashashibi.

Quando nel 1920 il governo britannico depone Musa al-Kazim al-Husayni dalla carica di sindaco di Gerusalemme, i militanti arabi puntano sull'imbarazzo che la vacanza di una responsabilità tanto simbolica causerà alla potenza occupante. Ma il consenso nazionalista si infrange quando Ragheb al-Nashashibi, un ingegnere che aveva già lavorato alla pianificazione urbana della Città Santa al fianco dei leader di una popolazione ebraica

* Cfr. p. 199.

in rapida espansione, accetta la carica di sindaco. Tanto basta perché gli Husayni e le élite tradizionali accusino i «parvenu» rivali Nashashibi di tradimento. L'alto commissario Samuel non esita a giocare su questi dissensi nominando nel 1921 Haj Amin al-Husayni, nipote di Musa al-Kazim, «gran muftī» di Gerusalemme, una carica fino ad allora inesistente, e ponendolo alla guida di un Consiglio supremo islamico (Csi).

Le elezioni di questo consiglio rimpiazzano quindi quelle boicottate dalla popolazione araba in nome del rifiuto della dichiarazione Balfour, creando una scena politica per difetto, ormai polarizzata tra la maggioranza dei membri del Csi – i «consiglieri» (*majlisiyun*), fedeli agli Husayni – e gli «oppositori» (*mu'aridun*), fedeli ai Nashashibi. La politica britannica dei notabili riesce cosí a resuscitare la frattura – molto conveniente per gli ottomani – tra i Qaysi filo-Husayni e gli Yamani filo-Nashashibi, dividendo profondamente il campo arabo, mentre lo *Yishuv*, nonostante le divergenze interne, resta unito nell'obiettivo di intensificare l'immigrazione e la colonizzazione ebraica. La polarizzazione tra gli Husayni e i Nashashibi si declina oltre Gerusalemme secondo la dinamica Qaysi-Yamani, con gli Abdel-Hadi che sostengono gli Husayni contro i loro rivali locali Tuqan a Nablus (un ex sindaco della città, Haydar Tuqan, è anche l'alleato privilegiato della politica sionista di divisione del nazionalismo palestinese)*. L'opposizione tra i filo-Husayni e i filo-Nashashibi si esprime anche tra i Sourani e gli Shawwa di Gaza, prima di estendersi a tutti i capoluoghi di distretto della Palestina mandataria.

Musa al-Kazim al-Husayni assume la presidenza dell'Esecutivo arabo, incaricato di applicare le risoluzioni dei Congressi arabi palestinesi, dove viene rieletto con la stessa continuità con cui il nipote viene rinnovato alla guida del Csi. Questo dominio degli Husayni sulla leadership politica e religiosa della rappresentanza palestinese è assai mal percepito dai sostenitori dei Nashashibi, che faticano a tollerare la messa in discussione del loro patriottismo. La polarizzazione tra i due campi diventa talmente intensa da paralizzare qualsiasi mobilitazione nazionalista degna di questo nome, aprendo la strada alle rivolte del

* Cfr. p. 145.

1928 e soprattutto del 1929. È per superare questa polarizzazione che nel 1932 nasce il partito *Istiqlal* (Indipendenza) guidato da Awni Abd al-Hadi, uno degli ex compagni palestinesi di re Faysal a Damasco. Darwaza diventa il tesoriere di questa nuova formazione che, riprendendo il programma panarabo di *al-Fatat* durante la Prima guerra mondiale, riesce ad attirarsi le ostilità sia degli Husayni che dei Nashashibi. Per quanto originari di Nablus, Abdel-Hadi e Darwaza si trasferiscono a Gerusalemme, ormai diventata il centro della vita politica palestinese.

Il 1934 segna una svolta nella scena politica palestinese, nuovamente a partire da Gerusalemme. Nel mese di marzo la morte di Musa al-Kazim al-Husayni lascia vacante la guida dell'Esecutivo arabo. Il veterano del nazionalismo palestinese è sepolto sulla Spianata delle Moschee in presenza di una folla immensa. Nel mese di settembre Ragheb al-Nashashibi subisce una clamorosa sconfitta alle elezioni municipali di Gerusalemme, che vedono l'adesione dei Khalidi agli al-Husayni e la vittoria di Husayn Khalidi. A Giaffa i Nashashibi reagiscono a questo affronto lanciando, sotto la presidenza di Ragheb, il Partito per la difesa nazionale, che promuove l'indipendenza palestinese ma non fa alcun riferimento all'unità araba. Inoltre Fakhri al-Nashashibi, nipote di Ragheb, cerca di allargare la base sociale della sua famiglia organizzando i lavoratori portuali di Giaffa e di Haifa sotto la sua egida. Gli Husayni reagiscono a loro volta appoggiandosi al prestigio religioso del gran muftī di Gerusalemme.

È in questo contesto che nel gennaio del 1935 Haj Amin al-Husayni convoca la prima assemblea degli *ulema* di Palestina, la quale adotta una *fatwa* che accusa di «tradimento contro Dio» i responsabili della vendita di terre ai sionisti, siano proprietari o intermediari[11]. Nei mesi successivi nascono tre partiti concorrenti a quello guidato dai Nashashibi. Gli Husayni fondano il Partito arabo della Palestina con un programma antisionista e panarabo largamente ispirato alla piattaforma dell'*Istiqlal*, che gli fornisce numerosi militanti. Il partito è presieduto da Jamal al-Husayni, cugino del gran muftī, con Alfred Rock nel ruolo di vice ed Emile Ghouri in quello di segretario generale, entrambi figure cristiane del movimento nazionalista. I Khalidi creano un Partito della riforma basato sulla loro clientela e arricchito da vari dissidenti del campo Nashashibi. Infine alcuni notabili di Nablus, ritenendosi trascurati dagli altri, fondano un Blocco nazionale con un seguito ben presto limitato. Il fallimento dell'*Istiqlal*, a prescindere dal suo programma panarabo, illustra l'incapacità dei partiti palestinesi di svilupparsi al di fuori delle reti di fedeltà e clientelismo già consolidate.

Izz al-Din al-Qassam, un *qadi* di Haifa dall'impressionante popolarità, deplora queste manovre politiche. Nato sulla costa siriana, prima di rifugiarsi in Palestina questo sceicco ha partecipato attivamente alla resistenza contro l'imposizione del mandato francese. Questo lo ha tenuto al riparo dagli intrighi delle élite locali, spingendolo a promuovere il jihad contro la dominazione britannica e la colonizzazione sionista. Rifiutandosi di aprire le ostilità prima del tempo, inizia a organizzare le sue centinaia di sostenitori in cellule di pochi membri. Nell'ottobre del 1935 la scoperta di un carico di armi destinato all'*Haganah* a Giaffa provoca una serie di rappresaglie da parte sua e dei suoi seguaci, che entrano quindi in clandestinità. Braccato dall'esercito britannico, al-Qassam viene ucciso il mese successivo non lontano da Jenin. Ma i suoi funerali, celebrati a Haifa, si trasformano in una manifestazione nazionalista contro il «governo britannico protettore degli ebrei»[12]. Jamal al-Husayni e Ragheb al-Nashashibi esprimono pubblicamente le loro condoglianze alla famiglia del «martire».

È l'omicidio di due ebrei da parte dei seguaci di al-Qassam, nell'aprile del 1936, seguito dall'assassinio di due arabi da parte dell'*Irgun*, a dare inizio alla Grande rivolta araba. Questa si apre, come abbiamo detto in precedenza, con uno sciopero generale della popolazione araba, animato da un Supremo comitato arabo in cui i Nashashibi aderiscono alla leadership del gran muftī. La sospensione della polarizzazione all'interno delle élite palestinesi permette per sei lunghi mesi una mobilitazione di un'intensità senza precedenti. I crumiri vengono bollati come infami «kharigiti», con riferimento ai primi dissidenti dell'islam condannati sia dai sunniti sia dagli sciiti nel 658[13]. Anche alcuni noti collaborazionisti annunciano pubblicamente il loro sostegno ai «cavalieri del nazionalismo palestinese»[14]. Ma la determinazione britannica a spezzare il movimento prima di avviare qualsiasi negoziato, con un ricorso sistematico alle sanzioni collettive, riduce la popolazione allo stremo soprattutto nelle campagne, dove cresce il timore di perdere i raccolti previsti per l'autunno. L'intervento dei sovrani arabi nella decisione di sospendere lo sciopero generale che i Nashashibi impongono agli Husayni nell'ottobre del 1936 è decisivo.

La sconfitta rappresentata da questa sospensione senza alcuna contropartita britannica riaccende la faida tra i Nashashibi e gli Husayni. Nel giugno del 1937 Fakhri al-Nashashibi è ferito in un tentativo di omicidio[15], mentre il gran muftī afferma di essere sfuggito a diversi attentati[16]. I Nashashibi organizzano inoltre una manifestazione di fedeltà all'emiro Abdullah di Transgiordania. Il mese successivo la pubblicazione a Londra di un piano di partizione della Palestina in uno stato ebraico e in uno stato arabo annesso alla Transgiordania* alimenta la campagna degli Husayni contro i Nashashibi, accusati di collusione con i britannici e persino con i sionisti. I Nashashibi si ritirano dal Supremo comitato arabo, che viene ridotto – come l'Esecutivo arabo in precedenza – a mero strumento degli Husayni e dei loro sostenitori. Una serie di omicidi colpisce varie personalità opposte agli Husayni, tanto che un notabile di Haifa vicino ai Nashashibi denuncia un «terrorismo scatenato»[17]. Il gran muftī, rifugiatosi in Libano nell'ottobre del 1937, aggrava la frattura interpalestinese con le sue invettive lanciate dall'esilio.

È ormai il momento dell'insurrezione armata, coordinata dal centro della Palestina da Abd al-Qadir al-Husayni, figlio di Musa al-Kazim e cugino del gran muftī, in collaborazione con il comando della rivolta, animato da Damasco da Izzat Darwaza. Gli obiettivi prioritari della guerriglia sono i notabili delle campagne, spesso legati alla corrente dei Nashashibi, che vengono intimiditi, rapiti o uccisi a causa delle informazioni che forniscono alle autorità britanniche o dell'usura che esercitano sui contadini locali. I tribunali rivoluzionari istituiti dagli insorti coniugano quindi la lotta contro i collaborazionisti e l'abolizione dei debiti rurali, cosa che contribuisce notevolmente alla loro popolarità. Ma l'inquietante realtà di una rivolta araba che uccide soprattutto altri arabi[18] – certo piú vulnerabili degli ebrei e, a maggior ragione, degli inglesi – non può essere ignorata a lungo.

All'inizio dell'estate del 1938 la Grande rivolta araba raggiunge il suo apice con circa 4000 combattenti permanenti (di cui un

* Si veda la mappa 4.

migliaio in città) e 6000 contadini mobilitabili[19], vale a dire un insorto ogni cento abitanti arabi. I diplomatici francesi constatano che, quando i guerriglieri «giustiziano i traditori della causa palestinese, seguono una parvenza di procedura, come dimostrano i cartelli che talvolta si trovano legati al collo delle vittime»[20]. L'imam della moschea di al-Aqsa, accusato di collaborazionismo, viene assassinato a Gerusalemme, mentre Ragheb al-Nashashibi, temendo per la sua vita, si rifugia al Cairo, scegliendo l'esilio come molti altri esponenti dell'opposizione. La controinsurrezione, metodica e implacabile, si ispira chiaramente al modello irlandese, con un contributo significativo degli ausiliari dell'*Haganah*[*]. Abd al-Qadir al-Husayni prende a poco a poco il controllo dei capi delle bande, la cui giustizia rivoluzionaria tende al regolamento di conti. Nel mese di settembre Fakhri al-Nashashibi crea «unità di pace» che combattono al fianco dell'esercito britannico e dell'*Haganah*. In ottobre l'omicidio dell'avvocato e giornalista Hassan Sidqi al-Dajani, molto legato ai Nashashibi, suscita un enorme scalpore tra le grandi famiglie di Gerusalemme, al punto che l'insurrezione nega la propria responsabilità nell'accaduto.

Fakhri al-Nashashibi tenta di imporsi come unico interlocutore arabo delle autorità britanniche, ma viene sconfessato persino da suo zio Ragheb. Gli insorti in clandestinità tappezzano la regione di Hebron di manifesti che proclamano: «Un'unica nazione, un unico popolo, un'unica lingua»[21]. In un contesto di irreversibile declino dell'insurrezione, gli scontri tra le milizie palestinesi iniziano ad assomigliare a sanguinose vendette. È solo dopo aver sconfitto la Grande rivolta araba che Londra accetta di ospitare, nel febbraio del 1939, una conferenza sulle sorti del mandato in Palestina. Jamal al-Husayni, che guida la delegazione del Supremo comitato arabo, accetta, con grande riluttanza e sotto le pressioni dei sovrani arabi, di includervi i rappresentanti Nashashibi. Tuttavia il Libro bianco sulla Palestina, pubblicato tre mesi dopo dal governo britannico, dà molto spazio alle richieste arabe, tra cui l'abbandono del progetto di partizione, la prospettiva di uno stato bi-nazionale in una Palestina indipendente e un tetto all'immigrazione ebraica per i successivi cinque anni.

[*] Cfr. pp. 33-34.

È dai tempi della dichiarazione Balfour che il nazionalismo palestinese non ha un'occasione tanto favorevole per concretizzare le sue richieste. Le autorità mandatarie hanno manifestamente capito che la repressione militare della Grande rivolta araba non è di per sé sufficiente e che occorre trovare una soluzione politica. La levata di scudi suscitata dal Libro bianco nel movimento sionista dimostra fino a che punto Londra si sia allineata con le aspettative arabe. Ma per il Regno Unito resta fuori discussione accettare il ritorno dall'esilio dei leader dell'insurrezione, a cominciare dal gran muftī. Accecato dalla sua ambizione e dal suo risentimento nei confronti dei Nashashibi, Haj Amin al-Husayni preferisce mandare a monte un accordo in cui non avrebbe un ruolo centrale. Due settimane dopo la pubblicazione del Libro bianco, impone al Supremo comitato arabo di «respingere le proposte» e di «rifiutare di cooperare con il governo britannico» su questa base[22].

L'ostruzionismo del leader in esilio è reso possibile solo dal vero e proprio massacro perpetrato dalla repressione della Grande rivolta araba tra il 1936 e il 1939: laddove gli abitanti arabi della Palestina sono circa un milione, il numero dei morti è superiore a 5000 (ovvero lo 0,5 per cento), quello dei feriti è pari a quasi 15 000 (l'1,5 per cento) e quello dei prigionieri a circa 50 000 (il 5 per cento), di cui 2000 condannati all'ergastolo e 146 giustiziati per impiccagione. Se a questo terribile bilancio si aggiungono le 5000 abitazioni distrutte e i 40 000 esuli piú o meno volontari[23], l'esorbitante prezzo pagato dalla popolazione palestinese per questa repressione, troppo metodica per non essere profondamente coloniale, appare in tutta la sua brutalità. La sconfitta del 1939 è quindi di duplice natura: una subita e militare contro la Gran Bretagna e l'altra scelta e politica con il rifiuto del Libro bianco. E prepara, se non addirittura anticipa, la «Catastrofe» del 1948, in quanto lascia il nazionalismo palestinese decapitato, amputato e disperso.

Le divisioni della Nakba.

Oltre a impedire al nazionalismo palestinese di cogliere l'opportunità storica fornita dal Libro bianco, la polarizzazione tra gli Husayni e i Nashashibi sospende, se non addirittura congela, la mobilitazione araba in Palestina durante il periodo cruciale della Seconda guerra mondiale. Laddove l'*Haganah* e l'*Irgun* mettono da parte le loro controversie per unirsi al servizio di Londra, l'arruolamento di un numero di arabi palestinesi paragonabile a quello degli ebrei nelle forze ausiliarie britanniche non trova alcuna traduzione politica dalla parte araba. Al contrario, nel 1941 il muftī deposto di Gerusalemme sostiene l'effimero regime dei putschisti filonazisti a Baghdad, prima di servire con ardore la propaganda hitleriana da Berlino. Nel 1945, continuando a rivendicare con forza la leadership del nazionalismo palestinese, Haj Amin al-Ḥusayni fa pesare il personale discredito su tutto il suo popolo. È cosí che l'omicidio di Fakhri al-Nashashibi del 1941, per quanto unanimemente attribuito agli Husayni[24], rimane impunito.

Nel momento in cui il mondo intero scopre con orrore la portata della Shoah, Jamal al-Husayni, cugino del gran muftī e lui stesso imprigionato in un campo britannico in Rhodesia tra il 1941 e il 1945, impone una linea massimalista al Supremo comitato arabo. L'organo rappresentativo degli arabi di Palestina boicotta quindi le riunioni cruciali in cui si discute il futuro della Palestina, nel 1946 a Londra e poi nel 1947 sotto l'egida dell'Onu. Gli Husayni respingono sia il piano di partizione della Palestina, che tuttavia finisce per essere approvato dall'Assemblea generale dell'Onu, sia la soluzione alternativa di uno stato federale, con capitale Gerusalemme, che combinerebbe uno stato arabo e uno stato ebraico. Nonostante questo oltranzismo, quando in Palestina scoppia la guerra giudeo-araba, sulla scia del voto dell'Onu sulla partizione, le milizie arabe si dimostrano tanto male armate quanto poco organizzate. Il contrasto con l'*Haganah*, che coordina le sue operazioni con l'*Irgun* e il *Lehi* – salvo poi rinnegarli, come durante il massacro di Deir Yassin nell'aprile del 1948* –, è stridente.

Abd al-Qadir al-Husayni, anche lui cugino del gran muftī, dovrebbe comandare le forze arabe come durante la Grande rivolta araba del 1936-39, ma si trova un'altra volta a fare i conti con la concorrenza della milizia di al-Qawuqji, infiltrata dalla

* Cfr. p. 90.

Siria. Deve anche considerare l'intervento dei Fratelli Musulmani siriani ed egiziani, venuti a dare man forte ai membri palestinesi della fratellanza. La battaglia dell'aprile del 1948 per il controllo dei contrafforti occidentali di Gerusalemme – e di conseguenza del suo accesso alla costa – è accanita. La collina strategica di Qastel, presa dall'*Haganah*, viene faticosamente riconquistata da Abd al-Qadir al-Husayni, che muore durante una battaglia. Ma invece di conservare a tutti i costi una posizione tanto contesa, i suoi uomini lasciano solo una quarantina di combattenti. Tutti si contendono infatti l'onore di accompagnare il feretro del loro comandante alla Spianata delle Moschee di Gerusalemme, dove Abd al-Qadir viene sepolto a fianco di suo padre, Musa al-Kazim al-Husayni.

L'*Haganah* non ha quindi nessuna difficoltà a impadronirsi – questa volta definitivamente – di Qastel. La scorta di Abd al-Qadir al-Husayni preferisce dargli l'ultimo saluto che difendere a tutti i costi la collina per la quale si è sacrificato. È inoltre fuori discussione che la sua successione sfugga dalle mani della sua famiglia, da qui la nomina a capo delle milizie nazionaliste di Khalid al-Husayni, un ex ufficiale di polizia la cui mancanza di carisma è notoria. Sono questi gli ultimi scontri della guerra giudeo-araba, che si risolve chiaramente a vantaggio delle milizie sioniste, mentre centinaia di migliaia di civili arabi sono già fuggiti dalle loro case. L'intervento degli eserciti arabi, a partire dal 15 maggio 1948, marginalizza le milizie locali e i loro leader, dando il via al braccio di ferro tra l'Egitto e la Transgiordania per la rappresentanza della Palestina.

Il Governo panpalestinese di Gaza, di cui Haj Amin al-Husayni patrocina la formazione nell'ottobre del 1948, ha come ministro degli Esteri Jamal al-Husayni, che si occupa di ottenere il riconoscimento da parte dei vari stati arabi. Solo Abdullah, nel frattempo divenuto re, vi si oppone, convocando prima ad Amman e poi a Gerico due conferenze di notabili palestinesi alleati al trono hashemita. Il trauma della *Nakba*, dell'esodo e dell'espropriazione è tale che la monarchia hashemita appare come la custode di quello che può ancora essere salvato della Palestina, a cominciare dai luoghi santi di Gerusalemme. È per questo che la trasformazione della Transgiordania in Giordania, attraverso l'annessione di Gerusalemme Est e della Cisgiordania, è approvata ben al di là della corrente dei Nashashibi. Lo sceicco Hussam ad-Din Jarallah, storico oppositore degli Husayni, è nominato muftī di Gerusalemme[25]. Particolarmente gradita è la concessione della cittadinanza e dei passaporti giordani a tutti i nuovi sudditi a partire dal febbraio del 1949, tanto piú che nei negoziati con Israele Amman riesce a recuperare le città di Tulkarem e Qalqilya, a ovest di Nablus, nonostante il fatto che distino solo venti chilometri dalla costa*.

Gli oltre 750 000 profughi palestinesi disseminati nei territori che confinano con Israele si stabiliscono per la maggior parte nei campi allestiti dalle Nazioni Unite. Tendono a raggrupparsi per località e regione d'origine, ricreando nell'esilio una comunità magnificata dal fatto che fonda e nutre la speranza del ritorno. Questo esodo di intere popolazioni – e non solo famiglie isolate – conduce paradossalmente a rafforzare l'*hamula* e le sue solidarietà locali. Anziché destrutturare la società tradizionale, la *Nakba* consolida quindi i suoi meccanismi di aiuto e protezione reciproca anche nella loro dimensione fazionale. Il *mukhtar*, vale a dire il notabile che fungeva da intermediario con l'ordine ottomano e poi con il mandato britannico, ritrova la sua funzione nei rapporti con le Nazioni Unite all'interno dei campi profughi. Ma provvede anche alla risoluzione delle controversie tra i profughi della stessa comunità, prescrivendo il versamento di compensazioni che, in caso di morte o lesioni, possono arrivare fino al «prezzo del sangue». Poiché il ritorno dei contadini nelle terre sottratte da Israele è generalmente il risultato di iniziative individuali, capita che l'uccisione degli «infiltrati» dai kibbutz frontalieri scateni un'occasionale serie di vendette israelo-palestinesi[26].

In Giordania i partiti politici sono ufficialmente vietati, ma i Fratelli Musulmani possono operare legalmente in quanto associazione. La fratellanza islamica ha infatti riconosciuto l'annessione della Cisgiordania da parte di Amman, guadagnando una libertà d'azione che contrasta con la repressione di cui è bersaglio in Egitto. In Giordania la proporzione dei palestinesi all'interno dei Fratelli Musulmani è talmente elevata che supera persino quella dei due terzi della popolazione complessiva do-

* Si veda la mappa 5.

po l'«unione» della Transgiordania e della Cisgiordania. Il coraggio dei miliziani islamisti durante la guerra di Palestina del 1948 contribuisce in maniera determinante alla popolarità dei Fratelli Musulmani. Questa popolarità è comprovata anche nella Striscia di Gaza, dove la fratellanza opera clandestinamente sotto la copertura di attività sociali e educative[27].

Quanto ai comunisti palestinesi, tra cui regna una disciplina di stampo stalinista, si ritrovano fortemente indeboliti dal sostegno dell'Urss al piano di partizione delle Nazioni Unite nel 1947 e dal rapido riconoscimento di Israele da parte di Mosca nel 1948. Ma il loro movimento, ormai diviso in tre organizzazioni tra Israele, la Giordania e Gaza, si distingue, in virtú del suo storico sostegno alla partizione della Palestina in due stati, per la rivendicazione del diritto dei palestinesi a creare uno stato indipendente. È cosí che il *Maki* – il Partito comunista israeliano – è non solo l'unico schieramento del giovane stato ebraico ad annoverare sia membri ebrei che arabi, ma anche l'unico a sostenere il diritto del popolo palestinese all'autodeterminazione. A Gaza la Lega di liberazione nazionale, di orientamento comunista, è l'unico partito a denunciare «l'occupazione egiziana» di un territorio destinato a confluire in una Palestina indipendente[28]. In Cisgiordania la stessa Lega adotta una linea simile per tre anni, prima di unirsi, nel 1951, al Partito comunista di Giordania, che riconosce «l'unione delle due sponde» del Giordano.

Ben Gurion fa leva sulla divisione tra i musulmani e i cristiani per minare la coesione dei palestinesi rimasti in Israele, dove costituiscono un quinto della popolazione. Inoltre i drusi e i beduini sono distinti dagli altri musulmani e ottengono la facoltà di prestare servizio militare (di leva per i primi e volontario per i secondi). Ben Gurion si assicura anche di marginalizzare il militantismo giudeo-arabo del *Maki*, che alle elezioni per la prima Knesset del 1949 ottiene appena 4 deputati su 120, di cui un solo arabo. In compenso il governo laburista sostiene la Lista democratica di Nazareth, i cui due eletti arabi entrano a far parte della maggioranza parlamentare. La lista è guidata da Sayf al-Din Zoabi, un collaboratore musulmano dell'*Haganah* che nel 1947 è sfuggito a due tentativi di omicidio da parte dei filo-Husayni[29], ma che l'anno successivo ha risparmiato dall'espulsione i villaggi aderenti alla sua *hamula*[30].

L'amministrazione militare che Ben Gurion istituisce nelle zone di popolamento arabo della Galilea, del «Triangolo» (al confine con la Cisgiordania settentrionale) e del Negev può contare sull'appoggio dei notabili determinati a vendicarsi dei loro rivali. A Taybeh è un veterano della Grande rivolta araba del 1936-39 e della guerriglia nazionalista del 1948, Abdel-Raouf Abdel-Razzaq, a mettersi al servizio delle autorità come «consigliere per gli affari arabi» in spregio di Haj Amin al-Husayni[31]. A Beer Sheva è un capo beduino, lo sceicco Oda Abu-M'ammar, a chiedere a nome del suo popolo di «essere annesso da Israele» e di ricevere «armi per difenderci dagli altri membri della nostra tribú e dai loro alleati egiziani»[32]. Questi ausiliari forniscono un sostegno determinante alla lotta di Israele contro l'«infiltrazione» dei profughi dalla Striscia di Gaza sotto controllo egiziano. I collaborazionisti arabi dello stato ebraico beneficiano in cambio di un accesso privilegiato ai «beni degli assenti», espropriati ai proprietari palestinesi sfollati[33]. Godono anche, a differenza dei loro concorrenti, del privilegio del porto d'armi, cosa che permette al governo israeliano di meglio dividere le comunità arabe[34].

Nel 1949 il Partito laburista e i suoi «satelliti» arabi riescono ad aggiudicarsi il 61 per cento dei voti arabi, contro il 20 per cento per i comunisti del *Maki*[35]. L'amministrazione militare fa carte false per ridurre ulteriormente l'influenza comunista tra la popolazione araba. Nel 1949 il vescovo greco-cattolico Hakim e i suoi fedeli vengono autorizzati a tornare dal Libano a Eilabun, da cui erano stati espulsi durante la *Nakba**. Questo villaggio cristiano diventa una roccaforte dell'anticomunismo in Galilea, provocando frequenti incidenti con i membri e i simpatizzanti del *Maki*. Nel 1951 la sua sede di Eilabun è addirittura incendiata, causando la morte di un militante. Quanto a Nimr Hawari, sebbene nel 1945 abbia fondato una milizia antisionista – certo opposta agli Husayni –, è autorizzato da Israele a tornare dall'esilio per mobilitarsi contro il *Maki*[36]. Nel 1954, durante un comizio a Nazareth, il deputato comunista Emile Habibi fa appena in tempo a scandire «Abbasso il governo militare» prima che la polizia lo cacci dalla tribuna e lo trascini in commis-

* Cfr. pp. 154-55.

sariato nonostante la sua immunità parlamentare[37]. In linea generale le autorità israeliane riescono a far leva sul fazionalismo palestinese – anche a costo di esasperarlo – per marginalizzare l'attivismo nazionalista ampiamente identificato con il *Maki*.

Al-Fatah contro l'Olp.

A causa della stragrande maggioranza di profughi tra la sua popolazione, la Striscia di Gaza diventa il crogiolo dei *feddayin* palestinesi, determinati a difendere con le armi il loro diritto al ritorno nella propria terra. Il termine «*feddayin*», che deriva da fede (*fida'*), designava già la resistenza armena all'autoritarismo ottomano alla fine dell'Ottocento e i guerriglieri impegnati contro l'occupazione britannica del canale di Suez tra il 1951 e il 1954. A poco a poco questa denominazione di tipo nazionalista viene identificata con la lotta palestinese, rimpiazzando il termine *mujahidin* associato al jihad dei seguaci di al-Qassam durante la Grande rivolta araba del 1936. Si stabilisce cosí una continuità tra i sostenitori di Abd al-Qadir al-Husayni in Palestina, tanto nel 1937 quanto nel 1948, e i militanti che cercano ormai di infiltrarsi in Israele.

L'esercito egiziano reprime l'attivismo nella Striscia di Gaza fino al 1955, quando Nasser decide di utilizzare i *feddayin* per condurre al suo posto le ostilità contro Israele. Il Battaglione della giustizia di Khalil al-Wazir, alias Abu Jihad, e Kamal Adwan, cosí come la Famiglia del sacrificio di Salah Khalaf, alias Abu Iyad, si mettono allora al servizio della sicurezza egiziana per poter ampliare la propria lotta armata. La minaccia dei *feddayin*, per quanto limitata – con una ventina di israeliani uccisi in un anno e mezzo –, è presa talmente sul serio da Ben Gurion e dal suo governo da provocare, durante i quattro mesi di occupazione israeliana di Gaza tra il 1956 e il 1957, una feroce repressione. Non solo le reti di *feddayin* sono colpite duramente, ma l'amministrazione egiziana, una volta ristabilitasi a Gaza, decide di soffocare qualsiasi ripresa della militanza armata per evitare le rappresaglie israeliane.

È per questo che nel 1959 Abu Jihad, Adwan e poi Abu Iyad lasciano l'enclave palestinese e si recano in Kuwait per fondare in segreto, con Yasser Arafat, il Movimento di liberazione della Palestina, *al-Fatah*. Cosí come Abu Jihad e Abu Iyad hanno abbandonato i Fratelli Musulmani per accordare un'assoluta priorità alla lotta nazionalista, gli altri fondatori di *al-Fatah* provengono da schieramenti politici molto diversi: Faruk Qaddumi, alias Abu Lotf, è un ex attivista del *Baath*, fautore di un «socialismo arabo» e di un laicismo militante, mentre Khaled al-Hassan, alias Abu Said, proviene dal Partito della liberazione, un'organizzazione islamista che propugna la restaurazione del califfato. Ciò che li accomuna è l'aver rinnegato le loro convinzioni panarabe o islamiste in nome del primato della «liberazione della Palestina» da parte dei palestinesi stessi.

Mahmud Abbas, alias Abu Mazen, funge da collegamento con gli altri emirati del Golfo sotto la copertura delle sue responsabilità presso il ministero dell'Istruzione del Qatar, all'epoca un protettorato britannico, mentre Hani al-Hassan, fratello di Khaled, forma alcune cellule nella diaspora palestinese in Germania Ovest. A partire dal 1962 *al-Fatah* dispone di una propria rivista, «Filastinuna» (La nostra Palestina), pubblicata in Libano, e di alcune centinaia di militanti esperti in azioni clandestine. L'Algeria, dove nel 1962 il Fronte di liberazione nazionale (Fln) trionfa dopo oltre sette anni di insurrezione antifrancese, diventa un modello da imitare. Abu Jihad può quindi creare un «ufficio palestinese» ad Algeri, che oltre a inviare un migliaio di laureati palestinesi in un paese a corto di dirigenti, supervisiona l'addestramento militare di quasi 200 *feddayin*[38]. Nel marzo del 1964 accompagna Arafat in Cina, durante una visita ufficiale in cui i due fondatori di *al-Fatah* sono ricevuti da Mao Zedong in persona.

Nasser non ha alcuna intenzione di compromettere la sua posizione dominante nel mondo arabo lasciando che *al-Fatah* si impadronisca della causa palestinese. Approfitta quindi della distensione delle relazioni tra l'Egitto e la Giordania per fare in modo che re Hussein presieda il Consiglio nazionale palestinese (Cnp) che nel maggio del 1964 si riunisce a Gerusalemme Est per il congresso costitutivo dell'Olp. I 422 delegati sono principalmente notabili della Cisgiordania e di Gaza scelti dal braccio destro di Nasser, Ahmed al-Shuqayri, con l'appoggio dei regimi egiziano e giordano. Quasi nessun esponente dei campi profughi partecipa a questo Cnp[39], che preferisce l'espressione «gente del ritorno» al termine «rifugiati». Al-Shuqayri insiste sulla necessità di «liberare la patria usurpata, e non di strappare la Cisgiordania al regno giordano»[40], a dimostrazione dello stretto controllo che esercitano Amman e il Cairo, il cui unico obiettivo è creare un'«entità» palestinese piuttosto che uno stato. Lo statuto dell'Olp definisce il popolo palestinese come composto dai cittadini arabi della Palestina nel 1947 e dai loro discendenti. Il sionismo è condannato in termini categorici, ma gli ebrei arrivati in Palestina prima del 1947 potranno restare qualora desiderino vivere in pace.

Al-Shuqayri è naturalmente nominato alla presidenza del Comitato esecutivo, l'organo direttivo dell'Olp, che si dota anche di un «Esercito di liberazione della Palestina» (Elp), di fatto un corpo ausiliario subordinato al comando arabo nei suoi tre paesi di stanza, vale a dire l'Egitto, la Siria e l'Iraq. L'ufficio palestinese che Abu Jihad ha aperto ad Algeri è trasferito all'Olp. *Al-Fatah*, colto alla sprovvista dalla creazione dell'Olp e dell'Elp, reagisce formando il proprio braccio armato, *al-Asifa* (la Tempesta), guidato da Arafat dalla Siria, dove il *Baath*, il partito al potere, ha adottato la retorica rivoluzionaria della «guerra di liberazione». È nel gennaio del 1965 che *al-Fatah* lancia la «rivoluzione» della sua lotta armata, le cui occasionali infiltrazioni in Israele hanno un impatto piú simbolico che operativo. Tuttavia nel mese di giugno un militante di *al-Fatah* detenuto in Israele è condannato a morte da un tribunale militare a porte chiuse, una pena successivamente commutata in trent'anni di carcere. In ottobre Israele lancia in Libano il suo primo raid in rappresaglia contro un attacco di *al-Fatah*.

Non fosse altro che per evitare gli attacchi israeliani, la Giordania e il Libano intensificano la repressione delle cellule clandestine di *al-Fatah*, che dal canto loro possono contare sul sostegno della Siria. Anche l'Arabia Saudita finanzia i *feddayin* di Arafat nell'ambito della «guerra fredda araba» che contrappone re Faysal a Nasser*. Il presidente egiziano decide invece di opporre ad *al-Fatah* il controfuoco militante del Movimento nazionalista arabo (Mna). Questa organizzazione nasseriana a

* Cfr. p. 219.

vocazione panaraba è guidata da George Habash, un palestinese greco-ortodosso originario di Lod, dove nel luglio del 1948 ha assistito all'espulsione particolarmente feroce della popolazione da parte dell'esercito israeliano*. I militari egiziani esortano l'Mna e l'Olp a creare un'organizzazione clandestina congiunta concorrente ad *al-Fatah*, gli Eroi del ritorno, la cui infiltrazione in Israele a partire dal Libano è annunciata nell'ottobre del 1966, prima dei raid lanciati dalla Cisgiordania.

L'ossessione di Nasser resta tuttavia quella di evitare che una provocazione palestinese possa coinvolgere l'Egitto in un conflitto aperto con Israele. Ma è proprio questo tipo di coinvolgimento che *al-Fatah* sta cercando di ottenere nella speranza di compensare la sua debolezza operativa, con un bilancio di sole undici vittime israeliane, perlopiú militari, in due anni di guerriglia[41]. La scommessa di Arafat e Abu Jihad conduce, proprio in virtú del suo successo, al disastro arabo della Guerra dei sei giorni. Le rappresaglie israeliane contro la Giordania nel novembre del 1966 e poi contro la Siria nell'aprile del 1967 provocano infatti un'escalation che sfugge di mano ai leader arabi, convincendo Eshkol a lanciare, sotto l'egida di Dayan, l'offensiva «preventiva» del giugno del 1967. Il crollo degli eserciti arabi scatena un'ondata di attacchi di *al-Fatah* nella Cisgiordania ormai occupata sotto la direzione dello stesso Arafat, che sfugge alla caccia all'uomo israeliana per diversi mesi. Questo principio di insurrezione, per quanto rapidamente represso, neutralizza l'influenza dei notabili filogiordani in favore della corrente nazionalista.

In compenso il ritorno dell'esercito israeliano nella Striscia di Gaza, dieci anni dopo la prima occupazione, dà il via a una guerriglia a bassa intensità condotta da alcuni ex dirigenti dell'Elp, forti dell'addestramento militare acquisito in Egitto e sostenuti dal consenso nazionalistico tra comunisti, nasseriani, baathisti e patrioti di tutte le origini. Solo i Fratelli Musulmani, guidati localmente dallo sceicco Ahmed Yassin, rifiutano di unirsi a questa alleanza anti-israeliana, tanto sono soddisfatti dell'umiliazione inflitta a Nasser, il loro nemico giurato[42]. L'Mna entra in una profonda crisi, da cui il suo ramo palestinese emerge in quanto organizzazione autonoma, guidata da Habash e chiamata

* Cfr. p. 153.

Fronte popolare per la liberazione della Palestina (Fplp). Quanto al *Baath*, al potere a Damasco, si dota di un proprio gruppo di *feddayin*, le Avanguardie della guerra di liberazione popolare, piú note con il nome *al-Saiqa*.

Il discredito di al-Shuqayri lo costringe ad abbandonare la presidenza dell'Olp in favore di Yahya Hammuda, uno dei promotori dell'effimero Congresso dei profughi palestinesi del 1949. L'impennata di popolarità di *al-Fatah*, in seguito allo scontro con l'esercito israeliano del marzo del 1968 nel villaggio giordano di Karama*, consente ad Arafat di negoziare l'integrazione dei *feddayin* nell'Olp da una posizione di forza. Il Consiglio nazionale palestinese (Cnp) che si riunisce ad Amman quattro mesi piú tardi accorda una metà dei suoi 100 seggi all'ex Olp e una ai *feddayin*, di cui 38 per *al-Fatah* e 10 per l'Fplp. Arafat ne esce facendo la parte del leone perché due terzi dei circa 3000 *feddayin* complessivi appartengono ad *al-Fatah*[43]. Il nuovo statuto dell'Olp considera ormai palestinesi solo gli ebrei arrivati prima dell'«invasione sionista» del 1917, considera «nulli» la dichiarazione Balfour e il mandato britannico e nega qualsiasi aspirazione nazionale al popolo ebraico.

Le fazioni dei feddayin.

Nel febbraio del 1969 Nasser inaugura al Cairo il Cnp che consacra Arafat eleggendolo alla presidenza del Comitato esecutivo dell'Olp, carica che conserverà fino alla morte, trentacinque anni dopo. Forte di 35 dei 105 seggi del Consiglio, *al-Fatah* ottiene 4 degli 11 seggi del Comitato esecutivo. Arafat fa in modo che, nonostante la sua forza militante, l'Fplp ottenga solo 12 seggi, vale a dire l'equivalente di *al-Saiqa*, spingendo Habash e i suoi sostenitori a boicottare la riunione per protesta. La presa di controllo dell'Olp da parte di *al-Fatah* segna quindi l'istituzionalizzazione di un'autentica dinamica delle fazioni (*fasa'i*), come vengono chiamati i diversi gruppi di *feddayin*. Lo stesso Fplp subisce tre scissioni: quella del Fronte democratico per la liberazione della Palestina (Fdlp) di ispirazione marxista, sotto

* Cfr. p. 222.

la guida di Nayef Hawatmeh, un cristiano come Habash; quella del Comando generale dell'Fplp (Fplp-Cg), guidato da Ahmed Jibril, strettamente legato ai servizi siriani; e infine quella del Fronte di lotta popolare palestinese (Flpp), un gruppuscolo sinistrorso presieduto da Bahjat Abu Gharbiyya, un veterano della Grande rivolta araba del 1936. Il regime baathista di Baghdad, in conflitto latente con il fratello nemico di Damasco, si dota della sua propria organizzazione di *feddayin*, il Fronte arabo di liberazione (Fal).

A partire dal 1969 questa strutturazione delle fazioni palestinesi intorno a un *al-Fatah* dominante, con una sinistra polarizzata tra l'Fplp e l'Fdlp, oltre a quattro gruppi minori piú o meno legati alle dittature baathiste della Siria e dell'Iraq, è destinata a rimanere relativamente stabile, anche se i rapporti di forza tra le varie organizzazioni potranno cambiare nel corso del tempo, cosí come la loro volontà di partecipare all'Olp o a boicottarne l'operato. In ognuno dei gruppi esiste una chiara distinzione tra un movimento politico chiamato ad agire apertamente e un braccio armato vincolato alle regole della clandestinità. Ma solo *al-Fatah*, l'Fplp e l'Fdlp riescono a strutturare delle «organizzazioni di massa» a loro affiliate negli ambienti studenteschi, tra le donne o nei sindacati professionali. La fazione non è solo un partito cui si aderisce, ma una vera e propria famiglia d'adozione che si occupa delle borse di studio, delle spese mediche, dell'assistenza sociale e – in caso di incarcerazione o di decesso – del sostegno alla famiglia. Da qui la radicata suddivisione nella società palestinese, ancor piú in esilio che nei territori occupati da Israele, con la marginalizzazione dei militanti realmente indipendenti (ogni fazione mantiene una rete di compagni di strada che le permette di aumentare, attraverso queste figure teoricamente «indipendenti», le quote di rappresentanza assegnate all'interno dell'Olp).

Tuttavia all'interno di *al-Fatah* la tentazione è quella di seguire l'esempio dell'Fln, che non ha esitato a eliminare le altre tendenze della resistenza algerina per arrogarsi il monopolio della lotta anti-francese. Arafat vi si oppone pubblicamente, preferendo il «dialogo democratico» alla «violenza sanguinosa», che a suo avviso è già costata molto cara alla Grande rivolta araba del 1936-39: «Siamo un popolo di clan e di *hamula*», un «piccolo popolo disperso» e «questa rivoluzione morirà se sceglieremo la via della violenza per determinarne il corso»[44]. Il leader dell'Olp preferisce mettere le fazioni le une contro le altre, a cominciare dall'Fdlp contro l'Fplp. Nel settembre del 1969, mentre Habash continua a boicottare il Cnp, Arafat assegna otto seggi all'Fdlp, con cui concorda l'obiettivo strategico di uno «Stato democratico palestinese»[45] con parità di diritti per i cittadini musulmani, cristiani ed ebrei. L'Fplp e le fazioni legate alla Siria e all'Iraq denunciano questa posizione come un tradimento della lotta antisionista[46].

Bisogna aspettare l'inasprimento delle tensioni in Giordania, in un contesto di doppio potere tra l'esercito e i *feddayin*, perché le fazioni palestinesi ritrovino una parvenza di unità. Il Cnp che si tiene al Cairo nel giugno del 1970 istituisce un Consiglio centrale dell'Olp, composto da 28 membri e piú rappresentativo della diversità delle fazioni rispetto al Comitato esecutivo dominato da *al-Fatah*. Ma Arafat ottiene questa riconciliazione interpalestinese solo al prezzo del suo rifiuto della carica di primo ministro, che re Hussein gli offre insieme alla libertà di formare il futuro governo giordano. Sopravviene allora il sequestro di 88 ostaggi occidentali in due alberghi di Amman da parte dell'Fplp, in un contesto di scontri giordano-palestinesi che causano centinaia di morti in dieci giorni, seguito dalla loro liberazione. Arafat e l'insieme dell'Olp si ritrovano cosí prigionieri dell'escalation militarista e della retorica oltranzista dell'Fplp.

Il dirottamento da parte dell'Fplp di tre aerei di linea europei verso la Giordania provoca il bagno di sangue del «settembre nero» del 1970, durante il quale i 65 000 soldati giordani, supportati da 10 000 poliziotti, hanno la meglio su circa 10 000 *feddayin* (5000 di *al-Fatah*, 1500 dell'Fplp e altrettanti dell'Elp, e i restanti di *al-Saiqa*, dell'Fdlp, dell'Elp e dell'Fplp-Cg)[47]. Quando viene dichiarato il cessate il fuoco sotto l'egida di Nasser, il bilancio delle vittime è di 600 militari giordani contro un migliaio di *feddayin*, perlopiú di *al-Fatah*, oltre ai 1500-3500 civili palestinesi morti nelle feroci battaglie per i campi profughi di Amman[48]. L'Fplp, che ha perso meno di venti combattenti, persevera nella sua linea estremista, affermando di voler lanciare, nel dicembre del 1970, una campagna di guerriglia contro l'esercito giordano.

Questa volta Habash si ritrova isolato nella sua posizione massimalista, mentre Arafat accusa l'Fplp di aver permesso ai loro nemici – con la sua presa di ostaggi – di dipingere i palestinesi come «falsi rivoluzionari» e «un popolo privo di principî»[49]. L'Fplp sospende gli attacchi, ma non prima di aver fornito all'esercito giordano il pretesto per stringere la morsa sulle ultime roccaforti dei *feddayin*. Il Consiglio nazionale palestinese che si riunisce al Cairo nel luglio del 1971 è contrassegnato da vari appelli all'unità da parte delle fazioni, con l'Fdlp che propone addirittura l'unione di tutti i *feddayin* in un unico «esercito di liberazione popolare». Mentre i delegati prendono congedo, re Hussein lancia il suo esercito contro le basi dei *feddayin* a nord-ovest della Giordania, che vengono spazzate via in pochi giorni. Il divario tra la retorica rivoluzionaria e la realtà di una sconfitta cocente è crudele.

Questo divario appare ancora piú evidente se si considera che l'Olp, ancora provata dalla sua espulsione dalla Giordania, non sembra rendersi conto dell'importanza della svolta allora in atto nella Striscia di Gaza, dove Ariel Sharon sta infliggendo duri colpi alla guerriglia endemica ormai da quattro anni. I bulldozer dell'esercito di occupazione aprono larghe vie di accesso ai carri armati israeliani nei campi profughi, dove quasi 38 000 residenti vengono nuovamente sfollati. La debolezza di *al-Fatah* a Gaza spiega una parte di questa indifferenza, perché i *feddayin* locali dipendono sia dall'Elp sia dall'Fplp. A minare l'insurrezione è anche la portata delle esecuzioni dei presunti «collaborazionisti», talvolta ufficialmente rivendicate dall'Fplp. Habash le giustifica dichiarando che «a Gaza non c'è una battaglia contro il nemico e una battaglia contro i suoi agenti, perché gli agenti non possono essere separati dal nemico»[50]. A Gaza il bilancio delle vittime del 1970 arriva cosí a 17 israeliani contro 110 palestinesi, cui si aggiungono 75 «collaborazionisti» assassinati[51]. Queste serie di omicidi alimentano i regolamenti di conti tra gruppi rivali e le vendette tra clan palestinesi in un territorio dove la solidarietà famigliare è profondamente radicata.

Oltre a impedire alla leadership dell'Olp di concentrarsi sui territori occupati da Israele, questa competizione tra le fazioni della diaspora alimenta una fuga in avanti verso attentati estremamente mediatizzati da parte delle «operazioni estere» dell'Fplp, dell'organizzazione Settembre nero e di gruppuscoli che operano per la Siria, l'Iraq e la Libia*. La spirale terroristica del triennio 1971-73 rischia di spazzare via l'Olp e con essa la simpatia internazionale che ha conquistato la causa palestinese. È la crisi petrolifera dell'ottobre del 1973 – con i massicci trasferimenti di aiuti economici da parte delle petromonarchie – a permettere ad Arafat di invertire la tendenza frenando gli eccessi delle sue truppe attraverso il proprio clientelismo. Il leader dell'Olp riesce cosí a riportare sotto l'autorità del suo stato maggiore molte unità di *feddayin* che erano diventate indipendenti[52]. Consolida inoltre il potere dei suoi collaboratori, Abu Jihad per gli affari militari, Abu Iyad per l'intelligence e Mahmud Abbas per le finanze (in questa cerchia di rivoluzionari in uniforme Abbas è soprannominato il «burocrate»). Nel giugno del 1974 l'adozione della prospettiva di un'«autorità nazionale indipendente» su «ogni parte della terra palestinese liberata» da parte del Consiglio nazionale palestinese costituisce la prima rottura dell'Olp con l'obiettivo proclamato della distruzione di Israele, sebbene in questa fase non sia previsto alcun riconoscimento.

Al-Fatah riesce a far adottare la nuova linea con il sostegno dell'Fdlp. Ma l'Fplp la rifiuta categoricamente, si ritira dagli organi dell'Olp e costituisce a Baghdad un Fronte del rifiuto con il Fal, l'Fplp-Cg e l'Flpp. Queste quattro fazioni restano ferme su un'opposizione talmente radicale da rifiutare di unirsi alla delegazione dell'Olp che nell'ottobre del 1974 è consacrata come «unica e legittima rappresentante del popolo palestinese» dal vertice arabo di Rabat. In compenso Arafat integra nel Comitato esecutivo dell'Olp quattro personalità che Israele ha espulso dalla Cisgiordania. Queste vi partecipano in quanto membri del Fronte nazionale palestinese (Fnp), che associa i comunisti alle varie fazioni e struttura il sostegno all'Olp in Cisgiordania e a Gaza. Abd al-Jawad Saleh, uno degli esuli cosí promossi, rivendica forti convinzioni comuniste, una sensibilità fino ad allora assente dalla leadership dell'Olp a causa del suo sostegno alla soluzione a due stati e delle sue riserve sulla lotta armata.

* Cfr. pp. 224-25.

Da Beirut a Tunisi.

Forte di questi progressi, Arafat è determinato a non ripetere gli errori del Settembre nero giordano in Libano nell'ottica di preservare lo «stato nello stato» che l'Olp ha costituito a Beirut. Per questo motivo nell'aprile del 1975 vieta ai *feddayin* di partecipare alla guerra aperta tra i falangisti della destra cristiana e gli «islamo-progressisti» del Movimento nazionale libanese (Mnl), che pure sono alleati storici dell'Olp. Nel mese di giugno negozia persino un patto di non aggressione segreto con le Falangi[53], la cui rivelazione suscita le ire dell'Mnl. Arafat afferma allora che l'Olp «non è politicamente allineata con un campo o con l'altro» e «non ha un'opinione sulle scelte del Libano in materia di governo e legislazione»[54]. Ma i *feddayin* di tutte le fazioni all'infuori di *al-Fatah* sono già impegnati sulle linee di fronte al fianco dell'Mnl. Quanto ad *al-Fatah*, sta addestrando una nuova milizia sciita, *Amal*, la cui esistenza viene rivelata in luglio da un'esplosione accidentale in cui perdono la vita l'istruttore di *al-Fatah* e una ventina di reclute sciite.

L'autunno del 1975 vede Arafat tentare di concludere una tregua duratura con le Falangi. Questi sforzi di mediazione sono aspramente criticati dalle fazioni di sinistra dell'Olp, mentre l'Fdlp e l'Fplp mettono da parte le loro divergenze per invocare congiuntamente una riforma dell'organizzazione e la «purificazione» della sua gestione eccessivamente autocratica[55]. Tutto cambia nel gennaio del 1976 con l'assedio falangista delle enclavi palestinesi di Beirut Est e il massacro di Karantina, al quale l'Olp reagisce partecipando al sanguinoso assalto della città cristiana di Damour, strategicamente situata a sud della capitale*. Ma il suo impegno nel conflitto libanese conduce l'Olp a uno scontro diretto con il regime di Assad, che decide di neutralizzare l'alleanza «palestinese-islamico-progressista» per imporre la propria tutela su tutto il paese.

Damasco può contare su *al-Saiqa* all'interno dell'Olp, sull'Fplp-Cg all'interno del Fronte del rifiuto e sui battaglioni dell'Olp con base in Siria e posti sotto il comando siriano.

* Cfr. p. 230.

La propaganda di Assad non esita piú a presentare Zuheir Mohsen, il leader di *al-Saiqa*, come il futuro sostituto di Arafat alla guida di un'Olp sirianizzata. La manovra è talmente grossolana che ormai persino l'Fplp chiede che *al-Saiqa* venga esclusa dall'Olp. L'invasione del Libano del giugno del 1976 da parte dell'esercito siriano è accompagnata da un tentativo abortito di conquistare le posizioni dell'Olp a Beirut da parte di *al-Saiqa*. Mohsen fugge a Beirut Est, da dove le Falangi si occupano del suo trasferimento verso Damasco. *Al-Saiqa* accusa *al-Fatah* di «mirare non solo alla partizione del Libano, ma anche alla liquidazione della causa palestinese e alla creazione di uno stato palestinese in Libano»[56]. Nel mese di agosto la caduta del campo palestinese di Tel al-Zaatar, assediato e bombardato per quasi due mesi dai falangisti, infligge un colpo terribile al morale e all'immagine dell'Olp. Il bilancio dell'assedio è di 3500 vittime palestinesi, di cui 450 *feddayin*, 750 miliziani locali e 2300 civili, per la maggior parte massacrati dopo la resa dei combattenti[57].

L'offensiva siriana dell'ottobre del 1976 pone fine dopo un anno e mezzo a questo primo ciclo della guerra in Libano. Migliaia di *feddayin* dell'Olp devono ripiegare nel Sud del paese, mentre 25 000 soldati siriani vengono autorizzati da un vertice arabo a occupare il Libano nell'ambito di una Forza araba di dissuasione di cui costituiscono la maggior parte degli effettivi, insieme a qualche migliaio di soldati provenienti dall'Arabia Saudita e dal Sudan. Arafat è inoltre costretto ad accettare il ritorno a Beirut dei leader di *al-Saiqa* e dell'Fplp-Cg e persino a fare pressione sull'Fdlp e sull'Fplp affinché restituiscano alle fazioni filosiriane gli uffici e le apparecchiature confiscate durante i combattimenti dell'estate precedente. Ma è sul fronte diplomatico che il leader dell'Olp riprende l'iniziativa, in un momento in cui Jimmy Carter, entrato alla Casa Bianca dal gennaio del 1977, è il primo presidente americano a parlare di una «patria» per i palestinesi*. Non solo Mahmud Abbas è incaricato di avviare trattative segrete con i pacifisti israeliani, ma Faruk Qaddumi, un altro fondatore di *al-Fatah* responsabile della diplomazia palestinese all'interno del Comitato esecutivo dell'Olp, dichiara davanti al Con-

* Cfr. p. 48.

siglio nazionale palestinese riunito al Cairo nel marzo del 1977 che l'«autorità nazionale indipendente» prevista tre anni prima potrebbe governare una Cisgiordania e una Striscia di Gaza evacuate da Israele e non piú «liberate» dalla lotta armata[58].

Queste aperture sono condannate dallo stesso Fronte del rifiuto del 1974, mentre l'Fplp decide ancora una volta di boicottare gli organi dell'Olp. Tuttavia all'interno dell'Fplp-Cg Ahmed Jibril è contestato per il suo cieco allineamento con il regime di Assad. Il gruppo si scinde in un'ala filosiriana, sempre guidata da Jibril, e il Fronte di liberazione della Palestina (Flp), che sostituisce l'Fplp-Cg all'interno del Fronte del rifiuto. Queste ricomposizioni sono accompagnate da contrasti sanguinosi in Libano. Lo stesso avviene tra *al-Saiqa*, affiliato al *Baath* – il partito al potere a Damasco –, e il Fal, affiliato a Baghdad, i cui scontri causano decine di vittime. Queste guerre per procura tra la Siria e l'Iraq culminano nell'agosto del 1978 con l'esplosione del quartier generale dell'Flp a Beirut, in cui muoiono 188 persone (di cui 37 membri dell'Flp, 16 membri di *al-Fatah* e 135 civili). Allo stesso tempo l'intelligence irachena dà inizio a una campagna di omicidi contro l'Olp all'estero, uccidendo tra gli altri i delegati dell'Olp a Londra, in Kuwait e a Parigi. Questi attentati sono perpetrati direttamente o tramite il gruppo di Abu Nidal.

Eppure Arafat ha riallacciato i rapporti con il terrorismo nel marzo del 1978, con un sanguinoso attentato di *al-Fatah* in Israele che esclude l'Olp dal processo di pace israelo-egiziano avviato a Camp David sotto l'egida di Carter. Ma questo ritorno alla «lotta armata» non basta a placare il Fronte del rifiuto, che continua ad accusare l'Olp di «capitolazione»[59]. Queste critiche vengono riprese anche dall'Fdlp, che aggiunge la sua annosa richiesta di collegialità nella leadership dell'Olp allo scopo di arginare l'autoritarismo di Arafat e di dare maggior peso alle fazioni minoritarie. Il vertice arabo del novembre del 1978, che si tiene a Baghdad in assenza dell'Egitto, decide di stanziare 300 milioni di dollari l'anno a beneficio dell'Olp (di cui 50 destinati ai territori occupati da Israele).

Come nel 1974, questa manna finanziaria permette ad Arafat – attraverso una gestione discrezionale – di mettere a tacere l'opposizione tanto all'interno di *al-Fatah* quanto dell'Olp. Lo «stato nello stato» palestinese in Libano non è solo un formidabile apparato politico e militare, ma anche il piú grande datore di lavoro di Beirut, con le sue botteghe, le sue cooperative, le sue imprese edili e i suoi organi di stampa, nonché un'istituzione che fornisce importanti servizi sociali e sanitari, spesso compensando le mancanze dello stato nelle periferie della capitale e nel Sud del Libano. Anche le migliaia di borse di studio e formazione, sia civili sia militari, devolute all'Olp dai paesi arabi e dagli stati socialisti sono uno strumento prezioso per garantire la fedeltà dei loro destinatari.

Ciò nonostante Arafat destina una quota sostanziale degli aiuti arabi al potenziamento e alla professionalizzazione delle unità di *feddayin*, ormai equipaggiate con carri armati T-34 e batterie di missili terra-terra. In Israele il primo ministro Begin è determinato a distruggere l'arsenale dell'Olp, da qui l'ondata di bombardamenti che lancia sul Libano nel luglio del 1981. Anche la sede della leadership palestinese di Beirut è presa di mira da un raid che uccide 150 persone, di cui 30 membri minori dell'Olp. Al momento del cessate il fuoco, raggiunto sotto l'egida degli Stati Uniti, il bilancio delle vittime è di 6 israeliani contro 450 palestinesi e libanesi[60]. L'Fplp-Cg, che cerca di violare la tregua, è espulso dalla zona di confine da *al-Fatah*. Per placare il risentimento della popolazione sciita del Sud del Libano, che ha pagato un pesante tributo all'offensiva israeliana, l'Olp distribuisce ingenti somme di denaro alle vittime e arriva persino ad acquistare l'intero raccolto di tabacco, principale fonte di reddito dei contadini locali.

La leadership dell'Olp prende ormai molto sul serio la prospettiva di un'invasione generalizzata del Libano da parte di Israele. La parata militare che Arafat organizza a Beirut il 1° gennaio 1982 dovrebbe dissuadere questa offensiva, ma convince invece Begin e Sharon, il suo ministro della Difesa, a eliminare la minaccia «terroristica» una volta per tutte. Arafat ordina anche la costruzione di nuovi centri di comando sotterranei e la creazione di reti di comunicazione protette e alternative. L'ex stadio di Beirut è convertito in un enorme deposito logistico che contiene scorte sufficienti per un assedio di diversi mesi. In compenso la pianificazione militare si riduce alla direttiva data ai comandanti locali di mantenere a tutti i costi la posizione in attesa dei rinforzi. Il coordinamento tra le fazioni dei *feddayin* rimane minimo, mentre i regolari contrasti tra l'Mnl e *Amal* indeboliscono le alleanze libanesi dell'Olp.

L'esercito israeliano finisce per invadere il Libano il 6 giugno 1982. Assad aspetta solo pochi giorni prima di arrivare a un cessate il fuoco, lasciando che gli invasori concentrino tutte le loro forze contro l'Olp. Le difese palestinesi cedono rapidamente di fronte all'assalto nel Sud del Libano, dove solo la città e i campi profughi di Saida resistono fino al 14 giugno. Il comandante locale di *al-Fatah* è fatto prigioniero, mentre i suoi omologhi dell'Fdlp e dell'Fplp riescono a fuggire. Sulla spiaggia di Saida alcuni ufficiali israeliani passano in rassegna i sopravvissuti grazie a informatori mascherati che indicano loro i militanti palestinesi. Si tratta di una tecnica, già utilizzata dall'esercito israeliano per insinuare il dubbio all'interno della popolazione circa la portata delle complicità di cui dispongono le forze di occupazione in Cisgiordania e a Gaza, che viene questa volta applicata su una scala senza precedenti.

Beirut Ovest e il suo mezzo milione di abitanti restano assediati per due mesi e mezzo. Arafat organizza la difesa della città intorno a un comitato militare che riunisce tutte le fazioni palestinesi. Il contingente siriano intrappolato in città si astiene dai combattimenti, mentre Assad proibisce ai *feddayin* di lanciare attacchi anti-israeliani a partire dal territorio libanese controllato dalla Siria. Ma le unità dell'Elp legate alla Siria ignorano il divieto e contribuiscono attivamente alla resistenza di Beirut. È un'unione di tutte le forze intorno alla leadership dell'Olp che, secondo l'Fplp, «conduce il confronto militare con coraggio ed eroismo»[61]. Lo stesso consenso prevale circa le condizioni per lo sfollamento dei *feddayin* sotto l'egida di Francia e Stati Uniti. L'Olp riconosce la perdita di 560 dei suoi combattenti, nonché di un numero analogo di ausiliari palestinesi e libanesi, a fronte di 368 soldati israeliani uccisi dall'inizio dell'invasione[62]. In compenso il bilancio delle vittime civili supera di gran lunga le 10 000 e si aggrava ulteriormente con i massacri nei campi di Sabra e Shatila perpetrati due settimane dopo la partenza di Arafat per Tunisi.

L'opera di logoramento che Assad svolge con costanza contro l'Olp porta i suoi frutti nel maggio del 1983, quando scoppia una fronda filosiriana all'interno di *al-Fatah*. I rivoltosi cacciano rapidamente gli «arafatisti» dai loro uffici di Damasco e poi dalle loro posizioni nell'Est del Libano con l'aperto sostegno dell'esercito e dei servizi siriani. I dissidenti di *al-Fatah* possono ovviamente contare sull'appoggio delle fazioni filosiriane dell'Fplp-Cg, dell'Flpp e di *al-Saiqa*, ma si scontrano con la determinazione dell'Fdlp e dell'Fplp a preservare «l'indipendenza della decisione palestinese». Arafat denuncia una «lotta tra i palestinesi e i siriani, sostenuti da un gruppuscolo libico, con l'avallo di alcuni palestinesi»[63]. Già nel mese di giugno Abu Jihad si ritira a Tripoli, nel Nord del Libano, dove organizza la difesa della città e dei due campi palestinesi adiacenti. Il leader dell'Olp lo raggiunge due mesi dopo. Un migliaio di palestinesi sono rinchiusi nelle carceri siriane, mentre le manifestazioni a sostegno di Arafat nel campo profughi di Yarmuk, alla periferia di Damasco, sono duramente represse.

Quattromila *feddayin* «arafatisti» sono assediati a Tripoli dall'esercito siriano spalleggiato da un contingente libico, anche se Assad preferisce mettere in rilievo i dissidenti palestinesi. La marina israeliana completa l'assedio con un blocco navale al largo di Tripoli. La battaglia, che si protrae per tutto il novembre del 1983, è segnata dalla defezione di centinaia di *feddayin*, che abbandonano il campo siriano per schierarsi con Arafat. Sebbene queste defezioni si verifichino soprattutto nelle unità dell'Elp affiliate alla Siria, *al-Saiqa* e l'Flpp non tardano a ritirarsi dalla linea del fronte per evitare diserzioni. L'Fplp-Cg, ormai organicamente legato all'intelligence siriana, tenta di colmare queste lacune al fianco dei dissidenti di *al-Fatah*. Lo scambio di prigionieri ottenuto da Arafat sotto l'egida della Francia gli restituisce una parte di credibilità presso gli avversari palestinesi. In cambio di sei prigionieri israeliani nelle mani di *al-Fatah*, Israele rilascia infatti 4683 detenuti, di cui circa 2600 palestinesi di tutte le correnti e 2000 libanesi. Nel mese di dicembre Arafat e 4326 dei suoi fedeli, tra cui vari membri dell'Elp, sono allontanati da Tripoli sotto la protezione della diplomazia e della marina francese, a bordo di navi greche battenti bandiera Onu[64].

La visita di Arafat a Mubarak subito dopo la partenza da Tripoli getta scompiglio nei vertici dell'Olp, ma il Comitato esecutivo si rifiuta di commentare quella che definisce un'«iniziativa personale» nonostante le pressioni dell'Fdlp e dell'Fplp per una condanna pubblica[65]. Nel luglio del 1984 le due formazioni costituiscono un'alleanza democratica con l'Flp e il Partito comunista palestinese (Pcp), l'unica fazione palestinese priva di un braccio armato. Questa alleanza quadripartita avvia un dialogo con *al-Fatah* sotto gli auspici dell'Algeria e dello Yemen del Sud, due paesi il cui orientamento progressista e il cui impegno arabo preoccupano Assad. Il regime siriano teme infatti che Algeri e Aden possano fornire il loro avallo a un'alternativa alla polarizzazione tra «arabisti» e «dissidenti». Assad reagisce quindi mobilitando contro l'Alleanza democratica un'Alleanza nazionale delle fazioni fedeli a Damasco, vale a dire i dissidenti di *al-Fatah*, l'Fplp-Cg, l'Flpp e *al-Saiqa*.

Ovviamente queste fazioni filo-Assad boicottano il Consiglio nazionale palestinese che si tiene ad Amman nel novembre del 1984. Sebbene l'Fplp abbia aderito al boicottaggio, 257 dei 374 delegati partecipano alla sessione, che raggiunge il quorum. Re Hussein esorta invano il Consiglio ad accettare la formula «terra in cambio di pace» e, quindi, il riconoscimento di Israele. In compenso i delegati approvano il «coordinamento» con la Giordania e contemplano persino un'eventuale confederazione in seguito alla creazione dello stato palestinese. Assad reagisce a questa umiliazione pubblica facendo assassinare ad Amman Fahd Qawasmi, l'ex sindaco di Hebron espulso da Israele nel 1980 e membro del Comitato esecutivo dell'Olp[66]. Il dittatore siriano si vendica cosí della sua impopolarità nei territori occupati da Israele colpendo al contempo l'Olp al vertice, e per di piú nella capitale giordana.

Nel febbraio del 1985 la firma di un accordo tra l'Olp e la Giordania che prevede la partecipazione di una delegazione congiunta ai colloqui di pace suscita le ire dell'Fplp, che si unisce alle quattro fazioni filosiriane per creare un Fronte di salvezza nazionale palestinese (Fsnp). L'obiettivo dichiarato di questa nuova alleanza, ovviamente con base a Damasco, è «rovesciare Arafat»[67]. L'Fdlp resta discreto tanto piú che i suoi militanti contribuiscono al graduale ritorno dei *feddayin* «arafatisti» nei campi profughi in Libano. Nel mese di maggio Assad, furioso per questo voltafaccia, incoraggia la milizia sciita *Amal*, dominante a Beirut Ovest e strettamente legata a Damasco, ad attaccare Sabra e Shatila, cosí come il vicino campo di Burj al-Barajneh. Gli assalitori, due volte piú numerosi degli assediati, sono respinti da un vigoroso contrattacco sostenuto dall'artiglieria dell'Fdlp, ma anche dell'Fsnp. Il simbolo dei campi martirizzati nel 1982 e sottoposti a un nuovo assedio è troppo forte perché il patriottismo palestinese non prevalga anche tra le fazioni filosiriane.

È cosí che il ciclo delle «guerre dei campi» che scoppiano a intervalli regolari fino alla primavera del 1987, prima a Beirut e poi nel Sud del Libano, indebolisce la campagna di Assad contro l'Olp. Quando Damasco propone il dispiegamento dei *feddayin* dell'Fsnp nei campi della capitale, nel giugno del 1986, *Amal* rifiuta categoricamente sostenendo che i dissidenti «diventerebbero arafatisti subito dopo il loro arrivo»[68]. Sono infatti due fedeli di Arafat a comandare i *feddayin* di tutte le fazioni per difendere Shatila e Burj al-Barajneh, mentre Sabra è ormai solo un cumulo di macerie. Ed è una forza congiunta di *al-Fatah* e dell'Fdlp a conquistare il campo di Ein al-Hilweh, vicino a Saida, nell'ottobre del 1986.

Questa ritrovata fratellanza d'armi tra i *feddayin* palestinesi in Libano infligge un colpo mortale ai dissidenti filosiriani. Inoltre l'abbandono del coordinamento con l'Olp da parte della Giordania, sotto forti pressioni israeliane, facilita la riconciliazione tra le fazioni, ufficializzata durante il Consiglio nazionale palestinese di «unità nazionale» che si riunisce ad Algeri nell'aprile del 1987. Non solo l'Fplp, l'Fdlp e il Pcp partecipano a questa sessione ed entrano a far parte del Comitato esecutivo, ma una fazione dell'Flp si reca ad Algeri provocando una scissione. Anche il poeta di nazionalità israeliana Mahmud Darwish, nato in Galilea e membro dell'Olp dal 1970, è promosso al Comitato esecutivo in virtú della sua immensa popolarità e del suo impegno nazionalista. Con l'uscita dell'Flpp dall'Fsnp, la coalizione legata a Damasco comprende ormai solo *al-Saiqa*, l'Fplp-Cg e i dissidenti di *al-Fatah*.

Nel frattempo.

È sorprendente poter scrivere la storia di questi due decenni di esilio della leadership dell'Olp ad Amman, poi a Beirut e infine a Tunisi in parallelo con quella del nazionalismo palestinese nei territori occupati da Israele dal 1967. È pur vero che prima della crisi del «settembre nero» giordano del 1970 *al-Fatah* ha creato un «settore occidentale», vale a dire un apparato militante volto a operare a Gerusalemme Est, in Cisgiordania e a Gaza. Dapprima affidato a Kamal Adwan, uno dei fondatori di *al-Fatah*, questo «settore occidentale» viene trasferito ad Abu Jihad nel 1973, dopo l'assassinio di Adwan da parte di Israele a Beirut. Ma il capo militare dell'Olp è troppo assorbito dagli scontri contro i falangisti, la Siria e Israele in Libano per accordargli la priorità. E nemmeno l'inclusione nel Comitato esecutivo dell'Olp, nel 1974, di alcune personalità espulse dai territori occupati da Israele lo riporta al centro delle preoccupazioni della leadership palestinese. La dinamica delle fazioni, aggravata dalla frammentazione e dalla dispersione, svolge un ruolo essenziale in questo relativo disinteresse, perché il nazionalismo dell'«interno» – come i militanti in esilio definiscono la Palestina mandataria – non è strutturato secondo le stesse linee di forza di quello della diaspora.

Nel luglio del 1971, dopo la sconfitta dell'insurrezione di Gaza nella sua guerra di quattro anni contro Israele, la sfida principale dei nazionalisti palestinesi è quella di contrastare la creazione da parte dell'occupante di una rete di alleati eletti o cooptati pronti a collaborare. Nel settembre del 1971 Rashad al-Shawwa accetta la carica di sindaco di Gaza, recandosi poi a Beirut per giurare fedeltà alla leadership dell'Olp. E in capo a un anno rassegna le dimissioni, rifiutandosi – nonostante le pressioni israeliane – di incorporare nella municipalità di Gaza uno dei campi gestiti dall'Unrwa e avallare cosí l'insediamento permanente dei profughi nell'enclave. Quando è rieletto sindaco, nell'ottobre del 1975, si impegna a «preservare il carattere arabo di Gaza»[69] e riceve il tacito appoggio del campo nazionalista guidato da Hayder Abdel-Shafi, medico di orientamento comunista e leader della Mezzaluna Rossa di Gaza, che ha trasformato in una cassa di risonanza dell'Olp.

Le elezioni municipali sono anche un indicatore dell'ascesa del nazionalismo tra gli arabi di Israele. Nel 1965 il partito comunista *Maki* è stato fortemente indebolito dalla scissione della sua ala prevalentemente araba, la Nuova lista comunista, nota con l'acronimo ebraico *Rakah*. Con tre eletti alla Knesset alle elezioni parlamentari del 1965 e del 1969 (tra cui Emile Habibi), la *Rakah* contesta il dominio delle autorità laburiste sui loro concittadini arabi. Alle elezioni del 1973 ottiene quattro deputati, aggiudicandosi il 38 per cento del voto arabo contro il 46 per cento per il partito laburista[70]. Nel dicembre del 1975 uno dei suoi parlamentari, Tawfiq Zayyad, è persino eletto sindaco di Nazareth, la città araba piú popolata di Israele. Zayyad conduce una campagna contro la volontà del governo Rabin di espropriare ulteriori terre in Galilea, accentuando la spoliazione della popolazione locale. Le manifestazioni di protesta del 30 marzo 1976 sono duramente represse, con sei persone uccise a colpi di arma da fuoco.

Il contrasto tra la durezza di questa repressione e la tolleranza di Rabin nei confronti dei coloni della Cisgiordania è impietoso*. L'Olp decide di proclamare il 30 marzo «Giorno della terra», mentre gli arabi israeliani si definiscono sempre piú spesso «palestinesi del 1948» o «palestinesi dall'interno». Il 12 aprile 1976 le elezioni municipali in Cisgiordania sono segnate da un'elevata affluenza alle urne (72,3 per cento), sebbene il Fronte del rifiuto abbia invocato il boicottaggio. Le donne palestinesi – escluse dalle precedenti elezioni dalla legislazione giordana – votano per la prima volta, e in massa. I sostenitori dell'Olp trionfano a Nablus con Bassam Shakaa, un ex baathista, e a Hebron con Fahd Qawasmi. Entrambi hanno messo le loro potenti reti famigliari al servizio delle convinzioni nazionaliste. Karim Khalaf, il sindaco cristiano di Ramallah già eletto nel 1972, deve il suo secondo mandato solo al suo sostegno all'Olp. Lo stesso vale per Elias Freij, alla guida della municipalità di Betlemme dal 1972, anche se l'impegno di questo notabile greco-ortodosso è piú defilato.

Mentre i nazionalisti palestinesi cercano di imporsi all'interno di un quadro elettorale definito da Israele, i Fratelli Musulmani di Gaza scelgono una strada completamente diversa. Nel 1967 il loro leader, lo sceicco Ahmed Yassin, ha infranto il consenso locale rifiutandosi di unirsi alla resistenza – tanto civile quanto militare – contro il ritorno dell'occupazione israeliana. Ritiene infatti che se i palestinesi sono stati spogliati della loro terra è perché hanno perso il senso e la pratica dell'islam. Accor-

* Cfr. p. 103.

da quindi un'assoluta priorità alla reislamizzazione della società palestinese nell'ambito della lotta contro Israele. Ovviamente le autorità di occupazione apprezzano questa posizione, tanto che nel settembre del 1973 il governatore israeliano di Gaza partecipa all'inaugurazione della moschea dello sceicco Yassin. I Fratelli Musulmani si organizzano in un «centro islamico», *al-Mujamma*, con una rete sempre piú fitta di attivisti – ma anche di scuole e associazioni – che consolida il loro radicamento tra la popolazione di Gaza.

Nonostante la sua ossessione per la caccia ai «collaborazionisti» di Gaza, l'Fplp continua a risparmiare gli islamisti, di cui occulta la dimensione politica. Un analogo errore di valutazione è commesso dagli occupanti israeliani che, legalizzando ufficialmente *al-Mujamma* nel settembre del 1979, gli permettono di ricevere ingenti finanziamenti stranieri. Ma la scommessa israeliana sul *divide et impera* sembra dare i suoi frutti nel gennaio del 1980, quando gli islamisti saccheggiano la roccaforte nazionalista della Mezzaluna Rossa di Gaza. I seguaci dello sceicco Yassin impongono il loro ordine morale con crescente aggressività, soprattutto nelle università di Gaza, dove non esitano a denunciare i loro rivali dell'Olp alle autorità israeliane[71]. Prendono il controllo della maggior parte delle moschee dell'enclave palestinese prima di estendere le loro attività alla Cisgiordania, dove la sezione locale dei Fratelli Musulmani dipende dalla direzione con base ad Amman.

Durante la crisi della «fronda» filosiriana all'interno di *al-Fatah*, tra il 1983 e il 1984, *al-Mujamma* si fa portavoce delle tesi delle fazioni palestinesi con base a Damasco, violentemente opposte ad Arafat, ma senza radici nei territori occupati da Israele. Nel 1986 lo sceicco Yassin decide di dotare il suo movimento di un ramo paramilitare, l'Organizzazione per il Jihad e la predicazione, piú nota con l'acronimo arabo *Majd* (Gloria). Il comando della *Majd* è affidato a Salah Shehadeh con Yahya al-Sinwar nel ruolo di vice, entrambi nati nei campi profughi della Striscia di Gaza. Questa milizia si dà la missione di combattere i tossicodipendenti e gli sfruttatori della prostituzione, un comodo pretesto per perseguitare i militanti nazionalisti. Nella Striscia di Gaza si moltiplicano gli incidenti, con varie sparatorie tra islamisti e sostenitori dell'Olp.

Fathi Shikaki, a lungo agente di collegamento per *al-Mujamma* in Cisgiordania, aspira a conciliare l'imperativo islamico con l'impegno nazionalista. Fortemente influenzato dal successo della rivoluzione islamica dell'Iran nel 1979, sviluppa due anni dopo il Movimento per il jihad islamico in Palestina (Mjip) nella Striscia di Gaza. Gli spettacolari attentati perpetrati dall'Mjip contribuiscono alla sua crescente popolarità, rafforzata dalla condanna di Shikaki a un anno di reclusione nel 1983, seguita da una seconda incarcerazione nel 1986. Sotto la pressione di questa concorrenza militante *al-Fatah* intensifica le sue azioni armate all'interno del «settore occidentale», rilanciato da Abu Jihad da Tunisi e Baghdad. Mohammed Dahlan, un rifugiato di Khan Yunis espulso da Israele nel gennaio del 1987, fornisce alla leadership di *al-Fatah* in esilio la sua conoscenza di Gaza e le sue reti militanti.

Il ripristino dell'«unità nazionale» al Consiglio nazionale palestinese di Algeri dell'aprile del 1987 è seguito dalla creazione di una direzione clandestina composta da *al-Fatah*, dall'Fdlp, dal Pcp e dall'Fplp nei territori occupati da Israele. In questa direzione quadripartita le fazioni favorevoli alla soluzione a due stati (l'Fdlp e soprattutto il Pcp) collaborano con *al-Fatah*, la cui opinione sul tema è in rapida evoluzione, e con l'Fplp, ancora contrario al riconoscimento di Israele. L'agitazione endemica nella Striscia di Gaza si manifesta in agosto e in ottobre con una serie di agguati mortali dell'Mjip contro alcuni ufficiali israeliani. L'8 dicembre la morte di quattro braccianti palestinesi investiti da un colono scatena la prima *intifada*, inizialmente nella Striscia di Gaza e poi a Gerusalemme Est e in Cisgiordania.

Lo sceicco Yassin è consapevole che lo tsunami anti-israeliano minaccia di spazzare via *al-Mujamma*. Per questo motivo il 14 dicembre 1987 impone ai Fratelli Musulmani, per quanto riluttanti, la trasformazione della sua organizzazione in *Hamas*. Passa cosí dalla condiscendenza nei confronti di Israele all'ostilità aperta, pur conservando la coerenza della struttura islamista, protetta da qualsiasi scissione dal carattere di sacralità attribuito al suo leader. Bisogna però aspettare otto mesi perché *Hamas*, fondato dopo lo shock dell'*intifada*, si doti di uno statuto che, anziché essere discusso in un'assemblea come quello dell'Olp nel 1964 e nel 1968, viene redatto sotto la sola autorità dello sceicco Yassin sulla base di una trentina di citazioni del Corano.

Questo documento sostiene che l'intero territorio palestinese sotto mandato britannico dal 1922 al 1948 costituisca un *waqf*, vale a dire un bene di manomorta inalienabile secondo la legge islamica. Sarebbe quindi «illecito rinunciarvi in tutto o in parte», un obbligo che si imporrebbe a «tutte le generazioni di musulmani fino al giorno della Risurrezione» alla fine dei tempi[72]. Questo assemblaggio giuridico mira semplicemente a invalidare lo statuto dell'Olp per recuperarne solo la richiesta di una «liberazione» integrale della Palestina, questa volta in nome di un imperativo islamico e non nazionalista. Yassin vi ricicla anche numerosi cliché antisemiti e cospirazionisti, sostenendo che i Protocolli dei Savi di Sion, un noto falso diffuso dalla polizia zarista nel 1903, sarebbero la prova di un piano coerente di dominazione mondiale. La stessa Olp è accusata di aver ceduto all'«invasione intellettuale» dell'Occidente «adottando l'idea di uno stato laico»[73].

Da Gaza a Oslo.

Nel gennaio del 1988 nasce un Comando nazionale unificato per l'escalation della rivolta (Cnuer) basato sul coordinamento clandestino tra *al-Fatah*, l'Fdlp, il Pcp e l'Fplp che si occupa di mobilitare e organizzare l'*intifada*, lanciata pochi mesi prima, nell'insieme dei territori occupati da Israele. Il Cnuer reclama che questi territori vengano messi sotto amministrazione fiduciaria dall'Onu e dichiara la sua fedeltà all'Olp, pur affermando che «nessuna voce si leva al di sopra della voce dell'*intifada*»[74]. Sotto questa retorica militante si cela un velato avvertimento alla leadership in esilio dell'Olp, cui è richiesto di fornire un orizzonte politico alla rivolta popolare dell'«interno». Arafat lo capisce e annuncia che l'Olp rinuncerà alla lotta armata per tutta la durata dell'*intifada*. Dopo i *feddayin* è ormai il turno dei lanciatori di pietre, il cui coraggio di fronte a forze di occupazione perfettamente equipaggiate commuove l'opinione pubblica di tutto il mondo, ma anche di Israele.

Il lavoro del Cnuer è regolarmente ostacolato dall'ostruzionismo di *Hamas*, che impone giornate di sciopero e protesta diverse da quelle programmate dai nazionalisti provocando continue tensioni. L'intelligence israeliana non perde l'occasione di fomentare questi dissensi interpalestinesi, prima di rendersi finalmente conto della minaccia islamista. Shikaki viene espulso in Libano, mentre Shehadeh e al-Sinwar vengono condannati rispettivamente a due anni di «detenzione amministrativa» senza processo e a 462 anni di carcere. Anziché placare la rivolta, l'assassinio di Abu Jihad a Tunisi nell'aprile del 1988 le imprime un nuovo slancio, tanto piú che tre mesi piú tardi la rottura, da parte di re Hussein, dei legami simbolici che univano ancora la Giordania ai territori occupati rimuove l'ultima ipoteca araba alla piena rivendicazione della sovranità dell'Olp su questi territori. L'offensiva dei dissidenti filosiriani di *al-Fatah*, che a maggio cacciano gli «arafatisti» dai campi profughi di Beirut causando 150 morti, suscita un'ondata di indignazione in Cisgiordania e a Gaza, dove la credibilità del regime di Assad crolla ai minimi storici.

Il Cnuer spinge la leadership dell'Olp a schierarsi formalmente in favore della soluzione a due stati. Questo passo storico viene compiuto il 15 novembre 1988, quando il Consiglio nazionale palestinese riunito ad Algeri proclama «l'istituzione dello Stato di Palestina sulla nostra terra palestinese, con Gerusalemme come capitale». La Dichiarazione di indipendenza, redatta dal poeta Mahmud Darwish – membro della leadership dell'Olp –, afferma che «lo Stato di Palestina è uno stato innamorato della pace e legato ai principî della coesistenza pacifica»[75]. I delegati decidono inoltre, con 253 voti favorevoli e 46 contrari, di accettare la Risoluzione 242 del Consiglio di sicurezza dell'Onu, che equivale a un riconoscimento di Israele. Di lí a poco questo riconoscimento è esplicitato da Arafat alla tribuna dell'Onu a Ginevra, portando all'apertura di un dialogo tra gli Stati Uniti e l'Olp. L'Fplp e l'Flpp, che pure hanno votato contro il riconoscimento di Israele, si impegnano a rispettare la nuova linea dell'Olp continuando a far parte dei suoi organi.

Tuttavia in Israele questa svolta storica è accolta dal rifiuto categorico di Yitzhak Shamir e del suo governo, che si limitano a proporre elezioni in Cisgiordania e a Gaza in vista di un'autonomia locale, senza nessuna prospettiva di uno stato palestinese. La repressione dell'*intifada* si fa piú dura e i membri del Cnuer, periodicamente incarcerati, vengono di volta in volta sostituiti dalle rispettive organizzazioni. Nell'agosto del 1989 Arafat, forte del suo titolo di «presidente dello Stato di Palestina», convoca a Tunisi uno dei rari congressi di *al-Fatah* (è solo il quinto in trent'anni). I delegati, circa un migliaio, sono praticamente tutti dipendenti dell'organizzazione, di cui Arafat controlla la fedeltà attraverso il suo autoritarismo finanziario, tanto arrogante a Tunisi quanto lo era a Beirut[76]. Il leader dell'Olp trasferisce la gestione dei territori occupati alla sua guardia personale, la Forza 17, vale a dire il «settore occidentale» decapitato dopo l'assassinio di Abu Jihad.

Laddove l'*intifada*, in linea con l'Olp, si attiene al suo rifiuto della lotta armata, *Hamas* rapisce e uccide due soldati israeliani, il primo nel febbraio del 1989 e il secondo tre mesi piú tardi. Lo sceicco Yassin, arrestato da Israele, ammette di aver autorizzato l'eliminazione di alcuni «collaborazionisti» palestinesi, ma nega ogni responsabilità in questi due omicidi. Viene comunque condannato all'ergastolo. *Hamas* compensa l'incarcerazione del suo fondatore diventando sempre piú dipendente da un «ufficio politico» diretto, da Amman, da Khaled Meshaal, un islamista della Cisgiordania già a capo delle reti di sostegno di *al-Mujamma* all'estero. La repressione israeliana costringe quindi sia l'Olp sia *Hamas* a rivolgersi sempre di piú verso una leadership in esilio, diversamente da com'era all'inizio dell'*intifada*, quando l'iniziativa proveniva dal Cnuer, da un lato, e dallo sceicco Yassin, dall'altro.

Il ritorno di Arafat nell'arena interaraba lo conduce, nell'aprile del 1990, a rifiutare di sospendere l'Flp filoiracheno dalla leadership dell'Olp, nonostante un tentativo di attentato in Israele in contravvenzione alle direttive dell'*intifada*. Questo rifiuto provoca a sua volta la sospensione del dialogo americano-palestinese, mentre Arafat ignora gli avvertimenti di Abu Iyad e lega sempre di piú il destino dell'Olp a quello di Saddam Hussein. Un simile allineamento con Baghdad, anche dopo l'invasione e l'annessione del Kuwait, compromette i progressi diplomatici che i sacrifici dell'*intifada* hanno ottenuto per la causa palestinese. La situazione di stallo nei territori occupati incoraggia i regolamenti di conti in nome della lotta contro i «collaborazionisti», ma con una tale aggressività che il Cnuer deve invocare solennemente la moderazione. Questo appello, già poco ascoltato dalle truppe d'assalto di cui si sono dotati *al-Fatah*, l'Fdlp e l'Fplp, non trova ovviamente nessun riscontro da parte di *Hamas*, responsabile della maggior parte delle esecuzioni sommarie.

La disfatta di Saddam Hussein in Kuwait del febbraio del 1991 lascia smarrito Arafat, tanto piú che subito prima dell'inizio dell'offensiva americana Abu Iyad è stato assassinato a Tunisi. La Conferenza di pace di Madrid di ottobre sotto l'egida degli Stati Uniti si tiene quindi, come abbiamo già visto, in assenza dell'Olp e con una delegazione giordano-palestinese. Tuttavia questa rappresentanza per difetto viene esercitata con dignità e vigore dal veterano Hayder Abdel-Shafi, che ha partecipato alla fondazione dell'Olp nel 1964 e ha poi coordinato le reti nazionaliste a Gaza sfidando la repressione israeliana e le violenze islamiste. *Hamas* reagisce alla Conferenza di Madrid annunciando la creazione del suo braccio armato, le Brigate Izz al-Din al-Qassam. Il riferimento allo sceicco siriano ucciso dall'esercito britannico nel 1935* mira sia a islamizzare ulteriormente la causa palestinese, sia a rievocare un passato militante precedente all'Olp. Il numero di «collaborazionisti» uccisi a Gaza passa da 114 nel 1991 a 199 l'anno successivo[77], in gran parte a causa delle Brigate Qassam, ed è ormai paragonabile al numero di perdite inflitte alla popolazione palestinese da Israele. È come se la violenza che il Cnuer ha sospeso contro l'occupante si stesse ritorcendo contro la società palestinese stessa.

In ogni caso Abdel-Shafi riesce a scindere la delegazione giordano-palestinese di Madrid per avviare vere e proprie trattative israelo-palestinesi sotto l'egida dell'amministrazione Bush a Washington, che nel febbraio del 1992 mette sul tavolo dei negoziati un progetto di «Autorità palestinese» che equivale a una rivendicazione di sovranità sull'insieme dei territori occupati, da cui l'esercito israeliano è chiamato a un ritiro completo. La fine della colonizzazione deve precedere delle elezioni sotto supervisione internazionale alle quali potranno partecipare tutti i residenti dei territori, compresi gli sfollati e gli espulsi. Ma la parte israeliana, anche dopo il ritorno di Rabin alla guida del governo nel mese di luglio, non va oltre la concessione di

* Cfr. pp. 258-59.

un'autonomia senza sovranità, da cui restano comunque escluse «la sicurezza e la responsabilità sugli insediamenti israeliani»[78].

Per aggirare la posizione di Abdel-Shafi, nel gennaio del 1993 i laburisti israeliani accettano la proposta della Norvegia di aprire un canale di trattative parallelo a Oslo, questa volta direttamente con l'Olp. Solo alcuni accademici israeliani, facilmente sconfessati da Rabin, negoziano con i leader di *al-Fatah* e del Partito comunista palestinese (diventato Ppp, per Partito popolare palestinese), supervisionati, da Tunisi, da Mahmud Abbas. Oltre ad Arafat, che ha autorizzato questo dialogo per rimettersi al centro del gioco diplomatico, solo il segretario generale del Ppp e il rappresentante dell'Fdlp nel Comitato esecutivo sono messi al corrente di questi colloqui segreti. Rabin si rende presto conto che i negoziatori palestinesi, esuli da molti anni e poco preparati in materia di mappe e statistiche, sono pronti a fare concessioni che Abdel-Shafi non avrebbe mai nemmeno contemplato.

Non solo i rappresentanti di Arafat a Oslo accettano di escludere Gerusalemme Est dall'autonomia e di non esercitare una completa giurisdizione sul territorio, ma accolgono anche il principio di un periodo transitorio senza garanzie sull'eventuale creazione di uno stato. Nel luglio del 1993 Rabin ufficializza il mandato dei suoi negoziatori a Oslo, cosa che accelera i negoziati in vista di un accordo sull'autonomia concessa all'Autorità palestinese, accompagnato dal riconoscimento reciproco tra Israele e l'Olp. Questi due accordi di Oslo, conclusi a settembre, sono approvati solo da nove dei diciotto membri del Comitato esecutivo dell'Olp. Ma le dimissioni di Darwish, che accusa Arafat di «grave incoscienza»[79] di fronte alla realtà dei fatti, rendono possibile il voto a maggioranza semplice.

Gli accordi di Oslo vengono solennemente firmati da Rabin e Arafat alla Casa Bianca in presenza di Clinton, che pure non vi ha contribuito in alcun modo. Rabin è accompagnato dal suo ministro degli Esteri, Shimon Peres, e Arafat da Abbas. Ma il leader dell'Olp firma gli accordi in qualità di «presidente» del Comitato esecutivo, non dello Stato di Palestina. E accetta di assumere la presidenza di un'Autorità palestinese che, invece di essere sovrana come proposto da Abdel-Shafi nel 1992, è ormai solo il frutto di un accordo tra Israele e l'Olp. *Hamas* reagisce alla firma degli accordi di Oslo compiendo i suoi primi attentati suicidi, dapprima a Gaza e poi in Cisgiordania, dove le Brigate Qassam sono ormai fortemente radicate.

Il capo e fondatore di queste brigate, Imad Aqel, muore in un'imboscata israeliana due mesi dopo la cerimonia della firma alla Casa Bianca. *Hamas* scoprirà solo molto tempo dopo che Aqel è stato tradito da uno dei suoi compagni, Walid Hamdiya, a sua volta assassinato dai miliziani islamisti nel 2004. Il comando delle Brigate Qassam a Gaza passa provvisoriamente a Mohammed al-Masri, soprannominato Deif (ospite) per via dei suoi continui cambi di nascondiglio. In realtà Deif – la cui prudenza rasenta la paranoia – ricopre ancora oggi questo ruolo tanto esposto. Nel dicembre del 1993 *Hamas* e il Movimento per il jihad islamico in Palestina (Mjip) si uniscono a Damasco all'alleanza delle fazioni filosiriane, rilanciata, dopo anni di letargo, grazie al rifiuto degli accordi di Oslo.

Un'autorità illusoria.

Con la firma degli accordi di Oslo Arafat ha accettato di non essere piú il presidente di uno Stato di Palestina potenzialmente sovrano, bensí di un'Autorità palestinese che esercita solo un potere delegato da Israele sui territori evacuati, vale a dire, in questa fase, i tre quarti della Striscia di Gaza e un'enclave intorno a Gerico. Eppure nel luglio del 1994 è una marea umana ad accogliere il capo dell'Olp a Gaza, anche se questo giubilo si basa su un profondo equivoco: la popolazione locale è convinta di aver pagato un caro prezzo per garantire il ritorno dei suoi compatrioti esiliati, mentre questi ultimi sono convinti di aver «liberato» Gaza e i suoi abitanti. Arafat vola quindi a Gerico a bordo di un elicottero egiziano per la prima riunione di un governo dominato dai suoi fedelissimi. Tawfiq Zayyad, eletto sindaco di Nazareth dal 1975 e deputato comunista alla Knesset, si reca a Gerico per porgergli i suoi omaggi, ma muore in un incidente stradale sulla via del ritorno.

La priorità accordata da Israele alla missione di polizia dell'Autorità palestinese incontra l'ossessione di Arafat per il controllo della sicurezza. Dei 9000 agenti di polizia che Israele assegna all'Autorità palestinese, 7000 tornano dall'esilio con il leader dell'Olp[80]. La figura chiave di questo meccanismo è Mohammed Dahlan, un ex protetto di Abu Jihad espulso dalla Striscia di Gaza nel 1987 e ormai alla guida del potente Servizio di sicurezza preventiva, ben distinto dalla polizia vera e propria. Dahlan ha anche il dominio sulla polizia criminale e sulla guardia costiera, mentre Arafat affida la direzione dell'intelligence militare a uno dei suoi cugini. Il leader dell'Autorità palestinese controlla inoltre la Forza 17 della sua guardia presidenziale, le forze speciali e l'intelligence militare. La proliferazione di questi servizi riflette la volontà di Arafat di imporre la sua fazione su tutti i rivali palestinesi, e allo stesso tempo di frammentarla per evitare che vi si sviluppi un contropotere.

Contrariamente all'illusione che vede l'Autorità palestinese come embrione di uno stato palestinese, Arafat traspone a Gaza la gestione autocratica che gli era propria a Beirut, con la militarizzazione dell'apparato politico e il consolidamento delle reti clientelari. Tenta di neutralizzare *Hamas* attraverso la divisione e la cooptazione, ma si scontra con la tenace opposizione di Abdelaziz al-Rantisi, incarcerato in Israele subito dopo il suo ritorno dal Libano, dove il governo Rabin lo aveva espulso nel 1992, consentendogli cosí di sviluppare le relazioni tra *Hamas* e *Hezbollah*. Tuttavia è l'Mjip, e non *Hamas*, a provocare la prima grave crisi di legittimità dell'Autorità palestinese: nel novembre del 1994 un attentato con ogni evidenza israeliano uccide un dirigente dell'Mjip, che reagisce con un attentato suicida contro l'esercito israeliano; Arafat ordina un rastrellamento nelle file dell'Mjip, che scatena a sua volta una serie di manifestazioni di protesta a Gaza represse nel sangue, con quattordici persone uccise dalla polizia dell'Autorità palestinese. Due personalità arabe di Israele, un deputato nazionalista della Knesset e un leader islamista devono recarsi a Gaza per invocare la distensione tra l'Autorità palestinese e *Hamas*.

Sempre piú alle strette nella Striscia di Gaza, Arafat approfitta degli accordi di Oslo II del settembre del 1995 per trasferire il quartier generale dell'Autorità palestinese a Ramallah, assumendo al contempo il controllo delle città di Nablus, Jenin e Betlemme, sebbene restino circondate dall'esercito israeliano. Il presidente palestinese mantiene un silenzio eloquente quando in ottobre un commando del Mossad elimina a Malta Fathi Shikaki, il fondatore dell'Mjip. In compenso rimane sconvolto dall'assassinio di Rabin da parte di un terrorista ebreo qualche settimana dopo. Non potendo partecipare ai funerali del primo ministro israeliano, si reca con discrezione a porgere le condoglianze alla vedova. Se non è riuscito a proteggere Rabin, lo *Shabak* – il servizio di sicurezza interna israeliano – si rifà nel gennaio del 1996 uccidendo a Gaza Yahya Ayyash, responsabile di numerosi attentati suicidi per conto di *Hamas*. La polizia dell'Autorità palestinese, che negli ultimi sette mesi era riuscita a neutralizzare Ayyash senza però eliminarlo, esce umiliata da questo atto di forza, che riversa decine di migliaia di persone nelle strade di Gaza per rendere omaggio al combattente islamista.

Arafat è furioso, tanto piú che nel gennaio del 1996 si tengono le elezioni per la presidenza dell'Autorità palestinese e il suo parlamento, il Consiglio legislativo palestinese (Clp). Il tasso di iscrizione nelle liste elettorali supera il 90 per cento[81], e l'affluenza alle urne il 70 per cento[82], a dimostrazione del forte sostegno popolare alle elezioni, che pure vengono boicottate dall'Fdlp, dall'Fplp, da *Hamas* e dall'Mjip. Il leader dell'Olp viene eletto senza difficoltà, con l'87 per cento dei voti, contro Samiha Khalil, una militante nazionalista della Cisgiordania. Degli 88 seggi del Clp, 6 sono riservati ai cristiani e 1 ai samaritani, dando a queste minoranze religiose una forte sovrarappresentazione rispetto al loro peso demografico. Abdel-Shafi, fortemente critico nei confronti del processo di Oslo e della gestione dell'Autorità palestinese, guida la lista dell'Alleanza nazionale democratica. Tuttavia è l'unico eletto di questa formazione a causa del sistema elettorale maggioritario a turno unico, molto favorevole ad *al-Fatah*, che si aggiudica 50 degli 88 seggi. Ahmed Qurei, noto come Abu Alaa, un fedele di Arafat che ha contribuito al processo di Oslo, assume la presidenza del Clp. Piú di un terzo dei deputati sono profughi, cosa che corrisponde alla loro proporzione complessiva nella popolazione della Cisgiordania (un quarto) e della Striscia di Gaza (due terzi).

L'opposizione parlamentare di *al-Fatah* è composta principalmente da candidati indipendenti, e proprio per questo indeboliti dalla gestione al contempo discrezionale e personalizzata di Arafat. Un'analisi piú approfondita dei risultati mostra la rilevanza elettorale delle *hamula*, quelle famiglie allargate che continuano a strutturare la società palestinese. I Masri, i Jarrar e gli Shakaa mantengono il loro potere nel Nord della Cisgiordania, dove gli Abdel-Hadi e i Tuqan scompaiono invece dalla scena. Lo stesso vale per i Qawasmi e i Meshaal contro i Jaabari e i Tamimi a Hebron, e per gli Shawwa contro i Sourani a Gaza. In caso di polarizzazione tra un lealista e un oppositore in una stessa *hamula*, è il lealista a prevalere, se non altro perché l'elezione di un oppositore comprometterebbe le relazioni del gruppo con l'Autorità palestinese. È cosí che Marwan Barghouti, astro nascente di *al-Fatah*, viene eletto nella circoscrizione di Ramallah contro il cugino Mustafa, affiliato al Partito comunista. Nella stessa logica Saeb Erakat, promosso negoziatore capo da Arafat, ottiene la maggioranza dei voti a Gerico alle spese di suo cugino Daoud, storicamente impegnato nei ranghi comunisti.

Per la prima volta in trent'anni Arafat ha legittimato il suo potere attraverso il suffragio universale e, per di piú, con una vittoria clamorosa. Il passo successivo è quello di riprendere il controllo degli organi dell'Olp, approfittando dell'emendamento del suo statuto da cui nel 1993 si è impegnato a ritirare gli articoli che invocano la distruzione di Israele. L'emendamento viene approvato dal Consiglio nazionale palestinese riunitosi a Gaza nell'aprile del 1996 con 504 voti contro 54. L'inclusione collettiva degli eletti del Clp accentua la supremazia di *al-Fatah*, rafforzando il peso dell'«interno» rispetto a quello della diaspora dei profughi. Ma l'importante per Arafat è la riconfigurazione del Comitato esecutivo attraverso l'integrazione di lealisti formalmente «indipendenti». Rimuove cosí l'ipoteca che la collegialità gerarchica dell'Olp faceva gravare sui negoziati con Israele. Quanto alle fazioni – siano esse l'Fplp, l'Fdlp, il Ppp, l'Flp, il Fal o l'Flpp –, si accontentano di mantenere un seggio ciascuna nel Comitato esecutivo. Arafat è persino riuscito ad attribuire un seggio all'Unione democratica palestinese, piú nota con l'acronimo arabo *Fida*, una frazione dell'Fdlp favorevole a Oslo guidata da Yasser Abed-Rabbo.

Hamas, determinato a vendicare l'assassinio di Ayyash, aspetta la fine delle elezioni palestinesi per lanciare una serie di attentati suicidi particolarmente letali in Israele. Questi omicidi fanno il gioco di Netanyahu, che nel maggio del 1996 vince di stretta misura la prima elezione a suffragio universale di un primo ministro israeliano. La vittoria di un feroce oppositore degli accordi di Oslo sospende il processo di pace fino alla faticosissima conclusione, nel gennaio del 1997, di un accordo sul ritiro israeliano solo da una parte di Hebron, il cui centro rimane occupato in nome del mantenimento delle colonie che vi sono insediate da trent'anni*. Nel mese di aprile il Clp è anche teatro di burrascosi dibattiti sulla gestione estremamente opaca degli aiuti internazionali da parte dell'Autorità palestinese. In luglio il Consiglio legislativo palestinese accusa esplicitamente quattro ministri di appropriazione indebita e chiede ad Arafat, con 53 voti contro 1, di fare un rimpasto di governo, mentre Abdel-Shafi si dimette con fragore dal suo mandato di deputato. Infine in settembre il presidente palestinese, i cui servizi segreti danno la caccia a *Hamas*, subisce lo schiaffo del ritorno trionfale dello sceicco Yassin a Gaza. Netanyahu ha infatti rilasciato il leader islamista per recuperare due agenti del Mossad detenuti in Giordania dopo un attentato fallito contro Meshaal, il capo dell'ufficio politico di *Hamas*.

Ormai contestato da ogni parte, Arafat temporeggia fino al luglio del 1998 prima di formare un nuovo governo pletorico di trenta membri, in cui riconferma però due dei ministri contestati dal Clp. Il capo dell'Olp si aggrappa alla prospettiva della visita di Clinton a Gaza del dicembre del 1998, attribuendo al presidente americano il potere di confermare la legittimità dello Stato di Palestina proclamato dieci anni prima ad Algeri. L'aeroporto di Gaza, intitolato al leader palestinese, è inaugurato giusto in tempo per accogliere Clinton e la moglie con inni, bandiere e un picchetto d'onore destinati all'affermazione di una sovranità *in fieri*. Ma Arafat si adopera soprattutto per dimostrare al suo ospite l'impegno degli organi palestinesi sulla via della pace. Convoca quindi a Gaza un'assemblea di un migliaio di delegati che mescola ministri e personalità di spicco, deputati del Clp e membri del Consiglio nazionale palestinese, dirigenti del Comitato esecutivo e del Consiglio centrale dell'Olp. Fa approvare per alzata di mano l'abrogazione degli articoli dello statuto dell'Olp

* Cfr. p. 116.

che invocano la distruzione di Israele, un emendamento che era già stato votato nell'aprile del 1996.

Anziché riflettere la vitalità della democrazia palestinese, questo voto mostra fino alla caricatura la strumentalizzazione da parte di un unico uomo delle istituzioni che dovrebbero rappresentare un intero popolo. Nel maggio del 1999 la fine del periodo di transizione di cinque anni previsto dagli accordi di Oslo prima dei negoziati sullo status definitivo aumenta la pressione su Arafat. Tentato di proclamare unilateralmente lo Stato di Palestina, viene dissuaso dal Consiglio centrale dell'Olp, se non altro perché è già stato proclamato nel 1988. Ma la sfida piú complessa è rappresentata dall'«appello dei Venti», una petizione lanciata nel novembre del 1999 da venti personalità, tra cui nove deputati del Clp, che accusa Arafat non solo di «corruzione», ma anche di aver «venduto la patria» durante le trattative con Israele[83]. La figura di spicco di questa denuncia senza precedenti è Abd al-Jawad Saleh, un ex membro del Comitato esecutivo dell'Olp cui aveva aderito dopo essere stato espulso dalla Cisgiordania nel 1974 per ordine di Israele. I soprusi e le violenze di cui sono vittime i firmatari suscitano una tale indignazione che Arafat si impegna ad astenersi da qualsiasi ritorsione nei loro confronti. Nel gennaio del 2000 fonda inoltre un Alto consiglio palestinese per lo sviluppo, incaricato di garantire la trasparenza dei conti pubblici.

Il naufragio di Arafat.

Al suo ritorno a Gaza, nel 1994, il leader dell'Olp si credeva già un liberatore e di lí a poco il presidente di uno stato sovrano. È solo a questo punto che si rende fisicamente conto dell'implacabile realtà dell'occupazione e della colonizzazione, di cui è diventato un partner piú o meno consenziente e non certo un emancipatore. Anche la pur sovrappopolata Striscia di Gaza rimane per un quarto della superficie riservata a poche migliaia di coloni protetti dall'esercito israeliano. E le ripetute chiusure dei confini dell'enclave palestinese ne hanno devastato l'economia, provocando una crisi che colpisce anche la Cisgiordania, in una forma appena attenuata, viste le centinaia di posti di blocco che frazionano l'area. Non solo la popolazione dei territori occupati nel 1967 non ha riscosso i dividendi della pace, ma è ormai soggetta all'arbitrio delle varie forze di polizia dell'Autorità palestinese, nonché alle dubbie pratiche della sua amministrazione. Un sondaggio del marzo del 2000 rivela che la popolarità di Arafat è crollata al 39 per cento – il livello piú basso dagli accordi di Oslo –, mentre due terzi degli intervistati ritengono di non poter criticare senza paura l'Autorità palestinese e solo il 22 per cento valuta positivamente la democrazia palestinese[84].

È quindi un leader palestinese storicamente indebolito che nel luglio del 2000 accetta con riluttanza l'invito di Clinton a negoziare a Camp David con il primo ministro Barak. Arafat non nutre infatti alcuna illusione circa i risultati di queste trattative tardive, delle quali sa già che sia Israele sia gli Stati Uniti attribuiranno a lui il fallimento. Il leader dell'Olp si è circondato dei suoi fedeli «processori» di pace – Erakat, Qurei e Dahlan – ma non è accompagnato da nessun giurista, mentre Barak è consigliato, tra gli altri, dal procuratore generale israeliano, già membro della delegazione di Begin al vertice israelo-egiziano del 1978. Arafat è inoltre vittima delle pressioni della nuova guardia di *al-Fatah*, capitanata da Marwan Barghouti, che lo esorta pubblicamente a non concedere alcunché né su Gerusalemme Est né sul diritto al ritorno dei profughi. Siamo ben lontani dalla leggenda nera che, dopo il fallimento di Camp David, dipingerà Arafat come un manipolatore talmente subdolo da avere ottenuto concessioni insperate da Israele solo per meglio minarne le fondamenta.

La verità è che la visita di Sharon alla Spianata delle Moschee del settembre del 2000 e la seconda *intifada* che scatena colgono alla sprovvista Arafat, il quale continua a negoziare con Barak e a collaborare con la Cia nella lotta al terrorismo. Nel mese di novembre invoca la necessità di una «forza internazionale di pace» davanti all'Assemblea generale dell'Onu, ma la sua richiesta rimane inascoltata come lo era stata durante la prima *intifada*. La vittoria schiacciante di Sharon alle elezioni israeliane del febbraio del 2001 indebolisce ulteriormente Arafat, che il nuovo primo ministro ha già tentato a piú riprese di eliminare vent'anni prima a Beirut. La condanna degli attentati suicidi da parte del leader dell'Olp e i suoi appelli a risparmiare i civili sono respinti da *Hamas*, dall'Mjip e dall'Fplp, ma anche dalle Brigate dei Martiri di al-Aqsa, come hanno scelto di chiamarsi i commando dell'ala attivista di *al-Fatah*.

Nel maggio del 2001, come rappresaglia per un attentato suicida di *Hamas*, Sharon ordina il bombardamento aereo di alcuni obiettivi dell'Autorità palestinese in Cisgiordania e a Gaza, dove l'aviazione israeliana entra in azione per la prima volta dall'occupazione del 1967. Nel novembre del 2001 l'escalation prosegue con un attacco israeliano a Ramallah che uccide Abu Ali Mustafa, successore di Habash alla guida dell'Fplp. Sharon si permette quindi di eliminare non solo i leader militari dei movimenti palestinesi, ma anche i responsabili politici. Nel marzo del 2002 la Cisgiordania è rioccupata dall'esercito israeliano, che assedia Arafat nella presidenza dell'Autorità palestinese a Ramallah. Il mese successivo Barghouti è arrestato dalle forze di occupazione a Ramallah, prima di essere condannato a cinque ergastoli in quanto presunto leader delle Brigate dei Martiri di al-Aqsa.

Nel giugno del 2002 George W. Bush apre alla creazione di uno stato palestinese a condizione che «i palestinesi eleggano nuovi leader, leader che non si sono compromessi con il terrore»[85]. La volontà di escludere Arafat – che Sharon paragona a Bin Laden – è chiara per gli Stati Uniti impegnati nella «guerra globale al terrorismo». Questa ingiunzione, inizialmente rifiutata come un'intollerabile ingerenza, conduce comunque la leadership palestinese – non fosse altro che per uscire dall'impasse diplomatica – a ratificare la creazione della carica di primo ministro, laddove fino ad allora il governo era stato guidato da Arafat. Nel marzo del 2003 il Consiglio centrale dell'Olp convalida la creazione di questa carica e il Clp nomina Mahmud Abbas primo ministro. Il nuovo capo del governo è stato un pioniere dei contatti segreti tra l'Olp e i pacifisti israeliani nel 1977, prima di supervisionare la negoziazione degli accordi di Oslo, di cui nel 1993 ha partecipato alla firma a Washington a fianco di Arafat.

Il presidente dell'Autorità palestinese si impegna ad assecondare questo esecutivo bicefalo, sebbene cerchi di imporre Dahlan al delicatissimo ministero dell'Interno, cosa alla quale Abbas reagisce attribuendosi il portafoglio e relegando Dahlan al ruolo di viceministro. Ma in capo a sei mesi le controversie accumulate tra Arafat e Abbas portano quest'ultimo a dimettersi. Il suo successore Ahmed Qurei, fino ad allora presidente del Clp, non ha difficoltà a ottenere l'investitura parlamentare. Ma nonostante la sua dichiarata lealtà verso il leader dell'Olp, si vede imporre Hakam Balawi, l'ex rappresentante di Arafat a Tunisi, come ministro dell'Interno. Questo governo dell'Autorità palestinese conta 19 ministri di *al-Fatah* su 24, mentre l'indipendente Salam Fayyad, un ex funzionario della Banca Mondiale e dell'Fmi, conserva il ministero delle Finanze che Arafat gli aveva affidato nel 2002.

Sharon è soddisfatto di essere riuscito a marginalizzare Arafat, confinandolo nella sua presidenza a Ramallah. Ma nel marzo del 2004 ordina l'eliminazione dello sceicco Yassin con un attacco aereo su Gaza. Il mese successivo Abdelaziz al-Rantisi, il nuovo leader di *Hamas*, è ucciso in circostanze simili. Il movimento islamista decide quindi di non rivelare piú il nome del suo leader supremo. Deif continua però a comandare le Brigate Qassam, che nel mese di giugno lanciano il primo razzo mortale contro Israele. I miliziani islamisti resistono strenuamente alle incursioni israeliane a Gaza e moltiplicano le umiliazioni pubbliche dei responsabili della polizia palestinesi. È in questo contesto di profonda crisi dell'Autorità palestinese che nel mese di ottobre Arafat crolla, stremato da oltre due anni di assedio e privazioni. La sua salma è rimpatriata da Parigi per essere sepolta a Ramallah, dove decine di migliaia di persone accompagnano il feretro, mentre un altro funerale, simbolico, attira una folla analoga a Gaza.

Una Palestina contro l'altra.

Abbas succede rapidamente ad Arafat alla guida di *al-Fatah* e dell'Olp, prima di presentarsi alle elezioni presidenziali del gennaio del 2005 per *al-Fatah*. La sua candidatura ottiene l'avallo di Marwan Barghouti, che dalla sua prigione israeliana fornisce il sostegno della nuova guardia di *al-Fatah* all'uomo che, trent'anni prima, la rivoluzione palestinese ha soprannominato il «burocrate»*. *Hamas* e l'Mjip decidono di boicottare

* Cfr. pp. 275-76.

le elezioni, mentre i candidati dell'Fdlp e del Partito comunista ottengono entrambi circa il 3 per cento. L'unico vero rivale di Abbas è Mustafa Barghouti, un ex comunista sostenuto da Hayder Abdel-Shafi e diventato campione di una resistenza popolare e non violenta. Barghouti conquista però solo il 19,5 per cento dei voti, dimostrando l'impossibilità di imporre una terza via nel braccio di ferro tra *al-Fatah* e *Hamas*. Abbas viene eletto con una comoda maggioranza del 62,5 per cento, molto lontana dall'87 per cento di Arafat del 1996, ma sufficiente per fornirgli un'incontestabile legittimità democratica.

Tuttavia Sharon rifiuta di negoziare con Abbas il ritiro di Israele dalla Striscia di Gaza, di cui un quarto della superficie è ancora riservato alle colonie e occupato dall'esercito. Questo rifiuto deriva dalla determinazione del primo ministro israeliano a far ripiegare unilateralmente le sue forze sui «confini sicuri» definiti dal muro di separazione in Cisgiordania e da questo disimpegno da Gaza. Discutere i termini del disimpegno con i palestinesi rischierebbe solo di rilanciare l'opzione di uno stato palestinese, cosa che Sharon rifiuta categoricamente. Perciò a Gaza il ritiro israeliano è accompagnato da scene di caos miliziano, in cui le Brigate Qassam proclamano la vittoria della loro «resistenza islamica». Il ramo politico di *Hamas*, guidato da Ismail Hanieh, un ex protetto dello sceicco Yassin, decide quindi di partecipare alle elezioni parlamentari del gennaio del 2006, dopo aver boicottato le tre precedenti consultazioni dell'Autorità palestinese (due presidenziali e una parlamentare).

Questa svolta degli islamisti palestinesi è il risultato della loro volontà non tanto di esercitare il potere rischiando di compromettersi con Israele, quanto piuttosto di formare una potente opposizione ad *al-Fatah* dall'interno dell'Autorità palestinese. È nello stesso spirito che Hanieh continua a pretendere il 40 per cento dei seggi nel Consiglio nazionale palestinese perché *Hamas* accetti di entrare a far parte dell'Olp, una richiesta che Arafat aveva sempre ritenuto scandalosa. Ma Abbas, preoccupato per i progressi di *Hamas*, cambia il sistema elettorale in modo discutibile. Mentre la metà dei 132 seggi del Clp continuerà a essere attribuita con un sistema maggioritario per circoscrizioni a turno unico, l'altra metà verrà attribuita con un sistema proporzionale a liste. Le nuove regole, accompagnate dalla proliferazione di candidati dissidenti di *al-Fatah*, conducono alla vittoria a sorpresa di *Hamas*, con 75 seggi contro i 45 di *al-Fatah*, sebbene la differenza di voti tra *Hamas* (44,5 per cento) e *al-Fatah* (41,5 per cento) sia solo del 3 per cento. L'Fplp ottiene appena 3 seggi, contro i 2 dell'Fdlp. Le liste guidate da Mustafa Barghouti e Salam Fayyad ottengono 2 deputati ciascuna, confermando la marginalizzazione della terza via popolare.

Hanieh, che niente aveva preparato a una simile vittoria, propone ad Abbas la formazione di un governo di unità nazionale. Ma il presidente palestinese, ancora sconvolto dalla sconfitta elettorale, è incoraggiato dagli Stati Uniti e dai paesi europei a rifiutare qualsiasi collaborazione con *Hamas* fintanto che non avrà riconosciuto Israele, abbandonato il terrorismo e approvato gli accordi di Oslo (la partecipazione degli islamisti alle elezioni all'interno di un'Autorità palestinese nata dagli accordi di Oslo non è infatti considerata sufficiente). Hanieh costituisce un governo in cui 18 dei 24 ministri appartengono a *Hamas*. Viene istituita una nuova Forza esecutiva sotto l'autorità del ministro islamista dell'Interno e il comando di Jamal Abu Samhadana, un ex leader locale di *al-Fatah* entrato in dissidenza durante la seconda *intifada*. Nella Striscia di Gaza gli incidenti tra questa Forza esecutiva e le unità lealiste di Dahlan sono frequenti.

L'iniziativa piú seria per riconciliare le fazioni proviene dalle carceri israeliane, dove nel maggio del 2006 Marwan Barghouti ottiene l'approvazione di *Hamas* e dell'Mjip per un «documento dei prigionieri» che invoca la creazione di uno stato palestinese a Gerusalemme Est, in Cisgiordania e a Gaza, limitando al contempo il campo d'azione della «resistenza» a questi territori occupati. Se il riconoscimento di Israele è solo implicito, il terrorismo sul suo territorio è invece proibito. Hanieh reagisce favorevolmente a questo testo, ma è subito sconfessato da Meshaal a Damasco, dove *Hamas* è ormai un pilastro dell'alleanza anti-Olp delle fazioni filosiriane. Abbas propone allora di indire un referendum sulla proclamazione di uno stato palestinese nei territori occupati da Israele nel 1967. Ma nel mese di giugno la morte di Abu Samhadana – il capo della Forza esecutiva di *Hamas* – in un raid israeliano provoca un'incursione palestinese in territorio israeliano nella quale è rapito il carrista Gilad Shalit, poi detenuto nella Striscia di Gaza. Abbas chiede invano l'immediato rilascio di Shalit, che un'offensiva israeliana lanciata a luglio non riesce nemmeno a localizzare (41 deputati di *Hamas* sono incarcerati in Israele, mentre altri 4 entrano in clandestinità in Cisgiordania).

Nella Striscia di Gaza, isolata da Israele e sottoposta a una costante pressione militare, i contrasti tra *Hamas* e i suoi rivali dell'Autorità palestinese e di *al-Fatah* sono sempre piú sanguinosi. Il governo di unità nazionale imposto dall'Arabia Saudita nel marzo del 2007 tiene solo poche settimane prima che il ciclo degli scontri e la sua implacabile spirale della vendetta riprendano il sopravvento. In giugno l'assalto finale di *Hamas* sbaraglia le forze lealiste, per quanto superiori in numero e armamenti. Se si fosse recato immediatamente a Gaza, Abbas avrebbe potuto ricordare che è anche il rappresentante della popolazione locale. Ma non nasconde il suo sollievo nel potersi dedicare esclusivamente alla Cisgiordania, tanto è convinto che la trappola di Gaza finirà per chiudersi su *Hamas*[86]. Il bilancio di due anni di guerra civile interpalestinese nella Striscia di Gaza è di 357 vittime (di cui quasi la metà civili morti nel fuoco incrociato), a fronte di 668 palestinesi (di cui 359 civili) uccisi da Israele tra il suo ritiro da Gaza e l'espulsione dell'Autorità palestinese dall'enclave[87].

La frattura è consumata tra l'*Hamastan* di Gaza e l'*al-Fatahstan* della Cisgiordania, dove Abbas, denunciando il «putsch» islamista, affida la presidenza di un «governo d'emergenza» a Salam Fayyad[88]. Questo rispettato tecnocrate adotta una politica liberista che attira i donatori stranieri, tanto piú che ai loro occhi lo sviluppo economico della Cisgiordania dovrebbe minare il potere islamista di Gaza. Emerge cosí una vera e propria «bolla» di prosperità artificiale a beneficio della nomenklatura di Ramallah, detentrice dei preziosi permessi di circolazione israeliani, mentre si vantano i successi della borsa di Nablus, benché i due terzi della sua capitalizzazione si basino su appena quattro aziende palestinesi[89]. Ma l'essenziale resta ancora nelle mani dell'apparato di sicurezza dell'Autorità palestinese secondo cui «*Hamas* è il nemico», tanto che i dirigenti palestinesi di Ramallah rimproverano ai loro interlocutori israeliani di essere troppo compiacenti con la milizia islamista[90].

Hamas approfitta del blocco imposto da Israele nella Striscia di Gaza a partire dal giugno del 2007 per piantonare e prendere il controllo dell'enclave, consolidando il suo dominio in tre tempi. Dapprima si scaglia contro la *hamula* dei Bakr e contro quella dei Dughmush, che speravano entrambe di preservare la loro autonomia miliziana. Si accanisce poi sulle reti di influenza di *al-Fatah*, di cui sette sostenitori sono uccisi durante le manifestazioni per il terzo anniversario della morte di Arafat nel novembre del 2007. Infine schiaccia i dissidenti jihadisti dello sceicco Abdellatif Musa, la cui moschea di Rafah viene presa d'assalto nell'agosto del 2009 al prezzo di 28 morti (fra i quali 7 miliziani di *Hamas*, mentre Musa si suicida azionando la sua cintura esplosiva). Le Brigate Qassam pattugliano ormai la Striscia di Gaza al fianco della polizia di questa seconda Autorità palestinese, la sola che *Hamas* considera legittima in virtú della sua vittoria elettorale del 2006. Solo l'Mjip è autorizzato a dispiegare le proprie milizie, le Brigate al-Quds (Gerusalemme), seppure esclusivamente sulle linee di fronte.

Ma la società civile continua a lottare contro questa fatale divisione. Nel dicembre del 2010 un «Manifesto dei giovani di Gaza» rifiuta di scegliere tra *Hamas* e *al-Fatah*, denunciando al contempo «l'incubo nell'incubo» del dominio islamista in un contesto di blocco e raid israeliani[91]. Tre mesi piú tardi i manifestanti, piú numerosi a Gaza che a Ramallah, adattano alla causa palestinese lo slogan simbolo delle rivolte arabe in corso, «Il popolo vuole la caduta del regime», scandendo «Il popolo vuole la fine della divisione» tra la Cisgiordania e Gaza. È sotto questa pressione popolare che nel maggio del 2011 Abbas e Meshaal sono costretti a suggellare la loro riconciliazione – quantomeno formale – al Cairo. Ma il riavvicinamento tra *al-Fatah* e *Hamas* si arena ben presto sulla questione del primo ministro: Abbas vuole che Fayyad rimanga al suo posto, mentre il movimento islamista denuncia l'illegalità della sua nomina. L'unico vero risultato della distensione è l'impegno di *Hamas* a sostenere le iniziative diplomatiche di Abbas – in particolare in vista dell'ammissione della Palestina alle Nazioni Unite –, senza però che il movimento islamista si consideri vincolato da queste aperture.

Nell'ottobre del 2011 Netanyahu ordina la liberazione di 1027 prigionieri palestinesi in cambio di Gilad Shalit, accettando cosí le condizioni poste da *Hamas* da oltre cinque anni. Pur non avendo ottenuto il rilascio di Marwan Barghouti, il movimento islamista vede garantito quello di numerosi militanti di *al-Fatah*, rafforzando cosí la sua statura nazionale. Soprattutto ha assicurato il ritorno trionfale di al-Sinwar, che pronuncia un discorso vibrante a fianco di Hanieh davanti a una piazza stracolma di Gaza. Abbas preferisce dedicare l'anno successivo alla sua campagna per l'ammissione della Palestina alle Nazioni Unite, che tuttavia fallisce a causa del veto americano al Consiglio di sicurezza. Nel novembre del 2012 la Palestina deve accontentarsi dello status di stato non membro ma osservatore, lo stesso della Santa Sede. Questo modesto risultato basta però ad Abbas per trasformare il governo dell'Autorità palestinese in quello dello «Stato di Palestina», cosa che accentua la confusione istituzionale che già regna tra l'Olp e l'Autorità palestinese, essendo quest'ultima il semplice frutto di un accordo firmato con Israele dalla stessa.

L'orrore in cui sprofonda la Siria quando Bashar al-Assad rifiuta qualsiasi concessione alle opposizioni provoca uno sconcertante tira e molla tra *al-Fatah* e *Hamas* in cui Abbas rivela tutto il suo opportunismo. *Hamas*, che dagli accordi di Oslo gode del forte sostegno di Damasco, si schiera tuttavia dalla parte della rivoluzione siriana, la cui componente islamista si fa sempre piú pronunciata. A partire dal dicembre del 2012 Yarmuk – un campo profughi palestinese alla periferia di Damasco fino ad allora piantonato dalle fazioni filosiriane, prima fra tutte l'Fplp-Cg – è accerchiato e bombardato dalle forze del regime di Assad*, che nel luglio del 2013 impongono un blocco totale. I miliziani di *Hamas* prendono la difesa del campo, mentre l'Olp approfitta di questa svolta per riesumare le sue relazioni con Damasco. Abbas non spende una parola per denunciare questo spietato assedio che si protrae per quasi due anni, durante i quali centinaia di civili muoiono di fame. Il contrasto con la commozione unanime delle fazioni palestinesi durante il calvario dei campi palestinesi del Libano – dall'assedio di Tel al-Zaatar nel 1976 alle «guerre dei campi» del decennio successivo – è stridente.

La riconciliazione interpalestinese continua però a essere spinta da una profonda aspirazione popolare che né *al-Fatah* né

* Cfr. p. 248.

Hamas possono ignorare. È per questo che nel giugno del 2014 si conclude finalmente un accordo che prevede lo scioglimento dei governi di Ramallah e Gaza in favore di un esecutivo prettamente tecnico di 17 membri, di cui 5 provenienti da Gaza. Il primo ministro Rami Hamdallah, già presidente dell'Università di Nablus, è membro di *al-Fatah*, cosí come Hussein al-Sheikh, nominato agli «Affari civili», un eufemismo per il dialogo quotidiano tra l'Autorità palestinese e Israele. Poiché nessun ministro appartiene a *Hamas*, gli Stati Uniti e l'Unione europea accettano di lavorare con questo governo, provocando le ire di Netanyahu e contribuendo almeno parzialmente all'escalation che condurrà alla «guerra dei cinquanta giorni» di Gaza. L'offensiva israeliana, lanciata nel luglio del 2014, è accompagnata da un'occupazione di terra particolarmente devastante. Nonostante il pesante bilancio di circa 2100 vittime palestinesi (di cui quasi 500 bambini) e 72 vittime israeliane (di cui 66 soldati), Israele non è in grado di impedire i lanci di razzi da parte di *Hamas*, che si interrompono solo con il cessate il fuoco.

La dinamica unitaria si afferma anche tra i palestinesi di nazionalità israeliana, che nel gennaio del 2015 formano una Lista unita per la prima volta dal 1948. Questa coalizione elettorale è composta dai comunisti dell'ex *Rakah*, diventata *Chadash* nel 1977, dai nazionalisti dei partiti *Ta'al* e *Balad* e dagli islamisti del *Raam* (che rappresentano il «ramo meridionale» del Movimento islamico in Israele, favorevole agli accordi di Oslo, laddove invece il «ramo settentrionale» rifiuta qualsiasi partecipazione alla politica israeliana). Sono state le campagne condotte da Netanyahu e dai suoi ministri contro il nemico interno rappresentato dagli arabi di Israele a convincere queste quattro parti a dimenticare i loro contrasti.

Ayman Odeh, l'avvocato di Haifa alla guida della Lista unita, osa replicare all'antiarabo Lieberman, che durante un dibattito televisivo gli ingiunge di andare vivere a Ramallah o a Gaza: «Sono il benvenuto nel mio paese natale, mi fondo con il paesaggio, gli assomiglio»[92]. Il capo della diplomazia israeliana, che è immigrato in Israele dalla Moldavia solo nel 1978, rimane di stucco. Il valore aggiunto dell'unità è quindi accompagnato da una visibilità senza precedenti dei militanti arabi nei media israeliani. Alle elezioni parlamentari del marzo del 2015 la Lista unita ottiene tredici seggi, diventando cosí il terzo partito della Knesset dopo il *Likud* e i laburisti. Ma questo clamoroso progresso, denunciato dalla destra e dall'estrema destra, convince Netanyahu a spingere per la consacrazione di Israele come «stato ebraico».

Le fughe in avanti.

Mahmud Abbas è sempre piú frustrato di essere presidente di una Palestina che di «stato» ha solo il nome. Sebbene il suo mandato alla guida dell'Autorità palestinese sia scaduto da cinque anni, il suo autoritarismo continua a interferire con la politica palestinese. A farne le spese è prima di tutto l'esperimento unitario del governo Hamdallah, che perviene a conclusione nel giugno del 2015 quando Abbas accusa *Hamas* di non permettere ai suoi ministri di operare liberamente a Gaza, prima di rimpastare l'esecutivo senza consultare il movimento islamista. È poi il turno di Abed-Rabbo, che perde la segreteria generale dell'Olp, collegata al Comitato esecutivo, per essere sostituito da Erakat. Il presidente palestinese è infatti convinto che Abed-Rabbo stia architettando il suo rovesciamento con Dahlan, nemico giurato di *Hamas*, ma figura talmente potente che nel 2011 Abbas lo ha espulso da *al-Fatah* e costretto all'esilio negli Emirati Arabi Uniti. Ma queste accuse svelano piú la paranoia galoppante di Abbas che le effettive aspirazioni dei suoi rivali all'interno dell'Olp.

Mentre la presidenza palestinese entra in un lungo crepuscolo, *Hamas* si mette in ordine di battaglia. Nel maggio del 2017 un laborioso processo di consultazione interna di vari rappresentanti di Gaza, della Cisgiordania, della diaspora e dei prigionieri detenuti in Israele conduce all'adozione di un «programma politico». Pur non abrogando formalmente lo statuto del 1988, reso intoccabile dalla benedizione dello sceicco Yassin, il documento proclama che «la Palestina è la Terra Santa che Allah ha benedetto per l'umanità». Il testo ricorre però a un registro piú politico che religioso per radicare *Hamas* nella terra di Palestina, senza nessun riferimento ai Fratelli Musulmani, da cui proviene storicamente. Allontanandosi dalle generalizzazioni antisemite dello statuto, *Hamas* afferma di «non combattere gli ebrei in quanto tali, ma i sionisti che occupano la Palestina. Perché sono i sionisti che identificano continuamente gli ebrei e l'ebraismo con il loro progetto coloniale».

In ogni caso il programma ufficiale di *Hamas* nega qualsiasi legittimità all'«entità sionista» e rifiuta di riconoscere le due risoluzioni costitutive dell'Assemblea generale dell'Onu – quella del piano di partizione della Palestina del 1947 e quella del «diritto al ritorno» dei profughi palestinesi del 1948. Laddove l'Onu offre un'alternativa tra il rimpatrio e il risarcimento, *Hamas* ritiene che tutti i profughi debbano ricevere un indennizzo anche dopo il loro ritorno. Non solo il programma non menziona nessun'altra risoluzione delle Nazioni Unite, ma rifiuta anche gli accordi di Oslo «e tutto ciò che ne deriva, in particolare gli obblighi contrari agli interessi del nostro popolo». Ed è solo nel quadro di un «consenso nazionale» con l'Olp che *Hamas* prevede «la creazione di uno stato palestinese pienamente sovrano e indipendente, con Gerusalemme come capitale e lungo le linee del 4 giugno 1967», cioè nei territori occupati da Israele dalla Guerra dei sei giorni[93].

È possibile tracciare un parallelo tra questo «programma politico» e la prospettiva dell'Olp del 1974 di istituire un'«autorità nazionale» su «ogni parte della terra palestinese liberata»*. In entrambi i casi l'obiettivo resta la completa liberazione della Palestina con la definizione di un orizzonte intermedio. Ma se con il suo gesto del 1974 l'Olp aveva ottenuto il riconoscimento al vertice arabo e alla tribuna dell'Onu, sviluppando cosí la sua iniziativa diplomatica, *Hamas* si limita a ratificare una formula di «consenso nazionale», scaricando alla sola Olp la responsabilità di negoziare. La consultazione interna a *Hamas* conduce anche alla sostituzione di Meshaal con Hanieh alla guida dell'ufficio politico. L'esilio dell'ex primo ministro lascia le mani libere ad al-Sinwar, che assume ufficialmente la direzione di *Hamas* a Gaza. Forte della sua aura militante e di vent'anni di carcere alle spalle, il nuovo leader di *Hamas* nell'enclave palestinese gode fin da subito di un ascendente senza precedenti sulle Brigate Qassam.

L'adozione di una leadership e di un programma militante da parte di *Hamas* segna una nuova tappa nella militarizzazio-

* Cfr. p. 227.

ne della Striscia di Gaza, al servizio di un confronto con Israele ritenuto inevitabile nel breve periodo. Tuttavia nella primavera del 2018 un gruppo di giovani militanti lancia una dinamica di mobilitazione alternativa – le «marce del ritorno» – che mette *Hamas* di fronte al fatto compiuto. L'obiettivo è quello di rianimare lo spirito della prima *intifada* organizzando marce pacifiche, con le fionde come sole armi, verso la barriera di separazione con Israele. La prima di queste marce si tiene il 30 marzo – il Giorno della terra dal 1976 – per poi ripetersi ogni venerdí fino al settantesimo anniversario della *Nakba*, a metà maggio. L'esercito israeliano reprime nel sangue le prime due marce, uccidendo 28 persone e ferendone un migliaio. Un simile bilancio in assenza di una seria minaccia per Israele permette a *Hamas* di infiltrarsi nelle marce successive, poi di prendere il controllo del movimento fino al massacro del 14 maggio (60 morti e 1300 feriti), che coincide con l'inaugurazione della nuova ambasciata americana a Gerusalemme*.

Netanyahu è convinto che il sostegno incondizionato di Trump gli permetterà di approfittare illimitatamente di un rapporto di forza schiacciante e cosí decide di non sfruttare questa preziosa occasione di smilitarizzare la dinamica di Gaza. Nel luglio del 2018 fa approvare alla Knesset una legge fondamentale di valore costituzionale relativa a «Israele come stato-nazione del popolo ebraico». I partiti arabi la denunciano come «razzista», faticando però a creare una mobilitazione al di fuori delle proprie comunità. Il fatto che la Knesset che ha approvato questo testo sia anche quella in cui i partiti arabi sono meglio rappresentati nella storia di Israele mina le fondamenta stesse della Lista unita. Alle elezioni dell'aprile del 2019 l'alleanza si presenta scissa e i partiti arabi ottengono solo dieci seggi complessivi. Da qui la sua ricostituzione nelle due tornate successive, in cui la Lista unita si aggiudica tredici e poi quindici seggi, superando cosí il suo record del 2015. Ma gli islamisti del *Raam*, guidati da Mansur Abbas, rompono con i loro alleati sulla questione dei diritti degli omosessuali e decidono di presentare una lista separata alle elezioni del marzo del 2021, dove ottengono solo quattro seggi contro i sei degli altri partiti arabi.

* Cfr. p. 66.

I quattro deputati islamisti vengono tuttavia incorporati dalla maggioranza parlamentare del governo di Naftali Bennett, una coalizione eterogenea che spazia da un estremo all'altro nella speranza di porre fine all'era Netanyahu. Mansur Abbas non esita ad ammettere di nutrire «preoccupazioni comuni con i partiti religiosi ebraici e la destra conservatrice»[94]. Segue cosí le orme di *al-Mujamma* dello sceicco Yassin a Gaza, che mezzo secolo prima aveva preferito collaborare con le autorità israeliane piuttosto che con i nazionalisti palestinesi. Questo calcolo è tanto opportunistico quanto clientelistico: Mansur Abbas conta infatti di essere l'unico a prendersi il merito delle misure governative che verranno adottate in favore della minoranza araba. In compenso non chiede nessun ministero, cosa che gli permette di non essere associato troppo direttamente al colono militante che effettivamente è Bennett.

Nello stesso momento i sostenitori della terza via in Cisgiordania e a Gaza, incapaci di imporsi contro *al-Fatah* e *Hamas*, riescono a negoziare un compromesso sulle elezioni generali, il 22 maggio 2021 per le parlamentari e il 31 luglio 2021 per la presidenza dell'Autorità palestinese. È infatti urgente rigenerare, attraverso il voto, le istituzioni palestinesi il cui mandato è scaduto ormai da un decennio. L'entusiasmo popolare per queste consultazioni è tale che il tasso di iscrizione sulle liste elettorali raggiunge il 93 per cento. L'ottuagenario Mahmud Abbas ha promesso che non si presenterà alla propria successione in cambio dell'impegno di *Hamas* a non proporre un candidato alle elezioni presidenziali. I partiti palestinesi hanno persino accettato che, contrariamente al 1996, le elezioni non possano tenersi a Gerusalemme Est. È tuttavia in nome del voto nella Città Santa che nell'aprile del 2021 Abbas decide di rinviare *sine die* le due elezioni generali, prolungando indefinitamente il suo mandato presidenziale che è già durato piú di sedici anni.

È un duro colpo per la popolazione palestinese, la cui frustrazione spiega in larga misura la concatenazione degli eventi della crisi del maggio del 2021, partita da Gerusalemme Est per poi diffondersi in Cisgiordania e a Gaza, provocando quindi le prime rivolte intercomunitarie della storia nello stesso Israele. Laddove Abbas e l'Autorità palestinese parlano a vuoto, al-Sinwar riesce a porsi come un leader nazionale, disposto a concludere un cessate il fuoco a lungo termine con Israele in cambio della rimozione del blocco sull'enclave sovrappopolata di Gaza[95]. In cuor suo si rallegra del rinvio delle due elezioni generali, in cui *al-Fatah* rischiava di vincere a Gaza e *Hamas* in Cisgiordania, visto quanto la popolazione palestinese soffre del dispotismo delle due «autorità» che la dominano. Quanto ai servizi di Abbas, soffocano tutte le voci critiche in Cisgiordania, incarcerando cinque candidati dell'opposizione e picchiandone a morte un sesto, Nizar Banat, diventato popolare per aver denunciato la corruzione dell'Autorità palestinese. Le manifestazioni di protesta e l'indignazione internazionale conducono la giustizia militare a incriminare quattordici agenti di polizia, che verranno rilasciati dopo un anno.

La mente dietro questa caporalizzazione della Cisgiordania è Hussein Al-Sheikh, la cui ascesa al fianco di Abbas corrisponde alla riduzione dell'Autorità palestinese a un ruolo fondamentale di collaborazione con Israele. Dal 2007 al-Sheikh è infatti responsabile degli Affari civili, vale a dire degli scambi funzionali con le autorità di occupazione, presso le quali negozia permessi di lavoro e altri accordi in cambio della «cooperazione securitaria» contro le fazioni palestinesi anti-Oslo. La sua partecipazione al governo di unità nazionale del biennio 2014-15 non ha intaccato la profonda ostilità nei confronti di *Hamas*. Al-Sheikh usa tutta la sua influenza su Abbas per assicurare che le elezioni generali del 2021 siano rinviate a tempo indeterminato[96]. Nel giugno del 2022 è ricompensato per questa lealtà aggressiva con la promozione alla carica di segretario generale dell'Olp, rimasta vacante dalla morte di Erakat. La sostituzione di questo «processore» di pace con il collaborazionista al-Sheikh fa presagire il peggio per la successione di Abbas, che è stato a sua volta segretario generale dell'Olp dal 1996 fino alla sua elezione alla presidenza nel 2005.

Due mesi piú tardi la Striscia di Gaza è bersaglio di una serie di bombardamenti israeliani che causano una quarantina di morti in tre giorni. Questa esplosione di violenza è tuttavia la prima in cui Israele risparmia apertamente *Hamas* per concentrare i suoi attacchi sull'Mjip, il cui capo militare, Tayseer al-Jabari, è ucciso all'inizio dell'operazione. Per rappresaglia l'Mjip lancia una serie di razzi contro Israele che vengono perlopiú intercettati dal sistema anti-missilistico Iron Dome. In compenso *Hamas* si astiene dai combattimenti, cosí come le altre fazioni che controlla attraverso la Sala operativa congiunta delle fazioni della resistenza palestinese, una struttura di coordinamento militare attraverso la quale le Brigate Qassam limitano, tra le altre, l'azione dell'Fplp e dell'Fdlp. I leader israeliani si felicitano di avere neutralizzato *Hamas*, attribuendo il basso profilo di al-Sinwar al timore di perdere i 14 000 permessi di lavoro in Israele recentemente rilasciati ai residenti di Gaza. Usando il bastone e la carota come in Cisgiordania, Netanyahu crede di essere riuscito a fare entrare *Hamas* in una logica di transazione con Israele piuttosto che di un conflitto aperto.

Questa panoramica della disintegrazione del nazionalismo palestinese sarebbe tuttavia incompleta senza la menzione di un fenomeno troppo spesso escluso dal campo dell'analisi politica, vale a dire lo sviluppo apparentemente inesorabile della criminalità organizzata tra i palestinesi in Israele, con 67 arabi uccisi nel 2018, 96 nel 2019, 113 nel 2020 e 128 nel 2021[97]. La metodica repressione delle mafie ebraiche su ordine del primo ministro Sharon a partire dal 2003 ha infatti permesso a cinque «famiglie» di criminali arabi, fino ad allora dipendenti dalle bande ebraiche, di impadronirsi dei mercati lasciati vacanti e in particolare quello del traffico di droga, diventato un vero e proprio flagello nelle aree arabe di Israele[98]. Le bande hanno prosperato anche prestando denaro a tassi usurari a cittadini arabi spesso discriminati dalle banche israeliane. Il risultato è la nascita di zone senza legge in cui la criminalità araba imperversa principalmente a discapito della popolazione araba.

La violenza associata a questo tipo di delinquenza raggiunge proporzioni tali che i partiti arabi sono costretti a chiedere una maggiore presenza della polizia nelle città a maggioranza araba. Sebbene nel 2021 il primo ministro Bennett denunci lo «stato nello stato» delle bande arabe dotate di «quantitativi di armi illegali degni di un piccolo esercito»[99], ottenendo una relativa diminuzione degli omicidi (111 nel 2022)[100], Netanyahu, che gli succede alla guida del governo, attribuisce invece poca importanza alla questione. Il suprematista Ben-Gvir, ministro della Sicurezza, è piú interessato ad armare i coloni della Cisgiordania che a proteggere gli arabi di Israele. Nei primi nove mesi del 2023 188 palestinesi di nazionalità israeliana vengono uccisi nelle «guerre tra bande» arabe, a loro volta alimentate dal ciclo infinito delle vendette. Questa cifra va messa a confronto con i 188 palestinesi uccisi nello stesso periodo dall'esercito israeliano nella Cisgiordania occupata, il bilancio piú sanguinoso dalla fine della seconda *intifada* nel 2005[101]. Il fatto che i palestinesi uccisi da altri palestinesi in Israele siano tanti quanti quelli uccisi da Israele in Cisgiordania è semplicemente sconcertante e illustra il livello di violenza che può raggiungere la dinamica delle fazioni quando è amplificata dai meccanismi mafiosi.

I cicli di violenza interpalestinese che si sono susseguiti nell'ultimo secolo sono troppo ricorrenti per non essere strutturali. Dai regolamenti di conti tra i sostenitori degli Husayni e dei Nashashibi tra il 1936 e il 1939 alla polarizzazione tra *al-Fatah* e *Hamas* a partire dal 2006, passando per l'eliminazione dei «collaborazionisti» a Gaza tra il 1967 e il 1971 e poi nei territori occupati durante le due *intifada*, senza dimenticare i conflitti tra «lealisti» e filosiriani in Libano: la lista delle stragi che hanno contribuito a indebolire il nazionalismo palestinese è quasi infinita. Eppure come abbiamo visto nel 1969, quando assume il controllo dell'Olp, Arafat rifiuta di ispirarsi al Fronte di liberazione nazionale algerino liquidando le formazioni rivali, nonostante le forti pressioni in tal senso all'interno di *al-Fatah*. Ma è proprio questa relativa tolleranza a dare il libero corso alla dinamica delle fazioni, che Arafat saprà sfruttare per consolidare una potestà al contempo autocratica e inclusiva: per trentacinque anni la sua unica aspirazione sarà quella di unire il popolo palestinese disperso sotto la sua personale bandiera.

La militarizzazione della politica palestinese, resa incandescente durante le fasi di conflitto aperto con Israele, non può tuttavia far dimenticare che il nazionalismo ha compiuto i suoi progressi piú notevoli dopo i movimenti di disobbedienza civile e di natura non violenta, siano essi lo sciopero generale del 1936 o la prima *intifada*, incubatrice del processo di pace. Al contrario la logica delle fazioni armate incoraggia la scomparsa dei rami politici e la frammentazione, quest'ultima accentuata dalla competizione per i finanziamenti stranieri. Costituisce inoltre un incentivo per gli estremisti, resi piú importanti dal loro potenziale di disturbo. La causa palestinese ha pagato un prezzo esorbitante per queste erranze, laddove il movimento sionista è riuscito al contempo a mobilitare e incanalare i suoi elementi piú radicali senza mai lasciare che compromettessero il progetto collettivo*. Il sionismo è inoltre riuscito, tanto prima quanto dopo Israele, a gestire le proprie contraddizioni interne senza spargimenti di sangue, con le notevoli eccezioni dell'omicidio di Arlosoroff nel 1933, del bombardamento dell'*Altalena* nel 1948, della morte di Grunzweig nel 1983 e dell'assassinio di Rabin nel 1995.

Il paragone tra il sionismo vittorioso e il nazionalismo palestinese ha tuttavia i suoi limiti. Lo *Yishuv* ha infatti sempre goduto di una base territoriale, formalizzata dalla dichiarazione Balfour e protetta – quantomeno fino al 1944 – dalle autorità britanniche. Una volta vinta la «guerra d'indipendenza» nel 1949, Israele ha potuto sviluppare istituzioni democratiche nel quadro di una sovranità di stato. Nello stesso momento la *Nakba* trasformava la nazione palestinese in un popolo di profughi, espropriati ed esiliati. Quanto alle sue élite militanti, sono state regolarmente decimate, prima dalla repressione britannica della Grande rivolta araba del 1936-39, poi dalle operazioni «antiterrorismo» di Israele, dalla repressione delle *intifada* e da attacchi piú o meno mirati. Questo stillicidio inflitto ai dirigenti palestinesi nel corso di decenni di lotta contribuisce a spiegare la mediocrità, talvolta inquietante, dell'attuale leadership, una mediocrità a sua volta devastante per le aspirazioni nazionali del popolo. Ma una tale ecatombe non avrebbe mai potuto durare cosí a lungo senza i pregiudizi ideologici che hanno impedito di trattare le rivendicazioni israeliane e palestinesi in maniera equa.

* Si veda il cap. 2, *Un pluralismo militante*.

Capitolo sesto
Il doppio standard

> La liberazione del Kuwait ha risolto solo un problema tra tanti. Sono stati presi impegni, sono state suscitate speranze. Dobbiamo rispondervi. Adottare un doppio standard vorrebbe dire assassinare il diritto internazionale emergente!
>
> FRANÇOIS MITTERRAND, 1991[1].

Alla fine della Prima guerra mondiale il nazionalismo palestinese rivendica invano il diritto dei popoli all'autodeterminazione per arginare le ambizioni sioniste. Ma nel 1922 scopre che il mandato sulla Palestina affidato al Regno Unito dalla Società delle Nazioni riconosce i diritti nazionali solo al popolo ebraico, mentre gli abitanti arabi – che pure sono il 90 per cento – sono esclusi. Ed è una giovanissima Onu che, con il piano della partizione della Palestina del 1947, dà il via all'esodo della popolazione araba ancor prima della proclamazione dello Stato di Israele, che avverrà sei mesi dopo. È ancora l'Onu che nel 1949 crea un'agenzia incaricata di assistere i profughi palestinesi nel loro esilio, generazione dopo generazione, piuttosto che garantire il loro diritto al ritorno in patria. Ed è sempre l'Onu che, quando nel 1967 Israele occupa il resto della Palestina mandataria, continua a ridurre il popolo palestinese allo status collettivo di profughi senza diritti nazionali. Questa parzialità prima della Società delle Nazioni e poi dell'Onu è aggravata dal pregiudizio filoisraeliano del mediatore americano in un «processo di pace» che assomiglia piú a una discussione sui termini della sconfitta palestinese che a un negoziato tra due parti su un piano di parità. Ma anche progressi cosí limitati sono messi in discussione dall'inasprimento del doppio standard occidentale, che finisce per trasformarsi in uno scontro di civiltà del «noi contro di loro».

L'endogamia coloniale.

Nel 1798 la Repubblica francese invia il generale Napoleone Bonaparte in Egitto nel tentativo di esportare gli ideali rivoluzionari oltre i confini dell'Europa con le armi. Ma l'invocazione di un popolo arabo che sarebbe oppresso dai mamelucchi e dai «turchi» ottomani trova poca eco nella popolazione egiziana, pronta a considerare gli invasori «infedeli» come occupanti ben piú intrusivi dei rappresentanti di Costantinopoli. E nel 1799, dopo aver occupato brevemente una parte della Palestina, Bonaparte semina morte e distruzione, soprattutto quando, umiliato a San Giovanni d'Acri, è costretto a ripiegare con le sue truppe in Egitto, devastando la costa per rallentare l'avanzata ottomana. Per l'ambizioso generale la Palestina non è altro che un'arena in cui proiettare le proprie ambizioni mediorientali, tanto sfrenate quanto fugaci. Una volta sfumate queste ambizioni, Bonaparte abbandona ogni interesse per la Palestina, che ha sempre visto solo come una terra in posizione strategica, senza preoccuparsi del popolo che la abitava.

Quanto a François-René de Chateaubriand, dopo il suo pellegrinaggio in Terra Santa del 1806, giunge alla conclusione che «in ogni cosa l'arabo dimostra di essere l'uomo civilizzato regredito allo stato selvaggio»[2], tanto piú che «i costumi dei beduini stanno cambiando a causa dell'eccessiva frequentazione dei turchi e degli europei. Ormai fanno prostituire mogli e figlie, e sgozzano i viandanti che una volta si accontentavano di derubare»[3]. In compenso il viaggiatore francese non nasconde la sua ammirazione per gli ebrei, «legittimi padroni della Giudea ridotti in schiavitú, stranieri nel loro stesso paese», ma ai quali «niente può impedire di volgere lo sguardo verso Sion». Infatti «i persiani, i greci, i romani sono scomparsi dalla faccia della terra, e un piccolo popolo, le cui origini precedono quelle di tali grandi popoli, sopravvive ancora senza mescolarsi agli altri, fra le rovine della sua patria. Se qualcosa, tra le nazioni, ha del prodigioso, riteniamo che sia questa»[4].

Alphonse de Lamartine, che visita la Palestina nel 1832, nutre fortissime riserve nei confronti degli «Arabi beduini», che «facilmente poteano scannarci, se non fosse stato la paura di quei ch'erano di fuori»[5], perché «l'attacco» costituisce «l'unica industria loro, l'unica gloria: l'incivilimento tutto lor proprio è l'assassinio e la rapina»[6]. Quando guarda la Spianata delle Moschee di Gerusalemme, vi vede soprattutto «il sublime massiccio, su cui si impostava il tempio di Salomone»[7]. Eugène-Melchior de Vogüé, in visita in Palestina nel 1854, rimane particolarmente colpito dagli ebrei di Safad, «vittime di insulti tanto da parte dei cristiani quanto dei musulmani», ebrei che «sopportano senza lamentele gli oltraggi, la miseria e le malattie del clima per avere il diritto di piangere in segreto il regno di Davide»[8]. Nella stessa Gerusalemme ritiene che «i figli di Israele nutrono piú di chiunque altro la pretesa di un futuro e la convinzione di una rinascita nazionale»[9].

Questi pregiudizi sugli arabi subdoli e violenti e quelli, venati di rispetto, per la tenace fedeltà degli ebrei, unici degni di un «rinascimento nazionale», pervadono i vari «viaggi in Oriente» che gli scrittori europei intraprendono nell'Ottocento a scopi tanto iniziatici quanto editoriali, vista la passione per il genere dei lettori dell'epoca. Gli autori piú impregnati di fede cattolica completano questi cliché con una professata solidarietà verso i loro correligionari in Terra Santa, primi fra tutti gli ordini missionari posti sotto la protezione della Francia, che difende il suo rango diplomatico di «figlia maggiore della Chiesa». Il console francese, insediato a Gerusalemme dal 1843, dedica quindi una notevole parte del suo tempo alle «messe consolari» organizzate dalle varie congregazioni, che non mancano mai di invocare la benedizione divina sul re, sull'imperatore o sul presidente del momento.

L'avvento della Terza Repubblica in Francia non incide minimamente su questo legame organico in Terra Santa: secondo la formula attribuita a Léon Gambetta, «l'anticlericalismo non è un articolo da esportazione»[10]. Per quanto laica, la Francia ritiene che in Palestina – come d'altronde nel resto del Medio Oriente – non esista un vero e proprio popolo, sebbene si assegni la missione di «proteggere» le minoranze dal fanatismo – per non dire dalla violenza – dei musulmani. Piú in generale i progressisti europei, pronti a infervorarsi per la Polonia o per l'Italia, fanno orecchie da mercante quando i nazionalisti arabi della *Nahda* affermano che il popolo arabo, forte della sua lingua e della sua cultura, deve godere dei diritti nazionali sulla propria terra. In compenso quando nel 1896 è Herzl a portare aventi l'idea di un popolo ebraico destinato a stabilirsi nella sua «Terra d'Israele» e svilupparvi l'ebraico moderno, questa affermazione formulata in Europa entra in risonanza con i dibattiti dell'epoca, anche a costo di scatenare accese polemiche. E quando nel 1913 la diplomazia francese patrocina il primo Congresso arabo di Parigi, fa pressione sugli organizzatori affinché la questione del sionismo non venga nemmeno sollevata*.

La Prima guerra mondiale è accompagnata da grandi manovre politico-militari sul futuro del Medio Oriente post-ottomano, con ambizioni dichiarate sulla Palestina che non fingono nemmeno di tenere conto delle popolazioni locali. È cosí che l'ambasciatore francese in Russia, ricevuto dall'imperatore Nicola II nel marzo del 1915, lo informa che «la Palestina sarebbe devoluta alla Francia» in quanto «dai tempi delle Crociate la nostra tradizione non è mai cambiata», perché «un tempo a Gerusalemme regnavano i principi francesi». Il ministro degli Esteri russo replica che «la Russia ortodossa non può abbandonare i luoghi santi a una potenza cattolica»[11]. La Gran Bretagna tende a sostenere la tesi russa, come sottolinea Mark Sykes, un ufficiale dell'intelligence molto ascoltato al ministero della Guerra: «Tutto il paese compreso tra Betlemme, Gerusalemme e Gerico, con Giaffa come porto, potrebbe diventare un territorio di amministrazione internazionale; se una sola grande potenza dovesse averne il dominio, questa dovrebbe essere la Russia»[12].

Questi scambi tra Alleati sono ancora in corso quando, nell'ottobre del 1915, l'alto commissario britannico al Cairo informa lo sceriffo Husayn della Mecca che «la Gran Bretagna è pronta a riconoscere e sostenere l'indipendenza degli arabi in tutte le regioni entro i limiti richiesti dallo sceriffo»[13], vale a dire le province arabe dell'impero ottomano tra cui la Palestina. Nonostante queste garanzie scritte, il mese successivo Londra ospita i primi negoziati franco-britannici sulla spartizione del Medio Oriente tra Mark Sykes e François Georges-Picot, ex console francese a Beirut e convinto sostenitore di una Grande Siria comprensiva della Palestina sotto il dominio francese. Agli occhi del delegato francese «promettere agli arabi di costituire un grande stato è una manovra di facciata», perché niente «può rendere una nebulosa di tribú un insieme vitale»[14].

Nel gennaio del 1916 Sykes rivendica un controllo britannico sulla baia di Haifa e sul porto di San Giovanni d'Acri, anche a

* Cfr. p. 197.

costo di internazionalizzare il resto della Palestina. Ma nel mese di marzo si reca con Georges-Picot in Russia, dove il regime zarista rimane fermo sulla sua richiesta di internazionalizzazione della Palestina. La richiesta russa è sancita due mesi dopo dall'accordo Sykes-Picot, come passa alla storia la corrispondenza tra la Francia e la Gran Bretagna sulla spartizione del Medio Oriente. Il mese successivo lo sceriffo Husayn, tenuto completamente all'oscuro di questi negoziati, lancia sotto il comando del figlio Faysal la Rivolta araba, l'insurrezione anti-ottomana coordinata con Parigi e Londra. A questo punto è da un anno e mezzo che Weizmann fa pressione sui leader britannici per ottenere il sostegno pubblico del Regno Unito al progetto sionista.

È tuttavia la Francia a imboccare per prima questa strada. Nel giugno del 1917 Paul Cambon, il ministro degli Esteri francese, scrive all'organizzazione sionista che il suo governo «non può che provare simpatia» per la «causa» della «colonizzazione israelita in Palestina», perché «sarebbe fare opera di giustizia e di riparazione aiutare la rinascita, attraverso la protezione delle potenze alleate, della nazionalità ebraica in questa terra da cui il popolo di Israele è stato cacciato tanti secoli fa»[15]. Cosí come per Parigi questa «giustizia» non concerne le popolazioni da lungo tempo insediate in Palestina, per Londra il diritto dei popoli all'autodeterminazione – promosso dal presidente Wilson fin dall'entrata in guerra degli Stati Uniti – diventa un argomento a favore del sionismo. L'opposizione piú seria all'allineamento britannico alle tesi sioniste viene da Edwin Montagu, l'unico ministro ebreo dell'esecutivo Lloyd George, che propone di garantire «agli ebrei la completa libertà di insediamento e di vita in Palestina sulla base dell'uguaglianza con gli abitanti di questo paese che professano altre credenze religiose»[16].

Queste riserve sono accantonate dalla dichiarazione Balfour, in cui solo gli ebrei si vedono riconoscere i diritti nazionali in Palestina, mentre le «comunità non ebraiche» godono solo di «diritti civili e religiosi»[17]. Questo testo rappresenta l'atto costitutivo di un doppio standard sulla questione palestinese che può dispiegarsi in tutta la sua brutalità solo attraverso la certezza della propria superiorità morale. Il primo standard si applica al 10 per cento della popolazione palestinese di religione ebraica, una minoranza che diventa l'avanguardia di un «focolare nazionale per il popolo ebraico», mentre il secondo al 90 per cento della popolazione araba della Palestina, ridotta a un'accozzaglia di «comunità non ebraiche» definite per difetto, che non meritano né la designazione di «popolo» né i diritti nazionali che ne potrebbero conseguire. Come per molti altri processi di espropriazione collettiva a lungo termine, l'espropriazione simbolica precede e prepara quella fisica.

Ovviamente i leader britannici non sono consapevoli di aver commesso una simile espropriazione. Sono invece convinti di aver adottato una posizione «morale» ed equilibrata, cosa che rende il loro pregiudizio ancora piú implacabile, in quanto cieco a sé stesso. D'altronde nessuno di loro si è preso la briga, durante i faticosi negoziati sulla dichiarazione Balfour, di consultare o incontrare una figura palestinese piú o meno rappresentativa. In compenso, quando nell'aprile del 1918 Weizmann visita Gerusalemme in quanto leader della Commissione sionista, come abbiamo già detto, è il governatore britannico a organizzare il banchetto in suo onore, invitando i notabili arabi della Città Santa e traducendo personalmente in arabo il discorso del suo ospite: «Quando hanno perso i loro diritti politici sulla Palestina, i nostri antenati non vi hanno rinunciato. Privati della Palestina, la loro patria, hanno saputo creare una Palestina per cosí dire morale e intellettuale, che per duemila anni ha resistito vittoriosamente agli assalti di tutti i nemici. Quindi si può dire che noi non veniamo in Palestina, ma ci torniamo»[18].

Lo spietato ingranaggio dell'espropriazione, con le parole prima che con i fatti, è ormai in movimento. Non solo la minoranza ebraica, pari a un decimo della popolazione della Palestina, gode di diritti nazionali che sono negati al resto degli abitanti, ma il diritto di questi ultimi è messo in contrapposizione con il «ritorno» degli ebrei della diaspora, i cui «diritti politici sulla Palestina» rimangono validi anche dopo duemila anni. Logicamente il passo successivo sarà quello di ribadire che in Palestina i «diritti politici» degli ebrei di tutte le origini, in virtú della loro anteriorità bimillenaria, sono superiori a quelli della popolazione locale di sviluppare forme di esistenza collettiva di loro scelta. Il carattere arabo di questa popolazione non servirà certo a legittimare il suo attaccamento alla terra di Palestina, ma sarà al contrario invocato per motivare la possibilità di diluire i residenti arabi nell'ambiente arabo della «Terra d'Israele».

Per il momento è la Società delle Nazioni che, lungi dal sostenere il diritto dei popoli arabi all'autodeterminazione, fornisce il quadro – tanto giuridico quanto paternalistico – per il loro assoggettamento sotto i mandati attribuiti alla Gran Bretagna sulla Palestina e alla Francia sull'Iraq e sulla Siria. Nell'atto costitutivo della Società delle Nazioni, adottato nel giugno del 1919, si sostiene infatti che «alcune comunità in precedenza appartenenti all'impero ottomano hanno raggiunto un grado di sviluppo tale che la loro esistenza in quanto nazioni indipendenti può essere provvisoriamente riconosciuta, a condizione che il consiglio e l'assistenza di una potenza mandataria guidino la loro amministrazione fino a quando non saranno in grado di gestirsi autonomamente»[19]. Alla Conferenza di Sanremo, che nell'aprile del 1920 definisce la ripartizione di questi mandati tra gli Alleati, Lord Curzon insiste perché la Società delle Nazioni tenga conto delle «promesse fatte agli ebrei riguardo al futuro Stato di Palestina»[20]. Ma la Francia non vuole che una dichiarazione unilaterale del governo britannico acquisisca uno status di diritto internazionale.

Tuttavia la Gran Bretagna tiene duro e nel luglio del 1922 ottiene che la Carta del mandato sulla Palestina della Società delle Nazioni la renda «responsabile dell'applicazione» della dichiarazione Balfour. La Carta ne riprende inoltre i termini e vi aggiunge che l'«organizzazione sionista» è «ufficialmente riconosciuta» per «garantire la cooperazione di tutti gli ebrei disposti a collaborare alla creazione del focolare nazionale ebraico». Il mandato si impegna in cambio a «facilitare l'immigrazione ebraica» e a «incoraggiare l'insediamento intensivo degli ebrei nelle terre del paese». Mentre i termini «ebreo» ed «ebraico» vi compaiono dodici volte, il testo designa la popolazione araba solo in negativo («comunità non ebraiche» o «altre parti della popolazione»). Menziona solo la lingua araba, ma esclusivamente per precisare che, insieme all'inglese e all'ebraico, è una delle tre «lingue ufficiali della Palestina»[21]. Tutte le iscrizioni in arabo dovranno essere tradotte in ebraico e viceversa.

Il mandato britannico sulla Palestina è quindi segnato fin dal principio dalla contraddizione tra la missione della Società delle

Nazioni di accompagnare una «nazione» post-ottomana verso l'indipendenza e il riconoscimento formale dei diritti nazionali del solo «popolo ebraico». Sebbene il popolo arabo di Palestina costituisca la stragrande maggioranza degli abitanti del territorio, non è mai direttamente menzionato dalla Carta del mandato. Già di per sé questo silenzio non fa ben sperare, tanto piú che la sola alternativa offerta da questo processo è – alla scadenza del mandato – quella tra uno stato bi-nazionale giudeo-arabo e due stati separati per ciascuno dei due popoli. I leader arabi decidono quindi di boicottare le istituzioni di un mandato che nega tanto apertamente i loro diritti, cosa che non fa che rafforzare la compiacenza delle autorità britanniche nei confronti dei leader sionisti, dal canto loro piú che propensi a collaborare con l'amministrazione mandataria. L'iniziale parzialità della dichiarazione Balfour è cosí accentuata dall'effettiva istituzione di un mandato che tratta ufficialmente con i sionisti, ma ha soltanto relazioni di fatto con gli arabi.

Pogrom e nazisti.

Nell'agosto del 1929, dopo una serie di incidenti durante le festività ebraiche e musulmane, i quartieri ebraici di Gerusalemme sono presi d'assalto da alcune bande arabe. I disordini si estendono a Hebron, Safad e Gaza, dove le comunità ebraiche, che vi si sono insediate da molti secoli, sono costrette a fuggire. Sebbene il bilancio delle vittime ebree e arabe sia equiparabile, rispettivamente di 135 e 136 morti[22], la maggior parte degli arabi è stata uccisa dalla polizia britannica che difendeva la popolazione ebraica. A Hebron e Gaza alcune famiglie e alcuni notabili arabi si sono mobilitati per proteggere gli ebrei sopravvissuti, senza però riuscire a convincerli a restare. A Tiberiade gli ebrei e gli arabi hanno unito le forze riuscendo a scoraggiare i potenziali aggressori. Ma queste dimostrazioni di solidarietà hanno ben poco valore di fronte alla convinzione sempre piú diffusa nello *Yishuv* che si sia trattato di pogrom organizzati nella peggior tradizione antisemita.

Secondo la commissione d'inchiesta istituita dal governo britannico, «la causa essenziale» dei disordini risiede nel fatto che «gli arabi temono che, in seguito all'immigrazione ebraica e all'acquisto delle terre, verranno privati dei loro mezzi di sussistenza e posti sotto il controllo politico degli ebrei»[23]. La leadership sionista si oppone a questa interpretazione, affermando che «la questione della terra non esiste a Safad e Hebron, dove i disordini sono stati piú terribili. La folla non ha mai gridato: "Ridateci la nostra terra", ma ha ripetuto: "Ci levano i nostri luoghi santi"»[24]. In effetti a determinare l'inizio dei disordini sono state voci di un attacco ebraico alla Spianata delle Moschee, ma per quanto i sionisti accusino il gran muftī al-Husayni di averli pianificati, quest'ultimo è stato chiaramente colto alla sprovvista dalla portata delle violenze.

Poiché i leader arabi della Palestina hanno poco o nessun accesso alla stampa internazionale, la versione sionista dei disordini antisemiti, senza alcun fondamento politico o territoriale, non fatica a imporsi. Sebbene non si trovasse in Palestina al momento dei fatti, Albert Londres, il celebre giornalista del «Petit Parisien», traccia un quadro terrificante dei massacri di Hebron: «Amputarono mani e dita, tennero le teste sopra un fornello, cavarono gli occhi. Un rabbino stava immobile e raccomandava a Dio i suoi ebrei: lo scotennarono e gli *strapparono* il cervello». Londres non sembra mai sazio di enumerare le sevizie commesse, a suo dire, dagli arabi: «Gli uomini furono mutilati. Le ragazze di tredici anni, le madri e le nonne furono fatte rotolare nel sangue e violentate in gruppo»[25]. Sostiene che a Safad un insegnante ebreo sia stato ucciso insieme alla moglie da «tre ex allieve» e che gli ebrei siano stati massacrati dai loro vicini arabi, fino ad allora loro amici[26]. Per aggravare il quadro dipinge il pur moderato sindaco di Gerusalemme, Ragheb al-Nashashibi, come un fanatico nazionalista pronto a sterminare decine di migliaia di ebrei al giorno[27]. Londres non spende una parola per gli arabi morti – che pure non sono meno degli ebrei – e, trascinato dal suo zelo sionista, afferma che la dichiarazione Balfour è stata firmata da «cinquantadue nazioni», e non dal solo governo britannico[28].

L'ascesa al potere di Adolf Hitler nel gennaio del 1933, seguita da un'ondata di misure antisemite a Berlino, suscita una forte emozione nello *Yishuv*, dove si moltiplicano gli appelli al boicottaggio dei prodotti tedeschi. L'Agenzia ebraica decide invece, nell'agosto del 1933, di concludere un accordo di «trasferimento» con le autorità naziste, che nei sei anni successivi conduce all'immigrazione di 53 000 ebrei in Palestina. Laddove tra il 1920 e il 1932 solo 3000 ebrei erano immigrati in Palestina dalla Germania[29], questa ondata di nuovi arrivi contribuisce alla spettacolare espansione della popolazione ebraica, che ben presto rappresenta un terzo degli abitanti della Palestina. Conformemente all'accordo di «trasferimento» con il regime nazista, al loro arrivo in Palestina gli immigrati ebrei recuperano il valore dei loro averi depositati in un conto vincolato in Germania e convertiti in cambio di prodotti di esportazione tedeschi, un sistema che permette a Berlino di aggirare le campagne di boicottaggio internazionali. Weizmann è inoltre ricevuto a piú riprese da Benito Mussolini, che nel febbraio del 1934 si mostra favorevole alla creazione di uno stato ebraico, una volta che la Palestina sarà «divisa in cantoni, gli uni riservati agli arabi e gli altri agli ebrei»[30]. Weizmann incoraggia il Duce in questa direzione, affermando che «esiste già una divisione di fatto del paese», perché la maggior parte degli arabi «vive nelle regioni montuose, mentre gli ebrei sono principalmente insediati sulla costa e nelle pianure»[31].

L'accordo tra l'Agenzia ebraica e la Germania di Hitler, seguito dal sostegno di Mussolini al progetto sionista, non impedisce alla stampa dello *Yishuv* di accusare regolarmente gli arabi di collusione con il nazismo e il fascismo[32]. Bisogna però aspettare il gennaio del 1941 – vale a dire piú di un anno dopo l'inizio della Seconda guerra mondiale – perché il gran muftī al-Husayni, esiliato a Baghdad, auguri a Hitler «una brillante vittoria e la prosperità per il grande popolo tedesco e per l'Asse nel prossimo futuro»[33]. Nel mese di giugno la riconquista dell'Iraq da parte dell'esercito britannico costringe al-Husayni a fuggire in Iran, poi in Turchia e in Italia, e infine in Germania, dove entra al servizio del Führer. Tra novembre e dicembre è ricevuto a tre riprese da Hitler, sempre ossessionato dai «sabotaggi» degli ebrei ai danni della Germania. Quando il gran muftī osa commentare che «noi arabi crediamo che dietro tutti questi sabotaggi ci sia il sionismo e non gli ebrei», Hitler replica: «Siete un popolo sentimentale»[34].

Lo scandaloso allineamento di al-Husayni con Hitler non ha alcuna incidenza sulla Palestina, dove il numero delle reclute ebree e arabe tra gli ausiliari britannici è equiparabile*, ma ha un grande impatto nel dopoguerra, quando il gran muftī, tornato in Egitto nel maggio del 1946, impone nuovamente i suoi diktat al Supremo comitato arabo. Nello stesso momento Ben Gurion insiste con i leader britannici – che pure non ha risparmiato negli anni precedenti – sulla «comunità di valori» che li unisce ai sionisti[35]. Ma al-Husayni si invischia allora in una linea massimalista di boicottaggio delle consultazioni condotte dalla Gran Bretagna e poi dall'Onu sulla Palestina, macchiando al contempo la causa palestinese con la sua fama di ex collaboratore di Hitler. In un momento in cui l'orrore dello sterminio nazista suscita un'ondata di solidarietà verso i sopravvissuti alla Shoah, il rifiuto di al-Husayni di fare la minima autocritica è diplomaticamente disastroso. Durante i dibattiti cruciali che portano l'Assemblea generale dell'Onu a votare il piano di partizione della Palestina nel novembre del 1947, i sostenitori americani di uno stato ebraico distribuiscono a tutte le delegazioni un fascicolo che accusa il muftī e il suo entourage di figurare tra i «peggiori criminali di guerra dell'Asse» sulla base di documenti riservati del dipartimento di Stato[36]. Il sostegno di Stalin alla partizione della Palestina per ostilità alla «reazione araba» resuscita inoltre l'alleanza tra Urss e Stati Uniti contro la barbarie nazista nonostante l'inizio della guerra fredda.

La propaganda sionista non esita a invocare questo stigma hitleriano durante la guerra giudeo-araba che scoppia in Palestina subito dopo il voto dell'Onu sulla partizione del paese. Quando nell'aprile del 1948 lancia il suo assalto finale a Haifa, l'*Haganah* ordina alle milizie arabe di consegnare a Israele tutti i «nazisti europei» presenti tra le loro file[37]. Tuttavia dopo la resa della città non si segnala nessuna traccia di questi «nazisti». L'entità delle espulsioni della popolazione è inoltre ampiamente occultata dalla stampa internazionale. Si crea cosí una grande narrazione, in eco alla Shoah, in cui il piccolo stato ebraico, accerchiato da ogni lato, è stato invaso subito dopo la sua proclamazione da tanti eserciti arabi coalizzati e votati alla sua distruzione. La realtà è che gran parte dei combattimenti non si svolgono nel territorio assegnato dall'Onu allo stato ebraico, ma

* Cfr. p. 211.

in quello che sarebbe potuto diventare uno stato arabo, un territorio che la controffensiva israeliana continuerà a smembrare. Quanto alla «coalizione» araba, esiste solo sulla carta, perché la Transgiordania è segretamente scesa a patti con Israele.

Eppure è l'eroica resistenza del giovane Stato di Israele a commuovere e persino a sconvolgere l'opinione pubblica occidentale. I piú famosi reporter dell'epoca, da poco formati alla dura scuola dell'Europa in guerra, confluiscono a Tel Aviv per immortalare la «guerra d'indipendenza» dello stato ebraico. Tra questi Robert Capa, già celebre per le sue fotografie della guerra civile spagnola e dello sbarco in Normandia, decide di documentare i combattimenti solo dalla parte israeliana, cosí come aveva scelto il campo repubblicano in Spagna e l'esercito americano nel 1944. Afferma inoltre che «in una guerra bisogna odiare qualcuno o amare qualcuno»[38], rinunciando cosí a qualsiasi pretesa di neutralità. Torna peraltro in Israele dopo il cessate il fuoco del 1949, questa volta per immortalare l'insediamento di centinaia di migliaia di immigrati ebrei. Realizza persino un film di propaganda per un'organizzazione sionista di New York, la United Jewish Appeal. Ma Capa è solo uno dei tantissimi giornalisti occidentali sedotti dal mito della «rinascita» di Israele. In compenso quasi nessuno fotografa l'esodo palestinese, cosa che contribuirà a lungo alle campagne negazioniste della *Nakba*, la «Catastrofe» palestinese.

L'Onu sotto pressione.

Israele incarna il paradosso di uno stato creato da una decisione dell'Onu che tuttavia non cessa di contestarne la presunta «parzialità» nei suoi confronti. Sebbene Folke Bernadotte, il mediatore svedese nominato dall'Onu nel maggio del 1948, abbia contribuito al salvataggio di migliaia di ebrei dai campi di concentramento, i suoi contatti con i funzionari israeliani sono fin da subito molto tesi, cosa che contrasta con la volontà della parte araba a cooperare[39]. I diplomatici interessati coniano ben presto l'adagio secondo cui «se sei d'accordo con loro al 90 per cento, gli israeliani ti accusano di essere antisemita a causa del restante 10 per cento, mentre se sei d'accordo con gli arabi al

10 per cento, ti celebrano come un amico, e non si curano del restante 90 per cento»[40].

Nel giugno del 1948 Bernadotte elabora un piano di pace fondato sull'internazionalizzazione di Gerusalemme e sul ritorno di centinaia di migliaia di profughi palestinesi, due proposte che suscitano le ire di Ben Gurion. Tre mesi dopo il mediatore dell'Onu è assassinato da un commando del *Lehi*, due dei cui membri, condannati in Israele, sono amnistiati poco dopo. La censura militare israeliana proibisce ai giornalisti stranieri anche solo di menzionare l'attentato, la cui notizia è diffusa in tutto il mondo dalla parte araba[41]. L'assassinio del primo diplomatico incaricato della risoluzione pacifica del conflitto israelo-palestinese è oggi ricordato a Tel Aviv in un museo celebrativo del *Lehi* finanziato dal ministero della Difesa[42]. All'epoca l'Onu osserva un minuto di silenzio in memoria di Bernadotte. Lo shock collettivo è tale che in dicembre l'Assemblea generale approva una risoluzione che sancisce il «diritto al ritorno» dei profughi palestinesi. Ma laddove la risoluzione sulla partizione della Palestina adottata un anno prima ha effettivamente portato alla nascita di Israele, la risoluzione sul diritto al ritorno – seppure con lo stesso valore legale – rimane lettera morta.

Ralph Bunche, il vice americano di Bernadotte che gli succede come mediatore in Palestina, non ha infatti nessuna voglia di subire le tragiche sorti del suo predecessore svedese. Per questo nel 1949 supervisiona la negoziazione di quattro armistizi tra Israele e i suoi vicini arabi, che però equivalgono solo a una sospensione delle ostilità e non alla fine dello stato di guerra. Il popolo palestinese non è piú rappresentato né in questi negoziati interstatali né alla conferenza convocata dall'Onu a Losanna, che si conclude senza essere riuscita a risolvere la «questione palestinese». Proprio perché è ancora in sospeso, la «questione» comincia ad alimentare la piú importante banca dati giuridica delle Nazioni Unite, che si riempie di testi rimasti inapplicati a causa dell'ostruzionismo di Israele[43].

Il Medio Oriente entra quindi in un lungo limbo tra la pace e la guerra dove il popolo palestinese – il cui destino è letteralmente sospeso – risulta la vittima principale. Mentre i giornalisti accorrono in Israele per ammirare l'exploit dell'integrazione di enormi ondate di immigrati ebrei, solo l'Onu documenta per un pubblico ristretto la costruzione, nel 1950, dei primi campi profughi permanenti (non esistono invece immagini del terribile inverno tra il 1948 e il 1949, in cui la fame e la malattia hanno decimato i bambini palestinesi ammassati nelle tende di Gaza)[44]. La diplomazia americana fa quindi in modo di trasformare l'Agenzia dell'Onu per il soccorso ai rifugiati palestinesi (Unrpr) in un'Agenzia per il soccorso e l'occupazione in Medio Oriente (Unrwa), il cui nome indica che oltre a «soccorrere» i profughi palestinesi, l'agenzia dovrà ormai farli «lavorare» nel contesto di un esilio che si annuncia duraturo.

Non solo l'acronimo della nuova agenzia non menziona la Palestina, ma il suo mandato non prevede esplicitamente il «diritto al ritorno» dei profughi, sebbene questo diritto sia sancito da una risoluzione della stessa Onu. La differenza con l'Alto commissariato delle Nazioni Unite per i rifugiati (Unhcr), istituito un anno dopo e la cui missione include il rimpatrio dei profughi, è evidente. L'Unrwa è inoltre finanziata unicamente da contributi volontari, sulla base di un mandato che l'Onu deve rinnovare a intervalli regolari. Questo status «provvisorio prolungato indefinitamente» riflette perfettamente il tempo sospeso in cui i profughi palestinesi sono ormai condannati a vivere. Laddove nel 1949 l'Unrpr stimava il numero di profughi a 910 000[45], al momento della sua fondazione, un anno dopo, l'Unrwa registra 726 000 profughi ammissibili ai suoi servizi di sostegno alimentare, sanitario, scolastico e di «occupazione»[46]. La differenza tra queste due cifre è il risultato della confusione dell'immediato dopoguerra e dei criteri piú restrittivi dell'Unrwa. Dal canto suo Israele avanza la cifra di 530 000 profughi[47]. Alla Conferenza di Losanna Ben Gurion propone di rialloggiarne 100 000 a saldo di ogni debito, un'offerta che decade con il fallimento della conferenza.

La maggior parte di questi profughi vive nelle decine di campi allestiti dall'Unrwa in Cisgiordania, nella Striscia di Gaza, in Transgiordania, in Siria e in Libano. Costruiti secondo una pianta a scacchiera, questi campi non dovrebbero ospitare edifici piú alti di un piano per mantenere l'illusione di un «ritorno» e prevenire cosí l'insediamento (*tawtin*) nel paese ospitante. Mentre gli Stati Uniti sono di gran lunga il principale finanziatore dell'Unrwa, la logica vorrebbe che Israele – direttamente responsabile di un tale disastro umanitario – contribuisse almeno simbolicamente al bilancio dell'agenzia incaricata di alleviarne le conseguenze. Ma lo stato ebraico non ne vuole sapere e anzi adotta un paradigma di inversione delle responsabilità destinato a prosperare, accusando l'Unrwa di alimentare la «questione palestinese» con sempre piú virulenza a mano a mano che lo status di rifugiato si trasmette da una generazione all'altra.

Per quanto determinante, il contributo finanziario degli Stati Uniti all'Unrwa ha poco peso di fronte al loro sostegno multiforme a Israele, che all'epoca dipende da aiuti esterni per almeno il 75 per cento del suo bilancio[48]. Lo stato ebraico può anche beneficiare del trattato di riparazione firmato nel settembre del 1952 con la Repubblica Federale Tedesca, che si fa carico di tutta l'eredità della Germania storica, mentre la Repubblica Democratica, affiliata al blocco sovietico, si proclama in rottura antifascista con il passato nazista. È quindi solo la Germania Ovest a impegnarsi a versare a Israele 750 milioni di dollari in quattordici rate annue per coprire i costi di integrazione di circa 250 000 sopravvissuti alla Shoah nello stato ebraico[49]. Sebbene Bonn rifiuti di riconoscere Israele come l'erede degli ebrei sterminati dal regime di Hitler, l'importo di questi trasferimenti finanziari e la loro regolarità fino al 1966 risultano essenziali per la prima generazione di israeliani.

I laburisti israeliani possono anche contare sull'incrollabile sostegno dei loro compagni dell'Internazionale socialista, primo fra tutti Guy Mollet e la Sezione francese dell'Internazionale operaia (Sfio). Nel febbraio del 1956, nominato alla guida del governo sullo sfondo dell'insurrezione nazionalista in Algeria, Mollet confida al suo omologo britannico Anthony Eden che «dopo aver arginato l'offensiva del panslavismo, l'Occidente deve oggi fare i conti con quella del panislamismo, non senza collusioni con il panslavismo sovietico»[50]. All'epoca la Francia è il principale fornitore di armi a Israele, una cooperazione militare metodicamente sviluppata dal laburista Shimon Peres, direttore generale del ministero della Difesa israeliano e molto ben introdotto presso i compagni socialisti di Parigi. Nel mese di luglio la nazionalizzazione del canale di Suez da parte di Nasser suscita un'ondata di entusiasmo nel mondo arabo, ma anche una feroce campagna sulla stampa occidentale, che paragona il presidente egiziano a un «nuovo Hitler»[51].

Nell'ottobre del 1956 la Francia, la Gran Bretagna e Israele avviano colloqui segreti per elaborare una risposta comune a Nasser. Ben Gurion propone a Mollet, la cui priorità è porre fine al sostegno egiziano alla guerriglia algerina, una «soluzione completa ai problemi del Medio Oriente» in cui Israele occuperebbe la Cisgiordania e il resto della Giordania sarebbe annesso all'Iraq nell'ambito di un accordo per l'insediamento definitivo dei profughi palestinesi[52]. Questo piano a dir poco ambizioso non è nemmeno preso in considerazione da Eden, che si accontenta di approvare l'accordo tripartito, concluso segretamente a Sèvres, circa un'offensiva coordinata contro l'Egitto sotto la copertura di una «forza di interposizione» franco-britannica nella zona del canale di Suez. Per giustificare pubblicamente questa aggressione, Mollet legge davanti ai deputati francesi lo stesso testo che Mitterrand, allora ministro della Giustizia, pronuncia davanti ai senatori, un testo che celebra l'«attaccamento» del popolo israeliano «ai diritti umani e alla democrazia» di fronte al «dittatore» Nasser[53].

Temendo che l'Urss possa approfittare di questa diversione mediorientale per reprimere la rivolta anticomunista in Ungheria, il presidente Eisenhower ordina il ritiro delle forze franco-britanniche dal canale di Suez nel novembre del 1956 e l'evacuazione di Gaza da parte dell'esercito israeliano nel marzo del 1957. Le stragi e le esecuzioni sommarie che le forze di occupazione israeliane hanno perpetrato per quattro mesi dentro i confini dell'enclave palestinese suscitano pochissima attenzione internazionale. Solo il «New Yorker» invia a Gaza un giornalista che, oltre ai massacri, riscontra quanto è «difficile vivere a lungo in una prigione di 300 000 detenuti senza sentirsi claustrofobici»[54]. È la prima volta che la Striscia di Gaza è paragonata a una prigione a cielo aperto, ma sfortunatamente non sarà l'ultima. Quanto a Mollet, indignato di aver dovuto abbandonare lo stato ebraico nel momento del bisogno, avvia segretamente un programma di cooperazione franco-israeliano sul nucleare militare che verrà portato avanti dai suoi successori.

La superiorità morale rivendicata da Israele costituisce anche un'importante risorsa strategica nel suo confronto con gli eserciti arabi e nella sua negazione del popolo palestinese. La dottrina della «purezza delle armi» – un concetto coniato nelle truppe d'assalto dell'*Haganah* – è stata adottata da *Tzahal* fin dalla proclamazione dello Stato di Israele. In compenso il riconoscimento del solo massacro di Deir Yassin da parte dei dissidenti dell'*Irgun* e del *Lehi* nell'aprile del 1948 ha permesso di far passare sotto silenzio le stragi commesse dall'*Haganah* e poi da *Tzahal* durante la guerra implacabile per la Palestina*. Anche la liquidazione di migliaia di palestinesi «infiltrati» tra il 1948 e il 1956 è stata occultata, cosí come il terribile bilancio dei quattro mesi di occupazione israeliana a Gaza tra il 1956 e il 1957 è di gran lunga sottovalutato. Tra i palestinesi si diffonde la sensazione che le loro vite valgano ben poco di fronte a un oppressore israeliano la cui «moralità» è esaltata con tanta enfasi. E non a caso bisogna aspettare il massacro di centinaia di prigionieri egiziani da parte di *Tzahal* nel Sinai, nei primissimi giorni del novembre del 1956, perché la reputazione di «purezza» israeliana venga, se non distrutta, perlomeno intaccata[55].

In privato i leader israeliani accusano Eisenhower e la sua amministrazione di averli «traditi» durante la crisi di Suez[56]. Il ministero degli Esteri israeliano decide quindi di sviluppare negli Stati Uniti una propria diplomazia pubblica denominata *hasbara*, termine ebraico per «spiegazione». Nel settembre del 1958 lo scrittore di successo Leon Uris pubblica *Exodus*, un romanzo il cui protagonista, un ufficiale dell'*Haganah*, supervisiona l'immigrazione illegale in Palestina di un gruppo di sopravvissuti all'Olocausto, prima di prendere parte alla «guerra d'indipendenza» di Israele. Il libro, nato dagli scambi tra Uris e il console israeliano a Los Angeles, è alimentato da un lungo soggiorno dell'autore in Israele, dove è accompagnato da un diplomatico israeliano. Un altro diplomatico israeliano ha il privilegio di rileggere il manoscritto e di correggerlo prima della pubblicazione. Il romanzo diventa presto un best seller e Otto Preminger decide di adattarlo per la United Artists di Hollywood con Paul Newman nel ruolo di protagonista.

Il film è girato in Israele, dove nel luglio del 1959 Preminger è ricevuto da Ben Gurion, da numerosi ministri e dal capo di

* Cfr. pp. 151-56.

stato maggiore. Le scene di giubilo per l'approvazione del piano di partizione delle Nazioni Unite sono riprese a Gerusalemme, dove il governo israeliano organizza una lotteria *ad hoc* per attirare la folla locale. Zoabi, un ex collaboratore dell'*Haganah* diventato sindaco di Nazareth*, garantisce la collaborazione delle comparse arabe nella rappresentazione di un villaggio della Galilea che ha vissuto pacificamente con i suoi vicini sionisti fino a quando gli invasori arabi del 1948, addestrati da improbabili istruttori nazisti, vi seminano l'odio e la desolazione. Dopo una prima a New York nel dicembre del 1960, *Exodus* fa il tutto esaurito anche nel resto degli Stati Uniti. La diplomazia israeliana si mobilita per garantire che il film sia proiettato in tutto il mondo, dove avrà un'influenza duratura sulla percezione del conflitto israelo-arabo.

Tale successo è difficile da uguagliare per i due film successivi di questa «era israeliana» di Hollywood[57], *Judith* di Daniel Mann, in cui Sophia Loren interpreta una sopravvissuta alla Shoah rifugiatasi in un kibbutz che è attaccato nel 1948 dal suo ex marito, il comandante nazista dei soldati siriani, e *Combattenti della notte*, in cui Kirk Douglas è un ebreo americano che diventa un ufficiale dell'*Haganah* e viene ucciso nel 1948 durante la «guerra di indipendenza». Quello che accomuna tutti questi film è l'associazione della guerra israeliana del 1948 alla lotta antinazista, o perché inventano di sana pianta un contributo hitleriano alla campagna araba, come in *Exodus* e in *Judith*, o a causa della partecipazione dell'eroe di *Combattenti della notte* alla liberazione dei campi di concentramento nel 1945.

In Francia l'unità nazionale intorno a Israele esclude solo il Partito comunista – soprattutto per fedeltà all'Urss – e alcuni gruppuscoli cristiani sensibili alle sofferenze dei profughi palestinesi. L'intensa cooperazione con Israele nel campo della difesa e degli armamenti prosegue anche nel 1958 dopo l'avvento della Quinta Repubblica, con la consegna di 20 cacciabombardieri Super Mystère a partire dal 1959, seguita da quella di 72 Mirage III a partire dal 1961, poi di elicotteri Super Frelon nel 1965 e della nuova generazione di Mirage V nel 1966. A partire dal 1961 la Francia fornisce inoltre a Israele

* Cfr. p. 266.

385 tonnellate di uranio per dieci anni, a condizione che il combustibile arricchito le venga restituito sotto il controllo degli Stati Uniti[58]. Charles de Gaulle crede allora di aver sospeso la collaborazione con Israele sul nucleare militare, anche se alcune società francesi continuano a lavorare nel sito israeliano di Dimona fino al 1965 per onorare i contratti conclusi[59]. È comunque troppo tardi per impedire che la tecnologia francese, già trasferita a Israele, consenta al paese di dotarsi dell'arma atomica. Nel 1966 entra in funzione la centrale di Dimona, al centro del programma nucleare israeliano.

Quando nel giugno del 1960 riceve Ben Gurion, de Gaulle lo definisce «uno dei piú grandi statisti di questo secolo», prima di qualificare Israele come «il nostro amico, il nostro alleato» durante una nuova visita del primo ministro a Parigi nel febbraio del 1961[60]. L'intellighenzia progressista non è meno impegnata al fianco dello stato ebraico, come dimostra Jean-Paul Sartre durante la sua visita in Egitto e in Israele del marzo del 1967. Invitato a visitare la Striscia di Gaza dai suoi ospiti egiziani, Sartre esprime compassione per la condizione dei profughi, ma nessuna solidarietà con le loro aspirazioni nazionali. Dichiara poi in Israele: «I campi profughi [che ho] visitato la settimana scorsa a Gaza sono una realtà che avrà un peso notevole sul futuro di Israele»[61]. Al suo ritorno si lancia nella preparazione di un numero dedicato al conflitto arabo-israeliano per la sua rivista «Les Temps modernes». Le circa mille pagine di questa edizione speciale, pubblicata subito dopo la Guerra dei sei giorni, fanno coabitare, anziché dialogare, diciassette «punti di vista arabi» e ventisette «punti di vista israeliani». I palestinesi rappresentano solo una minoranza dei «punti di vista arabi» e sono paradossalmente piú numerosi, in quanto cittadini arabi di Israele, tra i «punti di vista israeliani».

Davide contro Golia.

L'accerchiamento arabo di Israele del maggio del 1967 diffonde in tutto il mondo – e ben al di là della diaspora ebraica – il timore di una nuova Shoah per mano di Nasser, ancora una volta paragonato a Hitler. Il conto alla rovescia per l'offensiva israeliana della Guerra dei sei giorni è segnato dal moltiplicarsi dei gesti di solidarietà incondizionata verso lo stato ebraico, come la canzone in cui Serge Gainsbourg si dichiara pronto a «difendere contro ogni nemico la sabbia e la terra che mi sono state promesse | a costo di morire per la sabbia di Israele, le città di Israele, la Terra d'Israele | tutti i Golia venuti dalle piramidi indietreggeranno davanti alla Stella di David»[62]. Il riferimento a Davide che trionfa su Golia diventa onnipresente dopo la conquista israeliana di Gerusalemme Est, della Cisgiordania e di Gaza, oltre che della penisola egiziana del Sinai e delle alture siriane del Golan. Il nuovo esodo di centinaia di migliaia di palestinesi, registrati dall'Onu come «sfollati» per distinguerli dai «rifugiati» del 1948, suscita un interesse a dir poco limitato all'interno dell'opinione pubblica occidentale.

Israele autorizza il Comitato internazionale della Croce Rossa (Cicr) a operare nei territori appena occupati, compresa Gerusalemme Est, annessa di fatto nel giugno del 1967. Ma il governo Eshkol rifiuta di applicare integralmente le Convenzioni di Ginevra dell'agosto del 1949 sul diritto di guerra, in particolare la Quarta convenzione sulla protezione dei civili in tempo di guerra. Si considera infatti vincolato solo dalle clausole «umanitarie» di queste convenzioni, come le visite ai prigionieri e il ricongiungimento famigliare. Continua a contestare che i territori siano definiti «occupati», considerandoli piuttosto «amministrati» o «contesi». Il suo rifiuto riguarda in particolare l'articolo 49 della Quarta convenzione di Ginevra, che vieta, «qualunque ne sia il motivo», «i trasferimenti forzati, in massa o individuali»[63]. Per una volta il rifiuto israeliano si scontra con la fermezza degli Stati Uniti, che quattro giorni dopo la fine del conflitto si uniscono al voto unanime del Consiglio di sicurezza dell'Onu in favore della Risoluzione 234, che esige lo «scrupoloso rispetto» di tutte le Convenzioni di Ginevra[64]. La posizione di principio di Washington non impedisce però a Israele di continuare ad applicare il diritto umanitario di guerra in modo selettivo.

Le forze israeliane che trionfano nel giugno del 1967 sono in gran parte equipaggiate con armamenti francesi. Poiché De Gaulle ha dichiarato solennemente che la Francia non avrebbe sostenuto la parte che avesse aperto le ostilità, la sua consegna di armi a Israele è ufficialmente sospesa durante il conflitto, anche se Parigi autorizza segretamente la fornitura di pezzi di ricambio cruciali per l'aviazione israeliana[65]. Tuttavia Sartre descrive come un «capriccio insopportabile» la decisione di De Gaulle[66], che alimenta peraltro una violenta campagna di denigrazione della Francia in Israele e negli Stati Uniti. E l'incrollabile sostegno del presidente Johnson all'offensiva israeliana in una logica di guerra fredda è accompagnato da un'ascesa dei «sionisti cristiani» sulla scena americana*.

I diplomatici francesi discutono animatamente con i loro omologhi americani e britannici perché nel novembre del 1967 sia finalmente approvata la Risoluzione 242 del Consiglio di sicurezza dell'Onu. Sebbene il preambolo di questo testo sottolinei «l'inammissibilità dell'acquisizione di territori attraverso la guerra», solo la versione francese chiede «il ritiro delle forze armate israeliane dai territori occupati durante il recente conflitto», mentre la versione inglese, con lo stesso valore legale, omette un articolo cruciale, prevedendo il semplice ritiro «dai territori occupati» (*from occupied territories*). Tuttavia le due versioni concordano nel chiedere solo una «giusta soluzione al problema dei rifugiati» senza mai menzionare il termine «palestinese»[67]. Il popolo palestinese viene cosí occultato da questa risoluzione fondamentale per il futuro del Medio Oriente e da cui deriva la formula «terra in cambio di pace» che sarà al centro del futuro processo di pace.

Pochi giorni dopo il voto di questa risoluzione a New York, De Gaulle dichiara che Israele «organizza, nei territori di cui si è impadronito, un'occupazione che non può avere luogo senza oppressioni, repressioni ed espulsioni, e in quegli stessi territori si manifesta contro di lui una resistenza che descrive a sua volta come terrorismo»[68]. Questa dialettica tra «occupazione», «resistenza» e «terrorismo» è già forte in bocca all'eroe della Francia libera. Ma è il riferimento agli ebrei come un «popolo elitario, spavaldo e dominatore»[69] a scatenare le polemiche che accusano De Gaulle di aver stigmatizzato tutta una comunità anche sul suolo francese. Eshkol e i suoi ministri denunciano «un grave insulto al popolo ebraico e al governo di Israele»[70].

* Cfr. p. 43.

Alla leggenda nera di una Francia che pugnala alle spalle Israele durante una battaglia esistenziale si aggiunge ora un processo per antisemitismo. La verità è che Israele non ha piú alcun interesse a una partnership con la Francia – che pure gli è stata a lungo favorevole anche in campo nucleare – e che la crisi con De Gaulle gli permette di dare risalto alla convergenza strategica con gli Stati Uniti. Si impone inoltre il paradigma di uno stato ebraico abbastanza esigente da infangare qualsiasi leader e qualsiasi paese che osi denunciare i fatti compiuti, anche quando quel leader e quel paese gli hanno fino a quel momento fornito aiuti sostanziali, aiuti che nel caso della Francia sono stati letteralmente inestimabili per i primi vent'anni. Questo paradigma è destinato a ripetersi con sempre piú virulenza dopo ogni critica internazionale allo stato ebraico.

Mentre un flusso costante di visite piú o meno ufficiali, viaggi organizzati e soggiorni nei kibbutz consolida le reti di solidarietà di Israele nei paesi occidentali, a partire dall'agosto del 1969 un rivolo di militanti di varia provenienza confluisce in Giordania per schierarsi a fianco dei *feddayin*. Jean-Luc Godard vi trova il soggetto del suo documentario *Ici et ailleurs* e Jean Genet del suo romanzo postumo *Un captif amoureux*. Ma il sostegno alla causa palestinese – anche negli ambienti piú politicizzati – non può essere neanche lontanamente paragonato al livello di mobilitazione contro la guerra del Vietnam. È ancora piú vero negli Stati Uniti, dove inoltre esiste una spaccatura all'interno del movimento per i diritti civili tra gli attivisti ebrei, molto attaccati alla sicurezza di Israele soprattutto dopo la guerra del giugno del 1967, e i loro compagni afroamericani, piú sensibili al registro anti-imperialista della retorica dei *feddayin*.

La corrente filopalestinese, già ultraminoritaria in Europa e negli Stati Uniti, è ulteriormente indebolita dall'escalation terroristica dell'Fplp, con la presa di decine di ostaggi occidentali in alcuni alberghi di Amman nel giugno del 1970, seguita tre mesi dopo dal dirottamento di tre aerei di linea europei verso un aeroporto della Giordania. Se è vero che tutti gli ostaggi sono rilasciati indenni, il tumulto suscitato da questi attacchi indiscriminati è esacerbato dalla rivalità tra i vari gruppi terroristici, che culmina nell'attentato del Settembre nero al padiglione israeliano alle Olimpiadi di Monaco nel settembre del 1972. Sebbene prendano di mira i leader civili dell'Olp piú che i terroristi attivi e non risparmino le vittime collaterali anche sul suolo europeo, le rappresaglie decise da Golda Meir sono considerate tanto legittime quanto efficaci dalla maggior parte dell'opinione pubblica occidentale.

Nel 1974 Arafat riesce a invertire questa spirale distruttiva e a dare un nuovo orizzonte politico all'Olp*. I nuovi paesi indipendenti dell'Africa e dell'Asia vedono l'occupazione dei territori palestinesi e la loro colonizzazione ormai conclamata da parte di Israele come un anacronismo sempre piú scandaloso. Il peso di questi stati all'Onu è senza precedenti, tanto che nell'ottobre del 1974 l'Assemblea generale approva l'invito di Arafat a New York con 105 voti contro 4 (Israele, Stati Uniti, Bolivia e Repubblica Dominicana). Nel suo intervento del mese successivo alla tribuna dell'Onu, il leader dell'Olp afferma di presentarsi «con un ramo d'ulivo e il fucile dei combattenti. Non lasciate che il ramo d'ulivo cada dalla mia mano». L'ambasciatore di Israele alle Nazioni Unite replica che l'Assemblea generale ha «capitolato di fronte a un'organizzazione di assassini» votata a «versare il sangue ebraico»[71].

Di lí a poco la stessa Assemblea generale dell'Onu riconosce il diritto del popolo palestinese all'autodeterminazione, all'indipendenza nazionale e alla sovranità, accordando al contempo all'Olp lo status di osservatore. Ma la sessione del novembre del 1975 è molto piú tesa, perché questa volta è l'equiparazione del sionismo all'apartheid, in un contesto di cooperazione multiforme tra Israele e il Sudafrica, ad alimentare una risoluzione sul sionismo in quanto «forma di razzismo». A causa dei suoi eccessi il testo è approvato solo con 75 voti favorevoli, 35 contrari (tra cui, oltre agli Stati Uniti, gli stati europei) e 32 astensioni. L'immagine dell'Onu subisce comunque un duro colpo negli Stati Uniti, mentre si approfondisce il divario tra l'Assemblea generale e il Consiglio di sicurezza, in cui il veto americano protegge Israele da qualsiasi seria condanna. Nel settembre del 1975 la Casa Bianca si è inoltre impegnata con Israele a rifiutare qualsiasi contatto con l'Olp fintanto che la leadership palestinese non

* Cfr. pp. 275-76.

abbia riconosciuto il diritto di Israele a vivere in sicurezza e la Risoluzione 242 del Consiglio di sicurezza dell'Onu.

La pace senza i palestinesi.

Paradossalmente l'isolamento degli Stati Uniti sulla questione palestinese si accentua con il processo di pace israelo-egiziano che Jimmy Carter patrocina a Camp David nel settembre del 1978, prima della conclusione del primo trattato di pace israelo-arabo tra Begin e Sadat nel marzo del 1979. Il presidente americano ha infatti scelto di escludere l'Olp da un processo che finisce per ridursi a una pace israelo-egiziana separata a causa del rifiuto della Giordania di unirsi ai dibattiti sull'autonomia della Cisgiordania e di Gaza. Anziché creare una dinamica di distensione regionale, l'applicazione di questa *Pax americana* in Medio Oriente conduce all'esclusione dell'Egitto dalla Lega araba, che trasferisce la sua sede a Tunisi. Questo squilibrio permette a Valéry Giscard d'Estaing di invocare con successo un'iniziativa autonoma con gli altri otto membri della Comunità economica europea (Germania, Italia, Regno Unito, Belgio, Paesi Bassi, Irlanda, Lussemburgo e Danimarca).

Nel giugno del 1980 il Consiglio europeo adotta a Venezia una dichiarazione secondo cui è «piú necessaria e urgente che mai una soluzione globale del conflitto arabo-israeliano». Prendendo in contropiede l'approccio separato dell'amministrazione Carter, i Nove rimettono il popolo palestinese al centro dell'equazione regionale: «Il problema palestinese, che non è un semplice problema di rifugiati, deve infine trovare una giusta soluzione. Il popolo palestinese, che ha coscienza di esistere in quanto tale, deve essere messo in grado, mediante un processo adeguato definito nel quadro della soluzione globale di pace, di esercitare appieno il suo diritto all'autodeterminazione». Il Consiglio europeo afferma inoltre che «l'Olp [dovrà] essere associata al negoziato» e che «gli insediamenti israeliani costituiscono un ostacolo grave al processo di pace», soprattutto perché sono «illegali alla luce del diritto internazionale»[72].

Questa rivendicazione di autonomia europea irrita gli Stati Uniti, la cui priorità è sempre stata quella di neutralizzare, tanto militarmente quanto politicamente, l'influenza dell'Urss in Medio Oriente. Questa irritazione si acuisce nel gennaio del 1981 con l'arrivo alla Casa Bianca di Ronald Reagan, la cui visione di una «nuova guerra fredda» assimila l'Olp all'«Impero del male» del campo sovietico*. Ma quattro mesi dopo Mitterrand sconfigge Giscard d'Estaing alle elezioni presidenziali francesi, portando all'Eliseo un aperto sostenitore degli accordi di Camp David. La Francia si unisce al Regno Unito, all'Italia e ai Paesi Bassi nella Forza multinazionale di osservatori (Mfo) incaricata di supervisionare, a fianco degli Stati Uniti, il ritiro di Israele dal Sinai. Nell'ottobre del 1981 Mitterrand incontra Begin e gli ex presidenti Nixon, Ford e Carter al Cairo per rendere omaggio a Sadat, ucciso in un attentato, e sostenere il suo successore Mubarak alla guida dell'Egitto.

Nonostante questi gesti nei confronti di Washington, Mitterrand resta convinto che sia necessario tenere conto del diritto all'autodeterminazione del popolo palestinese, una convinzione condivisa dall'Unione della sinistra – un'alleanza tra i socialisti e i comunisti – allora al potere a Parigi. Nel marzo del 1982 il presidente francese, che ha visitato Gaza nel 1972 e incontrato Arafat nel 1974, menziona sia l'Olp sia lo stato palestinese davanti alla Knesset. Tre mesi piú tardi l'invasione israeliana del Libano provoca un braccio di ferro diplomatico tra Washington, che sostiene con forza l'operazione «antiterrorismo» di Begin, e Parigi, che sta lavorando a una contropartita politica alla smilitarizzazione dell'Olp, in particolare sotto forma di una risoluzione del Consiglio di sicurezza dell'Onu che completi la 242 affermando il diritto del popolo palestinese all'autodeterminazione[73]. Ma questo progetto non viene mai messo al voto a causa della minaccia di un veto americano, in un contesto in cui l'Onu fatica a riprendersi dall'umiliazione inflitta da Israele ai suoi Caschi blu nel Sud del Libano (un militare norvegese dell'Onu è stato ucciso dagli invasori cui tentava invano di opporsi).

Questa debolezza dell'Onu apre la strada a Forze multinazionali di ispirazione americana, sul modello di quelle presenti nel Sinai. La prima, composta da contingenti americani, francesi e italiani, è dispiegata a Beirut nell'agosto del 1982 per su-

* Cfr. p. 51.

pervisionare il trasferimento di Arafat e di migliaia di suoi *feddayin*, ma si ritira troppo in fretta per impedire i massacri nei campi profughi palestinesi di Sabra e Shatila il mese successivo. La seconda torna quindi a Beirut con una missione distinta per ciascuno dei suoi componenti: gli Stati Uniti insistono sulla stabilizzazione del governo libanese e l'Italia sulla protezione dei civili palestinesi, mentre la Francia cerca di equilibrare queste due priorità. Tuttavia la Forza multinazionale non riesce a impedire la «scomparsa» di centinaia di palestinesi per mano delle milizie filoisraeliane, che spesso eliminano i civili poco dopo averli rapiti[74].

Il piano Reagan del settembre del 1982 prevede unicamente un negoziato tra Israele e la Giordania sull'autonomia dei territori palestinesi che Israele dovrebbe evacuare. Washington continua infatti a escludere il dialogo con l'Olp, cosí come la prospettiva di uno stato palestinese. Al contrario Mitterrand ritiene che l'Olp debba essere preservata in quanto interlocutrice, a tempo debito, di Israele, sulla base di un riconoscimento reciproco tra le due parti. È per questo che nel dicembre del 1983 l'esercito e la diplomazia francese si mobilitano per salvare Arafat e le migliaia di *feddayin* assediati dall'esercito siriano a nord del Libano*. Ma Reagan approva il bombardamento israeliano degli uffici dell'Olp a Tunisi nell'ottobre del 1985 come «autodifesa contro gli attacchi terroristici»[75], mentre Mitterrand si preoccupa per il colpo inferto a Bourguiba, il primo presidente arabo a essersi impegnato, vent'anni prima, in favore del riconoscimento di Israele.

La prima *intifada* accentua queste divergenze transatlantiche. Laddove la diplomazia americana lascia mano libera a Israele nella repressione della rivolta palestinese, nel febbraio del 1988 Mitterrand considera che queste «stragi quotidiane» sono «assolutamente intollerabili»[76]. Nel novembre del 1988, dopo il riconoscimento di Israele da parte dell'Olp ad Algeri, il presidente francese saluta «la nascita di una nazione palestinese identificata come tale agli occhi delle altre nazioni del mondo» e «riconosce il diritto dei palestinesi a vivere in un territorio costituito in quanto stato indipendente»[77]. Tuttavia, a diffe-

* Cfr. p. 236.

renza del 1974, gli Stati Uniti rifiutano di concedere ad Arafat un visto che gli permetta di intervenire all'Assemblea generale dell'Onu. La sessione plenaria del dicembre del 1988 è quindi trasferita a Ginevra, dove il leader dell'Olp inserisce nel suo discorso in arabo le frasi in inglese richieste da Washington sul riconoscimento di Israele.

Il gesto di Arafat provoca finalmente l'apertura di un dialogo americano-palestinese, che si limita però a livello dell'ambasciatore degli Stati Uniti a Tunisi e di un membro del Comitato esecutivo dell'Olp, Yasser Abed-Rabbo. Questo dialogo, avviato nelle ultime settimane della presidenza Reagan, prosegue sotto il mandato del suo successore, George H. Bush, senza tuttavia sfociare in una svolta politica. Ciò si spiega sia a causa del rango intermedio dei due negoziatori, sia a causa della priorità accordata da Washington al piano Shamir per le elezioni nei territori occupati. Nell'ottobre del 1989 la diplomazia americana prevede infatti solo una serie di trattative israelo-palestinesi al Cairo sulle modalità di queste elezioni, in cui Israele ha un diritto di veto sulla composizione della delegazione palestinese, da cui l'Olp deve essere esclusa. Un'apertura tanto limitata alimenta la frustrazione nelle file palestinesi, fino alla sospensione del dialogo tra gli Stati Uniti e l'Olp nel giugno del 1990.

Secondo Mitterrand «sarebbe auspicabile» che l'amministrazione Bush fosse esigente con Israele come lo è con l'Olp[78]. È per correggere questo squilibrio nella posizione americana che il presidente francese propone, dopo l'invasione del Kuwait da parte di Saddam Hussein, che il necessario ritiro iracheno porti a una «dinamica di buon vicinato, nel rispetto della pace e della sicurezza per tutti» in Medio Oriente[79]. Mitterrand pensa al Libano, dove Bush ha appena fornito il suo avallo alla repressione della minoranza cristiana da parte di Assad, conducendo quest'ultimo a unirsi alla coalizione anti-irachena in Kuwait. Ma l'Eliseo pensa soprattutto alla richiesta palestinese di uno stato indipendente, una rivendicazione che deve essere presa in considerazione, a prescindere dagli errori di Arafat in merito al suo allineamento con Baghdad.

Nel febbraio del 1991 la liberazione del Kuwait da parte della coalizione guidata dagli Stati Uniti è accompagnata da massicce atrocità contro la popolazione palestinese dell'emirato, accusata di collaborare con l'occupante iracheno. Poco dopo Mitterrand chiede che si tenga rapidamente una conferenza di pace sotto l'egida dell'Onu, che permetterebbe a Israele di «disporre di confini davvero sicuri e riconosciuti» e ai palestinesi di «possedere un'identità, una patria e uno stato in quanto popolo». Il presidente francese non nasconde la sua preoccupazione qualora la conferenza non dovesse essere convocata al piú presto: «La liberazione del Kuwait ha risolto solo un problema tra tanti. Sono stati presi impegni, sono state suscitate speranze. Dobbiamo rispondervi. Adottare un doppio standard vorrebbe dire assassinare il diritto internazionale emergente!»[80]. Non solo questo avvertimento rimane inascoltato, ma la conferenza di pace convocata da Bush a Madrid nell'ottobre del 1991 esclude sia l'Olp sia una delegazione palestinese autonoma.

Il processo americano.

Il presidente repubblicano è determinato a gettare le basi per un «nuovo ordine mondiale» post-sovietico in Medio Oriente. Dopo il piano militare della liberazione del Kuwait, la parte politica della Conferenza di Madrid mira piú a lanciare un processo sotto lo stretto controllo degli Stati Uniti che a suggellare la pace arabo-israeliana. Bush affida simbolicamente la copresidenza dei lavori a Gorbačëv, leader di un'Urss cui restano poche settimane di vita. Tutti i partecipanti hanno ricevuto un invito americano, accompagnato per ogni parte da una specifica lettera di garanzia sui punti sensibili. Il segretario generale dell'Onu e il presidente olandese del Consiglio europeo sono presenti solo a titolo di osservatori. Bush è infatti un sostenitore dell'*UNilateralism*, vale a dire l'«unilateralismo Onu» che ha già permesso agli Stati Uniti di condurre la campagna del Kuwait con l'avallo dell'Onu. Due mesi dopo Madrid l'Assemblea generale dell'Onu annulla, con 111 voti contro 25, la sua risoluzione del 1975 sul sionismo come forma di razzismo. Per quanto riguarda i dodici membri della Comunità economica europea, Bush riconosce loro solo il diritto a finanziare, a tempo debito, la *Pax americana* in Medio Oriente.

Durante i primi negoziati tra Israele e la delegazione giordano-palestinese, a Washington nel dicembre del 1991, la diplomazia americana si limita a una «neutralità passiva» e manifesta[81]. Questa sessione viene interrotta a causa del rifiuto dei rappresentanti israeliani di incontrare i palestinesi senza i giordani. Il mediatore americano sospende quindi le trattative ufficiali, anche se i delegati proseguono le discussioni informali sui divani dei corridoi del dipartimento di Stato. È soltanto durante le sessioni successive che i delegati israeliani accettano di dialogare con i soli rappresentanti palestinesi, un dialogo faticoso e accidentato che contrasta con la fluidità degli scambi paralleli tra gli israeliani e i giordani. Nel gennaio del 1992 il primo ministro Shamir lancia la sua campagna elettorale da una colonia della Cisgiordania in segno di aperta provocazione nei confronti di Washington. Incoraggia anche il suo protetto Netanyahu, allora viceministro degli Esteri, a denunciare i «confini di Auschwitz» rappresentati dalle linee di cessate il fuoco del 4 giugno 1967, a loro volta basate sugli accordi israelo-arabi del 1949[82]. Il tema del «nuovo Olocausto», già utilizzato per giustificare l'offensiva di Israele all'inizio della Guerra dei sei giorni, è ormai riciclato per rifiutare qualsiasi ritiro sostanziale dai territori palestinesi occupati da allora.

L'ostruzionismo di Shamir durante i colloqui di pace ha un impatto determinante sulla sua sconfitta alle elezioni parlamentari del giugno del 1992 contro un Rabin sostenuto dal «campo della pace». Ma il nuovo primo ministro laburista lo mantiene comunque alla guida della delegazione israeliana nei colloqui con i palestinesi. E insiste sulla necessità di un periodo di transizione di cinque anni, rifiutato dai rappresentanti palestinesi che insistono invece sulla sovranità di cui l'entità destinata a diventare uno stato indipendente dovrà godere fin dall'inizio. Questa paralisi a Washington, accentuata dalla «neutralità passiva» della mediazione americana, convince Rabin ad aprire un canale di negoziazione segreto e diretto con l'Olp a Oslo. E sono proprio queste trattative senza nessuna interferenza americana a portare alla svolta storica degli accordi di Oslo, firmati alla Casa Bianca nel settembre del 1993 sotto gli auspici di Bill Clinton.

Durante la sua seconda visita di stato in Israele, nel novembre del 1992, Mitterrand dichiara che «la legge è la stessa» tra lo «stato per Israele» e lo «stato per i palestinesi»[83], entrambi previsti dal piano di partizione delle Nazioni Unite del 1947. Diventa cosí il primo leader occidentale ad appoggiare la soluzione a due stati. Ed è proprio «in qualità principale di rappresentante della nuova entità territoriale di Gaza e Gerico» che accoglie Arafat a Parigi nell'ottobre del 1993, in un gesto di affermazione protocollare di sovranità per il capo della nuova Autorità palestinese[84]. Ma come a Madrid la Francia resta emarginata dal processo di pace, perché Clinton ne affida la gestione a Dennis Ross, uno specialista della guerra fredda promosso dall'amministrazione Bush dopo la crisi del Kuwait.

Ross e il suo vice, Aaron David Miller, condividono, per ammissione dello stesso Miller, «una tendenza fondamentale a vedere la politica arabo-israeliana dalla prospettiva di Israele piuttosto che da quella dei palestinesi». Questa tendenza deriva da una «forte identità ebraica» e dalla convinzione che il successo dei negoziati dipenda da un «certo grado di coordinamento con Israele», per non dire da una «difesa pubblica delle [sue] posizioni»[85]. A questo si aggiunge la scelta di Ross di esercitare un'«ambiguità costruttiva» ai suoi occhi destinata a incoraggiare i progressi bilaterali, anche a rischio che ciascuna parte dia un'interpretazione diversa dei punti concordati. Ma per Ross questa «ambiguità» non può che avvantaggiare Israele, da qui il crescente disagio della parte palestinese di fronte alla parzialità dimostrata dall'inviato speciale di Clinton. D'altronde né gli israeliani né i palestinesi credono al mito dell'«onesto mediatore» (*honest broker*) americano, i primi perché sono convinti di poterlo influenzare, mentre i secondi hanno troppa esperienza con la concertazione israelo-americana a loro discapito. Come se non bastasse la tentazione di dare la priorità a un accordo di pace tra Israele e la Siria rispetto a una soluzione definitiva della questione palestinese resterà forte durante tutta l'amministrazione Clinton.

La Casa Bianca approfitta del fatto di aver rinviato le discussioni sullo status finale al 1999 per tornare sulle posizioni fino ad allora assunte su Gerusalemme Est, che non è piú considerata pubblicamente un territorio occupato, e sugli insediamenti israeliani, che non sono piú un «ostacolo alla pace» ma un «fattore di complicazione»[86]. Di conseguenza Washington accetta un incremento significativo degli insediamenti da parte di Rabin, con cui il numero di coloni in Cisgiordania e Gaza passa da 98 000 a 138 000 in tre anni[87]. Il ragionamento americano, a dir poco paradossale, è che il primo ministro laburista, una volta conquistato il favore dei coloni, potrà imporre piú facilmente i futuri ritiri israeliani. Gli Stati Uniti ritengono anche che la ripetuta chiusura dei confini della Cisgiordania, e a maggior ragione della Striscia di Gaza, costituisca una legittima esigenza per la sicurezza di Israele, sebbene mini l'economia dei territori palestinesi, sempre piú dipendenti dai donatori stranieri e dal trasferimento all'Autorità palestinese delle tasse riscosse da Israele, tra le altre cose, sui prodotti importati.

L'illusione che il processo di pace si sarebbe svolto tra due parti su un piano di parità si infrange ulteriormente nel marzo del 1995 con la visita di Al Gore, il vicepresidente degli Stati Uniti, in Israele. Durante il suo soggiorno esprime infatti il desiderio di recarsi nei territori palestinesi, ma esclude Gaza per motivi di sicurezza. Arafat lo accoglie quindi a Gerico, l'oasi della valle del Giordano che in questa fase è l'unica parte della Cisgiordania passata sotto il controllo dell'Autorità palestinese. Ma anziché prosperare Gerico non ha fatto che declinare dopo l'applicazione degli accordi di Oslo. Le agenzie viaggi israeliane rifiutano infatti di portare i turisti in questa enclave palestinese, che è chiusa su tutto il perimetro da posti di blocco dell'esercito di occupazione. Sebbene Gerusalemme si trovi solo a mezz'ora di automobile, per recarvisi è ormai necessaria un'autorizzazione scritta dei soldati israeliani. Il primo anno di autonomia si conclude nel maggio del 1995 con il triste bilancio di 200 giorni di chiusura su 365 e circa 100 000 palestinesi esclusi dal mercato del lavoro israeliano[88].

Nel settembre del 1995, durante i durissimi negoziati per concludere gli accordi di Oslo II, Ross non esita a fare pressione sulla delegazione palestinese, anche se lascia che sia il Congresso americano a minacciare la chiusura dell'ufficio dell'Olp a Washington o la sospensione degli aiuti economici all'Autorità palestinese[89]. Peres celebra un accordo che «lascia nelle mani di Israele il 73 per cento della superficie dei territori, il 97 per cento della sicurezza e l'80 per cento dell'acqua» della Cisgiordania occupata[90]. Nonostante il suo status di territorio occupato dal 1967, Gerusalemme Est non viene mai nominata, e i suoi abitanti arabi potranno partecipare alle elezioni dell'Autorità palestinese solo in quanto residenti all'esterno dell'entità palestinese. Quanto al ritiro israeliano, concerne Ramallah, Nablus, Betlemme e Jenin, ma esclude Hebron, la piú grande città della Cisgiordania, a causa della presenza di alcune centinaia di coloni israeliani nel suo centro storico.

Netanyahu, diventato leader del *Likud* e quindi dell'opposizione a Rabin, assimila da tempo il nazionalismo palestinese alla barbarie nazista. Non contento di definire le linee di cessate il fuoco israelo-arabe del 1949 come i «confini di Auschwitz», traccia un parallelo a dir poco discutibile tra i palestinesi della Cisgiordania e i tedeschi dei Sudeti cecoslovacchi, annessi al Reich di Hitler dopo gli accordi di Monaco del 1938. Critica inoltre la volontà dell'Olp di «convincere l'Occidente che gli abitanti arabi di queste montagne, proprio come i tedeschi dei Sudeti, sono un popolo separato che merita il diritto all'autodeterminazione». La conclusione di questo ragionamento è senza appello: «Non è sorprendente che gli arabi si siano direttamente ispirati ai nazisti, come hanno fatto troppo spesso per lottare contro Israele»[91]. Ma queste generalizzazioni si diffondono solo nell'ottobre del 1995, durante la violentissima campagna scatenata da Netanyahu e dalle frange piú estremiste dei coloni contro Oslo II*. È allora che i palestinesi e Arafat vengono accusati di essere al contempo «terroristi» e «nazisti», uno stigma esteso anche a Rabin, che alcuni manifestanti dipingono come un ufficiale delle SS.

L'assassinio di Rabin non suscita nessun esame di coscienza sulle fonti di questa violenza nella società israeliana, mentre Netanyahu mantiene un basso profilo, ma si astiene da qualsiasi autocritica. Il «terrorismo» continua a essere associato ai soli palestinesi, una convinzione condivisa in Israele e negli Stati Uniti, soprattutto dopo l'ondata di attentati suicidi di *Hamas* del febbraio e del marzo del 1996, che due mesi dopo contribuisce all'elezione a sorpresa di Netanyahu. Il nuovo primo ministro, determinato a sabotare gli accordi di Oslo, conosce molto bene il processo decisionale negli Stati Uniti e sa di potervi

* Cfr. pp. 114-15.

mobilitare i suoi alleati sionisti cristiani*. Nel gennaio del 1997 riesce a fare in modo che Hebron sia l'unica città della Cisgiordania a non essere completamente evacuata, dal momento che un migliaio di soldati israeliani continua a proteggere le poche centinaia di coloni del centro città. Il mese successivo lancia il cantiere di una nuova colonia a Har Homa, strategicamente situata alla periferia di Gerusalemme. Se inizialmente la colonia suscita le ire dell'amministrazione Clinton, la Casa Bianca la approva un anno e mezzo dopo.

Netanyahu giustifica le sue limitate concessioni a Hebron affermando che «in cambio conserva tutta o quasi tutta la Giudea-Samaria»[92]. In seguito si feliciterà di aver «mandato a monte Oslo» allargando arbitrariamente le zone di sicurezza da cui è escluso qualsiasi ritiro israeliano[93]. E si vanterà soprattutto di «sapere cos'è l'America» e di essere in grado di «manipolarla nella giusta direzione»[94]. In realtà Ross è molto piú sensibile alle difficoltà incontrate da Netanyahu all'interno della sua coalizione di governo che alla sfida posta da *Hamas* e dall'opposizione palestinese ad Arafat. Inoltre nel marzo del 1999, poco prima del termine del periodo di transizione di cinque anni, il Congresso degli Stati Uniti esorta Clinton a opporsi alla proclamazione di uno stato palestinese da parte di Arafat attraverso una risoluzione approvata a larghissima maggioranza tanto al Senato (con 98 voti contro 1) quanto alla Camera dei Rappresentanti (con 380 voti contro 24).

I «processori» di pace americani hanno ridotto l'Unione europea a un ruolo di mera finanziatrice degli accordi, la cui applicazione appare ancora piú onerosa se si considera che dopo gli accordi di Oslo il Pnl dei territori palestinesi è diminuito di un quinto (vale a dire un calo di oltre un terzo per il Pnl pro capite)[95], il tasso di disoccupazione è triplicato e l'insieme degli aiuti internazionali compensa a malapena gli effetti deleteri delle chiusure dei confini[96]. Jacques Chirac, che nel maggio del 1995 è succeduto a Mitterrand all'Eliseo, si è a lungo accontentato di questa marginalizzazione europea. Ma i dibattiti sulla proclamazione di uno stato palestinese al termine del periodo di transizione portano la diplomazia francese a mobilitarsi in

* Cfr. pp. 56-58.

favore del rinvio di questa proclamazione da parte di Arafat in cambio del sostegno al principio stesso di uno stato palestinese da parte dell'Unione europea, allora sotto la presidenza della Germania di Angela Merkel.

È in quest'ottica che il vertice europeo di Berlino del marzo del 1999 «ribadisce il diritto permanente e assoluto dei palestinesi all'autodeterminazione, compresa l'ipotesi di uno Stato palestinese» e «auspica che esso possa essere esercitato appieno in tempi brevi». L'Ue esprime la «convinzione [...] che la creazione di uno Stato palestinese sovrano, pacifico, democratico e vitale in base agli accordi esistenti e per via negoziale offra la migliore garanzia per la sicurezza israeliana», da qui la sua «disponibilità a prendere in considerazione a tempo debito il riconoscimento di uno Stato palestinese». Netanyahu invoca la memoria della Shoah per condannare questa posizione dell'«Europa, dove è morto un terzo degli ebrei»[97]. In compenso Arafat accetta il compromesso proposto da Chirac e si astiene da qualsiasi proclamazione unilaterale. Dei quindici membri dell'Unione europea, sette (Francia, Germania, Regno Unito, Italia, Belgio, Svezia e Grecia) dispongono da molto tempo di un consolato generale a Gerusalemme competente per i territori palestinesi, mentre altri sette (Paesi Bassi, Spagna, Portogallo, Irlanda, Danimarca, Austria e Finlandia) hanno aperto una rappresentanza presso l'Autorità palestinese a Ramallah a partire dal 1995.

Nel maggio del 1999 l'elezione di Barak alla presidenza del governo israeliano alimenta la speranza di un rilancio volontaristico del processo di pace. Ma Clinton e Barak danno la priorità alla negoziazione di un accordo con la Siria, una prospettiva che si infrange con il fallimento del vertice americano-siriano di Ginevra del marzo del 2000. Di fatto l'unico trattato arabo-israeliano concluso dopo gli accordi di Oslo è stato quello dell'ottobre del 1994 tra Israele e la Giordania, in cui gli Stati Uniti non hanno fatto altro che ospitare la cerimonia della firma. Ciò illustra i limiti di una mediazione americana che, messa in scacco sulla questione della Siria e assente dai colloqui con la Giordania e dalle discussioni di Oslo con l'Olp, finisce per mobilitarsi, negli ultimi mesi del secondo mandato di Clinton, per ottenere un accordo di pace israelo-palestinese piuttosto che compromessi intermedi.

I negoziati di Camp David del luglio del 2000, che si svolgono a porte chiuse, mettono in luce le ricorrenti debolezze dei negoziatori americani: la loro parzialità verso Israele (che le aspre critiche di Barak non fanno che accentuare), il loro rifiuto di imporre una soluzione alle due parti (che con ogni evidenza avrebbero bisogno di questa pressione per imporla al proprio campo) e soprattutto la loro mancanza di soluzioni alternative in caso di stallo nelle trattative. Durante il vertice israelo-egiziano di Camp David del 1978, i diplomatici americani avevano preparato ben ventitre bozze di accordo fino alla conclusione finale, mentre l'équipe di Clinton è immediatamente destabilizzata dal rifiuto israeliano delle sue proposte iniziali[98]. Ma quel che è piú grave è che, contrariamente agli impegni presi con Arafat, Ross fa ricadere tutta la responsabilità del fallimento di Camp David sulla parte palestinese. Non solo distorce i fatti affermando che «Arafat ha detto di no a tutto»[99], ma in piú avvalora la propaganda israeliana sull'assenza di un partner palestinese per la pace.

Il clamoroso fallimento della diplomazia americana illustra anche i limiti dell'approccio transazionale costantemente adottato dall'amministrazione Clinton. Quando Arafat chiede che gli scambi territoriali tra gli israeliani e i palestinesi si basino sulle linee del 4 giugno 1967, il presidente americano replica che sono a Camp David, non all'Onu[100]. Eppure il diritto internazionale e le relative risoluzioni delle Nazioni Unite potrebbero fornire il quadro giuridico per i colloqui. Al contrario, le «concessioni» di Barak ai mediatori americani consistono solo in emendamenti circa le sue richieste di sicurezza, mentre l'«intransigenza» di Arafat equivale alla riaffermazione dei diritti riconosciuti ai palestinesi dall'Onu. E non è un diplomatico americano, bensí l'inviato speciale dell'Ue in Medio Oriente – l'attivissimo Miguel Ángel Moratinos –, che nel gennaio del 2001 si occupa di documentare i negoziati israelo-palestinesi definitivi[101], negoziati cui le violenze della seconda *intifada* hanno conferito un'urgenza assoluta.

Le due soluzioni a due stati.

George W. Bush, che si insedia alla Casa Bianca il 20 gennaio 2001, poco prima dell'elezione di Sharon alla guida del governo israeliano, esclude di mettere gli israeliani e i palestinesi – anche formalmente – su un piano di parità. Gli attentati jihadisti dell'11 settembre 2001 a New York e Washington accentuano questa parzialità, con la nomina del capo della Cia – e non di un diplomatico americano – come interlocutore privilegiato di Arafat nell'ottica esclusiva di una cooperazione anti-terroristica. E quando il 24 giugno 2002 Bush assegna un orizzonte politico ai palestinesi, lo fa all'esplicita condizione che si sbarazzino dei loro leader «compromessi con il terrorismo».

Questa ingiunzione della Casa Bianca interviene in un momento in cui Arafat è già assediato da diversi mesi nella presidenza dell'Autorità palestinese a Ramallah. Gli Stati Uniti prendono l'iniziativa di costituire un Quartetto cui associano l'Onu, la Russia e l'Unione europea, piú per allargare la loro base diplomatica in Medio Oriente e neutralizzare qualsiasi voce discordante che per tenere realmente conto della diversità dei punti di vista. Vladimir Putin ritrova cosí lo status protocollare di cui la Russia aveva goduto sotto l'Urss di Gorbačëv alla Conferenza di Madrid del 1991. Ma è l'integrazione dell'Onu in un organo dominato di fatto dagli Stati Uniti a segnare l'apogeo di questo «unilateralismo Onu», in cui Washington tratta le Nazioni Unite come una mera cassa di risonanza del potere americano.

L'invasione americana dell'Iraq del marzo del 2003 – lanciata senza consultare l'Onu, che pure dodici anni prima aveva legittimato la campagna di liberazione del Kuwait – minaccia di indebolire il dispositivo diplomatico in Medio Oriente. L'amministrazione Bush reagisce facendo adottare al Quartetto una «Road Map» per la pace in aprile. La creazione della carica di primo ministro dell'Autorità palestinese, affidata ad Abbas, fa parte della prima fase di questo calendario di pace, durante la quale la cessazione delle violenze palestinesi dovrebbe corrispondere al congelamento di ogni colonizzazione israeliana. Le due fasi successive prevedono una conferenza internazionale per l'istituzione provvisoria di uno stato palestinese, seguita da un'altra conferenza internazionale per la sua creazione definitiva. Ma dal momento che gli attacchi palestinesi continuano, cosí come l'espansione delle colonie israeliane, questo virtuoso calendario resta puramente teorico.

Mentre la «Road Map» di ispirazione americana si arena di fronte alla prosecuzione delle violenze e alla costruzione da parte di Sharon di un «muro di separazione» in Cisgiordania, la soluzione a due stati viene presentata nel dicembre del 2003 sotto la forma dell'iniziativa di Ginevra*. Promossa da negoziatori israeliani e palestinesi coinvolti nel processo di pace – da Oslo nel 1993 a Taba nel 2001 –, questa iniziativa non governativa si appoggia sul documento dell'inviato speciale dell'Ue Moratinos per proporre una soluzione definitiva al conflitto tra i due popoli[102]. La soluzione passa per l'annessione dei blocchi di colonie sulla base di uno scambio di territori tra Israele e la Palestina, due stati di cui Gerusalemme sarà la capitale condivisa. Lo stato palestinese sarà smilitarizzato e si impegnerà a reprimere non solo il terrorismo, ma anche l'incitamento alla violenza. Jimmy Carter e Simone Veil partecipano alla cerimonia di lancio.

Laddove Mitterrand aveva mobilitato la diplomazia e l'esercito francese per salvare Arafat, assediato a Beirut nel 1982 e poi a Tripoli nel 1983, Chirac si accontenta di accogliere un presidente palestinese prostrato da due anni e mezzo di assedio che sarebbe morto poco dopo. E la Francia compie questo gesto solo su richiesta urgente di Sharon, che teme una ripresa dell'*intifada* se Arafat dovesse morire in Cisgiordania. Quanto all'Unione europea, la sua visione di una «soluzione a due stati» riprende piú la priorità anti-terroristica del presidente Bush che l'equa riconciliazione dell'iniziativa di Ginevra. Il successore di Moratinos come inviato speciale dell'Ue è il riservatissimo Marc Otté, la cui missione principale è quella di rappresentare i Venticinque all'interno del Quartetto. I dieci nuovi membri dell'Ue, nessuno dei quali possiede una presenza storica a Gerusalemme, sono particolarmente sensibili alla retorica israeliana, tanto piú che ai loro occhi si oppone all'eredità sovietica da cui vogliono emanciparsi entrando a far parte dell'Europa unita.

Nel luglio del 2004 la Corte internazionale di giustizia dell'Aia dichiara che il muro costruito da Israele in Cisgiordania è «contrario al diritto internazionale», che «Israele non può invocare il diritto di autodifesa» e che «il tracciato scelto per il muro» altera «la composizione demografica del territorio palestinese

* Si veda la mappa 9.

occupato», aggregando alcune sue parti al territorio israeliano. La suprema istanza del diritto internazionale ordina quindi a Israele non solo di «smantellare immediatamente» il muro, tanto in Cisgiordania quanto a Gerusalemme Est, ma anche di «risarcire tutti i danni provocati dalla [sua] costruzione»[103]. È così sancito il principio secondo cui Israele dovrà sostenere i costi della ricostruzione e indennizzare le vittime delle operazioni di repressione e colonizzazione condotte nei territori occupati dal 1967. Per quanto ufficialmente impegnata a promuovere questo tipo di norme internazionali, l'Ue si astiene da qualsiasi iniziativa nei confronti di Israele, cui d'altronde non chiede nemmeno di risarcire la demolizione di numerosi edifici costruiti o allestiti con finanziamenti europei durante la rioccupazione della Cisgiordania.

La trappola di Gaza.

Sharon non ha intenzione né di seguire la «Road Map» del Quartetto né di rispettare le prescrizioni della Corte dell'Aia. Una volta sconfitta la seconda *intifada*, decide quindi di far ripiegare le truppe israeliane verso «confini sicuri», cosa che implica – dopo la costruzione del muro in Cisgiordania – il ritiro da Gaza. Ma questo ritiro non può essere che unilaterale per Sharon, che rifiuta di conferire ad Abbas la legittimità di un partner nel timore di un ritorno d'attualità della soluzione a due stati. Di fronte a questo stallo Abbas ottiene dalla Casa Bianca che il generale William Ward, già incaricato di ristrutturare la sicurezza palestinese, si occupi anche di coordinare il ritiro da Gaza con Israele. Ward si rende presto conto che la polizia palestinese, le cui armi restano strettamente limitate da Israele, non è abbastanza forte per imporsi sulle milizie di Gaza.

Nell'aprile del 2005 James Wolfensohn lascia la presidenza della Banca Mondiale per diventare il rappresentante del Quartetto in Medio Oriente. Tre mesi dopo, durante il vertice del G8, presenta un ambizioso piano di sviluppo per Gaza, della durata di tre anni e del valore di tre miliardi di dollari, che prevede la riapertura dell'aeroporto (distrutto da un bombardamento israeliano nel dicembre del 2001), la costruzione di un porto e, soprattutto, il ripristino della libertà di circolazione, essenziale per la ripresa economica. Wolfensohn è talmente convinto del potenziale di Gaza che riesce a raccogliere 14 milioni di dollari tra i suoi compatrioti americani (cui contribuisce personalmente con mezzo milione di dollari) per garantire il trasferimento di varie serre agricole dalle colonie israeliane verso gli agricoltori palestinesi.

Questo bel progetto è mandato letteralmente in fumo dalla politica della «terra bruciata» dei coloni, che distruggono serre e abitazioni prima di evacuare Gaza nell'agosto del 2005. In compenso Sharon, che pure si era impegnato a demolire le sinagoghe delle colonie, le lascia intatte, dando luogo a saccheggi che minano ulteriormente l'immagine dei palestinesi. Di fronte a queste esplosioni di caos miliziano, il primo ministro israeliano si erge a statista in grado di imporre dolorose concessioni al proprio popolo senza che la parte avversa sappia approfittarne. Si diffonde cosí, ben oltre le reti filoisraeliane, la grande narrazione di un ritiro generosamente concesso agli abitanti di Gaza, che trasformano la loro enclave in un santuario del terrorismo subito dopo l'evacuazione dell'occupante.

La realtà è che Israele ha iniziato a costruire un muro di cemento alto diversi metri intorno alla Striscia di Gaza e ha chiuso brutalmente la zona industriale di Erez, a nord dell'enclave, e che i pescatori, autorizzati dagli accordi di Oslo a navigare fino a venti miglia nautiche, sono costretti dalla marina israeliana a limitarsi a nove miglia. Nell'ottobre del 2005 Sharon lancia un'ondata di bombardamenti su Gaza simbolicamente chiamata «Eterno inizio» e bisogna aspettare il mese successivo perché Israele e l'Autorità palestinese concludano finalmente un accordo sulla mobilità e l'accesso a Gaza. Sharon era infatti talmente riluttante a collaborare con Abbas su Gaza che Wolfensohn ha dovuto minacciare di dimettersi e coinvolgere direttamente la diplomazia americana per far sí che questo accordo, sebbene di natura tecnica, venisse firmato.

È in questo complicatissimo contesto che nel gennaio del 2006 si tengono le elezioni parlamentari palestinesi, finanziate dall'Ue che vi invia i suoi osservatori per garantire la libertà e l'imparzialità del voto. Nonostante il suo impegno l'Europa non pone condizioni alla partecipazione di *Hamas*, in ragione del fatto che lo stesso governo israeliano non vi pone il suo veto. Le cancellerie occidentali, convinte che *al-Fatah* vincerà come nel 1996, non si rendono conto dei profondi strascichi della seconda *intifada* e della tentazione di un voto di protesta contro l'incuria e la corruzione dell'Autorità palestinese. Ciò non fa che aumentare la loro sorpresa di fronte alla vittoria di *Hamas*, a sua volta preso alla sprovvista da questo inatteso successo*.

L'Ue reagisce esigendo che *Hamas* rinunci alla violenza, riconosca Israele e rispetti gli accordi che questo ha concluso con l'Olp. Per quanto ragionevoli in termini assoluti, queste tre condizioni sarebbero state piú efficaci se formulate prima del voto. Non tengono inoltre conto dei lunghi anni di trattative che hanno permesso di portare l'Olp al riconoscimento di Israele. L'ultimatum europeo è infatti il risultato di uno squilibrio interno ai Venticinque, abituati al fatto che l'allineamento della maggior parte dei nuovi membri con Israele sia compensato da posizioni meno parziali della Francia. Ma Chirac è ormai in preda a una smania di rivalsa nei confronti di Bashar al-Assad, il dittatore siriano che aveva a lungo protetto, prima di accusarlo dell'omicidio di Rafiq al-Hariri, l'ex primo ministro libanese, nell'aprile del 2005 a Beirut. Molto vicino ad al-Hariri, che definiva un «fratello»[104], il presidente francese associa *Hamas* ad Assad e assume nei suoi confronti una linea intransigente.

È cosí che le tre condizioni poste dall'Ue a *Hamas* vengono riprese all'interno del Quartetto, da cui Wolfensohn, amareggiato dal disastro di Gaza, finisce per dimettersi. Gli Stati Uniti e Israele lanciano una campagna di isolamento sistematico dell'enclave palestinese, dove Hanieh, nonostante la sua preferenza per un governo di unità nazionale, è costretto a formare un esecutivo a dominante islamista. L'Ue crea un Meccanismo di intervento temporaneo volto ad aggirare il governo di *Hamas* affidando alle Ong budget e missioni fino ad allora di competenza dei ministeri dell'Autorità palestinese. Al di là dei costi esorbitanti di queste circonvoluzioni burocratiche, è il principio stesso di un'Autorità sostenuta come embrione del futuro stato palestinese a essere rimesso in discussione. Un simile passo indietro rafforza per contrasto la partnership fiorente tra l'Ue e

* Cfr. p. 304.

Israele, anche se questa cooperazione dovrebbe svilupparsi solo in funzione dell'avanzamento israeliano verso la coesistenza con uno stato palestinese.

La presa di controllo da parte di *Hamas* della Striscia di Gaza, da cui nel giugno del 2007 l'Autorità palestinese viene espulsa, non fa che esacerbare la tendenza dell'Ue al doppio standard. La divisione dei territori palestinesi tra l'*al-Fatahstan* di Ramallah e l'*Hamastan* di Gaza coincide anche con la nomina come inviato speciale del Quartetto di Tony Blair, che ha appena guidato il governo britannico per dieci anni. Questa nomina al posto di Wolfensohn, rimasto vacante dall'aprile del 2006, è imposta da Bush, sempre grato a Blair per averlo sostenuto senza riserve nell'avventura irachena. E infatti Blair non tarda a inserirsi nell'ottica americana di uno stato palestinese assoggettato a Israele in nome degli imperativi di sicurezza dello stato ebraico. Ai suoi occhi «la sicurezza di Israele non è negoziabile», perché «ne va anche del nostro interesse strategico, quello della Gran Bretagna, dell'Occidente e del mondo»[105].

Sebbene nell'aprile del 2003 il Quartetto avesse fatto pressioni su Arafat affinché creasse la carica di primo ministro responsabile davanti al parlamento palestinese e vi nominasse Abbas, nel giugno del 2007 lo stesso Quartetto incoraggia Abbas a sciogliere il governo di unità nazionale formato tre mesi prima e a nominare il tecnocrate Fayyad nel ruolo di primo ministro senza una maggioranza parlamentare. I finanziatori stanziano immediatamente somme considerevoli, permettendo all'Autorità palestinese di pagare gli stipendi delle decine di migliaia di dipendenti pubblici a Gaza, all'esplicita condizione che rifiutino di prestare servizio nell'amministrazione locale di *Hamas*. Questa generosità internazionale innesca una forma particolarmente perversa di assistenzialismo fazionale nell'enclave assediata da Israele, dove le aziende funzionano ormai solo al 20 per cento della loro capacità[106]. Blair determina una duplice priorità: quella della Cisgiordania su Gaza e quella dello sviluppo economico sul processo di pace, secondo l'illusione già alimentata dai primi sionisti secondo cui l'innalzamento del tenore di vita dei palestinesi mitigherebbe le loro rivendicazioni nazionaliste.

Nel dicembre del 2007, sei mesi dopo il suo ingresso all'Eliseo, Nicolas Sarkozy organizza a Parigi una «conferenza dei donatori per lo stato palestinese», che si conclude con un impegno collettivo a versare 7,4 miliardi di dollari in tre anni. A questo punto la Francia ha abbandonato l'ambizione di contribuire alla risoluzione della questione palestinese che era stata quella di Mitterrand e, in misura minore, di Chirac. Aderisce ormai alla visione prettamente economica di Blair, secondo cui il modello virtuoso di una Cisgiordania prospera e stabile minerebbe il dominio di *Hamas* su Gaza. La realtà è che la supremazia islamista è rafforzata dal blocco israeliano dell'enclave palestinese, soprattutto dopo la devastante offensiva su Gaza tra il dicembre del 2008 e il gennaio del 2009. Le distruzioni provocate da Israele causano la perdita di oltre 100 000 posti di lavoro, facendo impennare il tasso di disoccupazione a due terzi della popolazione attiva di Gaza[107]. Anziché risentire di questo crollo generalizzato, *Hamas* investe con successo nel contrabbando con l'Egitto attraverso una rete di tunnel transfrontalieri.

Blair vanta l'efficacia dei suoi «progetti a impatto rapido», anche se l'idea di riservare corridoi per i turisti stranieri ai posti di blocco israeliani di Betlemme provoca scalpore, perché illustra fino alla caricatura la volontà di ristrutturare l'occupazione senza modificarne la violenza di fondo[108]. Le zone di sviluppo intorno a Hebron e Jenin che Blair afferma di voler trasformare in incubatrici di imprese non vedono mai la luce a causa dei numerosi ostacoli israeliani agli investimenti palestinesi. Solo la pseudo-capitale di Ramallah, tenuta in piedi dagli aiuti internazionali, diventa l'illusoria facciata di questa chimera tecnocratica. Le colossali somme stanziate non fanno altro che sovvenzionare l'occupazione israeliana e – anche indirettamente – la colonizzazione persistente, accentuando al contempo la frammentazione dello spazio palestinese, prima all'interno della stessa Cisgiordania e poi tra Cisgiordania e Gaza[109].

Nel gennaio del 2009 la sostituzione di Bush con Obama alimenta la speranza che la Casa Bianca possa adottare un approccio piú equilibrato in Medio Oriente. Ed è pur vero che nel giugno del 2009 il presidente americano riesce a convincere Netanyahu, tornato tre mesi prima alla guida del governo israeliano, a sostenere la soluzione a due stati. Ma il leader del *Likud* impone a questa soluzione la condizione preliminare del riconoscimento palestinese di Israele in quanto stato ebraico. Non solo questa condizione non è mai stata imposta a nessuno stato arabo, ma non è nemmeno mai stata menzionata durante i lunghi anni di negoziati tra Israele e l'Olp, anche quando Netanyahu era già primo ministro, tra il 1996 e il 1999. Quanto ad Abbas, è legittimamente preoccupato delle ripercussioni di un tale riconoscimento sui diritti dei cittadini arabi in Israele. Nel novembre del 2009 Netanyahu concede a Obama una moratoria di dieci mesi sulla colonizzazione, ma questa sospensione, contrariamente a quanto richiesto da Bush nel 2003, non riguarda né Gerusalemme Est né la crescita «naturale» degli insediamenti esistenti. E nel settembre del 2010 la colonizzazione riprende ancor di piú in Cisgiordania.

Noi contro di loro.

Durante il suo intervento davanti all'Assemblea generale dell'Onu, nel settembre del 2009, Netanyahu intima agli stati membri di scegliere tra «Israele e i terroristi»[110]. Un rapporto di indagine del Consiglio per i diritti umani delle Nazioni Unite ha infatti concluso che durante il recente conflitto a Gaza sia l'esercito israeliano sia *Hamas* si sono resi responsabili di crimini di guerra, in particolare attraverso il bombardamento indiscriminato di civili. Il primo ministro israeliano accusa il rapporto, seppure equilibrato, di essere un «incentivo al terrorismo» e di «complicare la lotta delle democrazie contro il terrorismo»[111]. Mobilita quindi le sue reti al Congresso degli Stati Uniti, dove la Camera dei Rappresentanti esorta Obama, con 344 voti contro 36, a rifiutare categoricamente qualsiasi approvazione di questo rapporto[112]. L'amministrazione democratica fa a sua volta pressione su Abbas perché l'Olp non sostenga il rapporto all'Onu, suscitando le proteste degli attivisti palestinesi per i diritti umani.

L'ondata populista del Tea Party alle elezioni americane di metà mandato del novembre del 2010 consolida il sostegno a Netanyahu al Congresso. Obama, che pure si era espresso in favore dell'ammissione della Palestina all'Onu, ritorna alla richiesta di Bush di un riconoscimento subordinato alla previa approvazione di Israele. L'Unesco, che nell'ottobre del 2011 osa accogliere la Palestina come membro a pieno titolo, viene punita con la sospensione del contributo statunitense, che rappresenta quasi un quarto del suo budget. Washington minaccia di porre il veto all'ammissione formale della Palestina all'Onu presso il Consiglio di sicurezza, costringendo Abbas ad accontentarsi dello status di stato osservatore non membro, approvato dall'Assemblea generale con 138 voti favorevoli, 9 contrari e 41 astensioni. All'opposizione degli Stati Uniti e di Israele si aggiunge tra le altre quella della Repubblica Ceca. In compenso tredici membri dell'Ue (Francia, Spagna, Italia, Grecia, Irlanda, Svezia, Portogallo, Finlandia, Austria, Belgio, Danimarca, Malta e Lussemburgo) votano a favore, mentre gli altri undici si astengono. Questa frammentazione delle posizioni europee su una questione tanto delicata indebolisce ulteriormente il dichiarato impegno dell'Ue in favore della soluzione a due stati.

Le democrazie occidentali devono anche fare i conti con le loro contraddizioni di fronte all'ondata di contestazione democratica che attraversa il mondo arabo e che nel febbraio del 2011 costringe il presidente Mubarak a dimettersi dopo trent'anni al potere. Anziché considerare la caduta del «muro della paura» a sud del Mediterraneo come l'equivalente della caduta del muro di Berlino nel 1989, i leader europei si preoccupano soprattutto del crollo dello status quo dittatoriale. Obama è altrettanto diffidente verso queste «primavere arabe», soprattutto dopo la vittoria dei Fratelli Musulmani alle elezioni presidenziali egiziane del giugno del 2012. Gli Stati Uniti e l'Ue sono atterriti dal successo elettorale degli islamisti al Cairo come lo erano stati sei anni prima da quello di *Hamas* in Cisgiordania e a Gaza, tanto piú che il nuovo governo egiziano incoraggia attivamente la riconciliazione tra *al-Fatah* e *Hamas*.

Per Netanyahu non ci sono dubbi: le rivolte arabe rappresentano una grave minaccia per la stabilità regionale, una tesi che Blair riprende con convinzione. È sorprendente vedere questi due attivi sostenitori dell'invasione americana dell'Iraq – che nel 2003 avrebbe dovuto fare emergere la democrazia nella regione e quindi la pace con Israele – preoccuparsi, meno di dieci anni dopo, della caduta dei dittatori arabi che ormai garantirebbero la sicurezza in Medio Oriente. La realtà è che i trattati di pace che Israele ha firmato con l'Egitto e la Giordania hanno potuto essere imposti a una popolazione in gran parte riluttante solo grazie ai regimi autoritari al potere in questi paesi. E lo stato ebraico non ha nessuna voglia di perdere il suo status di «unica democrazia» della regione, visti i privilegi che questo ruolo gli conferisce su entrambe le sponde dell'Atlantico. Non c'è quindi da meravigliarsi che Netanyahu gioisca del putsch del generale al-Sisi al Cairo nel luglio del 2013 e che continui a scommettere sulla permanenza al potere a Damasco di Bashar al-Assad, considerato piú affidabile dei rivoluzionari siriani.

L'ostruzionismo di Netanyahu non riesce tuttavia a impedire la formazione, nel giugno del 2014, di un governo di coalizione palestinese tra *al-Fatah* e *Hamas*. Gli Stati Uniti e l'Unione europea accettano di trattare con questo governo in virtú della sua natura tecnocratica, cosa che contribuisce, nell'estate del 2014, all'escalation verso una nuova guerra israeliana contro Gaza. Questo conflitto di cinquanta giorni, segnato da una massiccia offensiva di terra da parte di *Tzahal*, è tre o quattro volte piú devastante rispetto alla guerra del 2008-2009. La conferenza internazionale che si tiene al Cairo nel mese di ottobre si conclude con promesse di aiuto di circa 5,4 miliardi di dollari, metà dei quali destinati alla ricostruzione di Gaza e l'altra metà al bilancio dell'Autorità palestinese. Il Qatar, unico paese arabo ad aver aperto una rappresentanza a Gaza, è al primo posto tra i donatori con un miliardo di dollari, molto lontano dall'Ue con i suoi 570 milioni[113]. Come vuole la tacita regola, Israele, assente dal Cairo, non è mai sollecitato a risarcire almeno in parte le distruzioni inflitte a Gaza.

In compenso nel gennaio del 2015 il primo ministro israeliano si autoinvita alla marcia internazionale di solidarietà organizzata a Parigi dopo una serie di attentati jihadisti, uno dei quali ha colpito un negozio kasher a Porte de Vincennes. Messo di fronte al fatto compiuto, il presidente francese François Hollande invita immediatamente Abbas a partecipare, non fosse altro che per impedire a Netanyahu di alimentare la confusione tra le violenze palestinesi e il terrorismo globale. Ma il capo del governo israeliano coglie l'occasione per lanciare un appello «a tutti gli ebrei di Francia, a tutti gli ebrei d'Europa» a emigrare in Israele, che «non è solo il luogo verso cui pregate, Israele è il vostro focolare», cui il primo ministro Manuel Valls risponde solennemente che «la Francia, senza gli ebrei di Francia, non è piú la Francia»[114]. È pur vero che Netanyahu è ostile alla Francia da quando nel dicembre del 2014 l'Assemblea nazionale ha votato, con 339 voti contro 151, in favore del «riconoscimento dello Stato di Palestina» da parte del governo nell'ambito di una «soluzione definitiva del conflitto»[115].

Nell'ottobre del 2015, alla vigilia di un viaggio a Berlino, Netanyahu si spinge ancora oltre nella stigmatizzazione collettiva dei palestinesi. In un intervento in inglese davanti al Congresso sionista riunito a Gerusalemme, accusa Haj Amin al-Husayni di aver dato a Hitler, nel 1941, l'idea stessa della «Soluzione finale». La collaborazione del gran muftī di Gerusalemme con il regime nazista è già di per sé abbastanza evidente da non doverla aggravare con una menzogna storica tanto palese. Certo non è la prima volta che il primo ministro israeliano si prende delle libertà con la realtà dei fatti nell'ottica di equiparare i palestinesi ai nazisti, ma facendo di un palestinese il padre intellettuale della Shoah cerca ormai di cancellare ogni speranza di riconciliazione tra i popoli. La manovra è talmente grossolana che la cancelliera Angela Merkel, quando lo accoglie a Berlino, si sente in dovere di precisare, «a nome del governo tedesco e a nome mio», che «continuiamo ad assumerci la responsabilità tedesca nella Shoah»[116]. Ma ci vorrebbe ben altro per dissuadere Netanyahu dal continuare a diffondere le sue falsificazioni storiche.

Se finora la Francia e la Germania hanno tenuto duro di fronte alle manovre di Netanyahu, le generalizzazioni del premier israeliano hanno trovato un'eco molto favorevole tra i populisti dell'Europa centrale e orientale. Viktor Orbán è tornato alla guida del governo ungherese nel 2010 dopo un primo periodo al potere tra il 1998 e il 2002, in un percorso simile a quello di Netanyahu. I due leader abbracciano le stesse convinzioni «illiberali» sul primato delle autorità elette a suffragio universale di fronte ai contropoteri giudiziari, accademici e mediatici. Nutrono anche un'ostilità condivisa nei confronti di George Soros, un miliardario americano nato in una famiglia ebraica di Budapest e sopravvissuto alla Shoah che sostiene generosamente tanto le organizzazioni per i diritti umani in Israele quanto la società civile in Ungheria. Quando nel luglio del 2017 una campagna del governo ungherese contro Soros rasenta l'antisemitismo, Netanyahu si rifiuta di condannarla e anzi accusa Soros di «ledere i governi israeliani democraticamente eletti finanziando organizzazioni che diffamano lo stato ebraico»[117].

Orbán restituisce il favore a Netanyahu quando, invitato in Israele nel luglio del 2018, si rifiuta di incontrare qualsiasi leader palestinese. Questa connivenza prosegue con l'avallo del primo ministro israeliano al progetto di Orbán per un nuovo museo dell'Olocausto a Budapest che solleva il regime collaborazionista dell'ammiraglio Horthy, in carica fino al 1944, da qualsiasi responsabilità nella Shoah. Questa riscrittura della storia mira infatti a riciclare Horthy come figura di riferimento civile della destra etno-nazionalista ungherese. Netanyahu si spinge oltre paragonando il rifiuto di Budapest di cedere ai cosiddetti «diktat» di Bruxelles sull'accoglienza dei profughi mediorientali con il rifiuto di Israele di accogliere critiche europee sulla colonizzazione di Gerusalemme Est e della Cisgiordania. È nello stesso spirito che nel giugno del 2018 il capo del governo israeliano incoraggia i populisti al potere a Varsavia firmando con il suo omologo polacco Mateusz Morawiecki un comunicato che celebra il «sostegno sistematico al popolo ebraico» che avrebbe alimentato la resistenza antinazista in Polonia. Questa dichiarazione congiunta suscita aspre polemiche in Israele e viene addirittura bollata come un «insulto alla verità storica» dagli esperti del memoriale dell'Olocausto di Gerusalemme[118].

Netanyahu strumentalizza cinicamente l'eredità della Shoah per infangare ulteriormente l'immagine dei palestinesi, avallando al contempo la riscrittura della storia da parte dei populisti ungheresi e polacchi. Corteggia gli stati che hanno aderito all'Ue dopo il 2004 alimentando il loro risentimento verso Bruxelles e vantando la loro comunità con Israele, fino a minacciare l'Ue di «disgregazione» se si ostinerà a opporsi alla colonizzazione dei territori palestinesi[119]. Un'opera di logoramento tanto metodica paralizza qualsiasi azione collettiva dell'Ue sulla questione, in quanto le delegazioni piú filoisraeliane non esitano a far circolare i documenti interni che potrebbero portare a iniziative piú decise contro la colonizzazione, permettendo a Israele di stroncare sul nascere qualsiasi velleità in questo senso. I rapporti annuali dei capi delle missioni diplomatiche dell'Ue a Gerusalemme e a Ramallah si trasformano cosí in uno psicodramma ricorrente, con la «fuga» di estratti severi nei confronti di Israele, che porta talvolta alla censura dei passaggi piú controversi e spesso al rifiuto di Bruxelles di seguire raccomandazioni troppo incisive.

È quindi un'Europa divisa e indebolita che, di fronte alle bordate di Trump contro la legalità internazionale in Medio Oriente, si dimostra incapace di imporre i principî di una risoluzione pacifica del conflitto israelo-palestinese. Il riconoscimento di Gerusalemme come capitale di Israele da parte degli Stati Uniti del dicembre del 2017, seguito dal trasferimento dell'ambasciata nella Città Santa sei mesi dopo, suscita solo i richiami di rito all'impegno per la «soluzione a due stati» da parte dei leader europei. Ma l'ambiguità sull'interpretazione di questa soluzione persiste: l'alternativa è tra la versione proposta da Bush nel 2002 di un'entità palestinese assoggettata a Israele in nome della «lotta al terrorismo» e l'iniziativa di Ginevra del 2003 che mette gli israeliani e i palestinesi su un piano di parità. Questa ambiguità spiega la timidezza della reazione dell'Ue e dei suoi membri nel gennaio del 2020, quando Trump e Netanyahu svelano il loro «accordo del secolo» su uno stato superstite di Palestina*.

In effetti l'accordo è stato negoziato tra Israele e gli Stati Uniti senza nemmeno consultare la parte palestinese, cui è richiesto di aderire con un ultimatum a malapena velato. Il presidente francese Emmanuel Macron si vede costretto a ribadire l'ovvio: «Per fare la pace bisogna essere in due»[120]. In effetti Trump ha abbandonato ogni velleità di apparire come un «onesto mediatore», velleità che i suoi predecessori – da Nixon a Obama – avevano invece rivendicato, non fosse altro che per mitigare la costante parzialità degli Stati Uniti in favore di Israele. Ma il tempo di queste precauzioni oratorie è finito e il doppio standard si sta evolvendo in un «noi contro di loro» in cui l'affermazione identitaria è resa ancora piú spregiudicata dalla brutalità dei rapporti di forza. Alla scommessa di Netanyahu sui sionisti cristiani negli Stati Uniti si aggiunge ormai il suo incoraggiamento ai populisti europei, a prescindere dall'inquietudine provocata da questi allineamenti nelle comunità ebraiche interessate.

* Si veda la mappa 10.

La dinamica degli accordi di Abramo, che a partire dal settembre del 2020 normalizzano le relazioni tra Israele, da un lato, e gli Emirati Arabi Uniti, il Bahrein, il Marocco e il Sudan, dall'altro, contribuisce a soffocare le voci dissonanti. Un coro di lodi occidentali saluta questa svolta storica e in particolare la cooperazione strategica che si instaura ben presto tra Israele e gli Emirati. Tuttavia i nuovi partner arabi di Israele non hanno né il desiderio né l'energia di contribuire a risolvere la questione palestinese, che risulta definitivamente marginalizzata. Quanto al presidente Abbas, che pochi mesi prima era riuscito a opporsi all'«accordo del secolo» fra Trump e Netanyahu, è ormai costretto a prendere atto dell'isolamento dei palestinesi nel mondo arabo e oltre. Al suo ingresso alla Casa Bianca, nel gennaio del 2021, Biden si rifiuta di tornare sui fatti compiuti da Trump, a cominciare dall'insediamento dell'ambasciata statunitense in Israele a Gerusalemme. Il nuovo presidente americano dimostra tutto il suo disinteresse per un rilancio del processo israelo-palestinese, mentre moltiplica i gesti in favore di un'eventuale normalizzazione delle relazioni tra Israele e l'Arabia Saudita.

Nel gennaio del 2021, in un momento in cui la deriva illiberale di Netanyahu alimenta un sentimento di discriminazione all'interno della minoranza araba, un'organizzazione israeliana per i diritti umani, *B'Tselem*, ritiene che «il regime di supremazia ebraica tra il fiume Giordano e il Mediterraneo» equivale a un'«apartheid»[121]. Tre mesi dopo è Human Rights Watch ad affermare che le politiche perseguite contro la popolazione palestinese rientrano nell'ambito del «crimine di apartheid» come definito dalla Convenzione sull'apartheid del 1973 e dallo statuto della Corte penale internazionale del 1998. È questa una qualificazione giuridica e non un'assimilazione alla situazione esistente in Sudafrica fino al 1994, dove la maggioranza nera era privata del diritto di voto, a differenza della minoranza araba in Israele. Nel febbraio del 2022 è Amnesty International a definire «l'apartheid israeliana contro il popolo palestinese» un «crimine contro l'umanità»[122]. Le autorità israeliane tacciano questa posizione di «antisemitismo»[123] e lanciano una campagna di denigrazione delle varie Ong.

Questa campagna è talmente violenta che nessun governo occidentale si prende la briga di studiare i rapporti incriminati e ancor meno di commentarne le conclusioni, nonostante le gravissime accuse convergenti mosse da queste tre organizzazioni per i diritti umani. Israele gode della stessa impunità di fronte alla Corte penale internazionale (Cpi), i cui giudici subiscono le pressioni degli Stati Uniti nonostante il fatto che né gli Stati Uniti né Israele vi abbiano aderito. Già nel 2009 il presidente Abbas aveva adito la Cpi perché riconoscesse la sua competenza nel conflitto israelo-palestinese, una richiesta esaminata per tre anni ma lasciata senza risposta. È solo dopo l'adesione della Palestina alla Cpi nel 2015 che un «esame preliminare approfondito» della durata di cinque anni[124] convince il tribunale ad avviare, nel marzo del 2021, un'indagine formale sui crimini commessi dal 2014 a Gerusalemme Est, in Cisgiordania e nella Striscia di Gaza. La Cpi prevede che l'indagine durerà molti anni, una tempistica che cozza con la sua mobilitazione volontaristica in Ucraina dopo l'invasione russa nel febbraio del 2022, una mobilitazione fortemente incoraggiata dagli Stati Uniti e dall'Ue sebbene nemmeno la Russia abbia aderito alla Cpi.

«Gli Stati Uniti decidono, l'Europa paga e le Nazioni Unite alimentano»: questo adagio dell'Onu appare piú che mai attuale in un momento di stallo duraturo del processo israelo-palestinese. Ma quello che alcuni definiscono uno status quo non è davvero tale, perché la colonizzazione sempre piú aggressiva di Gerusalemme Est e della Cisgiordania prosegue a un ritmo incalzante, in un contesto di crescente suprematismo israeliano. Tuttavia l'accordo interpalestinese sull'organizzazione delle elezioni generali – nel maggio del 2021 per la tornata parlamentare e in luglio per quella presidenziale – lascia intravedere una via d'uscita da questa impasse. Ma un mese prima della tornata parlamentare Abbas rinvia *sine die* queste elezioni essenziali per il rilancio delle istituzioni palestinesi, il cui mandato è scaduto da ormai un decennio. L'Ue, di gran lunga principale finanziatore dell'Autorità palestinese, potrebbe e dovrebbe allora sospendere i suoi aiuti, subordinandoli alla rapida tenuta delle elezioni. Ma preferisce accontentarsi di una «stabilità» illusoria, tanto teme un trionfo di *Hamas* simile a quello del 2006. Quando Washington assume una posizione analoga, le democrazie occidentali sono colte in flagrante delitto di contraddizione con i loro continui appelli in favore della «democrazia» palestinese.

La chiusura dell'orizzonte politico provoca inevitabilmente una ripresa delle violenze su scala mai vista. In un primo momento è il turno della crisi proteiforme del maggio del 2021, che inizia a Gerusalemme Est e si diffonde in Cisgiordania e a Gaza, per poi innescare alcuni disordini intercomunitari nello stesso Israele. Poi viene quello del sanguinoso bilancio del 2022, con 220 palestinesi uccisi dall'esercito israeliano o dai coloni, di cui 53 a Gaza, 20 a Gerusalemme Est, 5 in Israele e 142 in Cisgiordania. Quest'ultima cifra è la piú preoccupante, perché riflette un'impennata significativa rispetto al numero di palestinesi uccisi in Cisgiordania nel 2020 (30) e nel 2021 (78)[125]. L'occupazione israeliana deve infatti fare i conti con l'attivismo di gruppi dalle fedeltà fluttuanti, ma i cui giovani combattenti sono profondamente radicati in un terreno militante, come i gruppi insurrezionali della Fossa dei leoni a Jenin e della Brigata Balata nell'omonimo campo profughi di Nablus. Invece di interrogarsi sui legami tra questi gruppi dissidenti armati e la crisi di legittimità dell'Autorità palestinese, i sostenitori europei del presidente Abbas continuano ad appoggiarlo a fondo perduto.

Questa navigazione a vista continua nel 2023 nonostante l'esplosione delle violenze in Cisgiordania, che nei primi nove mesi dell'anno raggiungono un livello che non si vedeva dalla seconda *intifada*. I raid dei coloni israeliani nelle comunità palestinesi circostanti sono incoraggiati dai ministri suprematisti. È il caso di Huwara, a sud di Nablus, consegnata alle atrocità dei coloni nel febbraio del 2023, mentre Smotrich, allora ministro delle Finanze, proclama che «Huwara deve essere distrutta»[126]. Quanto agli Stati Uniti e all'Unione europea, sono chiaramente piú preoccupati per il progetto di riforma giudiziaria che Netanyahu cerca di imporre nonostante una contestazione senza precedenti in Israele* che per la spirale di violenza nei territori palestinesi.

Anche la Striscia di Gaza è piú che mai abbandonata a sé stessa dalla comunità internazionale. La palese indifferenza delle democrazie occidentali verso l'enclave palestinese è infatti rafforzata da un altrettanto evidente disinteresse da parte dei paesi arabi e del resto del «Sud globale». L'Ue non prende mai

* Cfr. p. 136.

davvero in considerazione la ripetuta proposta di un corridoio umanitario tra la Striscia di Gaza e il territorio europeo di Cipro[127], che oltre ad alleviare il blocco dell'enclave dimostrerebbe un impegno concreto nei confronti dei suoi abitanti. E i comunicati distensivi sulla soluzione a due stati faticano a compensare una simile mancanza.

Nell'autunno del 2023, alla domanda: «I palestinesi meritano giustizia?», l'applicazione di intelligenza artificiale ChatGpt risponde che «la giustizia per i palestinesi è un argomento complesso e molto controverso». Ma quando le viene posta la stessa domanda sugli israeliani, la risposta è che «gli israeliani, come tutti gli altri popoli, meritano la giustizia e la tutela dei loro diritti»[128]. Il contrasto tra le due risposte la dice lunga circa la parzialità filoisraeliana nel dibattito pubblico sulla questione palestinese, dal momento che l'intelligenza artificiale non è altro che un riflesso del corpus esistente in fatto di opinioni su un argomento. In Europa e negli Stati Uniti questa parzialità è ulteriormente accentuata da decenni di esposizione piú o meno empatica alla grande narrazione sionista, per giunta diffusa dai talenti di Albert Londres, Frank Capa e Otto Preminger, per citare solo le grandi figure di questa scena giornalistica prima del 1967. L'esaltazione di un Israele pionieristico e assediato lascia quindi il posto alla giustificazione dell'occupazione e della colonizzazione di territori che piú che conquistati sarebbero stati «liberati».

Eppure la questione dell'occupazione e della colonizzazione è centrale, perché la loro perpetuazione per piú di mezzo secolo getta una luce cruda sul doppio standard in favore di Israele. Invece di considerare una volta per tutte l'occupazione come illegittima e le colonie come illegali, conformemente al diritto internazionale, la diplomazia americana impone infatti l'idea che i territori occupati siano diventati una merce di scambio per Israele, che non ha nessun obbligo di evacuarli, ma può anzi aspettarsi concessioni sostanziali in cambio di un eventuale ritiro. È la formula «terra in cambio di pace» che si trova al centro del processo arabo-israeliano, salvo poi evolversi in una «pace in cambio di pace» sulla parte palestinese, dal momento che dal 2005 Israele rifiuta qualsiasi concessione territoriale pur continuando a chiedere la fine di ogni violenza palestinese.

Da ormai quasi vent'anni questo rifiuto categorico di Israele, incoraggiato attivamente dagli Stati Uniti e tacitamente dall'Ue, è accompagnato da una campagna di propaganda volta a invertire l'onere della prova accusando i palestinesi di condurre una guerra esistenziale contro Israele con il pretesto di combattere l'occupazione. Il contesto delle «guerre globali al terrorismo» condotte dagli Stati Uniti contro *al-Qaeda* a partire dal 2001 e poi contro l'organizzazione dello Stato islamico dal 2014 favorisce questa essenzializzazione del «terrorismo» in quanto nemico strategico, un nemico cui i palestinesi sono sistematicamente associati. Ma la stigmatizzazione israeliana della popolazione occupata si spinge oltre con l'assimilazione dei palestinesi ai nazisti, cui avrebbero persino ispirato l'idea della «Soluzione finale». Ed è cosí che il cerchio si chiude: l'incapacità internazionale di promuovere un compromesso territoriale, per non parlare della revoca del blocco di Gaza, crea un terreno fertile per i gruppi estremisti, primo fra tutti *Hamas*.

Conclusioni

Dopo il diluvio

Il movimento nazionale palestinese ha sempre avuto tendenza a vestire le sue sconfitte – anche le piú cocenti – con i colori della vittoria. Ciò è dovuto alla brutalità della negazione dell'identità palestinese, sia da parte di Israele sia dei regimi arabi, dopo la *Nakba* del 1948. *Al-Fatah* arriva cosí a presentare il massacro di Karama del 1968 come un successo senza precedenti, nonostante il fatto che, pochi mesi prima, Israele fosse riuscito a prendere il controllo dell'insieme della Palestina storica. È nello stesso spirito che il Consiglio nazionale palestinese, riunito ad Algeri in seguito all'espulsione dell'Olp da Beirut nel 1982, celebra la «vittoria» della resistenza palestinese di fronte all'assedio imposto da Israele. Issam Sartawi è l'unico oratore a ironizzare su questa celebrazione: «La nostra sconfitta in Libano e la nostra evacuazione da Beirut sono state presentate come una "vittoria". Un'altra "vittoria" come questa, e terremo la prossima riunione del Cnp alle Seychelles!»[1]. Pochi mesi dopo Sartawi è assassinato in pieno Congresso dell'Internazionale socialista in Portogallo, un assassinio commissionato da Damasco come preludio alla seconda guerra del regime di Assad contro l'Olp[*].

La causa palestinese è tutt'altro che una causa persa. La determinazione di un intero popolo a restare aggrappato alla propria terra mantiene infatti ancora oggi l'equilibrio demografico tra ebrei e arabi nello spazio situato tra il Mediterraneo e il Giordano. Ma a poco a poco questa terra storicamente palestinese è passata sotto il controllo di uno stato ebraico metodicamente costruito, un fatto compiuto dopo l'altro, nel corso di

[*] Cfr. p. 235.

varie generazioni. Israele ha finito per concedere solo le briciole di questa terra alle due «autorità palestinesi» che esistevano per sua esclusiva volontà, a Ramallah sulla base degli accordi di Oslo e a Gaza nella morsa del blocco. Queste due «autorità» hanno svolto per Israele, ognuna su un registro diverso, la funzione fondamentale di controllare la maggioranza della popolazione palestinese, un controllo dal quale lo stato ebraico è stato cosí dispensato. Presentare l'esistenza e la persistenza di queste due «autorità» come una «vittoria» è quindi sintomo di un'inquietante cecità.

Tutto cambia il 7 ottobre 2023, quando *Hamas*, rifiutandosi di essere ridotto a un mero ruolo di gestione delle milizie di Gaza, lancia un'offensiva senza precedenti sul territorio israeliano. Chiamata «Diluvio di al-Aqsa», questa campagna terroristica rivendica l'obiettivo della difesa dei luoghi sacri musulmani di Gerusalemme, che da diversi mesi erano effettivamente soggetti alle pressioni dei ministri suprematisti israeliani. Ma l'invocazione della moschea di al-Aqsa si richiama a una duplice volontà da parte di *Hamas*: la prima è quella di incarnare un nazionalismo palestinese sempre piú intriso di islamismo – e questo dai tempi dall'*intifada* di al-Aqsa, vale a dire la seconda *intifada* del settembre del 2000 – e la seconda di non limitare alla sola Striscia di Gaza una «resistenza islamica» che nel maggio del 2021 aveva già scatenato un conflitto con Israele in nome della solidarietà con i manifestanti palestinesi di Gerusalemme Est. In entrambi i casi l'intenzione di *Hamas* è di contestare radicalmente la rappresentatività dell'Olp.

Questa operazione tanto ambiziosa è preparata in gran segreto da al-Sinwar, il leader di *Hamas* a Gaza, e da Deif, il comandante delle Brigate Qassam sfuggito a trent'anni di caccia all'uomo israeliana. Non solo la direzione politica di *Hamas* – tanto a Gaza quanto all'estero – non ne viene informata, ma giusto alcune cellule accuratamente compartimentate di *al-Nukhba*, le truppe d'assalto delle Brigate Qassam, prendono parte alla ricognizione della barriera israeliana che circonda l'enclave palestinese. L'obiettivo del raid è catturare il maggior numero di ostaggi possibile in territorio israeliano in vista di uno scambio che potrebbe coinvolgere tutti i 6700 prigionieri palestinesi nelle mani di Israele (lo stesso al-Sinwar è stato rilasciato nel 2011, dopo ventitre anni di reclusione, nell'ambito di uno scambio di prigionieri). L'intelligence israeliana intercetta con molto anticipo un documento interno di *Hamas* circa la pianificazione di questa campagna, ma si rifiuta di riconoscere alla milizia islamista la capacità di portarla a termine. La stessa negazione prevale di fronte agli avvertimenti dei militari israeliani, che pochi giorni prima dell'offensiva di *Hamas* segnalano alcuni movimenti sospetti ai margini di Gaza[2].

La mattina del 7 ottobre 2023 circa duemila combattenti di *Hamas* entrano in Israele attraverso una trentina di brecce nella barriera. Protetti da una raffica di razzi, si impadroniscono rapidamente delle quattro basi militari di Re'im, il quartier generale israeliano di questa zona di confine, di Erez, il valico israeliano di accesso a Gaza, di Zikim, attaccata anche da un commando di uomini-rana, e di Nahal Oz, adiacente all'omonimo kibbutz. Il crollo delle difese israeliane permette ai miliziani di occupare la stazione di polizia della città di Sderot e di infiltrarsi fino a Ofakim, a una ventina di chilometri da Gaza, seminando il terrore in tutto il perimetro ormai sotto il loro controllo. I civili che non sono presi in ostaggio sono massacrati sul posto, da qui i 364 morti nel festival di musica elettronica all'aperto che si teneva non lontano da Re'im[3].

Sembra probabile che le Brigate Qassam, che hanno pianificato l'assalto agli obiettivi militari e il controllo delle reti stradali, fossero all'oscuro della presenza di un festival[4] e avessero previsto un raid molto letale, ma di breve durata. Durante le lunghe ore che precedono l'intervento della controffensiva israeliana, *Hamas* lancia un appello generale a unirsi al massacro. Oltre ai combattenti delle varie fazioni, è letteralmente la «feccia» di Gaza a partecipare a una vera e propria orgia di sangue, torture e saccheggi. I kibbutz di Beeri, Kfar Aza, Nahal Oz e Nir Oz sono teatro di una spietata carneficina. È solo dopo il tramonto che la stazione di polizia di Sderot, ancora nelle mani degli assalitori palestinesi, viene distrutta dall'esercito israeliano, che riprende il controllo dei kibbutz di confine nelle prime ore dell'8 ottobre. Il bilancio delle vittime è di 1068 israeliani, di cui 695 civili (inclusi 36 bambini) e 373 soldati, oltre a 71 stranieri, perlopiú lavoratori thailandesi delle fattorie locali[5]. Circa 240 ostaggi, la maggior parte dei quali israeliani, sono trasportati a Gaza, dove i miliziani di tutte le origini ripiegano solo dopo durissimi combattimenti con le forze israeliane.

Nelle tre settimane successive al raid i bombardamenti israeliani di rappresaglia sulla Striscia di Gaza raggiungono un'intensità senza precedenti, con oltre 7000 palestinesi uccisi al 26 ottobre 2023[6]. Il prezzo pagato dalla popolazione civile appare ancora piú esorbitante se si considera che un attacco israeliano a Gaza uccide in media piú di dieci civili (contro i 2,5 della guerra del 2014 e gli 1,7 della guerra del 2021)[7] e che il rigido blocco dell'enclave provoca rapidamente gravi penurie. Il 13 ottobre Israele ordina agli abitanti di evacuare il Nord della Striscia di Gaza, provocando la fuga di centinaia di migliaia di civili verso il Sud del territorio, che pure continua a essere bombardato. Il 27 ottobre inizia la rioccupazione di terra del Nord della Striscia di Gaza, dove l'entità delle distruzioni sistematiche di Israele contrasta con l'assenza di qualsiasi successo militare significativo. Il 24 novembre l'offensiva viene sospesa per soli quattro giorni in virtú di un accordo di scambio di 150 prigionieri palestinesi contro 50 ostaggi.

Dopo un mese e mezzo dal suo inizio questo conflitto è già la piú mortale e distruttiva delle pur numerose tragedie della storia del popolo palestinese. Con 14 854 morti a Gaza al 22 novembre, cui vanno aggiunti piú di 200 morti in Cisgiordania nello stesso periodo[8], si supera la soglia dei 15 000 morti, da confrontare con i 13 000 stimati per l'intera *Nakba*, la «Catastrofe» del 1948[*]. Anche il fatto che almeno il 40 per cento delle vittime di Gaza siano bambini non ha precedenti. E l'esodo di 1,7 milioni di civili all'interno della Striscia di Gaza supera di gran lunga le maree umane della *Nakba* e dei suoi circa 750 000 profughi. La distruzione di metà della città di Gaza, fino ad allora abitata da 800 000 persone, trasforma infine l'area urbana piú densamente popolata dei territori palestinesi (quattro volte piú di Hebron, cinque volte piú di Nablus e venti volte piú di Ramallah) in un cumulo di macerie[9].

Quello inflitto il 7 ottobre 2023 al popolo israeliano – e da allora al popolo palestinese – è un trauma collettivo di un'atroce violenza. E sebbene abbia raggiunto un livello mai visto prima,

[*] Cfr. p. 156.

questa violenza non fa che accentuare – senza però rimetterlo in discussione –, il doppio trittico dei punti di forza israeliani e dei punti di debolezza palestinesi che, per tutta la durata di questo libro, ha costituito il rapporto di forza tra i dominanti e i dominati. Il sostegno incondizionato di Biden all'offensiva israeliana su Gaza in nome del «diritto all'autodifesa»[10] è figlio delle convinzioni esplicitamente sioniste di un presidente che, nonostante la sua fede cattolica, rifiuta i ripetuti appelli di papa Francesco per un cessate il fuoco. In visita in Israele il 18 ottobre, Biden assicura a Netanyahu che «non è necessario essere ebrei per essere sionisti, e io sono sionista»[11], una pubblica dichiarazione di impegno che aveva già espresso a piú riprese in passato, ma che nel bel mezzo dell'offensiva aerea su Gaza appare come una dichiarazione di cobelligeranza. Per il presidente americano, che sottolinea l'ebraicità di alcuni suoi consiglieri e del suo ministro degli Esteri, il terrorismo di *Hamas* rappresenta «il male assoluto»[12].

Oltre a fornire un supporto massiccio in termini di logistica e di intelligence, Biden garantisce a Israele il sostegno incondizionato della sua diplomazia. Persino le richieste di una semplice «pausa» umanitaria a Gaza si scontrano con il veto degli Stati Uniti al Consiglio di sicurezza dell'Onu. Il presidente americano non teme nemmeno di farsi portavoce della propaganda di Netanyahu, mettendo in dubbio il numero di morti a Gaza o accusando *Hamas* di usare gli ospedali per scopi militari. A Biden importa poco che un allineamento tanto aggressivo con Israele provochi gravi dissensi all'interno del Partito democratico. Per lui quello che conta è conquistare i «sionisti cristiani» che controllano il Congresso e minacciano di bloccare le istituzioni federali sospendendone il bilancio. L'estremista evangelico Mike Johnson, eletto speaker della Camera dei Rappresentanti il 25 ottobre 2023, dopo tre settimane dall'inizio del conflitto, ottiene il giorno stesso, con 412 voti contro 10, l'approvazione di una risoluzione di solidarietà «con Israele, che si difende contro la barbara guerra scatenata da *Hamas*»[13].

Nel febbraio del 2020 Johnson, un fedelissimo di Trump, visita Gerusalemme – compresa la Spianata delle Moschee – accompagnato dai sostenitori israeliani della costruzione del Terzo Tempio in questo luogo santo musulmano[14]. Il 3 novembre 2023 fa approvare, con 226 voti contro 196, un pacchetto di aiuti militari tutti indirizzati a Israele del valore di oltre 14 miliardi di dollari, senza prevedere alcun aiuto umanitario per Gaza e ignorando i 61 miliardi di dollari già previsti dalla Casa Bianca per l'Ucraina. Di fronte a una simile ostruzione parlamentare, Biden non può piú nascondere la paralisi delle istituzioni americane da parte dei «sionisti cristiani» a vantaggio di Israele. Il 20 novembre Franklin Graham, che ha rilevato l'impero evangelico del padre Billy, è ricevuto da Netanyahu, cui assicura il suo sostegno a «Israele, il popolo di Dio», in questa guerra «del bene contro il male». Al termine dell'incontro Graham invita tutti i suoi seguaci negli Stati Uniti a «pregare per il primo ministro» di Israele[15].

Quanto al pluralismo militante, che costituisce uno dei maggiori punti di forza di Israele, si manifesta in modo eclatante l'8 ottobre 2023, quando gli israeliani si stringono intorno a Netanyahu sostenendolo nella guerra contro *Hamas*. Poco importa che il capo del governo abbia raggiunto il culmine dell'impopolarità e che lo storico fallimento della difesa israeliana gli sia in gran parte imputabile: il momento esige una mobilitazione generale in questa nuova «guerra d'indipendenza» destinata – come quella del 1948 – a stroncare una minaccia esistenziale. Il 12 ottobre Benny Gantz, capo di stato maggiore dal 2011 al 2015, e Gadi Eisenkot, suo successore alla carica fino al 2019, forniscono il sostegno dei dodici deputati del loro partito a un «governo di emergenza». In cambio ottengono la creazione di un «gabinetto di guerra» responsabile della condotta delle operazioni contro Gaza. Mentre Yoav Gallant, il ministro della Difesa, definisce «animali umani» i nemici di Israele a Gaza[16], la partecipazione dei due ex capi di stato maggiore non rischia di temperare la ferocia di *Tzahal*: durante la guerra del 2014 Gantz si era vantato di aver rispedito parte della Striscia di Gaza «all'età della pietra»[17], mentre nel 2006, durante la guerra contro *Hezbollah* in Libano, Eisenkot aveva elaborato una «dottrina» di un uso deliberatamente sproporzionato della forza per annientare il nemico nelle zone urbane[18].

L'allargamento della coalizione di governo è presentato all'opinione pubblica internazionale come un mezzo per neutralizzare i ministri suprematisti. E tuttavia non impedisce al ministro delle Finanze Smotrich di imporre sanzioni economiche a un'Autorità palestinese già fortemente indebolita o a Ben-Gvir di continuare ad armare i coloni, tanto che Eisenkot accusa questi «due piromani» di voler aprire un nuovo fronte in Cisgiordania[19]. Il 20 novembre 2023 Ben-Gvir arriva persino ad avviare un dibattito parlamentare circa la pena di morte per i terroristi, nonostante le suppliche delle famiglie degli ostaggi israeliani che temono l'impatto di questa discussione sui loro cari detenuti a Gaza. Ben-Gvir e Smotrich, che militano non solo per la rioccupazione di Gaza, ma anche per la sua ricolonizzazione, possono felicitarsi che i loro compatrioti siano favorevoli al 32 per cento alla ricolonizzazione, al 14 per cento a una rioccupazione senza colonizzazione e al 10 per cento alla restituzione dell'enclave palestinese all'Autorità palestinese[20]. Ancora una volta gli estremisti israeliani traggono vantaggio dal pluralismo e vedono le loro tesi guadagnare terreno nell'opinione pubblica.

La strategia dei fatti compiuti, che tanto ha giovato a Israele nei suoi settantacinque anni di storia, trova nella guerra di Gaza un esempio di un'efficacia inquietante. Netanyahu definisce infatti i suoi obiettivi di guerra solo nei vaghi termini dell'«eliminazione di *Hamas*»[21] e della liquidazione della minaccia terroristica a Gaza, senza mai specificare quale sarà l'indicatore della realizzazione di questi obiettivi. Non specifica nemmeno se l'«eliminazione» annunciata riguardi esclusivamente le Brigate Qassam, già forti di circa 30 000 combattenti, o anche l'apparato politico di *Hamas*, con le sue decine di migliaia di funzionari e militanti, o ancora i simpatizzanti del movimento islamista, i dipendenti della sua amministrazione o i beneficiari a vario titolo della sua assistenza, cosa che farebbe salire la popolazione interessata a centinaia di migliaia di persone. L'unico punto su cui il primo ministro israeliano è categorico è il suo rifiuto di trasferire la gestione di Gaza all'Autorità palestinese[22], lasciando aperta solo l'alternativa tra la rioccupazione di Gaza tanto cara ai suprematisti, da una parte, e il dispiegamento di un'improbabile forza di interposizione internazionale, sia essa araba o occidentale, dall'altra.

Questa mancanza di chiarezza sugli obiettivi di Israele in una guerra tanto devastante permette di imporre il terribile fatto compiuto della metodica distruzione dell'enclave palestinese. Il

13 novembre due parlamentari israeliani, uno del *Likud* e l'altro dell'opposizione, dichiarano che «la comunità internazionale ha l'obbligo morale, e l'opportunità, di dare prova di compassione» istituendo «programmi di reinsediamento» all'estero per gli abitanti di Gaza[23]. Di lí a poco Ayelet Shaked, ex ministra della Giustizia (sotto Netanyahu tra il 2015 e il 2019) e dell'Interno (sotto Bennett tra il 2021 e il 2022), lascia da parte queste considerazioni pseudo-umanitarie per invocare l'espulsione della popolazione di Gaza. Non solo ritiene che il Sud della Striscia di Gaza meriti di andare distrutto quanto il Nord, ma è convinta che i paesi stranieri debbano essere costretti ad accettare una «quota» tra i 25 000 e i 50 000 profughi palestinesi ciascuno[24]. Ovviamente queste dichiarazioni non vincolano in nessun modo il governo israeliano, la cui retorica al contempo marziale e imprecisa incoraggia però questo genere di oltranzismo. Vi è infatti la tentazione di «risolvere» una volta per tutte la questione di Gaza sbarazzandosi dei suoi abitanti.

Ma oltre a consolidare i punti di forza israeliani, la guerra di Gaza accentua e approfondisce i punti di debolezza palestinesi. L'illusione araba di un sostegno puramente retorico è accompagnata ancora una volta dall'effettivo abbandono della popolazione palestinese. Se l'Egitto e la Giordania denunciano con rara emozione l'offensiva israeliana, è perché sanno di essere i due paesi piú minacciati da qualsiasi spostamento della popolazione palestinese, di cui condannano il principio stesso con assoluta fermezza. Mohammed bin Salman convoca a Riyad un vertice arabo straordinario, che l'11 novembre 2023 condanna «i crimini di guerra e i massacri barbari e disumani perpetrati dal governo di occupazione»[25] a Gaza. Ma questo consenso di facciata non basta a nascondere il disagio dei leader arabi nei confronti di *Hamas*, che la maggior parte di loro vorrebbe vedere indebolito.

Il fatto è che gli islamisti palestinesi scommettono su una forma di «coinvolgimento» ancora piú perverso di quello suscitato da *al-Fatah* durante l'escalation verso l'esplosione del 1967*. *Hamas* punta infatti sull'instabilità che l'aggravarsi delle sofferenze a Gaza potrebbe provocare nei paesi arabi, a cominciare dall'E-

* Cfr. p. 220.

gitto e dalla Giordania. Abu Ubaida, il portavoce mascherato delle Brigate Qassam, esorta la Giordania ad aprire un secondo fronte con Israele, un appello rilanciato da imponenti cortei fino nelle strade di Amman. *Hamas* gioca la carta dei popoli contro i regimi secondo una logica rivoluzionaria che era già quella delle «primavere arabe» del biennio 2011-2012, avendo come unico partner statale lo stesso di un decennio prima, il Qatar, mediatore essenziale nello scambio di prigionieri. Quanto ai firmatari arabi degli accordi di Abramo, primi fra tutti gli Emirati Arabi Uniti, la loro influenza su Israele si rivela talmente insignificante che si ritrovano ridotti al silenzio e all'impotenza.

Il 7 ottobre 2023 la dinamica delle fazioni – cui il nazionalismo palestinese ha già pagato un pesante tributo – raggiunge il suo parossismo. Prima sono state le Brigate Qassam, che hanno imposto questa escalation terroristica senza precedenti al ramo politico di *Hamas*, tenuto all'oscuro dei preparativi dell'operazione. Poi sono state le varie milizie palestinesi, tanto politiche quanto claniche, che, invitate a partecipare al massacro, hanno fatto a gara di crudeltà prima di spartirsi gli ostaggi. Infine è stato Abu Ubaida che, con il volto coperto da una *keffiyah*, ha arringato i suoi compatrioti sui social in nome di una «resistenza islamica» le cui azioni sono tragicamente in linea con la sua retorica.

Il presidente Abbas credeva di essersi assicurato una fine di presidenza pacifica rinviando *sine die* le elezioni palestinesi del 2021. Ma la guerra di Gaza rivela la gravità della crisi di legittimità delle tre istituzioni che ha macchiato con il suo discredito: l'Olp, firmataria degli accordi di Oslo ma da allora diluita in uno «Stato di Palestina» dall'esistenza puramente teorica; *al-Fatah*, matrice del nazionalismo palestinese ma ormai plagiata dall'oltranzismo di *Hamas*; e infine l'Autorità palestinese, istituita dagli accordi di Oslo e ridotta a un mero apparato per la «cooperazione securitaria» con Israele, da una parte, e per la ridistribuzione degli aiuti internazionali alla popolazione palestinese, dall'altra. L'unica persona in grado di rivitalizzare queste tre istituzioni è Marwan Barghouti, detenuto dal 2002 in Israele dove è stato condannato a cinque ergastoli. Ma Abbas non ha fretta di ottenere il rilascio di una figura tanto piú popolare di lui, impedendo cosí ad *al-Fatah* di riprendere l'iniziativa sul terreno nazionalista e lasciando il campo libero a *Hamas*.

Infine il doppio standard delle democrazie occidentali raggiunge con la crisi di Gaza un'indecenza che rasenta la schizofrenia intellettuale. Gli stessi leader che nel 2022 hanno giustamente condannato i «crimini di guerra» della Russia contro l'Ucraina – vale a dire i trasferimenti forzati delle popolazioni, i bombardamenti delle infrastrutture civili e gli attacchi indiscriminati contro le aree residenziali – giustificano ormai in nome dell'«autodifesa» gli stessi atti commessi da Israele contro la Striscia di Gaza. La prima reazione della Commissione europea ai massacri del 7 ottobre 2023 è stata la sospensione degli aiuti allo sviluppo dei territori palestinesi, una generalizzazione nefasta poi rettificata con una «revisione» di questi aiuti, che peraltro non rivela alcuna appropriazione indebita dei fondi stanziati. Quanto alla presidente della Commissione, Ursula von der Leyen, il 13 ottobre fa visita a Netanyahu per assicurargli che «l'Europa è al fianco di Israele»[26]. Nel momento in cui si impegna tanto apertamente in nome dell'Europa, il numero di bambini uccisi a Gaza in pochi giorni di bombardamenti israeliani è già superiore al numero di bambini uccisi in Ucraina dall'inizio dell'invasione russa del febbraio del 2022[27].

Putin trae vantaggio da queste contraddizioni occidentali, tanto piú che Netanyahu continua ad assecondarlo, non fosse altro che per non compromettere gli accordi israelo-russi in Siria. Già il 13 ottobre 2023 Mosca invoca persino un «cessate il fuoco immediato» a Gaza davanti all'Onu, laddove le diplomazie americane ed europee prevedono solo una «tregua umanitaria» sui cui termini riescono ancora a dividersi. Con il Consiglio di sicurezza paralizzato dal veto americano, il 27 ottobre l'Assemblea generale approva la tregua con 120 voti favorevoli (tra cui la Francia, la Spagna, il Portogallo, l'Irlanda e il Lussemburgo), 14 voti contrari (tra cui gli Stati Uniti, Israele, l'Austria, l'Ungheria, la Repubblica Ceca e la Croazia) e l'astensione degli altri membri dell'Ue. Questa disfatta collettiva appare ancora piú inquietante se si considera che i responsabili delle agenzie umanitarie delle Nazioni Unite non cessano di allertare che è in corso «una catastrofe umanitaria senza precedenti»[28], che «a Gaza non c'è piú nessun luogo sicuro»[29] e che l'enclave palestinese è «diventata un cimitero di bambini»[30]. In effetti in un mese e mezzo di conflitto sono stati uccisi 108 agenti dell'Unrwa, la metà dei quali nel Sud dell'enclave che pure dovrebbe essere risparmiato dagli assalti israeliani[31].

Mentre gli occhi del mondo sono puntati sulla discesa agli inferi di Gaza, nei territori ancora occupati di Gerusalemme Est e della Cisgiordania è ripresa una guerra a bassa intensità. Tra il 7 ottobre e il 24 novembre 2023 vi sono infatti stati uccisi 216 palestinesi, di cui 208 dalle forze di sicurezza israeliane e 8 dai coloni[32]. Sebbene meno letali, gli attacchi dei coloni sono i piú frequenti, in un contesto di costante e sistematica vessazione della popolazione civile, molto spesso sottoposta a un blocco di fatto. Il numero medio di attacchi anti-palestinesi da parte dei coloni, già di tre al giorno prima del 7 ottobre 2023, sale a sette al giorno[33]. La costituzione di alcune milizie di coloni, legalizzate e armate dal ministro Ben-Gvir, contribuisce a questa escalation in sordina, mentre Smotrich – l'altro membro suprematista del governo – osa affermare che in Cisgiordania ci sono «due milioni di nazisti»[34], lasciando cosí presagire che il peggio debba ancora venire.

Per scoraggiare qualsiasi dibattito sulla tragedia in corso, l'ambasciatore israeliano all'Onu decide che a partire dal 30 ottobre 2023 presenzierà alle riunioni solo sfoggiando la stella gialla con cui il regime nazista stigmatizzava gli ebrei. «Se sei d'accordo con loro al 90 per cento, gli israeliani ti accusano di essere antisemita a causa del restante 10 per cento, mentre se sei d'accordo con gli arabi al 10 per cento, ti celebrano come un amico, e non si curano del restante 90 per cento»: l'adagio in voga all'Onu fin dalla creazione di Israele* torna crudelmente attuale. La paralisi internazionale è tale che la «tregua umanitaria» entra in vigore a Gaza solo il 24 novembre e non sulla base di un voto delle Nazioni Unite, bensí nell'ambito di uno scambio di prigionieri tra Israele e *Hamas*. Questo accordo prevede il rilascio di tre prigionieri palestinesi per ogni ostaggio israeliano liberato, il tutto sotto la supervisione del Qatar, che riesce a ottenere una proroga della tregua fino al 30 novembre.

Al termine di questa settimana di tregua, durante la quale *Hamas* libera 80 ostaggi israeliani in cambio di 240 prigionieri palestinesi detenuti da Israele, i combattimenti riprendono

* Cfr. pp. 328-29.

all'alba del 1° dicembre, questa volta nel Sud della Striscia di Gaza. Il bilancio delle vittime palestinesi si aggrava di ora in ora, senza nessuna prospettiva di uscita da questa logica di guerra totale. Il portavoce dell'Unicef denuncia da Gaza «coloro che hanno deciso che il massacro dei bambini può riprendere», aggiungendo che «è irresponsabile pensare che nuovi attacchi contro la popolazione di Gaza possano portare ad altro che a una carneficina»[35]. Quanto al presidente francese Emmanuel Macron, chiede alle «autorità israeliane» di «definire con piú precisione il loro obiettivo», perché se è davvero «la distruzione totale di *Hamas*», allora «la guerra durerà dieci anni»[36].

La catastrofe politica e militare è aggravata da un collasso della diplomazia, proprio nel momento in cui solo la diplomazia sarebbe in grado di umanizzare le terribili condizioni della sconfitta palestinese, ma anche di trasformare questa indiscutibile sconfitta in un altrettanto indiscutibile successo per Israele. L'invocazione retorica della soluzione a due stati appare oggi poco credibile di fronte all'impotenza di Israele di fermare la sua corsa verso il baratro rappresentata dalla distruzione metodica di Gaza, un'impotenza resa ogni giorno piú manifesta. Eppure questa soluzione a due stati – i cui termini sono noti ormai da vent'anni – non è votata a rimanere un semplice slogan. Costituisce anzi l'unico orizzonte futuribile per la coesistenza di due popoli sulla stessa terra e questo sulla base di un rapporto di forza ormai schiacciante in favore di Israele. Perché senza un quadro di coesistenza questo rapporto di forza non porterà allo stato ebraico né sicurezza né stabilità, come ha dimostrato l'orrore del 7 ottobre 2023.

Sarà necessaria una mobilitazione energica e determinata delle buone volontà internazionali per imporre la nascita di uno stato palestinese democratico e smilitarizzato, accanto a uno Stato di Israele definitivamente in pace con il suo vicino piú prossimo. Un'ambiziosa mobilitazione a lungo termine è infatti essenziale per invertire una duplice dinamica di guerra: da un lato, quella israeliana di un gioco al rialzo elettorale che porta al potere politici sempre piú estremisti e, dall'altro, quella palestinese di una divisione fazionale e territoriale sempre piú favorevole a *Hamas*, anche su un cumulo di macerie. Non si può che sperare che la tragedia attuale – proprio per la sua portata senza precedenti – provochi finalmente il sussulto necessario per rompere questa duplice dinamica e uscire da un confronto in cui entrambi i popoli, israeliano e palestinese, palestinese e israeliano, sono perdenti. Ed è con questo messaggio di speranza che si conclude la mia riflessione storica su una delle tragedie piú toccanti del nostro tempo.

Vincennes, 3 dicembre 2023.

Note

INTRODUZIONE. UNA SCONFITTA SENZA VINCITORE

[1] Michael Hudson, *The Palestinians after Lebanon*, in «Current History», LXXXII (gennaio 1983), n. 480, p. 5.
[2] Jean-Pierre Filiu, *Le piège de Gaza*, in «Rue 89», 15 luglio 2014.
[3] Id., *Non, les Palestiniens de Gaza ne sont pas des jouets du Hamas*, in «Un si proche Orient», blog ospitato sul sito di «Le Monde», 22 aprile 2018.
[4] Id., *L'isolement des vétérans de l'islamisme palestinien*, in «Le Monde», 14 agosto 2022.
[5] Jean-Philippe Remy, *À Gaza, avec l'armée israélienne*, ivi, 8 novembre 2023.

I. UN SIONISMO STORICAMENTE CRISTIANO

[1] Donald Lewis, *The Origins of Christian Zionism: Lord Shaftesbury and Evangelical Support for a Jewish Homeland*, Cambridge University Press, New York 2010, p. 205.
[2] Geremia 51.10.
[3] Michael B. Oren, *Power, Faith and Fantasy: America in the Middle East*, Norton, New York 2007, p. 85.
[4] *Ibid.*, p. 88.
[5] *Ibid.*, p. 89.
[6] *Ibid.*, p. 90.
[7] George Bush, *Life of Mohammed*, Harper, New York 1837, p. 191.
[8] Id., *The Valley of Vision, or The Dry Bones of Israel Revived*, Saxton and Miles, New York 1844, p. 17.
[9] *Ibid.*, p. 24.
[10] *Ibid.*
[11] *Ibid.*, p. II.
[12] *Ibid.*, p. III.
[13] *Ibid.*, p. 40.
[14] *Ibid.*, p. V.
[15] Lewis, *The Origins of Christian Zionism* cit., p. 39.
[16] Henry Laurens, *Le projet d'État juif en Palestine attribué à Bonaparte*, in Id., *Orientales I. Autour de l'Expédition d'Égypte*, Cnrs Éditions, Paris 2004, pp. 121-43.

[17] Lewis, *The Origins of Christian Zionism* cit., p. 122.
[18] Jean-Pierre Filiu, *Le Milieu des mondes. Une histoire laïque du Moyen-Orient de 395 à nos jours*, Seuil, Paris 2021, pp. 191-92.
[19] Lewis, *The Origins of Christian Zionism* cit., p. 153.
[20] Lorenzo Kamel, *Imperial Perceptions of Palestine*, I. B. Tauris, London 2015, p. 6.
[21] Lewis, *The Origins of Christian Zionism* cit., p. 157.
[22] *Ibid.*, p. 160.
[23] *Ibid.*, p. 184.
[24] *Ibid.*, p. 200.
[25] *Ibid.*, p. 205.
[26] Alexander Schölch, *Britain in Palestine 1838-1882*, in «Journal of Palestine Studies», XXII (autunno 1992), n. 1, pp. 46-48.
[27] Kamel, *Imperial Perceptions of Palestine* cit., p. 17.
[28] *Ibid.*, p. 21.
[29] *Ibid.*, p. 20.
[30] Philip Earl Steele, *British Christian Zionism: The Work of Laurence Oliphant*, in «Fathom», gennaio 2020.
[31] Denis Charbit, *Sionismes, textes fondamentaux*, Albin Michel, Paris 1998, p. 362.
[32] Stephen Spector, *Evangelicals and Israel*, Oxford University Press, New York 2009, pp. 13-14.
[33] John Nelson Darby, *The Hopes of the Church of God in Connection with the Destiny of the Jews as Revealed in Prophecy*, in Id., *Collected Writings: Prophetic I*, vol. II, Stow Hill Bible and Trust Depot, Kingston 1962, p. 380.
[34] Genesi 15.18.
[35] Shalom Goldman, *Zeal for Zion: Christians, Jews, and the Idea of the Promised Land*, University of North Carolina Press, Chapel Hill 2009, p. 20.
[36] Steele, *British Christian Zionism: The Work of Laurence Oliphant* cit.
[37] Goldman, *Zeal for Zion* cit., p. 42.
[38] Paul Charles Merkley, *The Politics of Christian Zionism 1891-1948*, Frank Cass, London 1998, p. 67.
[39] *Ibid.*, p. 68.
[40] *Ibid.*
[41] Adam Garfinkle, *On the Origin, Meaning, Use and Abuse of a Phrase*, in «Middle Eastern Studies», XXVII (1991), n. 4, p. 544.
[42] Rashid Khalidi, *L'Identité palestinienne. La construction d'une conscience nationale moderne*, La fabrique, Paris 2003, p. 86 [ed. it. *Identità palestinese. La costruzione di una moderna coscienza nazionale*, trad. di A. Serafini, Bollati Boringhieri, Torino 2003, p. 88].
[43] Theodor Herzl, *Der Judenstaat* (1896) [ed. it. *Lo Stato degli Ebrei. Tentativo di una soluzione moderna del problema ebraico*, trad. di G. Servadio, Treves, Milano 2012, p. 84].
[44] Henry Laurens, *Le Retour des exilés. La lutte pour la Palestine de 1869 à 1997*, Robert Laffont, Paris 1998, p. 57.
[45] Philip Earl Steele, *British Christian Zionism: Reverend William Hechler*, in «Fathom», aprile 2022.
[46] Merkley, *The Politics of Christian Zionism* cit., p. 17.
[47] *Ibid.*, p. 22.
[48] *Ibid.*, p. 32.

[49] *Ibid.*, p. 15.
[50] Laurens, *Le Retour des exilés* cit., p. 69.
[51] Garfinkle, *On the Origin, Meaning, Use and Abuse of a Phrase* cit., p. 540.
[52] Laurens, *Le Retour des exilés* cit., p. 115.
[53] Georges Bensoussan, *Une histoire intellectuelle et politique du sionisme*, Fayard, Paris 2002, p. 191 [ed. it. *Il sionismo. Una storia politica e intellettuale 1860-1940*, vol. I, trad. di M. Guerra, Einaudi, Torino 2007, p. 574].
[54] Tom Segev, *A State at any Cost*, Farrar, Straus & Giroux, New York 2019, p. 78.
[55] Laurens, *Le Retour des exilés* cit., p. 198.
[56] *Ibid.*, p. 197.
[57] Oren, *Power, Faith and Fantasy* cit., p. 353.
[58] *Ibid.*, p. 280.
[59] *Ibid.*, p. 359.
[60] *Ibid.*, p. 361.
[61] Lewis, *The Origins of Christian Zionism* cit., p. 333.
[62] Laurens, *Le Retour des exilés* cit., pp. 216-17.
[63] Oren, *Power, Faith and Fantasy* cit., p. 363.
[64] Jonathan Moorhead, *A father of Zionism: William Blackstone?*, in «Journal of the Evangelical Theological Society», LIII (2010), n. 4, p. 796.
[65] Thomas Edward Lawrence, *Seven Pillars of Wisdom*, Penguin, London 1986, p. 464 [ed. it. *I sette pilastri della saggezza*, a cura di F. Bagatti, Bompiani, Milano 2019, p. 597].
[66] Laurens, *Le Retour des exilés* cit., pp. 236-37.
[67] *Ibid.*, p. 241.
[68] *Ibid.*, p. 253.
[69] Id., *La Question de Palestine*, vol. I, Fayard, Paris 1999, p. 444.
[70] Id., *Le Retour des exilés* cit., p. 274.
[71] Segev, *A State at any Cost* cit., pp. 260-61.
[72] Laurens, *Le Retour des exilés* cit., p. 317.
[73] Lee Pollock, *Winston Churchill in Palestine*, in «The Jerusalem Post», 28 marzo 2021.
[74] Laurens, *Le Retour des exilés* cit., p. 327.
[75] Vincent Lemire, *Au pied du Mur. Vie et mort du quartier maghrébin de Jérusalem*, Seuil, Paris 2021, pp. 104-6.
[76] Henry Laurens, *La Question de Palestine*, vol. II, Fayard, Paris 2002, p. 179.
[77] Id., *Le Retour des exilés* cit., p. 414.
[78] *Ibid.*, p. 430.
[79] Irvine H. Anderson, *Biblical Interpretation and Middle East Policy*, University of Florida Press, Tampa 2002, pp. 69-70.
[80] Laurens, *Le Retour des exilés* cit., p. 433.
[81] *Ibid.*, p. 438.
[82] Anderson, *Biblical Interpretation and Middle East Policy* cit., p. 76.
[83] *Ibid.*
[84] Henry Laurens, *Un accord douteux entre le mouvement sioniste et l'Allemagne nazie*, in «Orient XXI», 25 febbraio 2019.
[85] Id., *Le Retour des exilés* cit., p. 485.
[86] *Ibid.*, p. 487.
[87] *Ibid.*

[88] Segev, *A State at any Cost* cit., p. 276.
[89] Avi Shlaim, *Israel and Palestine: Reappraisals, Revisions, Refutations*, Verso, London 2009, p. 20.
[90] Dan Cohn-Sherbok, *The Politics of Apocalypse: The History and Influence of Christian Zionism*, Oneworld, Oxford 2006, p. 130.
[91] Laurens, *Le Retour des exilés* cit., p. 530.
[92] *Ibid.*, p. 579.
[93] *Ibid.*, p. 534.
[94] *Ibid.*, p. 565.
[95] *Ibid.*, p. 566.
[96] *Ibid.*, p. 576.
[97] Jean-Pierre Filiu, *Main basse sur Israël. Netanyahou et la fin du rêve sioniste*, La Découverte, Paris 2019, p. 29.
[98] Laurens, *Le Retour des exilés* cit., pp. 578-80.
[99] Merkley, *The Politics of Christian Zionism* cit., p. 132.
[100] Anderson, *Biblical Interpretation and Middle East Policy* cit., p. 80.
[101] Allis e Ronald Radosh, *A Safe Haven: Harry S. Truman and the Founding of Israel*, Harper, New York 2009, p. 47.
[102] Anderson, *Biblical Interpretation and Middle East Policy* cit., p. 88.
[103] Ian Bickerton, *President Truman's Recognition of Israel*, in «American Jewish Historical Quarterly», LVII (1968), n. 2, p. 188.
[104] Walter Lowdermilk, *Palestine: Land of Promise*, Greenwood, New York 1968, p. 8.
[105] *Ibid.*, p. 14.
[106] *Ibid.*, p. 74.
[107] *Ibid.*, p. 159.
[108] *Ibid.*, p. 132.
[109] Radosh, *A Safe Haven* cit., p. 23.
[110] Oren, *Power, Faith and Fantasy* cit., p. 488.
[111] *Ibid.*, p. 491.
[112] Radosh, *A Safe Haven* cit., p. 272.
[113] Henry Laurens, *La Question de Palestine*, vol. III, Fayard, Paris 2007, pp. 66-67.
[114] Radosh, *A Safe Haven* cit., p. 338.
[115] *Ibid.*, p. 345.
[116] Merkley, *The Politics of Christian Zionism* cit., p. 191.
[117] Michel T. Benson, *Harry Truman as a modern Cyrus*, in «Brigham Young Studies», XXXIV (1944), n. 1, pp. 6-27.
[118] *Ibid.*
[119] Radosh, *A Safe Haven* cit., p. 344.
[120] Clark Clifford e Richard Holbrooke, *President Truman's Decision to Recognize Israel*, in «Jerusalem Center for Public Affairs», n. 563, 2008.
[121] Mokhtar Ben Barka, *La Droite chrétienne américaine, des origines à nos jours*, Privat, Paris 2007, p. 50.
[122] Oren, *Power, Faith and Fantasy* cit., p. 523.
[123] Arye Naor, *Lessons of the Holocaust versus Territories for Peace*, in «Israel Studies», VIII (2003), n. 1, p. 133.
[124] Oren, *Power, Faith and Fantasy* cit., p. 527.
[125] Goldman, *Zeal for Zion* cit., p. 157.
[126] Henry Laurens, *La Question de Palestine*, vol. IV, Fayard, Paris 2011, pp. 80-82.

[127] *Ibid.*
[128] Nancy Gibbs e Michael Duffy, *The Preacher and the Presidents*, Center Street, New York 2007, p. 192.
[129] Daniel G. Hummel, *His Land and the Origins of the Jewish Evangelical Israel Lobby*, in «Church History», LXXXVII (2018), n. 4, p. 1133.
[130] *Ibid.*, p. 1140.
[131] Oren, *Power, Faith and Fantasy* cit., p. 529.
[132] John Pollock, *The Billy Graham Story*, Zondervan, Grand Rapids 2003, pp. 128-29.
[133] Herbert W. Armstrong, *Jews take Jerusalem!*, in «The Plain Truth», giugno 1967, p. 1.
[134] Goldman, *Zeal for Zion* cit., p. 305.
[135] Abraham Rabinovich, *L'incendie d'Al-Aqsa par un Australien qui a failli embraser le Proche-Orient*, in «The Times of Israel», 18 novembre 2019.
[136] Pollock, *The Billy Graham Story* cit., p. 130.
[137] Laurens, *La Question de Palestine*, vol. IV cit., p. 494.
[138] Spector, *Evangelicals and Israel* cit., p. 27.
[139] *Ibid.*, p. 152.
[140] Pubblicità a pagina intera sul «Christian Science Monitor», 3 novembre 1977.
[141] Israel Government Tourist Administration in North America, *Let the Bible Be Your Guide*, New York 1980, p. 2.
[142] Caitlin Carenen, *The Fervent Embrace*, New York University Press, New York 2012, p. 182.
[143] Goldman, *Zeal for Zion* cit., p. 295.
[144] Benjamin Netanyahu (a cura di), *International Terrorism: Challenge and Response*, Jonathan Institute, Jerusalem 1981, prefazione.
[145] Carenen, *The Fervent Embrace* cit., p. 199.
[146] Goldman, *Zeal for Zion* cit., p. 167.
[147] Genesi 12.3.
[148] Cohn-Sherbok, *The Politics of Apocalypse* cit., p. 165.
[149] Dominique Dhombres, *Reagan dénonce l'URSS comme «l'empire du Mal»*, in «Le Monde», 10 marzo 1983.
[150] Carenen, *The Fervent Embrace* cit., p. 199.
[151] Jean-Pierre Filiu, *Mitterrand et la Palestine*, Fayard, Paris 2005, p. 101.
[152] Henry Laurens, *La Question de Palestine*, vol. V, Fayard, Paris 2015, p. 52.
[153] *Falwell Says «Somebody Goofed» in Beirut*, in «Upi», 8 ottobre 1982.
[154] Discorso di Bill Clinton alla Casa Bianca, Washington, 13 settembre 1993.
[155] John Mearsheimer e Stephen Walt, *Le Lobby pro-israélien et la politique étrangère américaine*, La Découverte, Paris 2007, p. 141 [ed. it. *La Israel lobby e la politica estera americana*, trad. di P. Canton e L. Vanni, Mondadori, Milano 2007, p. 159].
[156] Filiu, *Main basse sur Israël* cit., p. 64.
[157] Spector, *Evangelicals and Israel* cit., p. 141.
[158] Filiu, *Main basse sur Israël* cit., pp. 65-66.
[159] Charles Enderlin, *Au nom du Temple. Israël et l'irrésistible ascension du messianisme juif* (2013), Points, Paris 2023, p. 250.
[160] Jerusalem Embassy Act, 24 ottobre 1995.
[161] Intervento di Pat Robertson nel suo programma televisivo *The 700 Club*, 5 gennaio 2006.

[162] Chuck Hagee, *Final Dawn over Jerusalem*, Thomas Nelson, Nashville 1999, p. 33.
[163] Spector, *Evangelicals and Israel* cit., p. 148.
[164] Enderlin, *Au nom du Temple* cit., p. 329.
[165] Thomas D. Ice, *The Israeli Elections*, in «Article Archives», LXXXIV (2009).
[166] Hanna Rosin, *Bush's Christ Moment*, in «The Washington Post», 16 dicembre 1999.
[167] Barka, *La Droite chrétienne américaine* cit., p. 110.
[168] *Ibid.*, p. 286.
[169] Conferenza stampa di George W. Bush alla Casa Bianca, Washington, 16 settembre 2001.
[170] Barka, *La Droite chrétienne américaine* cit., p. 173.
[171] Spector, *Evangelicals and Israel* cit., p. 225.
[172] Brian Whitaker, *Middle East Peace Holds Key to America's War*, in «The Guardian», 17 settembre 2001.
[173] Jean-Pierre Filiu, *Histoire de Gaza*, Fayard, Paris 2012, p. 278.
[174] Spector, *Evangelicals and Israel* cit., p. 226.
[175] *Ibid.*
[176] Discorso di George W. Bush alla Casa Bianca, Washington, 24 giugno 2002.
[177] Barka, *La Droite chrétienne américaine* cit., p. 176.
[178] Intervento di Pat Robertson nel suo programma televisivo *The 700 Club*, 5 gennaio 2006.
[179] Katia Lucas, *Les Évangéliques sionistes des États-Unis*, L'Harmattan, Paris 2022, p. 159.
[180] Michael B. Oren, *Ally*, Random House, New York 2016, p. 43.
[181] Nir Hasson, *Waiting for the Messiah*, in «Haaretz», 19 marzo 2012.
[182] *Michele Bachmann on Her Love for Israel, and considering herself Jewish*, in «Tc Jewfolk», 24 marzo 2010.
[183] Oren, *Ally* cit., pp. 221-27.
[184] Hunter Walker, *Bachmann Blasts Obama for not «Standing By» Israel and Mubarak*, in «The Observer», 9 febbraio 2012.
[185] *Michele Bachmann Lashes into Obama on Israel and Iran*, in «Tc Jewfolk», 6 marzo 2012.
[186] Chris Lisee, *Michele Bachmann's Muslim Brotherhood Claims Draw Fierce Fire*, in «The Washington Post», 19 luglio 2022.
[187] Nir Hasson, *Waiting for the Messiah*, in «Haaretz», 19 marzo 2012.
[188] Filiu, *Main basse sur Israël* cit., p. 137.
[189] *Congresswoman Says Jews Sold Out Israel*, in «Jewish Telegraphic Agency», 7 marzo 2014.
[190] *Hagee: I Meant to Call Obama Anti-Israel*, ivi, 8 dicembre 2014.
[191] Jessica Martinez e Gregory Smith, *How the Faithful Voted*, Pew Research Center, 9 novembre 2016.
[192] Intervento di Mike Pence alla convention del Cufi, Washington, 18 luglio 2017.
[193] Binyamin Rose, *Many Orthodox Jews Support President Trump: I'm One of Them*, in «Jewish Telegraphic Agency», 28 agosto 2020.
[194] Lucas, *Les Évangéliques sionistes des États-Unis* cit., p. 23.
[195] Titolo di una delle trasmissioni piú popolari di Jeffress nel suo programma radiotelevisivo *Pathway to Victory* (La strada verso la vittoria).
[196] «Afp», Washington, 15 febbraio 2017.
[197] *Donald Trump et l'extrême droite israélienne*, in «Le Monde», 20 dicembre 2016.

[198] Discorso di Donald Trump alla Casa Bianca, Washington, 6 dicembre 2017.

[199] Rex Santus, *Pastor Who Thinks Jews Can't Be Saved Led the Opening Prayer at the US Embassy in Jerusalem*, in «Vice», 14 maggio 2018.

[200] Bob Allen, *Jeffress Prays Blessing at Opening of US Embassy in Jerusalem*, in «Baptist Global News», 14 maggio 2018.

[201] Laure Mandeville, *Pour les chrétiens évangéliques, Trump est un «nouveau Cyrus»*, in «Le Figaro», 16 maggio 2018.

[202] Jean-Pierre Filiu, *Le Miroir de Damas. Syrie, notre histoire*, La Découverte, Paris 2017, pp. 253-54.

[203] Raphael Aren, *Friedman: US Peace Plan Won't Call for Settlement Evacuations*, in «The Times of Israel», 16 ottobre 2019.

[204] Danielle Ziri, *Trump: Some US Jews «Don't Love Israel Enough»*, in «Haaretz», 9 dicembre 2019.

[205] Jason Hoffman, *Trump Turns Rosh Hashanah Call into Campaign Pitch*, Cnn, 16 settembre 2020.

[206] J Street, *Election Night Poll*, 4 novembre 2020.

[207] Jonathan Sarna, *A Scholar of American Antisemitism Explains the Hate Symbols Present During the US Capitol Riot*, in «The Conversation», 9 gennaio 2021.

II. UN PLURALISMO MILITANTE

[1] Emanuela Trevisan Semi, *«La verità da 'Ereṣ Yiśra'el» di 'Ahad Ha-'Am*, in «Annali dell'Istituto universitario orientale di Napoli», supplemento n. 10, XXXVII (1977), n. 1, p. 33.

[2] Bensoussan, *Il sionismo*, vol. I cit., p. 128.

[3] *Ibid.*, p. 232.

[4] *Ibid.*, p. 165.

[5] Trevisan Semi, *«La verità da 'Ereṣ Yiśra'el» di 'Ahad Ha-'Am* cit., pp. 31-32.

[6] *Ibid.*, pp. 33-34.

[7] Michael Brenner, *Zionism: A Brief History*, Markus Wiener, Princeton 2003, p. 49 [ed. it. *Breve storia del sionismo*, trad. di M. Tosti Croce, Laterza, Roma-Bari 2003, pp. 42-43].

[8] Michelle Campos, *Ottoman Brothers: Muslims, Christians, and Jews in Early 20th Century Palestine*, Stanford University Press, Palo Alto 2010, p. 18.

[9] Theodor Herzl, *Altneuland* (1902) [ed. it. *Vecchia terra nuova*, a cura di R. Ascarelli, Bibliotheca Aretina, Arezzo 2021, pp. 35-36].

[10] *Ibid.*, p. 116.

[11] *Ibid.*, p. 90.

[12] *Ibid.*, p. 182.

[13] Bensoussan, *Il sionismo*, vol. I cit., p. 188.

[14] Charbit, *Sionismes* cit., p. 187.

[15] *Ibid.*, p. 186.

[16] Goldman, *Zeal for Zion* cit., p. 274.

[17] *Ibid.*

[18] Bensoussan, *Il sionismo*, vol. I cit., p. 334.

[19] Zeev Sternhell, *Aux origines d'Israël*, Gallimard, Paris 2004, p. 165 [ed. it. *Nascita di Israele. Miti, storia, contraddizioni*, trad. di M. Bracchitta, Baldini & Castoldi, Milano 1999, p. 110].

[20] *Ibid.*, pp. 55-57.
[21] *Ibid.*, p. 115.
[22] Segev, *A State at any Cost* cit., p. 118.
[23] Charbit, *Sionismes* cit., p. 389.
[24] Segev, *A State at any Cost* cit., p. 104.
[25] Il libro, pubblicato in yiddish dal comitato *Poalei Tzion* per la Palestina a New York nel 1918, sarà tradotto in ebraico e pubblicato in Israele solo nel 1979.
[26] Bensoussan, *Il sionismo*, vol. I cit., p. 601.
[27] Charbit, *Sionismes* cit., p. 181.
[28] Goldman, *Zeal for Zion* cit., p. 276.
[29] Segev, *A State at any Cost* cit., p. 189.
[30] Steve Jourdin, *Israël. Autopsie d'une gauche (1905-1995)*, Le Bord de l'Eau, Paris 2021, p. 63.
[31] Bensoussan, *Il sionismo*, vol. I cit., pp. 559-60.
[32] Charbit, *Sionismes* cit., p. 494.
[33] Goldman, *Zeal for Zion* cit., p. 278.
[34] Walter Laqueur, *A History of Zionism*, Weidenfeld and Nicolson, London 1972, p. 319.
[35] Filiu, *Main basse sur Israël* cit., pp. 22-23.
[36] Alain Dieckhoff, *L'Invention d'une nation. Israël et la modernité politique*, Gallimard, Paris 1993, p. 336.
[37] Sternhell, *Nascita di Israele* cit., p. 40.
[38] *Ibid.*, p. 149.
[39] Bensoussan, *Il sionismo*, vol. I cit., p. 503.
[40] Laqueur, *A History of Zionism* cit., p. 496.
[41] Dieckhoff, *L'Invention d'une nation* cit., p. 271.
[42] Laqueur, *A History of Zionism* cit., p. 365.
[43] *Ibid.*, p. 368.
[44] Sternhell, *Nascita di Israele* cit., p. 411.
[45] Filiu, *Main basse sur Israël* cit., p. 27.
[46] Charbit, *Sionismes* cit., p. 592.
[47] Charles Enderlin, *Par le feu et par le sang*, Albin Michel, Paris 2008, p. 44 [ed. it. *Attraverso il ferro e il fuoco. La lotta clandestina per l'indipendenza di Israele (1936-1948)*, trad. di A. Morlino, Utet, Torino 2010, p. 25].
[48] *Ibid.*, p. 26.
[49] *Ibid.*, p. 29.
[50] *Ibid.*, p. 44.
[51] *Ibid.*
[52] *Ibid.*, p. 45.
[53] Laqueur, *A History of Zionism* cit., p. 330.
[54] Enderlin, *Attraverso il ferro e il fuoco* cit., p. 101.
[55] *Ibid.*, p. 123.
[56] *Ibid.*, p. 127.
[57] *Ibid.*, p. 129.
[58] *Ibid.*, p. 131.
[59] *Ibid.*, pp. 166-67.
[60] Laurens, *La Question de Palestine*, vol. III cit., p. 35.
[61] *Ibid.*, p. 47.

[62] *Ibid.*, p. 50.
[63] *Ibid.*, p. 69.
[64] *Ibid.*, p. 67.
[65] *Ibid.*, p. 75.
[66] *Ibid.*, p. 101.
[67] *Ibid.*, p. 146.
[68] Enderlin, *Attraverso il ferro e il fuoco* cit., p. 241.
[69] Laurens, *Le Retour des exilés* cit., p. 673.
[70] *Ibid.*, p. 674.
[71] *Ibid.*, p. 750.
[72] Jourdin, *Israël. Autopsie d'une gauche* cit., p. 130.
[73] Laurens, *La Question de Palestine*, vol. III cit., p. 257.
[74] Filiu, *Histoire de Gaza* cit., p. 92.
[75] *Ibid.*, p. 97.
[76] *Ibid.*, p. 119.
[77] Laurens, *La Question de Palestine*, vol. III cit., p. 588.
[78] Goldman, *Zeal for Zion* cit., pp. 281-82.
[79] Lemire, *Au pied du Mur* cit., pp. 233-42.
[80] Idith Zertal e Akiva Eldar, *Les Seigneurs de la terre. Histoire de la colonisation israélienne des territoires occupés*, trad. dall'inglese di C. Nordmann, Seuil, Paris 2013, p. 43.
[81] Goldman, *Zeal for Zion* cit., p. 280.
[82] Zertal e Eldar, *Les Seigneurs de la terre* cit., p. 55.
[83] Intervista di Golda Meir al «Sunday Times», 15 giugno 1969.
[84] Intervista di Golda Meir a Thames Tv, 26 febbraio 1970.
[85] Intervista di Golda Meir al «New York Times», 27 agosto 1972.
[86] Filiu, *Histoire de Gaza* cit., pp. 156-57.
[87] Zertal e Eldar, *Les Seigneurs de la terre* cit., p. 63.
[88] *Ibid.*, p. 81.
[89] *Ibid.*
[90] *Ibid.*, p. 80.
[91] Enderlin, *Attraverso il ferro e il fuoco* cit., pp. 129-30.
[92] Laurens, *La Question de Palestine*, vol. IV cit., p. 614.
[93] *Ibid.*, pp. 634-35.
[94] «Upi», Jerusalem, 13 marzo 1978.
[95] Laurens, *La Question de Palestine*, vol. IV cit., p. 653.
[96] *Ibid.*, p. 656.
[97] *Ibid.*, p. 681.
[98] *Ibid.*, p. 773.
[99] *Ibid.*, p. 775.
[100] Filiu, *Mitterrand et la Palestine* cit., pp. 133-34.
[101] Laurens, *La Question de Palestine*, vol. V cit., p. 54.
[102] *Ibid.*, p. 57.
[103] Lawrence Joffe, *Rafael Eitan*, in «The Guardian», 25 novembre 2004.
[104] Zertal e Eldar, *Les Seigneurs de la terre* cit., p. 129.
[105] *Kahane Can Push Law to Ban Arab-Israeli Sex, Court Says*, in «Upi», Jerusalem, 31 ottobre 1985.
[106] Zertal e Eldar, *Les Seigneurs de la terre* cit., p. 119.
[107] Laurens, *La Question de Palestine*, vol. V cit., p. 231.

[108] Filiu, *Mitterrand et la Palestine* cit., p. 262.
[109] *Ibid.*, p. 265.
[110] *Ibid.*, p. 279.
[111] Discorso di Yitzhak Shamir alla Conferenza di pace di Madrid, 31 ottobre 1991.
[112] Filiu, *Main basse sur Israël* cit., p. 50.
[113] Zertal e Eldar, *Les Seigneurs de la terre* cit., p. 148.
[114] Laurens, *La Question de Palestine*, vol. V cit., p. 327.
[115] *Ibid.*, p. 344.
[116] *Ibid.*, p. 370.
[117] *Ibid.*, p. 393.
[118] Zertal e Eldar, *Les Seigneurs de la terre* cit., p. 158.
[119] Laurens, *La Question de Palestine*, vol. V cit., p. 411.
[120] Filiu, *Main basse sur Israël* cit., p. 69.
[121] Laurens, *La Question de Palestine*, vol. V cit., p. 600.
[122] *Ibid.*, p. 654.
[123] Zertal e Eldar, *Les Seigneurs de la terre* cit., p. 202.
[124] Laurens, *La Question de Palestine*, vol. V cit., p. 676.
[125] Filiu, *Le Miroir de Damas* cit., pp. 253-54.
[126] Laurens, *La Question de Palestine*, vol. V cit., p. 760.
[127] Thomas Vescovi, *L'Échec d'une utopie. Une histoire des gauches en Israël*, La Découverte, Paris 2021, p. 255.
[128] Foundation for Middle East Peace, *Israeli Settler Population 1972-2006*, Washington (D.C.) 2007.
[129] Filiu, *Main obasse sur Israël* cit., p. 77.
[130] Foundation for Middle East Peace, *Israeli Settler Population 1972-2006* cit.
[131] Zertal e Eldar, *Les Seigneurs de la terre* cit., p. 268.
[132] Per il periodo 2000-2004 l'Ong israeliana *B'Tselem* fornisce le cifre di 3169 vittime palestinesi e 945 vittime israeliane, di cui 304 militari.
[133] Filiu, *Histoire de Gaza* cit., p. 304.
[134] *Ibid.*, p. 301.
[135] *Ibid.*, p. 302.
[136] *Ibid.*, p. 330.
[137] Daniel Dombey, *Clinton Clashes with Israel over Settlers*, in «The Financial Times», 18 giugno 2009.
[138] Michael Oren, *Avigdor Lieberman is Israel's Paradox*, in «The Atlantic», 30 agosto 2019.
[139] *A Look at Israeli Settlers by Numbers*, in «Associated Press», Jerusalem, 18 agosto 2013.
[140] Filiu, *Main basse sur Israël* cit., p. 93.
[141] *Ibid.*, p. 94.
[142] Hezki Baruch, *Bennett: «Wall of Deterrence» Will Stop Terror*, in «Israel National News», 19 ottobre 2015.
[143] Filiu, *Main basse sur Israël* cit., pp. 98-99.
[144] Chloé Demoulin, *En Israël, un parfum de 1984*, in «Revue du crieur», VIII (2017), p. 139.
[145] James Glanz, *Israeli Defense Minister Compares Beloved Palestinian Poet to Hitler*, in «The New York Times», 22 luglio 2016.
[146] Jack Khouri, *Israeli Defense Minister Calls for Boycott of Arab citizens*, in «Haaretz», 10 dicembre 2017.

[147] *«No Innocent People in Gaza», says Israeli Defence Minister*, in «Middle East Eye», 9 aprile 2018.
[148] Testo della «Legge su Israele come Stato-nazione del popolo ebraico» pubblicato sul sito della Knesset, 19 luglio 2018.
[149] *Des dizaines de milliers de Druzes à Tel Aviv contre la loi sur l'État-nation*, in «The Times of Israel», 5 agosto 2018.
[150] *En Israël, des milliers d'Arabes israéliens manifestent contre une loi controversée*, in «Le Monde», 11 agosto 2018.
[151] Piotr Smolar, *Comment Nétanyahou soigne les «illibéraux» est-européens*, ivi, 19 luglio 2018.
[152] Louis Imbert, *Bezalel Smotrich, le colon radical qui imprime sa marque au gouvernement*, ivi, 7 marzo 2023.
[153] Unione europea, *Report on Israeli Settlements in the Occupied West Bank, Including East Jerusalem*, Bruxelles, 29 giugno 2020.
[154] *Blue and White Brass Said to Fume at its Rightist MKs for Foiling Minority Government*, in «The Times of Israel», 8 marzo 2020.
[155] Louis Imbert, *Ben Gvir, le mauvais génie de la droite israélienne*, in «Le Monde», 3 novembre 2022.
[156] Office for the Coordination of Humanitarian Affairs (Ocha), *Occupied Palestinian Territory: Situation report*, 27 maggio 2021.
[157] Louis Imbert, *En Palestine, une vague de colère «du fleuve à la mer»*, in «Le Monde», 4 giugno 2021.
[158] Id., *Bezalel Smotrich* cit.
[159] Daniel Mahla, *Convergence of Fundamentalisms? Ultra-Orthodox Nationalists (Hardalim) in Israel*, in «Zeitschrift für Religion, Gesellschaft und Politik», VII (2023), n. 1, p. 153.
[160] Roy Riftin e Joab Rosenbert, *La menace qui pèse actuellement sur Israël vient de son propre gouvernement*, in «Le Monde», 13 aprile 2023.
[161] *Israeli Weapons Manufacturing Employees Warn Judicial Overhaul Will Harm Industry*, in «Haaretz», 27 marzo 2023.
[162] Israel Democracy Institute, *20th Edition of the Israeli Democracy Index*, 15 gennaio 2023.
[163] *Smotrich: il n'y a pas de peuple palestinien, les «vrais Palestiniens» sont ma famille*, in «The Times of Israel», 20 marzo 2023.
[164] «Afp», 4 agosto 2023.
[165] Bensoussan, *Il sionismo*, vol. II cit., p. 1218.
[166] *Ibid.*, p. 605.

III. UNA STRATEGIA DEI FATTI COMPIUTI

[1] Laurens, *La Question de Palestine*, vol. II cit., p. 651.
[2] Vincent Lemire, *Jérusalem 1900, l'âge des possibles*, Armand Colin, Paris 2012, p. 7.
[3] Alexander Schölch, *Palestine in Transformation 1856-1882*, Institute for Palestine Studies, Washington (D.C.) 1993, p. 14.
[4] Eugene Rogan, *Frontiers of the State in the late Ottoman Empire*, Cambridge University Press, New York 2002, p. 55.
[5] Laurens, *Le Retour des exilés* cit., p. 264.

[6] *Ibid.*
[7] John McTague, *Anglo-French Negotiations over the Boundaries of Palestine, 1919-1920*, in «Journal of Palestine Studies», XI (1982), n. 2, pp. 101-2.
[8] *Ibid.*, p. 107.
[9] *Ibid.*, p. 108.
[10] *The Hidden Question* (La questione nascosta) è un articolo di Yitzhak Epstein pubblicato nel 1907 sulla rivista sionista «Ha-Shiloah». *The Unseen Question* (La questione non vista) è il titolo di uno dei capitoli del volume di riferimento di Walter Laqueur (Laqueur, *A History of Zionism* cit., p. 209).
[11] Charbit, *Sionismes* cit., p. 337.
[12] *Ibid.*, p. 354.
[13] Laqueur, *A History of Zionism* cit., p. 229.
[14] *Ibid.*, p. 231.
[15] *Ibid.*, p. 236.
[16] Hillel Cohen, *Army of Shadows: Palestinian Collaboration with Zionism, 1917-1948*, University of California Press, Berkeley 2008, p. 17.
[17] Laqueur, *A History of Zionism* cit., p. 242.
[18] Laurens, *Le Retour des exilés* cit., p. 402.
[19] Cohen, *Army of Shadows* cit., p. 38.
[20] Filiu, *Main basse sur Israël* cit., pp. 27-28.
[21] Laurens, *La Question de Palestine*, vol. II cit., p. 651.
[22] Bensoussan, *Il sionismo*, vol. I cit., p. 679.
[23] Benny Morris, *The Birth of the Palestinian Refugee Problem Revisited*, Cambridge University Press, New York 2003, p. 50 [ed. it. *Esilio. Israele e l'esodo palestinese 1947-1949*, trad. di S. Beltrame, S. Cappelletti e E. Peru, Rizzoli, Milano 2005, p. 77].
[24] Nur Masalha, *Expulsion of the Palestinians: The Concept of «Transfer» in Zionist Political Thought, 1882-1948*, Institute for Palestine Studies, Washington (D.C.) 1992, p. 132.
[25] Morris, *Esilio* cit., pp. 80-81.
[26] *Ibid.*, p. 80.
[27] Laurens, *Le Retour des exilés* cit., p. 579.
[28] Charbit, *Sionismes* cit., p. 600.
[29] Filiu, *Histoire de Gaza* cit., p. 64.
[30] Avi Shlaim, *Collusion across the Jordan*, Clarendon Press, Oxford 1988, p. 121.
[31] Dominique Vidal e Sébastien Boussois, *Comment Israël expulsa les Palestiniens (1947-1949)*, Les éditions de l'Atelier, Paris 2007, p. 68.
[32] *Ibid.*, p. 69.
[33] Morris, *Esilio* cit., p. 130.
[34] Laurens, *La Question de Palestine*, vol. III cit., p. 67.
[35] Id., *Le Retour des exilés* cit., p. 653.
[36] Segev, *A State at any Cost* cit., pp. 416-18.
[37] Benny Morris, *The Causes and Character of the Arab Exodus from Palestine*, in «Middle Eastern Studies», XXII (1986), n. 1, pp. 6-11.
[38] Id., *Esilio* cit., p. 248.
[39] *Ibid.*, p. 387.
[40] Laurens, *La Question de Palestine*, vol. III cit., pp. 144-45.
[41] *Ibid.*, p. 145.
[42] *Ibid.*

[43] Morris, *Esilio* cit., p. 394.
[44] Questa tragedia è al centro del romanzo del 2016 di Elias Khuri, *Awlad el-Ghetto. Esmi Adam* (I bambini del ghetto. Mi chiamo Adam).
[45] Morris, *Esilio* cit., p. 378.
[46] *Ibid.*, p. 382.
[47] *Ibid.*, p. 404.
[48] *Ibid.*, p. 410.
[49] Vidal e Boussois, *Comment Israël expulsa les Palestiniens* cit., p. 218.
[50] Morris, *Esilio* cit., p. 417.
[51] *Ibid.*
[52] *Ibid.*, p. 414.
[53] *Ibid.*, p. 419.
[54] *Ibid.*, p. 430.
[55] *Ibid.*, p. 437.
[56] Masalha, *Expulsion of the Palestinians* cit., p. 14.
[57] Laurens, *La Question de Palestine*, vol. III cit., p. 194.
[58] Segev, *A State at any Cost* cit., p. 452.
[59] Hillel Cohen, *Good Arabs*, University of California Press, Berkeley 2010, p. 96.
[60] Filiu, *Le Milieu des mondes* cit., p. 267.
[61] La mappa 6, tratta dall'opera di Benny Morris, stima che le località cosí sradicate sono 369, sebbene altri elenchi propongano cifre piú elevate, fra 383 e 418.
[62] Vidal e Boussois, *Comment Israël expulsa les Palestiniens* cit., p. 105.
[63] Segev, *A State at any Cost* cit., p. 420.
[64] È la Risoluzione 273-III adottata l'11 maggio 1949 dall'Assemblea generale dell'Onu.
[65] Filiu, *Histoire de Gaza* cit., pp. 81-82.
[66] Laurens, *La Question de Palestine*, vol. III cit., p. 235.
[67] Lo stupro di gruppo e l'assassinio di una giovane beduina del Negev da parte di un'unità israeliana nell'agosto del 1949, rivelato nel 2003 da «Haaretz», è il soggetto del romanzo del 2017 di Adania Shibli, *Tafsīl thānawī* [ed. it. *Un dettaglio minore*, trad. di M. Ruocco, La Nave di Teseo, Milano 2021].
[68] Filiu, *Histoire de Gaza* cit., pp. 92-93.
[69] Cohen, *Good Arabs* cit., p. 9.
[70] Segev, *A State at any Cost* cit., p. 469.
[71] Samy Cohen, *Israël. Une démocratie fragile*, Fayard, Paris 2021, pp. 40-41.
[72] *Ibid.*, p. 38.
[73] Laurens, *La Question de Palestine*, vol. III cit., pp. 486-87.
[74] Cohen, *Israël. Une démocratie fragile* cit., p. 47.
[75] *Ibid.*, p. 48.
[76] Jean-Pierre Filiu, *The Twelve Wars on Gaza*, in «Journal of Palestine Studies», XLIV (2014), n. 1, pp. 53-54.
[77] Id., *Histoire de Gaza* cit., pp. 111-14.
[78] Segev, *A State at any Cost* cit., p. 594.
[79] Charles Enderlin, *Paix ou guerres. Les secrets des négociations israélo-arabes 1917-1995*, Fayard, Paris 2004, p. 255.
[80] Khalil Tafakji, *31° Nord 35° Est. Chroniques géographiques de la colonisation israélienne*, La Découverte, Paris 2020, p. 214.
[81] Laurens, *La Question de Palestine*, vol. IV cit., p. 57.
[82] Tafakji, *31° Nord 35° Est* cit., pp. 144-46.

[83] Enderlin, *Paix ou guerres* cit., p. 296.
[84] Filiu, *Mitterrand et la Palestine* cit., p. 37.
[85] Id., *Histoire de Gaza* cit., p. 157.
[86] Laurens, *Le Retour des exilés* cit., p. 1004.
[87] Enderlin, *Paix ou guerres* cit., p. 381.
[88] Shlaim, *Israel and Palestine* cit., p. 240.
[89] Laurens, *La Question de Palestine*, vol. IV cit., pp. 685-86.
[90] *Ibid.*, p. 681.
[91] *Ibid.*, p. 690.
[92] *Ibid.*, p. 727.
[93] Enderlin, *Paix ou guerres* cit., p. 556.
[94] Laurens, *Le Retour des exilés* cit., pp. 1143-44.
[95] *Ibid.*, pp. 1134-37.
[96] Filiu, *Histoire de Gaza* cit., p. 236.
[97] Laurens, *La Question de Palestine*, vol. V cit., p. 432.
[98] Tafakji, *31° Nord 35° Est* cit., pp. 83-85.
[99] *Ibid.*, p. 86.
[100] Laurens, *La Question de Palestine*, vol. V cit., p. 450.
[101] Filiu, *Histoire de Gaza* cit., p. 244.
[102] Laurens, *La Question de Palestine*, vol. V cit., pp. 495-96.
[103] Tafakji, *31° Nord 35° Est* cit., p. 95.
[104] Laurens, *La Question de Palestine*, vol. V cit., p. 657.
[105] Terje Rod-Larsen, Nur Laiq e Fabrice Aidan (a cura di), *The Search for Peace in the Arab-Israeli Conflict*, Oxford University Press, Oxford 2014, pp. 461-64.
[106] Laurens, *La Question de Palestine*, vol. V cit., p. 814.
[107] Discorso di Benjamin Netanyahu all'Università Bar-Ilan, Ramat Gan, 14 giugno 2009.
[108] *Ibid.*
[109] Filiu, *The Twelve Wars on Gaza* cit., p. 58.
[110] Laurens, *Le Retour des exilés* cit., p. 674.
[111] Legge fondamentale «Israele in quanto Stato nazione del popolo ebraico», Knesset, Jerusalem, 19 luglio 1948.
[112] B'Tselem, *The Supreme Court of Occupation*, 25 febbraio 2020.
[113] Charbit, *Sionismes* cit., p. 527.

IV. L'ILLUSIONE ARABA

[1] Laurens, *La Question de Palestine*, vol. II cit., p. 370.
[2] Filiu, *Histoire de Gaza* cit., p. 21.
[3] Flavio Giuseppe, *La guerra giudaica*, vol. I (libri I-III), a cura di G. Vitucci, Fondazione Lorenzo Valla - Arnoldo Mondadori editore, Milano 1974, p. 509.
[4] Gudrun Krämer, *Geschichte Palästinas. Von der osmanischen Eroberung bis zur Gründung des Staates Israel*, C. H. Beck, München 2002, p. 57.
[5] Haim Gerber, *Palestine and Other Territorial Concepts in the Seventeenth Century*, in «International Journal of Middle East Studies», XXX (novembre 1998), n. 4, p. 563.
[6] Laurens, *La Question de Palestine*, vol. I cit., p. 19.

[7] Beshara Doumani, *Rediscovering Palestine*, University of California Press, Berkeley 1995, p. 202.
[8] *Ibid.*, p. 170.
[9] *Ibid.*, p. 234.
[10] Krämer, *Geschichte Palästinas* cit., p. 114.
[11] David Kushner (a cura di), *Palestine in the Late Ottoman Period*, Brill, Leiden 1986, p. 40.
[12] Albert Hourani, *Ottoman Reform and the Politics of Notables*, in William Polk e Richard Chambers (a cura di), *Beginnings of Modernization in the Middle East*, University of Chicago Press, Chicago 1968, p. 41.
[13] Moshe Maoz (a cura di), *Studies on Palestine During The Ottoman Period*, Hebrew University Press, Jerusalem 1975, p. 371.
[14] Schölch, *Palestine in Transformation* cit., p. 265.
[15] Laurens, *La Question de Palestine*, vol. I cit., p. 74.
[16] *Ibid.*, p. 82.
[17] Id., *Le Retour des exilés* cit., pp. 87-88.
[18] *Ibid.*, p. 89.
[19] Id., *La Question de Palestine*, vol. I cit., p. 138.
[20] Kamel, *Imperial Perceptions of Palestine* cit., p. 65.
[21] Krämer, *Geschichte Palästinas* cit., p. 104.
[22] Laurens, *La Question de Palestine*, vol. I cit., p. 149.
[23] *Ibid.*, p. 146.
[24] Lemire, *Jérusalem 1900* cit., p. 179.
[25] Campos, *Ottoman Brothers* cit., p. 110.
[26] *Ibid.*, pp. 98-99.
[27] *Ibid.*, p. 126.
[28] Laurens, *La Question de Palestine*, vol. I cit., pp. 234-35.
[29] Lemire, *Jérusalem 1900* cit., p. 203.
[30] Laurens, *La Question de Palestine*, vol. I cit., p. 267.
[31] Basheer Nafi, *Arabism, Islamism and the Palestine Question 1908-1941*, Ithaca Press, Reading 1998, p. 44.
[32] Khalidi, *Identità palestinese* cit., p. 241.
[33] Abdelaziz Ayyad, *Arab Nationalism and the Palestinians, 1850-1939*, Passia, Jerusalem 1999, p. 60.
[34] Jean-Pierre Filiu, *Les Arabes, leur destin et le nôtre. Histoire d'une libération*, La Découverte, Paris 2015, pp. 48-49.
[35] Nafi, *Arabism, Islamism and the Palestine Question* cit., p. 69.
[36] Laurens, *La Question de Palestine*, vol. I cit., p. 439.
[37] *Ibid.*, p. 449.
[38] *Ibid.*, p. 475.
[39] Abdul Wahab Kayyali, *Histoire de la Palestine 1896-1940*, L'Harmattan, Paris 1985, p. 76.
[40] Khalidi, *Identità palestinese* cit., p. 256.
[41] Laurens, *La Question de Palestine*, vol. I cit., p. 546.
[42] *Ibid.*
[43] *Ibid.*, p. 585.
[44] Nafi, *Arabism, Islamism and the Palestine Question* cit., p. 92.
[45] Laurens, *La Question de Palestine*, vol. II cit., p. 93.
[46] *Ibid.*, p. 155.

[47] *Ibid.*, p. 97.
[48] *Ibid.*, p. 110.
[49] *Ibid.*, p. 101.
[50] *Ibid.*, p. 160.
[51] Id., *Le Retour des exilés* cit., p. 423.
[52] Id., *La Question de Palestine*, vol. II cit., p. 227.
[53] Nadav Halevi, *The Political Economy of Absorptive Capacity*, in «Middle Eastern Studies», XIX (1983), n. 4, p. 458.
[54] Laurens, *La Question de Palestine*, vol. II cit., p. 320.
[55] Cohen, *Army of Shadows* cit., p. 108.
[56] Laurens, *Le Retour des exilés* cit., p. 482.
[57] *Ibid.*, p. 481.
[58] Id., *La Question de Palestine*, vol. II cit., p. 327.
[59] *Ibid.*, p. 370.
[60] Filiu, *Histoire de Gaza* cit., p. 360.
[61] Laurens, *La Question de Palestine*, vol. II cit., p. 459.
[62] *Ibid.*, p. 505.
[63] *Ibid.*, p. 482.
[64] *Ibid.*, p. 584.
[65] Filiu, *Histoire de Gaza* cit., p. 71.
[66] Laurens, *La Question de Palestine*, vol. III cit., p. 73.
[67] Filiu, *Le Milieu des mondes* cit., p. 267.
[68] Laurens, *La Question de Palestine*, vol. III cit., p. 194.
[69] Segev, *A State at any Cost* cit., p. 507.
[70] Laurens, *La Question de Palestine*, vol. III cit., p. 308.
[71] Id., *Le Retour des exilés* cit., p. 885.
[72] Filiu, *Histoire de Gaza* cit., pp. 130-31.
[73] Laurens, *La Question de Palestine*, vol. III cit., p. 649.
[74] Id., *Le Retour des exilés* cit., p. 899.
[75] Id., *La Question de Palestine*, vol. III cit., p. 659.
[76] Yezid Sayigh, *Armed Struggle and the Search for a State*, Oxford University Press, New York 1998, p. 127.
[77] Rashid Khalidi, *The 1967 War and the Demise of Arab Nationalism*, in Roger Louis e Avi Shlaim (a cura di), *The 1967 Arab-Israeli War*, Cambridge University Press, New York 2012, p. 273.
[78] Laurens, *La Question de Palestine*, vol. IV cit., p. 69.
[79] Filiu, *Les Arabes, leur destin et le nôtre* cit., p. 121.
[80] Laurens., *Le Retour des exilés* cit., p. 943.
[81] *Ibid.*, pp. 944-45.
[82] *Ibid.*, pp. 950-51.
[83] *Ibid.*, p. 958.
[84] Id., *La Question de Palestine*, vol. IV cit., p. 255.
[85] *Ibid.*, p. 329.
[86] Filiu, *Histoire de Gaza* cit., pp. 130-31.
[87] Id., *Main basse sur Israël* cit., p. 42.
[88] Id., *Un moment dans l'errance*, in «Peuples méditerranéens», XX (1982), p. 45.
[89] Laurens, *La Question de Palestine*, vol. IV cit., p. 489.
[90] *Ibid.*, p. 503.
[91] Jean-Pierre Filiu, *Le Nouveau Moyen-Orient*, Fayard, Paris 2013, pp. 77-78.

[92] Khalidi, *Identità palestinese* cit., p. 33.
[93] Laurens, *La Question de Palestine*, vol. IV cit., p. 553.
[94] *Ibid.*
[95] *Ibid.*, p. 566.
[96] *Ibid.*, p. 567.
[97] *Ibid.*, pp. 574-75.
[98] Patrick Seale, *Asad: The Struggle for the Middle East*, University of California Press, Berkeley 1989, p. 284 [ed. it. *Il leone di Damasco*, trad. di A. Tagliavini, Gamberetti Editrice, Roma 1995, p. 329].
[99] Jean-Pierre Filiu, *Un massacre pouvait en cacher un autre au Liban en 1976*, in «Le Monde», 28 agosto 2022.
[100] Id., *Histoire de Gaza* cit., pp. 130-31.
[101] *Qaddafi Urges Suicide for Arafat Guerrillas*, in «The New York Times», 5 luglio 1982.
[102] Filiu, *Mitterrand et la Palestine* cit., p. 146.
[103] Laurens, *La Question de Palestine*, vol. V cit., p. 94.
[104] Filiu, *Mitterrand et la Palestine* cit., p. 207.
[105] *Ibid.*, p. 211.
[106] *Ibid.*, p. 236.
[107] Francis Grimblat, *La communauté chiite libanaise et le mouvement national palestinien*, in «Guerres mondiales et conflits contemporains», CLI (1988), p. 90.
[108] Camille Mansour, *Les Palestiniens après la guerre du Liban*, in «Politique étrangère», XLVIII (1983), n. 2, p. 456.
[109] Filiu, *Mitterrand et la Palestine* cit., p. 292.
[110] *Ibid.*
[111] Laurens, *La Question de Palestine*, vol. V cit., pp. 285-86.
[112] *Ibid.*, pp. 291-92.
[113] Filiu, *Main basse sur Israël* cit., pp. 53-55.
[114] Laurens, *La Question de Palestine*, vol. V cit., p. 793.
[115] Jean-Pierre Filiu, *Généraux, gangsters et jihadistes. Histoire de la contre-révolution arabe*, La Découverte, Paris 2018, p. 262.
[116] Nidal Bitari, *Yarmuk Refugee Camp and the Syrian Revolution*, in «Journal of Palestine Studies», XLIII (2013), n. 1, p. 78, e Benjamin Barthe, *Yarmouk, le cimetière des Palestiniens de Syrie*, in «Le Monde», 26 maggio 2018. L'assedio di Yarmuk è stato filmato nel documentario di notevole impatto *Little Palestine* del regista Abdallah al-Khatib, uscito nel 2021.

V. LA DINAMICA DELLE FAZIONI

[1] Filiu, *Histoire de Gaza* cit., p. 153.
[2] Id., *Le Milieu des mondes* cit., pp. 58 e 61.
[3] Schölch, *Palestine in Transformation* cit., pp. 195-96.
[4] *Ibid.*, p. 187.
[5] Ahmad Hassan Joudah, *Revolt in Palestine in the Eighteenth Century*, Kingston Press, Princeton 1987, p. 19.
[6] *Ibid.*, pp. 50-56.
[7] Schölch, *Palestine in Transformation* cit., pp. 212-13.

[8] Khaled Safi, *Territorial Awareness in the 1834 Palestinian Revolt*, in Roger Heacock (a cura di), *Temps et espaces en Palestine*, Presses de l'Ifpo, Beirut 2008, p. 49.
[9] Schölch, *Palestine in Transformation* cit., p. 227.
[10] *Ibid.*, p. 237.
[11] Cohen, *Army of Shadows* cit., p. 49.
[12] Laurens, *Le Retour des exilés* cit., p. 471.
[13] Cohen, *Army of Shadows* cit., pp. 100-1.
[14] *Ibid.*, p. 111.
[15] *Ibid.*, p. 122.
[16] Laurens, *La Question de Palestine*, vol. II cit., p. 345.
[17] Cohen, *Army of Shadows* cit., p. 124.
[18] Laurens, *La Question de Palestine*, vol. II cit., p. 388.
[19] *Ibid.*
[20] Id., *Le Retour des exilés* cit., p. 509.
[21] Cohen, *Army of Shadows* cit., p. 151.
[22] Laurens, *Le Retour des exilés* cit., p. 534.
[23] Sayigh, *Armed Struggle and the Search for a State* cit., p. 2.
[24] Cohen, *Army of Shadows* cit., pp. 202-3.
[25] *Ibid.*, p. 129.
[26] Filiu, *Histoire de Gaza* cit., p. 92.
[27] *Ibid.*, p. 94.
[28] *Ibid.*, pp. 95-96.
[29] Cohen, *Good Arabs* cit., p. 23.
[30] Id., *Army of Shadows* cit., pp. 241 e 246.
[31] Id., *Good Arabs* cit., p. 13.
[32] *Ibid.*, p. 18.
[33] *Ibid.*, p. 27.
[34] *Ibid.*, p. 30.
[35] *Ibid.*, p. 41.
[36] *Ibid.*, p. 54.
[37] *Ibid.*, p. 44.
[38] Sayigh, *Armed Struggle and the Search for a State* cit., p. 102.
[39] *Ibid.*, p. 99.
[40] Laurens, *Le Retour des exilés* cit., p. 883.
[41] Sayigh, *Armed Struggle and the Search for a State* cit., p. 141.
[42] Filiu, *Histoire de Gaza* cit., p. 144.
[43] Faris Giacaman, *Political Representation and Armed Struggle*, in «Journal of Palestine Studies», XLIII (autunno 2013), n. 1, p. 34.
[44] Sayigh, *Armed Struggle and the Search for a State* cit., p. 239.
[45] Alain Gresh, *OLP, Histoire et stratégies*, Spag-Papyrus, Paris 1983, p. 69 [ed. it. *Storia dell'OLP. Verso lo Stato palestinese*, trad. di M. Cavanna, Edizioni Associate, Roma 1988, p. 66].
[46] Sayigh, *Armed Struggle and the Search for a State* cit., p. 237.
[47] *Ibid.*, p. 263.
[48] *Ibid.*, p. 267.
[49] *Ibid.*, p. 271.
[50] Filiu, *Histoire de Gaza* cit., p. 153.
[51] Sayigh, *Armed Struggle and the Search for a State* cit., p. 287.
[52] *Ibid.*, p. 354.

[53] *Ibid.*, p. 364.
[54] *Ibid.*, p. 365.
[55] *Ibid.*, p. 371.
[56] *Ibid.*, p. 393.
[57] *Ibid.*, p. 401.
[58] *Ibid.*, p. 417.
[59] *Ibid.*, p. 433.
[60] Laurens, *La Question de Palestine*, vol. IV cit., p. 775.
[61] Sayigh, *Armed Struggle and the Search for a State* cit., p. 542.
[62] *Ibid.*, p. 540.
[63] *Ibid.*, p. 567.
[64] Filiu, *Mitterrand et la Palestine* cit., p. 211.
[65] Sayigh, *Armed Struggle and the Search for a State* cit., p. 574.
[66] *Ibid.*, p. 578.
[67] *Ibid.*, p. 579.
[68] *Ibid.*, p. 591.
[69] Filiu, *Histoire de Gaza* cit., p. 171.
[70] Laurens, *La Question de Palestine*, vol. IV cit., p. 558.
[71] Filiu, *Histoire de Gaza* cit., pp. 187-88.
[72] Statuto di *Hamas*, articolo 11, 18 agosto 1988.
[73] *Ibid.*, articolo 27, 18 agosto 1988.
[74] Filiu, *Histoire de Gaza* cit., p. 216.
[75] Laurens, *Le Retour des exilés* cit., p. 1091.
[76] Sayigh, *Armed Struggle and the Search for a State* cit., p. 633.
[77] Filiu, *Histoire de Gaza* cit., p. 231.
[78] Laurens, *La Question de Palestine*, vol. V cit., p. 350.
[79] Sayid Marcos Tenorio, *Palestinian Resistance Poetry by Mahmud Darwish*, in «Middle East Monitor», 11 gennaio 2021.
[80] Filiu, *Histoire de Gaza* cit., pp. 241-42.
[81] Jean-François Legrain, *Les Palestiniens du quotidien. Les élections de l'autonomie, janvier 1996*, Cermoc, Beirut-Amman 1999, p. 23.
[82] *Ibid.*, p. 82.
[83] Christophe Boltanski, *Contestation bâillonnée en Palestine*, in «Libération», 30 novembre 1999.
[84] Palestinian Center for Policy and Survey Research, *Public Opinion Poll 46*, 30 marzo 2000.
[85] Discorso di George W. Bush alla Casa Bianca, Washington, 24 giugno 2002.
[86] Filiu, *Histoire de Gaza* cit., p. 319.
[87] *Ibid.*, p. 321.
[88] *Ibid.*, p. 343.
[89] Benjamin Barthe, *Ramallah Dream. Voyage au cœur du mirage palestinien*, La Découverte, Paris 2011, p. 137.
[90] *Ibid.*, p. 186.
[91] Filiu, *Histoire de Gaza* cit., p. 350.
[92] Piotr Smolar, *Israël, la percée de la Liste arabe unie*, in «Le Monde», 18 marzo 2015.
[93] *Hamas in 2017: The Document in Full*, in «Middle East Eye», 2 maggio 2017.
[94] Louis Imbert, *Mansour Abas, l'islamiste qui pourrait sauver Benyamin Netanyahou*, in «Le Monde», 26 marzo 2021.

[95] Id., *Depuis Gaza, Yahya Sinouar se pose en leader national*, ivi, 27 maggio 2021.
[96] Id., *En Palestine, l'ascension d'Hussein Al-Sheikh*, ivi, 8 febbraio 2022.
[97] Majeda El Batsh e Ben Simon, *Deadly Crime Wave Grips Arabs in Israel «by the Throat»*, in «The Times of Israel», 12 gennaio 2022.
[98] Il film israeliano *Ajami*, realizzato nel 2009 da Scandar Copti e Yaron Shani, offre un'affascinante immersione all'interno di queste gang arabe, nonché nella giustizia tradizionale che regolamenta il «prezzo del sangue» (Ajami è il nome di un quartiere arabo della città mista di Giaffa).
[99] El Batsh e Simon, *Deadly Crime Wave Grips Arabs in Israel «by the Throat»* cit.
[100] Hanas Gold, *Israel's Arab Citizens Demand Justice after Alarming Rise in Gang-Related Murders*, Cnn, 8 settembre 2023.
[101] Office for the Coordination of Humanitarian Affairs (Ocha), *Protection of Civilians Report*, 26 settembre 2023.

VI. IL DOPPIO STANDARD

[1] Discorso radiotelevisivo di François Mitterrand, 3 marzo 1991.
[2] François-René de Chateaubriand, *Itinéraire de Paris à Jérusalem* (1811) [ed. it. *Viaggio a Gerusalemme*, trad. di F. Cosi e A. Repossi, Edizioni Terra Santa, Milano 2018, p. 88].
[3] *Ibid.*, p. 60.
[4] *Ibid.*, pp. 283-84.
[5] Alphonse de Lamartine, *Impressions, souvenirs, pensées et paysages pendant un voyage en Orient, 1832-1833* (1835) [ed. it. *Rimembranze di un viaggio in Oriente*, vol. II, libera versione di C. Cantú, Pirotta tipografi-libraj, Milano 1835, p. 81].
[6] *Ibid.*, p. 173.
[7] *Ibid.*, p. 130.
[8] Jean-Claude Berchet, *Le Voyage en Orient* cit., p. 662.
[9] *Ibid.*, p. 672.
[10] Oissila Saaïdia, *L'anticléricalisme, article d'exportation?*, in «Vingtième siècle», LXXXVII (2005), n. 3, p. 101.
[11] Laurens, *Le Retour des exilés* cit., pp. 169-70.
[12] *Ibid.*, p. 174.
[13] *Ibid.*, p. 175.
[14] *Ibid.*, p. 180.
[15] *Ibid.*, pp. 209-10.
[16] *Ibid.*, p. 215.
[17] *Ibid.*, p. 217.
[18] *Ibid.*, p. 236.
[19] Patto costitutivo della Società delle Nazioni, 28 giugno 1919, articolo 22.
[20] Laurens, *Le Retour des exilés* cit., p. 282.
[21] *Ibid.*, pp. 326-30.
[22] Id., *La Question de Palestine*, vol. II cit., p. 179.
[23] Id., *Le Retour des exilés* cit., p. 418.
[24] *Ibid.*, p. 407.
[25] Albert Londres, *Le Juif errant est arrivé*, Le Serpent à plumes, Paris 2011, pp. 250-51 [ed. it. *L'Ebreo errante è arrivato*, trad. di P. Minsenti, Bollati Boringhieri, Torino 2000, p. 178].

[26] *Ibid.*, p. 181.
[27] *Ibid.*, p. 189.
[28] *Ibid.*, p. 187.
[29] Jean-Pierre Filiu, *Il y a 90 ans, le «transfert» négocié des Juifs allemands vers la Palestine*, in «Le Monde», 6 agosto 2023.
[30] Laurens, *Le Retour des exilés* cit., p. 467.
[31] *Ibid.*
[32] *Ibid.*, p. 461.
[33] *Ibid.*, p. 546.
[34] *Ibid.*, p. 560.
[35] Segev, *A State at any Cost* cit., p. 393.
[36] Radosh, *A Safe Haven* cit., pp. 212-13.
[37] Laurens, *La Question de Palestine*, vol. III cit., p. 80.
[38] Andrew Mendelson e Zoe Smith, *Visions of a New State*, in «Journalism Studies», VII (2006), n. 2, p. 193.
[39] Laurens, *La Question de Palestine*, vol. III cit., p. 123.
[40] Interviste con vari «veterani» delle Nazioni Unite, Parigi, New York e Washington.
[41] Jonathan Cummings, *Israel's Public Diplomacy*, Rowman and Littlefield, Lanham 2016, p. 31.
[42] Jean-Pierre Filiu, *L'assassinat par Israël du médiateur de l'ONU en Palestine*, in «Un si proche Orient», blog ospitato sul sito di «Le Monde», 14 ottobre 2018.
[43] https://www.un.org/unispal/
[44] Filiu, *Histoire de Gaza* cit., pp. 82-83.
[45] Laurens, *La Question de Palestine*, vol. III cit., p. 239.
[46] Sayigh, *Armed Struggle and the Search for a State* cit., p. 4.
[47] Laurens, *La Question de Palestine*, vol. III cit., p. 239.
[48] *Ibid.*, p. 325.
[49] *Ibid.*, pp. 327-28.
[50] *Ibid.*, p. 453.
[51] *Ibid.*, pp. 493-94.
[52] *Ibid.*, p. 483.
[53] Filiu, *Mitterrand et la Palestine* cit., p. 24.
[54] A. J. Liebling, *Letter from Gaza*, in «The New Yorker», 8 marzo 1957.
[55] Laurens, *La Question de Palestine*, vol. III cit., p. 501.
[56] *Ibid.*, p. 523.
[57] Glora Goodman, *Operation Exodus*, in «Journal of Israeli History», XXXIII (2014), n. 2, p. 226.
[58] Jean-Pierre Filiu, *France and the June 1967 War*, in Louis e Shlaim (a cura di), *The 1967 Arab-Israeli War* cit., p. 248.
[59] Laurens, *La Question de Palestine*, vol. III cit., p. 583.
[60] *Ibid.*
[61] Filiu, *Histoire de Gaza* cit., p. 373.
[62] Serge Gainsbourg, *Le sable et le soldat*, giugno 1967.
[63] Laurens, *La Question de Palestine*, vol. IV cit., pp. 54-55.
[64] Risoluzione 234 del Consiglio di sicurezza dell'Onu, 14 giugno 1967.
[65] Filiu, *France and the June 1967 War* cit., p. 256.
[66] Jonathan Judaken, *Sartre, Israël et la politique de l'intellectuel*, in Judith Galster (a cura di), *Sartre et les Juifs*, La Découverte, Paris 2005, p. 218.

[67] Risoluzione 242 del Consiglio di sicurezza dell'Onu, 22 novembre 1967.
[68] Laurens, *La Question de Palestine*, vol. IV cit., pp. 89-90.
[69] *Ibid.*, p. 88.
[70] *Ibid.*, p. 91.
[71] *Ibid.*, pp. 506-7.
[72] *Risoluzione del Consiglio europeo (Venezia, 13-14 giugno 1980)*, in «Rivista di Studi Politici Internazionali», XLVII (luglio-settembre 1980), n. 78, pp. 446-47.
[73] Filiu, *Mitterrand et la Palestine* cit., pp. 126-29.
[74] *Liban, le problème des disparus*, lettera della Fédération internationale des droits de l'homme, n. 42, gennaio 1984.
[75] Filiu, *Mitterrand et la Palestine* cit., p. 249.
[76] *Ibid.*, p. 258.
[77] *Ibid.*, p. 263.
[78] *Ibid.*, p. 291.
[79] *Ibid.*, pp. 294-95.
[80] Discorso radiotelevisivo di François Mitterrand, 3 marzo 1991.
[81] Laurens, *La Question de Palestine*, vol. V cit., p. 325.
[82] *Ibid.*, p. 333.
[83] Filiu, *Mitterrand et la Palestine* cit., p. 316.
[84] *Ibid.*, p. 321.
[85] Aaron David Miller, *The Much Too Promised Land. America's Elusive Search for Arab-Israeli Peace*, Bantam, New York 2008, p. 205.
[86] Laurens, *La Question de Palestine*, vol. V cit., p. 455.
[87] *Ibid.*, p. 494.
[88] *Ibid.*, p. 501.
[89] *Ibid.*, p. 513.
[90] *Ibid.*, p. 510.
[91] Filiu, *Main basse sur Israël* cit., p. 106.
[92] Laurens, *La Question de Palestine*, vol. V cit., p. 588.
[93] Filiu, *Main basse sur Israël* cit., p. 108.
[94] *Ibid.*, p. 130.
[95] B'Tselem, *The Palestinian Economy During the Period of the Oslo Accords*, 1° gennaio 2011.
[96] Laurens, *La Question de Palestine*, vol. V cit., p. 595.
[97] *Ibid.*, p. 670.
[98] *Ibid.*, p. 743.
[99] Dennis Ross, *The Missing Peace: The Inside Story of the Fight for Middle East Peace*, Farrar, Straus & Giroux, New York 2004, p. 695.
[100] Norman Finkelstein, *The Camp David II Negotiations*, in «Journal of Palestine Studies», XXXVI (2007), n. 2, p. 43.
[101] Laurens, *La Question de Palestine*, vol. V cit., pp. 815-18.
[102] Geneva Initiative, in https://geneva-accord.org/the-accord/
[103] Comunicato stampa della Corte internazionale di giustizia, 9 luglio 2004.
[104] Filiu, *Le Miroir de Damas* cit., p. 236.
[105] Jonathan Cook, *Tony Blair's Tangled Web*, in «Journal of Palestine Studies», XLII (2013), n. 2, p. 56.
[106] Filiu, *Histoire de Gaza* cit., p. 320.
[107] *Ibid.*, p. 339.
[108] Barthe, *Ramallah Dream* cit., p. 102.

[109] *Ibid.*, p. 103.
[110] Colum Lynch, *Israeli Leader Blasts Ahmadinejad at UN*, in «The Washington Post», 24 settembre 2009.
[111] Roni Sofer, *Netanyahu on Goldstone Report*, in «Ynet», 16 settembre 2009.
[112] Risoluzione 867 della Camera dei rappresentanti, 3 novembre 2009.
[113] Jean-Pierre Filiu, *Histoire de Gaza*, ed. aggiornata, Pluriel, Paris 2015, pp. 21-22.
[114] Aude Mazoue, *Imbroglio diplomatique autour de Netanyahou et Abas*, France 24, 13 gennaio 2015.
[115] Laure Equy, *L'Assemblée vote la reconnaissance d'un État palestinien*, in «Libération», 2 dicembre 2014.
[116] Filiu, *Main basse sur Israël* cit., p. 8.
[117] Piotr Smolar, *Israël et la Hongrie s'allient contre le philanthrope Soros*, in «Le Monde», 13 luglio 2017.
[118] Jean-Pierre Filiu, *Le jeu dangereux de Netanyahou avec la mémoire de la Shoah*, in «Un si proche Orient», blog ospitato sul sito di «Le Monde», 24 febbraio 2019.
[119] Id., *Main basse sur Israël* cit., p. 163.
[120] Georges Malbrunot, *Emmanuel Macron: «Je crois en deux souverainetés»*, in «Le Figaro», 30 gennaio 2020.
[121] B'Tselem, *A Regime of Jewish Supremacy From the Jordan River to the Mediterranean Sea: This is Apartheid*, in https://www.btselem.org/publications/fulltext/202101__this__is__apartheid, 12 gennaio 2021.
[122] Amnesty International, *L'apartheid israélien envers le peuple palestinien*, 1° febbraio 2022.
[123] Jonathan Lis e Hagar Shezaf, *Amnesty Report Accusing Israel of Apartheid is Antisemitic*, in «Haaretz», 31 gennaio 2022.
[124] Reed Brody, *Les plaintes palestiniennes à la CPI sont traitées avec une lenteur insoutenable*, in «Le Monde», 16 novembre 2023.
[125] Euro-Med Human Rights Monitor, *Pulling the Trigger Is the First Option*, gennaio 2023, online.
[126] Samuel Forey, *À Huwara, en Cisjordanie, l'armée israélienne enferme les Palestiniens chez eux*, in «Le Monde», 2 novembre 2023.
[127] Jean-Pierre Filiu, *A Sea Between Us, But a Sea of Incomprehension*, in Mario Telo (a cura di), *Towards a Common EU Strategic Culture?*, Académie royale de Belgique, Bruxelles 2023, p. 144.
[128] Ghalia Tamam, *Even ChatGPT Sides with Israel*, in «Scoop Empire», 12 novembre 2023.

CONCLUSIONI. DOPO IL DILUVIO

[1] Khalidi, *Identità palestinese* cit., p. 301.
[2] *Le «New York Times» affirme que le renseignement israélien savait que le Hamas préparait une attaque inédite*, in «Le Monde», 1° dicembre 2023.
[3] *Police Probe of Re'im Massacre Shows Terrorists Didn't Know About Party in Advance*, in «The Times of Israel», 17 novembre 2023.
[4] *Ibid.*
[5] *Massacres du 7 octobre en Israël: des nombres et des questions*, in «Afp», Jerusalem, 15 dicembre 2023.

[6] 7028 vittime secondo un elenco, nominativo per 6747, del ministero della Salute del governo di *Hamas*, considerato una fonte attendibile dall'Onu e dalle organizzazioni di difesa dei diritti umani.

[7] Dan Sabbagh, *Civilian Death Rate in Israeli Airstrikes Higher than in Past Conflicts*, in «The Guardian», 10 novembre 2023.

[8] Tahani Mustafa, *With All Eyes on Gaza, Israel Tightens Its Grip on The West Bank*, International Crisis Group, 24 novembre 2023.

[9] Jean-Pierre Filiu, *Jamais la Palestine n'a autant souffert*, in «Le Monde», 26 novembre 2023.

[10] Carrie Nooten, *Guerre Israël-Hamas. Isolés, les États-Unis bloquent une résolution à l'ONU*, ivi, 19 ottobre 2023.

[11] Matt Spetalnick, Jeff Mason, Steve Holland e Patricia Zengerle, *I'm a Zionist: How Joe Biden's Lifelong Bond with Israel Shapes War Policy*, in «Reuters», 21 ottobre 2023.

[12] Piotr Smolar, *Israël, une affaire personnelle pour Biden et son administration*, in «Le Monde», 18 ottobre 2023.

[13] Risoluzione 771 della Camera dei rappresentanti, 25 ottobre 2023.

[14] David Corn, *During a Trip to Israel, Mike Johnson Connected with Far-Right Extremists*, in «Mother Jones», 3 novembre 2023.

[15] Kelly Valencia, *Franklin Graham Prays with Netanyahu During Israel's Visit*, «Premier Christian News», 20 novembre 2023.

[16] Kenza Soares, *Yoav Gallant, le ministre à la tête de l'offensive militaire contre le Hamas*, in «L'Express», 13 ottobre 2023.

[17] Guillaume Gendron, *Le général Gantz muscle sa droite*, in «Libération», 30 gennaio 2019.

[18] Jean-Loup Samaan, *Israël-Hezbollah, la nouvelle équation stratégique*, in «Politique étrangère», LXXX (2015), n. 2, pp. 115-16.

[19] Louis Imbert, *Smotrich, agent du chaos au sein du gouvernement israélien*, in «Le Monde», 5 novembre 2023.

[20] *Survey Shows Substantial Support for Renewal of Gaza Settlement after War*, in «The Times of Israel», 18 novembre 2023.

[21] Jacob Magid, *L'objectif est d'éradiquer le Hamas*, ivi, 22 ottobre 2023.

[22] *Ibid.*

[23] Danny Danon e Ram Ben-Barak, *The West Should Welcome Gaza Refugees*, in «The Wall Street Journal», 13 novembre 2023.

[24] *Ayelet Shaked Makes Provocative Statements on Relocating The Population in Gaza*, in «Middle East Monitor», 22 novembre 2023.

[25] Hélène Sallon, *Les divergences entre États arabes empêchent une initiative commune pour l'après-guerre*, in «Le Monde», 12 novembre 2023.

[26] *Von der Leyen à Netanyahou: «L'Europe se tient aux côtés d'Israël»*, in «The Times of Israel», 14 ottobre 2023.

[27] Al 13 ottobre 2023, il ministero della Salute di *Hamas* contava 724 bambini su un totale di 2215 vittime, in confronto ai dati delle Nazioni Unite che riportavano non meno di 560 bambini uccisi in Ucraina, al 21 novembre 2023.

[28] Philippe Lazzarini, commissario generale dell'Unrwa, 15 ottobre 2023.

[29] Volker Türk, alto commissario delle Nazioni Unite ai diritti umani, 28 ottobre 2023.

[30] Catherine Russell, direttrice esecutiva dell'Unicef, 9 novembre 2023.

[31] Laure Stephan, *À Gaza, plus de cent employés de l'ONU sont morts, c'est sans précédent*, in «Le Monde», 26 novembre 2023.
[32] Mustafa, *With All Eyes on Gaza, Israel Tightens Its Grip on the West Bank* cit.
[33] *Ibid.*
[34] Carrie Keller-Lynn e Jacob Magid, *There are Two Millions Nazis in the West Bank*, in «The Times of Israel», 28 novembre 2023.
[35] *UNICEF: Those in Power Have Decided Killing to Recommence in Gaza*, ivi, 1° dicembre 2023.
[36] Philippe Ricard, *À Dubaï, Macron fait les frais de l'irritation arabe face à Gaza*, in «Le Monde», 2 dicembre 2023.

Indice dei nomi

Indice dei luoghi

Indice delle organizzazioni e delle istituzioni

Einaudi usa carta certificata PEFC
che garantisce la gestione sostenibile delle risorse forestali

Certificato PEFC
Questo prodotto è realizzato con materia prima da foreste gestite in maniera sostenibile e da fonti controllate
PEFC
PEFC/18-32-03
www.pefc.it

Stampato su carta HOLMEN con fibra vergine
proveniente da foreste sostenibili
www.holmen.com/paper

Stampato per conto della Casa editrice Einaudi
presso ELCOGRAF S.p.A. - Stabilimento di Cles (Tn)
nel mese di gennaio 2025

C.L. 26604

Ristampa							Anno			
0	1	2	3	4	5		2024	2025	2026	2027